JN067456

断易の教科書

上巻

付録 納甲表必携

丹羽智保 著
（CHAZZ）

東洋書院

はじめに

本書の執筆にあたり、どこまで「丁寧な解説」をすべきか、最初は試行錯誤の連続でした。文章はなるたけ現代的でわかりやすく、ただし専門的な用語もフォローするバランスに苦慮しました。初心者向けだからと言って内容を簡素に削るようなことはしていません。この書は「入門者に向けた丁寧な解説書」です。

本書は断易の教科書として、基礎から応用にいたる実践テクニックを多数紹介しています。断易というと「名前は知っているけど、どんな占いなのか?」と思っている人も多いですし、占術にある程度精通している方でも「断易は難しい印象がある」と感じている人も少なくないようです。日本でも断易の書籍は出版されていますが、なかなか難易度の高い占術と思われています。

難易度が高いとされる占術にも様々あります。四柱推命や算命学など初心者向けから奥義書まで多様の書が出版され比較的入門しやすい環境なのに対し、こと断易に関しては近年では出版されている書籍も少なく、選択肢が非常に少ないのが現状です。

入門書として評価が高い『断易入門』(菅原壮著)も、現代人が理解するには難しい文体であることなども、断易人口が増えにくい要因なのかもしれません。

占いを学んでいる人でも「易」といえば「周易」を思い浮かべます。「周易」という言葉を知らなくても、一般的にイメージされている易とは「周易」をしている易者なのです。

おおまかに断易と周易の違いを見ていきましょう。

図Aをご覧下さい。例えば「交渉はうまくいくか」と聞かれ易を立てたとします。

この図が周易（略筮法）の結果です。いわゆる易卦と呼ばれるものです。六十四種類ある易卦の中で**天山遯**の**初爻**という易卦が出ました。周易という占いは『**易経**』という経典に基づき、天山遯の易卦の項目に書かれている卦辞（易卦のもつ意味）と、爻辞（6つの爻それぞれの意味）が書かれた文章や詩を元に、事象を解き明かしていきます。

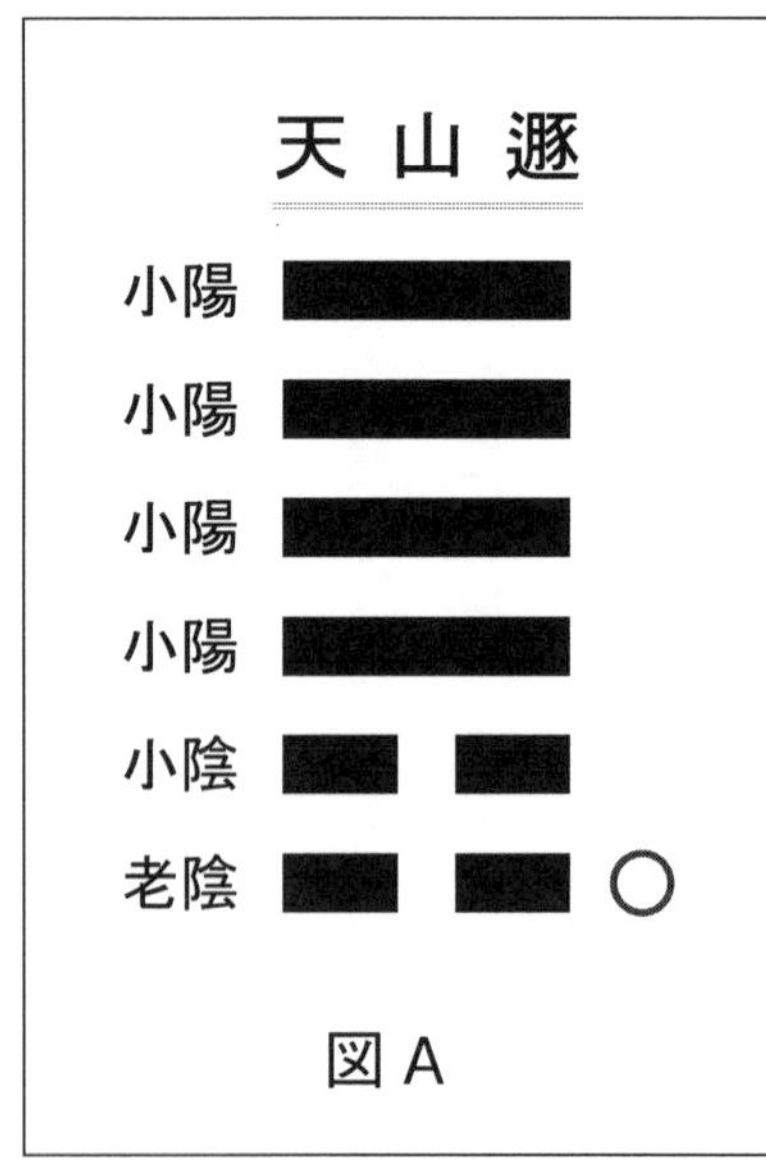

図A

この場合、天山遯の卦辞は「**遯**。**亨**。**小利貞**」と書かれています。本によって解釈が違いますが「その場を去る方が良い。小事なら正しい道を選べば良し」といった意味です。そして三爻の爻辞は「**遯尾厲**。**勿用有攸往**」とあり、「逃げ遅れて危うい。進んでは危険」の意です。基本は「逃げた方が良いが逃げ遅れたようで危険」と考えられますが、より卦辞・爻辞を深く読み解けるかは占者の力量で大きく変わってきます。つまり占者が易経や八卦の概念にどれだけ精通しているかが問われます。そこから出てくるイメージや論理性によって具体的結論が導きだされるのです。

これに対して図Bが断易の結果です。同じ**天山遯**の**初爻**でも大きく印象が変わると思います。

最も違うのが易の卦に十二支や兄弟・父母などの不思議な言葉が付記されていることです。

断易とは易卦に五行関係を作るため、各爻に十二支および役割を配置します。そして占った月や日の十二支と五行によって吉凶を出していきます。

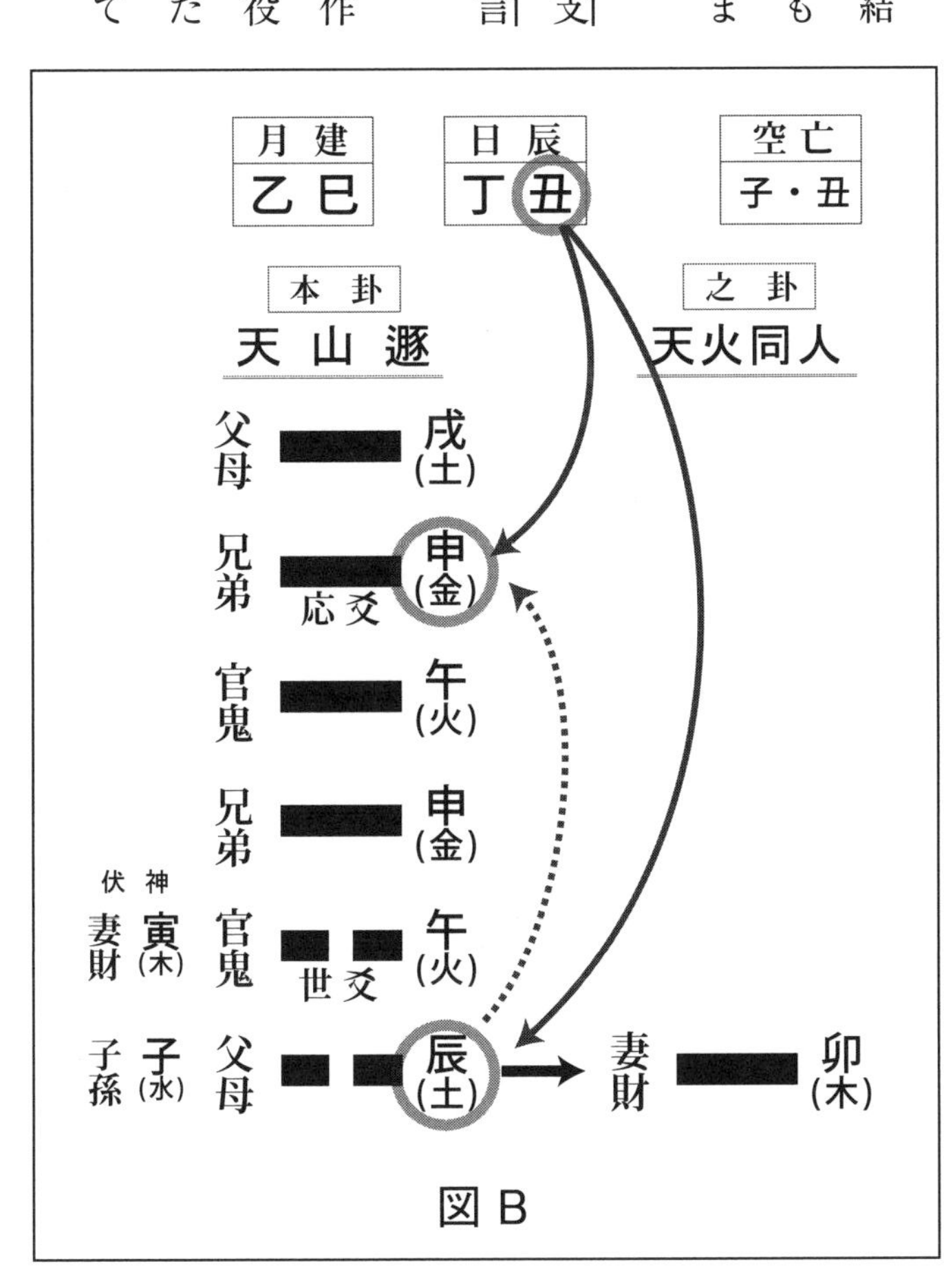

図B

占いとは占った瞬間（日時など）に意味があります。周易はその大切さを占者の実力に頼るのですが、断易は占った瞬間を月や日の十二支に落とし込み、易卦の十二支との五行関係によって吉か凶か明確にしていくことが基本です。

図Bが「交渉はうまくいくか」という占事（占う事柄）ならば、「応爻」と書かれた爻の十二支「申（金）」が主役となるルールです。そして日の十二支は「丑（土）」です。この「申」と「丑」の五行関係は「土生金（土は金を生じる）」という協調的な関係のため吉となります。ほかにも、一番下の「辰（土）」から吉作用がありますが、今は割愛します。

かなり簡略化した解説ですが、このように断易はイメージや想像力ではなく五行や干支の関係から相克成敗（五行の判断から良い悪いの結果を導き出す）が明確に表れます。それゆえに「断（ずる）易」なのです。

一見すると難解に見える図Bですが、五行や干支の関係性を理解していれば非常に明快で簡潔な図に見えるはずです。そこには「ニュアンス」といった曖昧さを排した数式のような美があります。

周易は一見するとシンプルな印象ですが、哲学や思想の面を理解するための高度な学習が要求されます。当然断易も学習は不可欠ですが、ロジカルな学習であり、周易とは学び方のベクトルが違います。台湾の易学者に「周易が為政者の易ならば、断易は庶民の易である」と言われたことがありますが、おそらく台湾ではそういう認識なのかもしれません。

また、断易の特色や得意分野として香港の易学者である黎光老師が著書において3つの技法を紹介し、次のように解説しています。特に①の吉凶占は他の追随を許さない断易の特徴です。

①**吉凶占**：象（事象・現象）の判断よりも吉凶判断に優れている。
②**得失占**：利益、損得を看るのに優れている（失物占もこの領域です）。
③**応期占**：易卦に十二支を配するため時期判断に優れている。

これだけ魅力的な占術である断易ですが、入門の段階で資料が少ないこともあり、非常に敷居の高い占いと思われています。

断易に限らず簡単に習得できる術は存在しません。また「簡単にできる」と書かれた書物があったら信じるに足りません。

とはいえ「やさしい（シンプルで簡潔な）」入門書はどうしても歯抜けの情報になりやすく、昔ながらの専門用語の洪水のような本は入門者を苦しめることになります。

それゆえ文頭に記したとおり、「断易に興味がある方に向けた丁寧な解説書（教科書）」を目指すことになりました。

また、今回は断易という占術の入門の部分だけでなく、近代台湾などで見られる応用と可能性を入口くらいまでは伝えていきたいと考えて何度も構成しなおしました。

もともと断易は、**吉凶占**（専門的に「**断**」の部分）では他の追随を許さないと定評がありますが、**状況分析や説明**（「**断**」に対する「**象**」の部分）の読み方に関しては知られていない部分があります。断易の要としての**吉凶判断**（**断**）は最も大切な要ですが、断易という占術でどこまでの**状況説明**（**象**）が可能かという部分についても、入門者に判りにくくならない範囲で踏み込んでいます。

本書内でも触れていますが、占いの本場と言われている台湾では断易は主流な占いです。そして実際に鑑定を受けた印象としても、白黒をハッキリ判断する吉凶占だけでなく、日常的なことを詳細に鑑定することが十分可能であることも感じられます。

現在、日本で伝えられている断易では「相手の人の印象」や「恋愛による感情的問題」などの「吉凶がない曖昧な判断」の占いはできないとされてきましたが、台湾の占者は断易を使って容易に判断していいます。これは、例えばタロット占いのように状況（象）を詳細に読み解きながら、さらに断易本来の鋭い吉凶（断）を両立しているようなもので、これこそ本場の断易の醍醐味とも言えるものです。

こう書いてしまうと非常に難易度の高いものと感じられるかもしれませんが、初心者でも読む上で一番大切なことは「**断**」と「**象**」の部分を分けて理解することだと思います。

本書は図を多用して、「断」と「象」も区分・区別するよう努めました。

また本書は、占いを勉強するにあたって一番最初に断易を選ぶという方は基本的に少数派だろうと思い、それを前提として構成しています。

ですが、易や八卦、五行論に干支学など一通り精通しているという方が極めて少ないことも事実です。

そのため断易を学びたい方が入門書を手に取った時に、基本の八卦や五行、干支など何を知っていて何を知らないのかで「歯抜け」にならないよう、八卦や五行論、断易のシステムなど、できる限り順序立てて解説するために、今までの断易書とは違う流れや構成になっています。

少しでも断易の醍醐味が判っていただければ、著者としてこれほどうれしいことはありません。

丹羽 智保

断易の教科書 上巻　目次

第十四章　合処逢冲・冲中逢合について

断易について

日本では「断易」、または「五行易」と呼ばれています（本書では「断易」に統一しています）。昭和初期～中期に活躍した断易家諸口悦久師は自ら「納甲易」と呼んでいたようです。その他にも「漢易」「三文易」「鬼谷易（仙人鬼谷が開発に重要な役割を果たしたという意味で）」とも呼ばれています。

もともと江戸期の学者である桜田虎門が訳書の表記に「五行易」としたことから日本では「五行易」がポピュラーになり、明治期から「断易」という名称も多く使われ始めたと言われています。

占いの本場台湾に行きますと、いわゆる「易」と書いてあれば断易が多く、「六爻卦占」「六爻予測」「金寶卦」「米卦占（米粒占い）」と表記していることが多いです。

占う時に古銭や米粒を使用していますが、判断法は断易がほとんどで、非常に親しまれている占術です。

日本では、「周易」が易学としても占術としても発展しており、易と言えば通常「周易」のことを指すほどです。ですが、台湾や香港の鑑定家をみると、易と言えば「断易」か「梅花心易」、または「象数易」などが主流で、「周易」の名前はあまり見かけません。

これは、易を用いる術者にとって「周易」とは学問や思想であり、知恵として活用するのは当然ですが、実践に用いるのは断易や心易というのが普通だからです。

日本では「周易」という技法と「断易」という技法が別々に存在しているため、これを混ぜてはいけないと考えられていますが、日本で言う「周易」とは日本独自な発展を遂げた占術ではないかと思います。そのため区別する必要が出てきたのでしょうが、台湾などでは「周易」は知識でありネタですから「断易」の判断の中に周易的解釈が使用されていることは当たり前です。

それは「断易」の吉凶と「周易」の吉凶を同時に見るのではなく、周易的技法は状況分析や説明の応用として用いられています。

「断易」は八卦に干支を組み込むことによって陰陽五行論の生尅を中心として、ロジカルに吉凶成敗を解読していきます。これを骨組み・核として、そこに卦象・卦辞などの象徴を用いて感覚的に状況をイメージしていく方法論を組み込むことで非常に奥行きのある判断やアドバイスが可能になってくるのです。

長らく日本では、「断易」とは物事の吉凶判断や時期判断に優れているが、それ以上の詳細な判断は難しいと思われていた節があります。それに対して台湾・香港では、断易の優れた吉凶判断・時期判断に加えて卦辞・卦象を用いたりして、状況判断を詳細に判断しています。さらには、「納音」や「易林」などを独自の解釈法によって占断解釈に加え、占者それぞれの個性を競っています。

本書では断易を順序立てて学ぶ手順や例題だけでなく、これらの応用技法の一端も解説していきたいと思います。ただし頁数の限りもあるため、触りの紹介のみになる技法もあることをご了承ください。

第一部

基礎と準備

第一章　断易学習の準備

1　断易の表記と構造

新しい占術を学ぶ上で最初に大変なのが、専門用語を覚えることです。

特に断易は東洋占術の八卦・干支・陰陽五行論などが多く登場するだけでなく、断易特有の用語が出てくるため、最初は混乱する入門者も多いと思います。また、流派によって易卦の書き方も複数あるため、余計混乱しやすいところでもあります。

本書では各項目の解説で、複数ある言葉の表記に関しても説明していますが、易卦の書き方に関しては図1Aの表記で統一しています。

他流派の表記に慣れている方には読みにくい部分もあるかと思いますが、ご了承ください。

まず、本書での断易の表記と構造について説明します。図1Aをご覧ください。

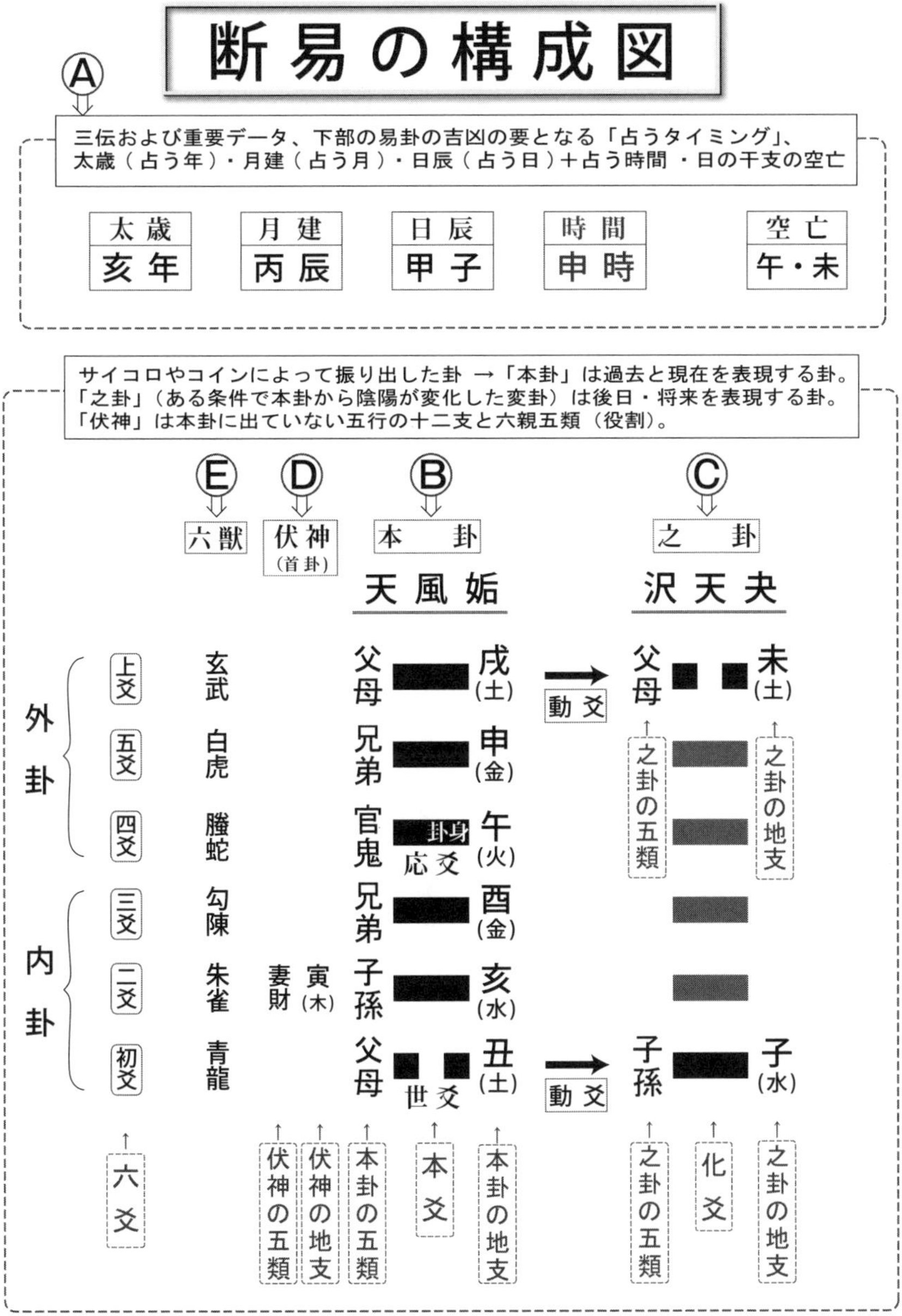

断易の構成図

Ⓐ

三伝および重要データ、下部の易卦の吉凶の要となる「占うタイミング」、
太歳（占う年）・月建（占う月）・日辰（占う日）＋占う時間・日の干支の空亡

太歳	月建	日辰	時間	空亡
亥年	丙辰	甲子	申時	午・未

サイコロやコインによって振り出した卦 →「本卦」は過去と現在を表現する卦。
「之卦」（ある条件で本卦から陰陽が変化した変卦）は後日・将来を表現する卦。
「伏神」は本卦に出ていない五行の十二支と六親五類（役割）。

	六爻	Ⓔ 六獣	Ⓓ 伏神（首卦）	Ⓑ 本卦 天風姤				Ⓒ 之卦 沢天夬		
外卦	上爻	玄武		父母	▬▬	戌(土)	→ 動爻	父母	▬ ▬	未(土)
	五爻	白虎		兄弟	▬▬	申(金)			▬▬	
	四爻	螣蛇		官鬼	▬▬ 卦身 応爻	午(火)			▬▬	
内卦	三爻	勾陳		兄弟	▬▬	酉(金)			▬▬	
	二爻	朱雀	妻財 寅(木)	子孫	▬▬	亥(水)			▬▬	
	初爻	青龍		父母	▬ ▬ 世爻	丑(土)	→ 動爻	子孫	▬▬	子(水)
	↑六爻		↑伏神の五類 ↑伏神の地支	↑本卦の五類	↑本爻	↑本卦の地支		↑之卦の五類	↑化爻	↑之卦の地支

※ この表記に関しては、初心者にも見やすいように本書独自の断易卦図としてデザインしたものです。

図１A　断易の表記と構造

Ⓐ断易の基本は、「三伝」と呼ばれる占う年・占う月・占う日の干支です。図の上部に「**三伝（占う年・月・日の干支）**」を表記します（時間は補助で記録する）。三伝の右側に表記する「**空亡**」は占う日の干支によって算出される2つの空亡十二支です。

Ⓑサイコロやコインなどで選出（排卦）された易卦です。これを「**本卦**（ほんか）」と呼び、6つの爻の左右に**地支（十二支）**と**六親五類（役割）**を納めます。この「本卦」が断易占断の要となる重要な部分です。

Ⓒ「本卦」の右側には、易卦の動きを表す「**之卦（しか・これか）**」が表記されます。「本卦」が現状の状態ならば、「之卦」は今後の動きや変化などを表し、「本卦」が表す吉凶に強い影響を与えます。

Ⓓ本卦の左側には、断易独特の隠れた地支と六親五類である「**伏神**（ふくじん）」を表記します（ない場合もあります）。

Ⓔ伏神のさらに左側に「**六獣**（りくじゅう）**（六神**（りくしん）**）**」を表記します。

このように断易は、ノート・用紙などに三伝と干支や五類が記された易卦を書き込み、五行論を基本とした判断をします。その判断法は非常にロジカルで、吉凶が感覚的で曖昧なイメージではなく明確に導き出されるため、吉凶占断に関して卜占の中でも非常に信頼性の高い占術でもあります。

ですが、断易を勉強し始めると最初に覚えるべきロジックが多いため、判断ポイントを見間違えたりしてミスリード（間違った判断結果に導かれること）になることもあります。

本書ではできるだけ具体的で詳細な解説を心がけ、ミスリードしないためのポイントについてもできる限り判りやすく説明していきます。

2 万年暦（まんねんれき）

断易は、サイコロやコインによって排卦された易卦の占断をより明確にするために「いつ占ったか？（年・月・日）」を求め、それぞれに付加された干支の関係性によって吉凶を明確にしたり、結果の出る時期を求めるなど非常にロジカルな占いです。

そのため、占った月・日の干支を常に調べられるようにしなければなりません。

現在はスマホやタブレットの進歩によってネットやアプリなどから干支を調べることが可能ですが、信頼性という意味では書籍として発行されている「万年暦（萬年暦）」が一番でしょう。

また断易で用いる干支に関してはどの出版社で発行されている万年暦でも同じですので、気軽に選べるのも利点です。

●年月日の干支の探し方（万年暦の読み方）

ここで東洋占の初心者のために暦に関して解説します。

通常、断易に限らず四柱推命や六壬神課、奇門遁甲、気学などの東洋占術では、万年暦で必要な日時の情報（干支・九星・宿曜等）を確認します。

「万年暦」は西暦（新暦）で判断できる表記になっていますが、一般的には旧暦での区分になっているはずです。

・万年暦では**毎年の干支**は二十四節気の立春（新暦では2月4日）から始まり翌年の節分（2月3日）までを1年の区切りとしています。**太歳**の区分はこれと同じです。そのため万年暦では月の始まりも西暦の2月からとなり翌年1月までになります。

・**月の区分**に関しても二十四節気によって区分され、毎月の節入りから月が始まります。月に関しては西暦の月と区別するため「**月節**」という表現をします。例えば２０２０年３月は西暦では２０２０年３月１日から始まりますが、３月節（地支では卯月）は、二十四節気の「啓蟄」が節入りとなるため西暦の３月５日から、４月節（西暦４月４日〜）の前日４月３日までとなります。**月建**の区切りもこれと同じです。

・日の区切りは通常夜中の12時が区切りですが、断易では**地支時間**によって区切られるため「**子の刻**」（23時〜）から始まります。前日の23時から当日の23時までになるので少々注意が必要です。**日辰**の区切りもこれと同じです。

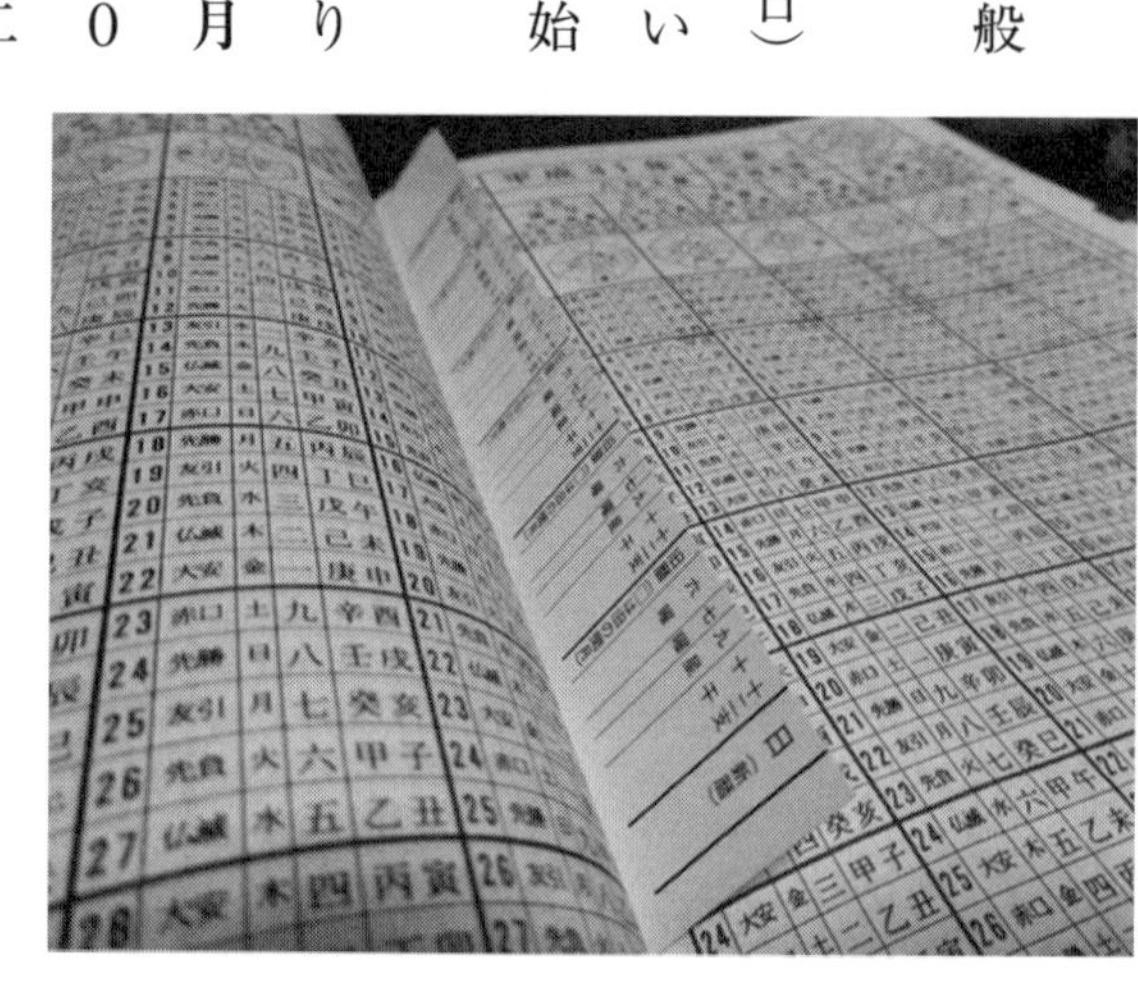

これらの情報は「万年暦」を1冊所持していると、すぐにチェックできます。サイズもいろいろありますので、使いやすいサイズとレイアウトの万年暦を購入されることをお薦めします。

【例】平成21年6月2日の干支

①万年暦は明治～現在までの年・月・日の干支がすべて網羅されています。調べたい年の頁を開くと上部に西暦と元号で年が記載されています。例えば平成21年（2009年）欄には、その右側に干支があり「**己丑**」と記載があります。

②続いて月の干支を調べます。前述のとおり、月の干支は節入りから始まります。図1Bの5月の列を見ると5月4日と5月5日の間に**太線**が入ってます。これが「**節の区切り**」です。そして6月も4日と5日の間に太線があり、これも「**節の区切り**」で

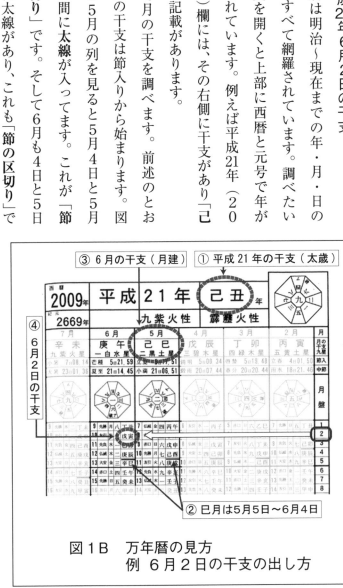

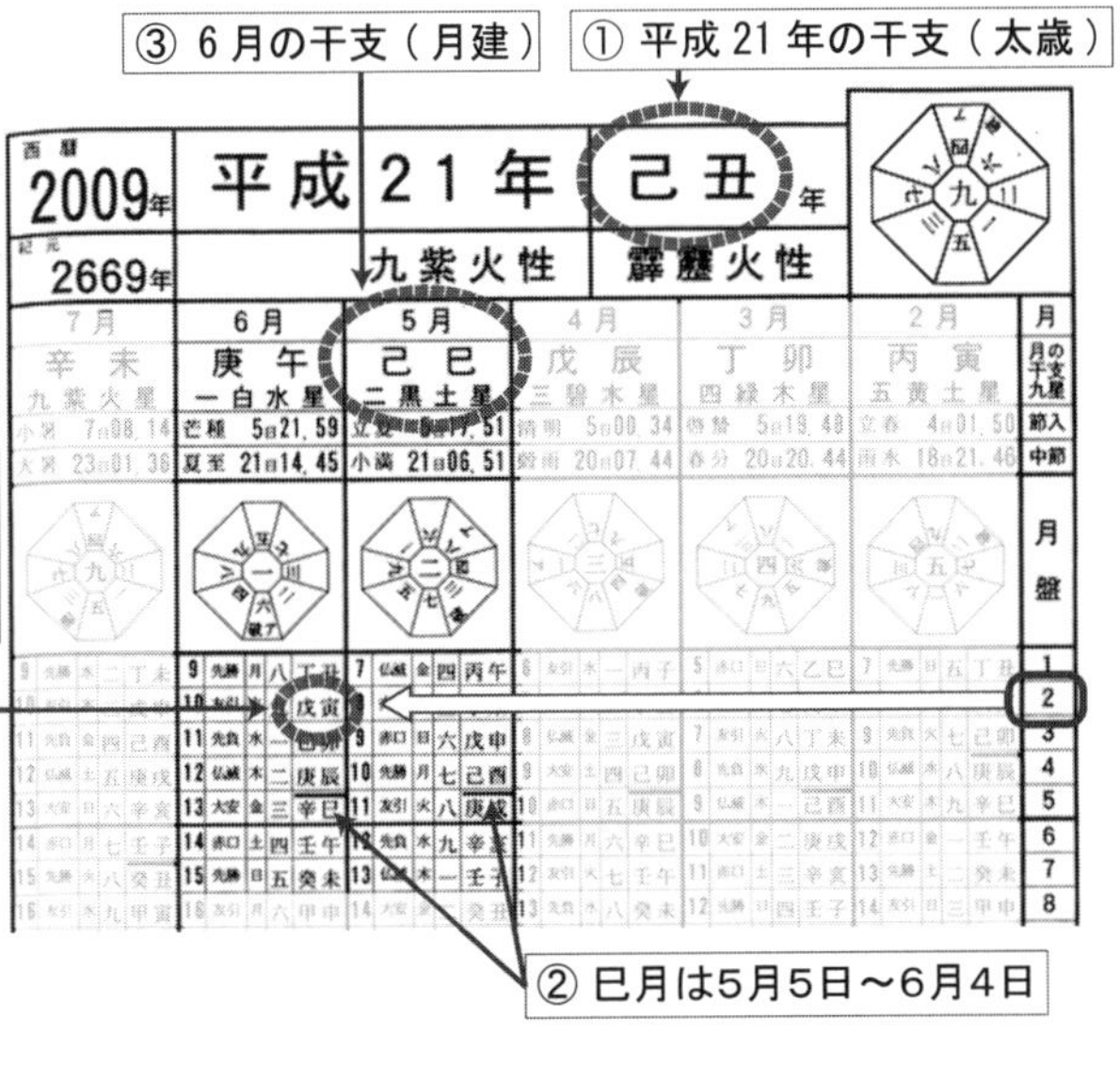

図1B　万年暦の見方
例　6月2日の干支の出し方

す。つまり干支の5月節（巳月）は5月5日〜6月4日です。

③②のとおり「6月2日」とはまだ「5月節（巳月）」なのが判り、月の干支は「**己巳**」となります。

④最後に日の干支を探しましょう。この万年暦では一番右のアラビア数字が西暦の日にちです。6月2日を調べていくと「**戊寅**」であることがわかります。

結果：平成21年6月2日↓**年**（**太歳**）：**己丑**、**月**（**月建**）：**己巳**、**日**（**日辰**）：**戊寅**となります。

アプリ等では西暦で年月日を設定すれば自動的に干支が表示されますが、自分でも万年暦で干支を探せるようにしておくと暦の仕組みがわかってきます。最初は大変でも万年暦から干支を探して見方を理解しましょう。

第二章　断易の歴史

本書は実用的項目に比重をおく方針ですので、歴史に関しては大筋だけをお伝えします。

古代中国で発展していく占卜は、３０００年前にもさかのぼり、殷王朝（商、殷商とも言われる）の時代から始まったとされます。

伏羲が八卦と六十四卦を画したという神話時代を経て、殷後期～周時代に「**周易**」が確立していき、後に『**易経**』という経典としてまとめられます。もともとは占卜に用いられたものでしたが、思想として発展していきます。

その後に、春秋戦国時代頃に**陰陽五行論**が生まれます。そして殷代から存在していた**干支**が**陰陽五行思想**と深く結び付き、前漢の時代には我々も使用している**干支**や**暦**（こよみ）の基礎が確立していきました。

断易の発祥は周時代、斉という国の学士・道士（仙人）であった**鬼谷子**による創始とされています。民間伝説での鬼谷子は占卜の開祖とも言われていますが、我々の知る断易はその後の前漢の時代に基礎が確立したとされています。

周から春秋戦国・秦の時代にかけて、「**断易**」は易卦を元にしながらも陰陽五行を取り込むことによって、思想ではなく実用的な占卜として開発されていくのです。

ですが、この時代はまだ周易で使用される**爻辞的判断**が用いられるなど現在のようなシステムには程遠かったとされています。

一時的に迷走状態であった断易の発展の中で、最も重要な人物が**京房**（けいぼう）（字は君明）という易学者です。

前漢の時代の学者であった京房は、周易の八卦を基にして陰陽五行や干支を組み合わせ、後の断易にとって非常に重要になる「**六親五類**」という概念を八卦に導入し、易の形を用いながらも陰陽五行論による十二支間の相生相尅によって吉凶を判断できるシステムを確立しました。

その後、様々な試行錯誤が続き**推命学**や**六壬卦**など様々な技法を取り入れ紆余曲折を経て、明～清時代の優れた先駆者たちによってようやく断易は著しい発展を遂げることになります。

特に明の宰相まで上り詰めた**劉伯温**（りゅうはくうん）（**劉基**）による『**黄金策**』（おうごんさく）はその後の断易の原則となっていきます。

それまでの紆余曲折で追加された余分な技法は整理・否定され、現代断易の基礎となる新たな概念が確立するのです。この時代はその後に『**卜筮正宗**』（ぼくぜいせいそう）『**増删卜易**』（ぞうさんぼくえき）『**易冒**』（えきぼう）など、後に断易の教科書となる名著が多く記されました。

日本では、江戸末期に『**卜筮正宗**』の訳者桜田虎門による『**五行易指南**（ごぎょうえきしなん）』の発刊が、国内初の断易紹介ではないかと思われていましたが、どうやら室町時代には断易や梅花心易を用いる軍師が存在していたようで、もっと以前から日本には入ってきていたようです。ただ、江戸期になると断易の存在はほぼ忘れ去られてしまったようです。戦のない江戸時代には朱子学など、儒教の新しい学問体系が流行り、思想として周易が盛んになったのも一因かもしれません。

江戸末期には、そのほか馬場信武の『**断易指南抄**』などもありましたが実践的要素が弱く記述ミスも多かったとされます。

そして、日本断易の「中興の祖」といえば**九鬼盛隆**です。『**鬼谷古法　断易精蘊**（だんえきせいうん）』は現代日本断易界にとってバイブルと呼べるほどの重要な書でした。

また、元俳優であり断易の研究に人生を捧げた**諸口悦久**は『**増刪卜易**』を最初に和訳したと言われていますが、一般に公表されることはありませんでした。とはいえ、特に関東圏における諸口悦久氏の功績は重要です。現代断易界の入門書として広く知られた『**断易入門**』を著した菅原壮氏や、『**卜筮正宗**』『**増刪卜易**』『**易冒**』の三書を和訳した功績が光る藤田善三郎氏は、諸口師の弟子である**由井師**に出会ったことがその端緒であったようです。

関西では、**易八大**（いはちだい）師の活躍もあり、関東よりも五行易人口は非常に広がりました。特に周易の大家である紀藤元之介が開発したとされる「四遍筮法（よんぺんぜいほう）」を断易に用い独自のスタイルを確立されました。

その後、インターネットにより台湾や香港での易学を学ぶ機会も増えたため断易の実用性や評価が見直されてきていますが、まだまだ日本では少数であり、今後の発展が期待できる占術です。

第三章　断易学習　其の一〈八卦〉

1　最初に覚える用語と八卦

本書では、今までの「卜筮正宗」を基礎とする断易書とは学ぶ順序を変更している部分があります。通常断易の入門書では断易の成り立ちの後に五行説の説明や断易の納甲法（六十四卦にどのように十二支と六親五類を納めるかのルール）を記している書が多いですが、一部の内容は初心者にとって難易度が高いので、特に納甲法については下巻の補記にまとめて記載する形を取っています。

断易入門時でも、まず卦を出す手順を覚え、納甲表で易卦を探し出して記入できれば占断がすぐにできます。そして、占断がある程度できるようになってから、納甲の仕組みなどを勉強した方が断易への理解がより深まるからです。著者も独学から始めたため納甲法よりも占断を多く繰り返していました。

台湾などでは判断法の前に、易卦や納甲などを指や手のひらで出せる（納甲表などを見ずに暗算で出せる）ように徹底しているのですが、日本では易に対する文化の違いがあり、いささか無理があります。

そのため、まず卦を出す手順や陰陽五行論に基づいた判断法の習得を最初に行います。

実践として断易の卦の出し方、そして占断の基礎知識である「陰陽五行論と十二支の関係性」を学び、その後に独自の判断に重要な部分として「六親五類と用神」「三伝」「動爻」「空亡」「伏神」などの断易特有のロジックを理解していきます。

その後は「恋愛占」「商売占」「就職占」「出産占」などケース別の判断法を具体的例題の判断を交えて繰り返しトレーニングしていきます。残念ながら頁数の関係で例題を絞らざる得ないところがあるのですが、例題などは今後も書籍やSNSなどで紹介していく予定ですので、そちらも参考にしてください。

これら基本を学んだ後に「納甲の出し方・仕組み」を学ぶ方がその重要性を理解できるようになります。ですので、最初は納甲表を使って易卦を出し、吉凶・得失・応期判断の練習をして、易卦に親しんでいきましょう。

そして、これは断易の難点とも言えるのですが、最初に覚えるべき用語がけっこう多いことも入門者にはなかなか大変な部分です。最初は吉凶判断に必要なものを優先的に覚えていきましょう。三〜十六章は重要な用語が多いです。その後の章の用語は慣れてきてから覚えても十分活用可能です。

では、まず最初に覚えるべき用語として「八卦」の解説から始めましょう。

2　八卦（はっか）

●断易で最初に覚えること

どのような易であれ、まず易卦を出さないことには始まりません。

これは周易・心易・断易問わず同じことです。ただ、周易は易の成り立ちからの思想なども占い方に大きく影響するため、八卦の成り立ちに関して時間をかけて理解していかないといけません。

とはいえ、断易は易卦の形を活用していますが、占うポイントは陰陽五行論や干支を用いて判断するため、八卦（易卦）に関して基本的なことが理解できれば十分占うことができます。

本書でも、下巻で卦象や卦辞を用いた特殊な手法も紹介しますが、それらを使う段階に成長してから八卦を再度探求しても十分なのです。

そのため、本書では八卦に関しては、断易で使用する最低限の部分をピックアップして紹介します。

まず用語を説明します。特に**第三章**から**第十章**までは今まで聞いたことのないような用語が毎回出てきますので注意してください。

●八卦(はっか)の成り立ち

易は、周の時代に文王(ぶんおう)が成立させたとされ「**周易**」と呼ばれます。その後、二千五百年前くらいに儒教開祖である孔子らによって『**易経**』としてまとめられたとされます。この『**易経**』は「**四書五経**(ししょごきょう)」の一冊でもあります。「四書五経」とは儒教の経書の中で、最も重要な書物のことです。

現代日本では、単に「易」と言われると「当たるも八卦、当たらぬも八卦」という占いの道具のイメージがあるかもしれませんが、本来『易経』とは東洋思想の書であり、森羅万象を含む宇宙観を持つ哲学であり、また儒教の教えを基本とした倫理や道徳も含まれています。日本で盛んな「周易占い」とは、この易経にまとめられた卦辞・爻辞などを使用して占断する占いで、森羅万象の様々な事象を判断していくわけです。

八卦の成り立ちは図3Aのとおりです。「**太極**（根源的な宇宙創成の概念）」から**陰**・**陽**と呼ばれる**両儀**が発生し、この陰・陽こそ易の絶対的根底の概念となります。

・**太極**(たいきょく)…宇宙・万物の創造の根源。

・**両儀**（りょうぎ）…太極の表裏、陽⚊と陰⚋（天と地、昼と夜、男と女、有と無、動と静など）。易における絶対的概念。

・**四象**（ししょう）…陰陽をさらに分けて4つに。陽⚊の上に、さらに陽⚊を加えると老陽⚌となります。逆に陰⚋を加えると小陽⚎となり、陰⚋にもそれぞれ加えると小陰⚍と老陰⚏となり、4つの陰陽（四象）となります。四季や四方（東西南北）・時間（朝・昼・夕・夜）などの事象を表します。

・**八卦**（はっか）…四象の上に陽⚊・陰⚋を加えると8種類に分かれます。これが「**八卦**」です。八卦は自然界の動きを表し、天地自然は「天」「沢」「火」「雷」「風」「水」「山」「地」という8つの要素の組み合わせによって成立すると考えたのです。「八卦」の形を

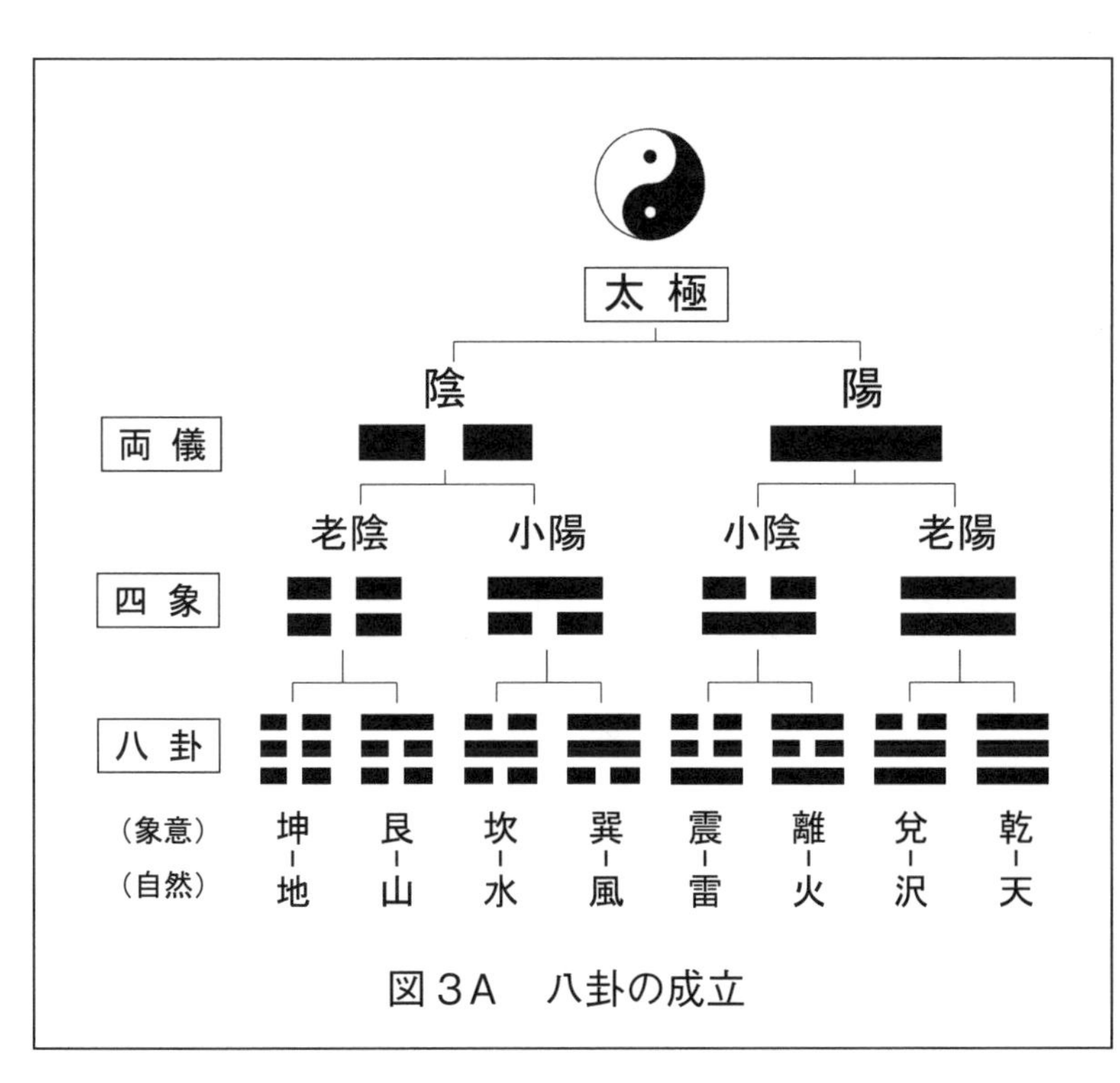

図3A　八卦の成立

「象（しょう）」または「**小成卦**」と呼びます。

●八卦（はっか）の名称と形

ここまで易の成り立ちを説明してきましたが、ここで最も重要なのが「**陰陽**」という二極の概念と最終的な**八卦**の名称です。

「陰陽」は五行論も重要ですので、再度五行論の章で解説します。この章で一番覚えてほしいのは、八卦の名称である8つの言葉です。

陰⚋と陽⚊を「**陰爻**」「**陽爻**」と易では表現しますが、八卦では三**才観**（天・人・地）の概念に基づいて「爻」を3つ組み合わせます。

「陰爻⚋」「陽爻⚊」を3つ組み合わせますと、8つの組み合わせができます。この8つの組み合わせを総称して「**八卦**」と言います。これは「**小成卦**」「**三画卦**」とも表記する場合があります。

この「八卦」が自然界の現象を象徴しているとされ、それぞれの名称を「乾（けん）」「兌（だ）」「離（り）」「震（しん）」「巽（そん）」「坎（かん）」「艮（ごん）」「坤（こん）」

八卦	自然	形	区分
乾	天	☰	陽爻が３つ 老陽（基本卦）
兌	沢	☱	陰爻が１つ、陽爻が２つ 小陰
離	火	☲	陰爻が１つ、陽爻が２つ 小陰
震	雷	☳	陽爻が１つ、陰爻が２つ 小陽
巽	風	☴	陰爻が１つ、陽爻が２つ 小陰
坎	水	☵	陽爻が１つ、陰爻が２つ 小陽
艮	山	☶	陽爻が１つ、陰爻が２つ 小陽
坤	地	☷	陰爻が３つ 老陰（基本卦）

図３B　八卦と区分

と名付けられました。（図3B）

八卦の中でも、「陽爻⚊」を3つ重ねた「乾（けん）」と、「陰爻⚋」を3つ重ねた「坤（こん）」は基本卦で、それぞれ「乾（けん）」を「**老陽**」と呼び、「坤（こん）」を「**老陰**」と呼びます。

そして「震（しん）」「坎（かん）」「艮（ごん）」を「**小陽**」、「巽（そん）」「兌（だ）」「離（り）」を「**小陰**」と呼びます。

この

「**老陽**」

「**老陰**」

「**小陽**」

「**小陰**」

という4つのグループ分けは「**易卦**」を出すために重要になりますので、覚えてください。

●六十四卦（ろくじゅうしか）

「**八卦**」である「乾（けん）」「兌（だ）」「離（り）」「震（しん）」「巽（そん）」「坎（かん）」「艮（ごん）」「坤（こん）」という自然界の現象を基本原理として、八卦の中から2つの卦を組み合わせ、発現する現象に名称をつけたものが「**六十四卦**」です。八卦を2つ組み合わせるため「8×8＝64」となり64通りの易卦ができるわけです。（図3D）

この「六十四卦」は八卦を2つ組み合わせたものですから、八卦の3つの爻が組み合わさり「**六爻**（ろっこう）」の陰陽によって形成されています。

別名この六爻の形を「**大成卦**(たいせいか)」とも言います。ただしこの言葉は実践の段階では使いませんので無理に覚える必要はありません。(陰陽・八卦・六十四卦・六爻の各構成要素は覚えましょう)

●六爻(ろっこう)

六十四卦は、2つの卦の組み合わせのため、上側の八卦を「**外卦**(がいか)」、下側の八卦を「**内卦**(ないか)」と呼びます。

また6つの爻は下から「**初爻**(しょこう)」「**二爻**(にこう)」「**三爻**(さんこう)」「**四爻**(よんこう)」「**五爻**(ごこう)」「**上爻**(じょうこう)」という呼び方をします。(図3C)

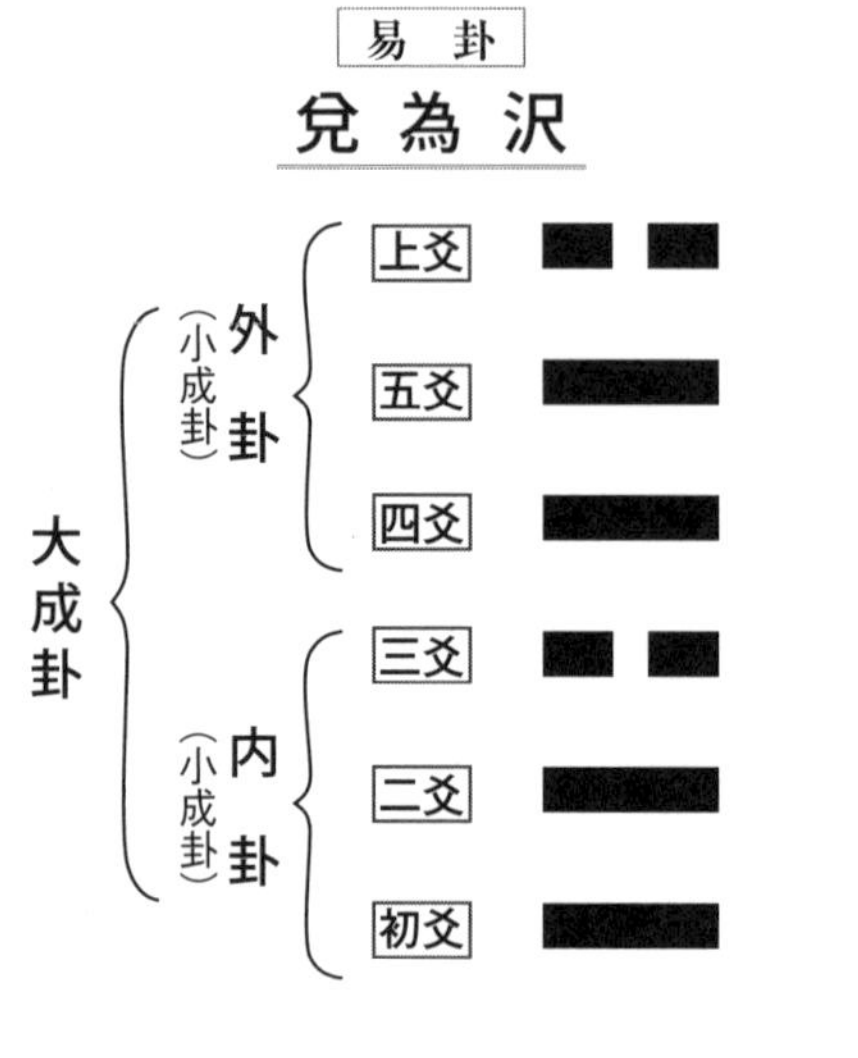

易卦

兌為沢

			爻	
大成卦	外卦(小成卦)		上爻	▅▅ ▅▅
			五爻	▅▅▅▅▅
			四爻	▅▅▅▅▅
	内卦(小成卦)		三爻	▅▅ ▅▅
			二爻	▅▅▅▅▅
			初爻	▅▅▅▅▅

図3C　大成卦の構成

この呼び方は断易解読では非常によく使用するので、覚えてください。

次頁に図3D「六十四卦」があります。

この「六十四卦」に地支(十二支)を納めたものが**納甲卦**となり、断易では必須の道具となります。

坤	艮	坎	巽	震	離	兌	乾	外卦／内卦
地天泰	山天大畜	水天需	風天小畜	雷天大壮	火天大有	沢天夬	乾為天	乾
地沢臨	山沢損	水沢節	風沢中孚	雷沢帰妹	火沢睽	兌為沢	天沢履	兌
地火明夷	山火賁	水火既済	風火家人	雷火豊	離為火	沢火革	天火同人	離
地雷復	山雷頤	水雷屯	風雷益	震為雷	火雷噬嗑	沢雷随	天雷无妄	震
地風升	山風蠱	水風井	巽為風	雷風恒	火風鼎	沢風大過	天風姤	巽
地水師	山水蒙	坎為水	風水渙	雷水解	火水未済	沢水困	天水訟	坎
地山謙	艮為山	水山蹇	風山漸	雷山小過	火山旅	沢山咸	天山遯	艮
坤為地	山地剥	水地比	風地観	雷地豫	火地晋	沢地萃	天地否	坤

図３Ｄ　六十四卦一覧表

3　その他断易で使用する基本用語

※ここで紹介する用語は非常に重要なので覚えてください。

●納甲（なっこう）

ここまで何度か出てきましたが、八卦を2つ組み合わせて形成された「**六十四卦**」に対して断易では、吉凶判断の要となる十干十二支（**干支**）や各爻の役割を定める「**六親五類**（りくしんごるい）」を配置します。それを「**納甲**」と呼びます。図3Eのように六十四卦の六爻の左右に地支（十二支）や六親五類を配置して表記します。

●六親五類（りくしんごるい）

断易において、占うテーマごとに主役となる爻を決定するのに重要な要素が「六親五類」です。図3Eを見ると、各爻に「兄弟」「子孫」「妻財」「官鬼」「父母」および「世爻」「応爻」という六親五類が配置しています。

例えば、金運などを占う場合は「妻財」という役割をしている爻が主役（**用神**と呼びます）となり、妻財のある爻の地支を主役として吉凶を求めることになります。

「六親五類」は断易判断では重要な要素となります。

●納甲表（なっこう）

最初は「納甲」「六親五類」と言われてもちょっと慣れない言葉が続くため難しく感じるかもしれません。しかし「六十四卦」の納甲はそれぞれの卦ですでに決定されており、別冊付録の「六十四卦 断易納甲表」にリストアップされています。易卦の立て方を覚えればすぐに探すことが可能でしょう。

ちなみに台湾では、この納甲表に記されている六十四卦の納甲を、納甲表を見ずに暗算で出せないとプロではないと言われることがあります。実は納甲の仕組みが判れば、納甲を覚えるのはそれほど難しいことではないのですが、それは占えるようになってからでも十分なので、最初はまず納甲表から探し出せるようにしましょう。

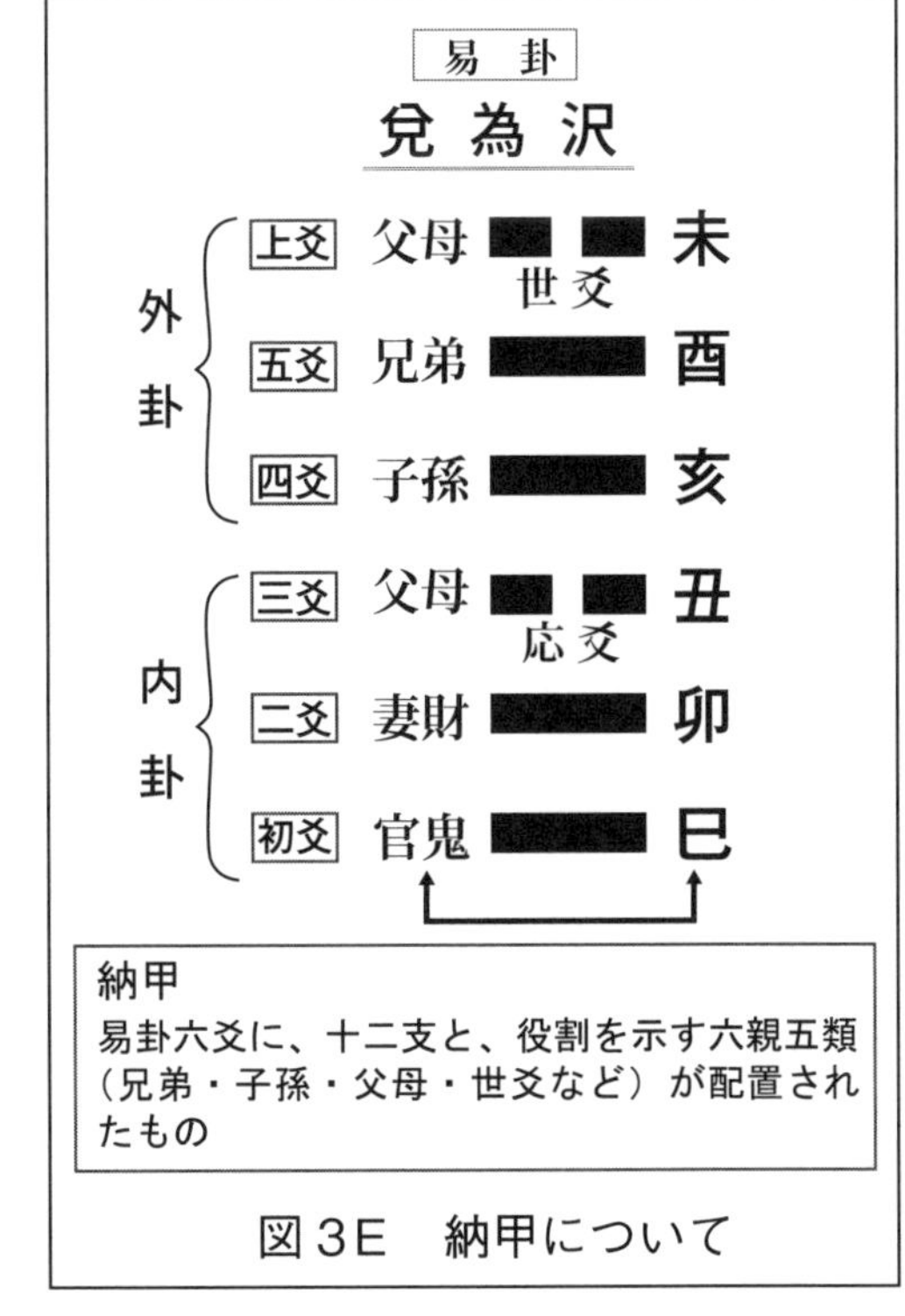

図３E　納甲について

●用神（ようじん）

断易では、占うテーマによって中心になる爻が六親五類によって決定します。その中心となる主役の爻を占断の要として「用神」と呼びます。断易はこの用神が決定できないと精度の高い占断ができません。用神については第七章で詳しく説明します。

●本卦（ほんか）

コインやサイコロによって立卦した卦のことを「**本卦**」と呼びます。占断の中心となる卦です。

●之卦（しか）

之卦と書いて「しか」「これか」などと呼びます。「爻が動く」ことで発生する卦で、本卦が現状だとすると之卦はその後の変化などを表します。

【まとめ】

断易を始めるにあたり、易学や八卦に対してある程度知識が必要ですが、最初はまず基本的な成り立ちを知るだけでも十分です。まずは断易を立てるために八卦の名称や六十四卦の成り立ちを知りましょう。

むしろ断易判断ができるようになってからが学びの本番・本格的な易学理解を深める必要があります。

次の章では断易の立て方を学び、断易判断をする準備を始めましょう。

第四章　立卦（りっか）法

1　断易の出し方（立卦（りっか））

●卦（か）を立てる前に準備すること

本章ではまず、占断のために易卦を出す方法を学びます。十二支を易卦に配置する納甲は次章で学びます。最初にサイコロやコインを使用して六爻の陰陽を出して、正しく易卦を出せるようになる必要があります。

正しく易卦が出せれば、後は納甲表を見て十二支や六親五類を記入すれば占断の準備は完了します。

立卦をする前に、易卦と占う年月日をノートに記入して占断準備をする必要があります。

【準備するもの】

①記入用ノート（または断易チャート：図４Ａ）

②暦（市販の万年暦）

③卦を立てる道具としてサイコロやコイン

④納甲表（別冊付録）

まず①ですが、初心者の方は巻末にある断易チャートを切り取り、A4コピー用紙に拡大コピーして活用してください。人間は同じレイアウトで何度も勉強していると学習速度が上がりますし、絵的なイメージがつき早く覚えられます。すでに独学されていたり、別の先生について学習している人は、ご自身の慣れたレイアウトがあると思いますので、そちらを活用された方が良いでしょう。

続いて②の暦ですが、占術専門の書店などには「万年暦」と呼ばれる暦があるので、1冊所持しておくと便利です。

③の卦を立てる道具に関しては、後で詳細に説明します。

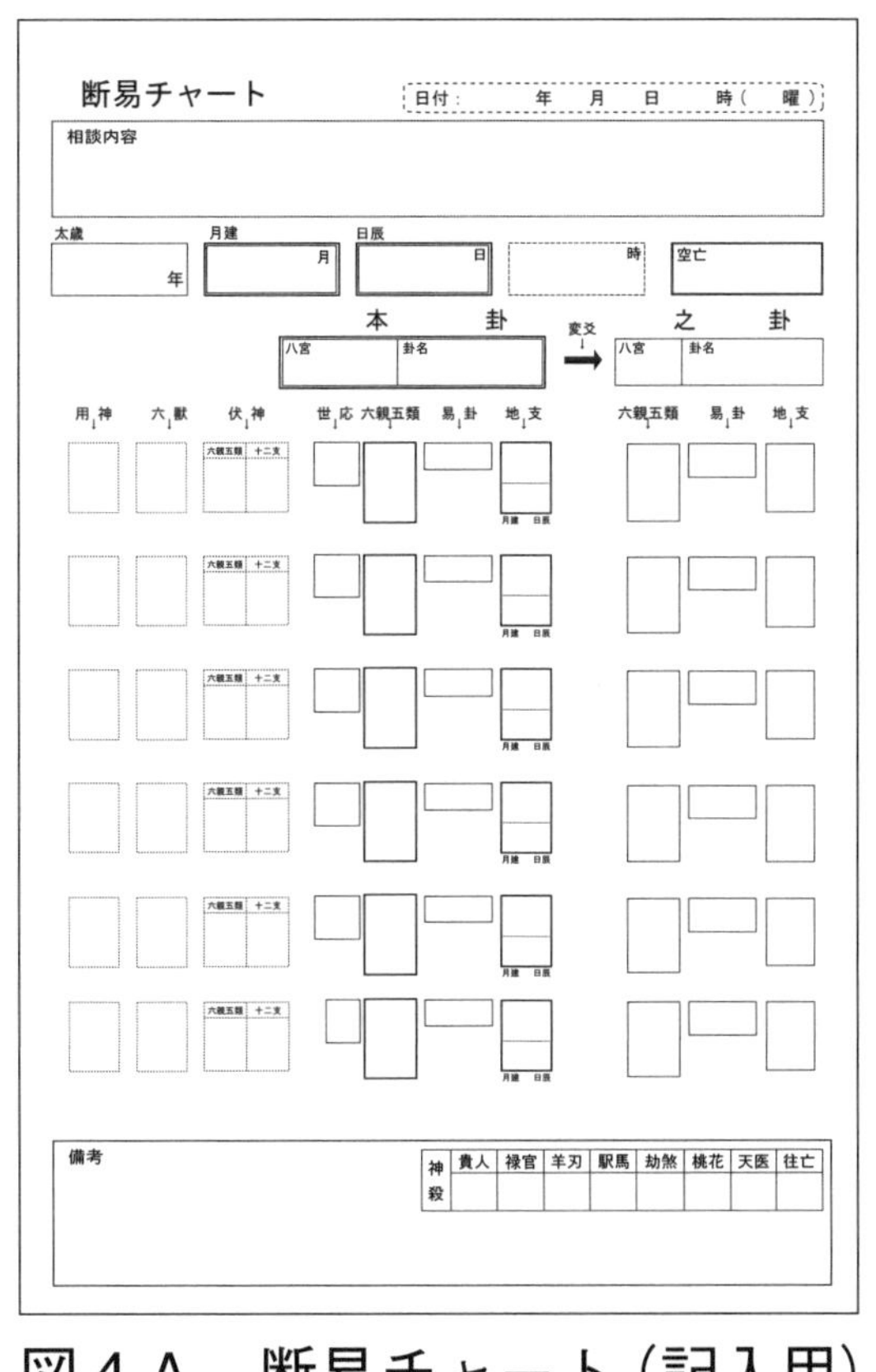

図４Ａ　断易チャート（記入用）

最後に④の納甲表ですが、六十四卦の納甲（6つの爻の十二支と六親五類）がすべて記入されていますので、易卦が探せるようになれば、それを書き写すことですぐに占断に移れます。本書では別冊付録として付いています。

2　立卦（立筮）とは

「**立卦**」または「**立筮**」とは、サイコロやコインなどを使用して易卦を出す行為をさします。

立卦の道具としてサイコロ（八面体や六面体）や古銭、米粒、筮竹、碁石など様々ありますが、どれを使用するにせよ、「**四象**（**老陰・老陽・小陰・小陽**）」を導き出すことが基本のルールです。

そのためまずは、「四象」と「八卦」の概念を復習してから立卦法を学んでいきましょう。

●四象と八卦の関係

前章の「**八卦**」でも出てきましたが、**四象**（老陰・老陽・小陰・小陽）と**八卦**（乾・兌・離・震・巽・坎・艮・坤）の関係を再度確認しましょう。31頁の図3Aでは八卦の成立順に紹介していますが、ここでは四象が判りやすいように**老陰・老陽・小陰・小陽**別に並び替えた表を使用します。

八卦	自然	形	四象の区分
乾	天	☰	陽爻が３つ **老陽**
震	雷	☳	陽爻が１つ、陰爻が２つの小成卦。 １つしかない陽爻がリーダーとなり ２つの陰爻を従える卦象。 **小陽**
坎	水	☵	
艮	山	☶	
巽	風	☴	陰爻が１つ、陽爻が２つの小成卦。 １つしかない陰爻がリーダーとなり ２つの陽爻を従える卦象。 **小陰**
離	火	☲	
兌	沢	☱	
坤	地	☷	陰爻が３つ **老陰**

図４Ｂ　八卦・自然・四象区分

図４Ｂのように、八卦の中でも「**乾**」は**老陽**、「**坤**」は**老陰**であり、特別です。そして「**震**・**坎**・**艮**」の３つの卦は**小陽**、「**巽**・**兌**・**離**」の３つの卦は**小陰**と区分されます。

このように八卦のグループは４つの区分（**四象**）に分けられるわけです。

具体例で説明しましょう。３枚のコインを用意し（八卦の３つの爻を意味します）、表側を「陽⚊」、裏側を「陰⚋」とします。

コイン３枚を投げて、出た目が「表・表・表」ならば「陽⚊・陽⚊・陽⚊」となり、卦の形は「☰」、すなわち「老陽」です。

同じようにコインを投げて、出た目が「裏・裏・表」ならば、「陰⚋・陰⚋・陽⚊」。陽⚊が１つ、陰⚋が２つなので卦の形は「☳（八卦の震）」、すなわち「小陽」です。

●四象が表す陰陽の結果

コイン（３枚）や八面サイコロ（１個）で立卦をする場合は、六十四卦の六爻を出すために、先ほどの投げる行為を6回繰り返します。

その結果、どの**四象**が出たかによって**陰陽**が決定します。それが図4Cです。

小陽の形「**陽が1つ、陰が2つ**」になれば「**陽⚊**」を表し、小陰の形「**陰が1つ、陽が2つ**」になれば「**陰⚋**」となります。（易は小決、少ない方が主役）

八卦	形	結果	四象	記号
乾	☰	（陽が後に変じて陰となる）⚊ ⇒ ⚋	老陽	○
震	☳	（陽となる）⚊	小陽	⚊
坎	☵			
艮	☶			
巽	☴	（陰となる）⚋	小陰	⚋
離	☲			
兌	☱			
坤	☷	（陰が後に変じて陽となる）⚋ ⇒ ⚊	老陰	×

図4C　四象区分の表記

そして非常に重要なのが、**老陽**と**老陰**です。**小陽**と**小陰**と違い、老陽と老陰は**変化・動き**がでてくるのです。

「**陽が3つ**」は**老陽**ですが、「老陽は陽⚊になるがその後に陰⚋に変わる」のです。

老陰も同じく「陰⚋になるがその後に陽⚊に変わる」となります。

易学の要で基本卦である老陽・老陰は陰陽の極みであり、「**陽が極まれば後に陰になる**」という概念があります。同じく老陰は陰の極みなので「**陰が極まれば陽に変じる**」のです。

これは、断易の中で「爻が動く（**動爻**）」という口ジックを作る重要なポイントです。

断易では、この最初に立卦された卦を「**本卦**（ほんか）」、そして爻が動くことでできる卦を「**之卦**（しか）」と呼びます。

●古銭（コイン）が主流の台湾、八面サイコロ主流の日本

台湾では断易と言えば古銭を用いて立卦するのが普通です。

これに対して日本では八面サイコロを用いる方が主流です。

コインを用いる断易家も多いですが、本書では八面サイコロによる立卦をメインに解説しています。

また立卦法として八面サイコロを6回振る「**中筮法**」を採用しています。（これは後述します）

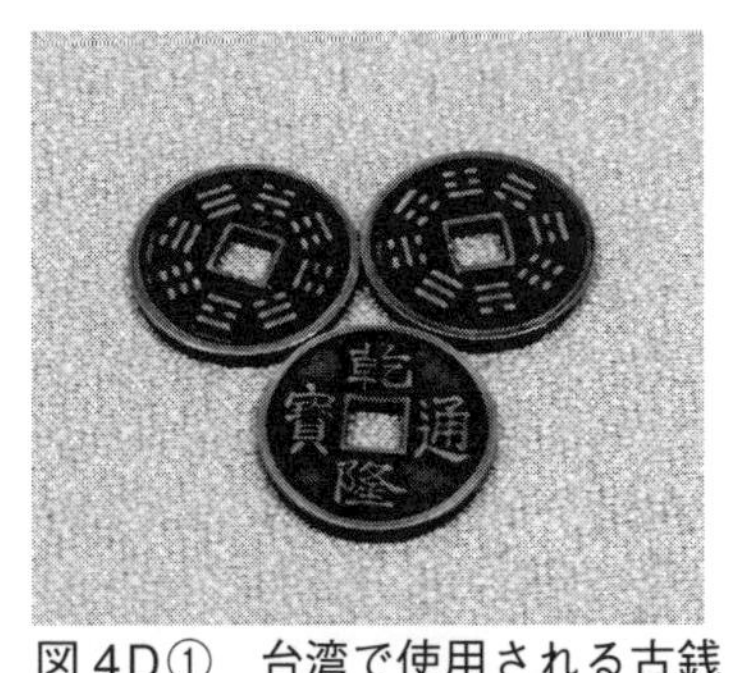

図4D①　台湾で使用される古銭

図4D②　八面と六面のサイコロ

続いて、立卦法の種類や道具について具体的にみていきましょう。

3　具体的な立卦の方法（中筮法）

立卦の方法は様々ありますが、本書では台湾・香港で主流の「**中筮法**」をメインに説明していきます。その後に「**略筮法**」「**四遍筮法**」「**時間立卦法**」「**無筮立卦法**」など、日本で多く用いられている方法を紹介いたします。

「**中筮法**」では、コインやサイコロを用いて「四象（老陰・老陽・小陰・小陽）」を導き出し、6つの爻の陰陽を決定していきます。つまりサイコロなら6回振り投げることになります。

今回は最初に「八面八卦サイコロ」を用いた「中筮法」を紹介していきます。日本では非常にポピュラーな方法であり、サイコロ1つで気軽にできます。

※八卦の八面サイコロは近年ネットでも購入可能ですが、数字の八面サイコロでも対応可能です。後述する表で数字と八卦の対応がありますので、そちらを参考にしてください。

●本卦と之卦

具体的な立卦方法の前に、断易の構造の再確認として「本卦」と「之卦」の説明をしておきます。

サイコロやコインを振って立卦した場合、「老陰」「老陽」という「爻が動く（動爻）」が出てくると、爻が変わった2つの卦ができることになります。

その元の卦が「**本卦**」で、断易における吉凶判断の中心になります。

これに対して爻が変わってできた卦が「之卦」です。「之卦」は時間的変化や吉凶に動きを作り出します。

図4Eではサイコロを振って出た卦が**坤為地**で、これが「**本卦**」です。そして四爻が「老陰」で「陰が陽に動く」ため、坤為地の六爻の内で四爻のみを陽に変えると**雷地豫**の卦に変わります。これが「**之卦**」です。

ただ「老陰」「老陽」が出ない場合は「之卦」は現れなくなり「本卦」のみになります。これを「**不変卦**」と呼びます。

立卦の段階では頻繁に「本卦」「之卦」という言葉が出てきますので必ず覚えておいてください。

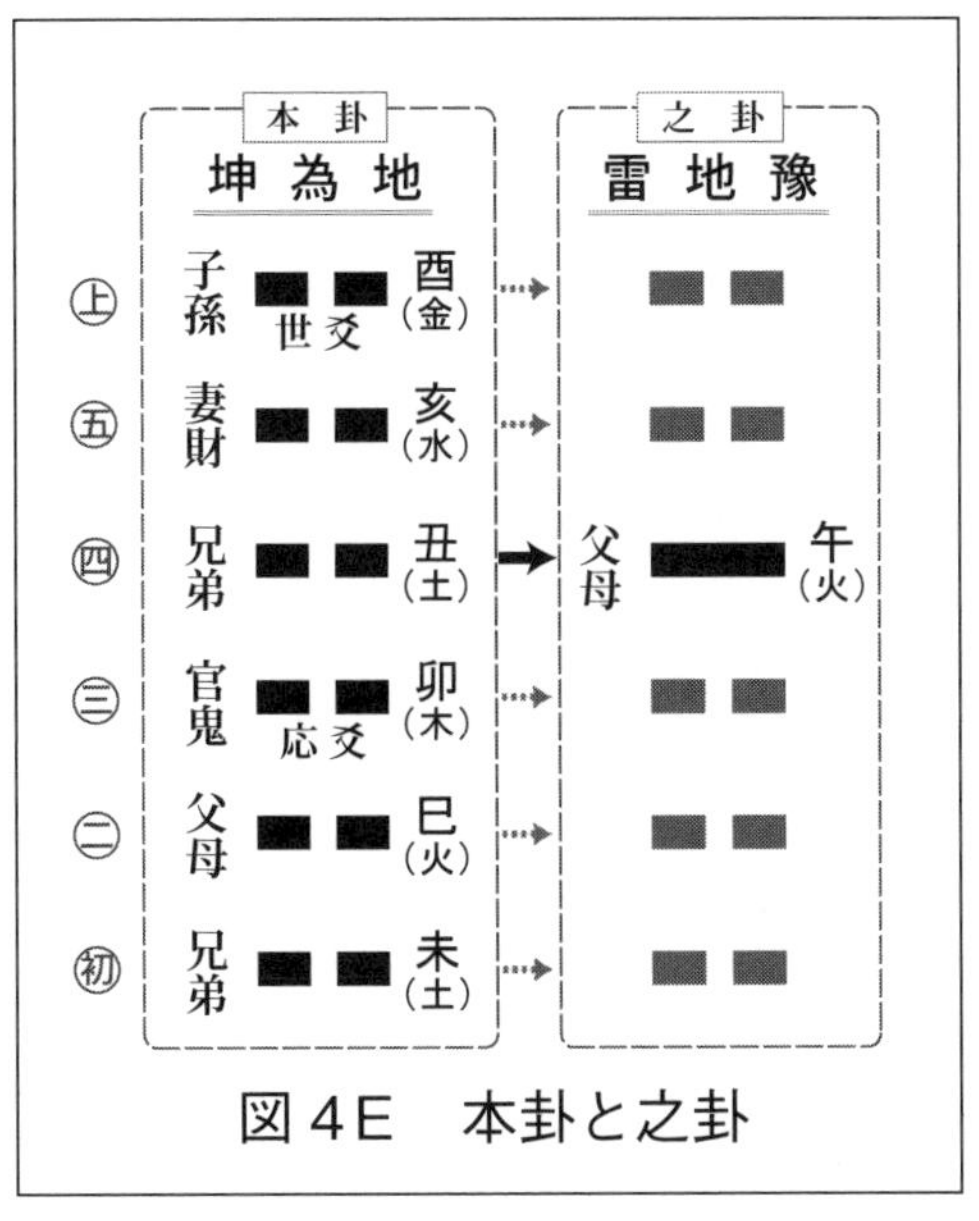

図4E　本卦と之卦

●八面サイコロを使用した中筮法の立卦（骰子立卦法）

中筮法は六爻を一爻ずつ出していくため、八面サイコロを6回振ることになります。一つひとつの爻を別々に出すため、正しい立卦がしやすい方法です。

【手順】

①**本卦を出す**：最初に本書に付随している断易チャート（またはノート）に、占っている年・月・日の干支を**万年暦**などで調べて書き込んでおきます。立卦とは関係ないのですが、これは占う時の癖にしてください。続いて占いたいテーマ（占的と言います）を心に思い描いて、集中しながら手に持っていたサイコロを振り投げます。（図4F　投げ方は流派によって差があります）

②まず占断の基本となる本卦を出します。八面サイコロは6回続けて振ります。易では最初に振って出た卦が一番下の爻である「初爻」になります。続けて「二爻」➡「三爻」➡「四爻」➡「五爻」そして最後の6回目に振った卦が「上爻」にあたります。

1．サイコロ1つを片手で握り額の前に上げ、占的・占事を唱えイメージする

撮影モデル：氏家康成（俳優）

2．集中し意識が整ったら、20～30㎝上からテーブル又は受け皿にサイコロを落とす

3．上記を6回繰り返す

図4F　八面サイコロの立卦法

③例えば6回サイコロを振って「乾」⬇「震」⬇「艮」⬇「艮」⬇「巽」⬇「兌」の順番で出た場合、図4Gのような六爻の並びになります。

チャートには図4Gのように六爻を記入していきます。

ここで、付録の納甲表を開きましょう。六十四卦配宮表1（2頁）から図4Gの卦になるものを探しましょう（図4H）。内卦が下から「老陽（乾）⚋・小陽（震）⚊・小陽（艮）⚊」なので☰となり、内卦「天（乾）☰」です。外卦は下から「小陽（艮）⚊・小陰（巽）⚋・小陰（兌）⚋」なので☳となり、外卦「雷（震）☳」です。

④六十四卦表で内卦「天（乾）」・外卦「雷（震）」の六十四卦は「**雷天大壮**（らいてんたいそう）䷡」という卦になります。

これを断易では「**本卦**」と呼び、判断の要となります。（図4I）

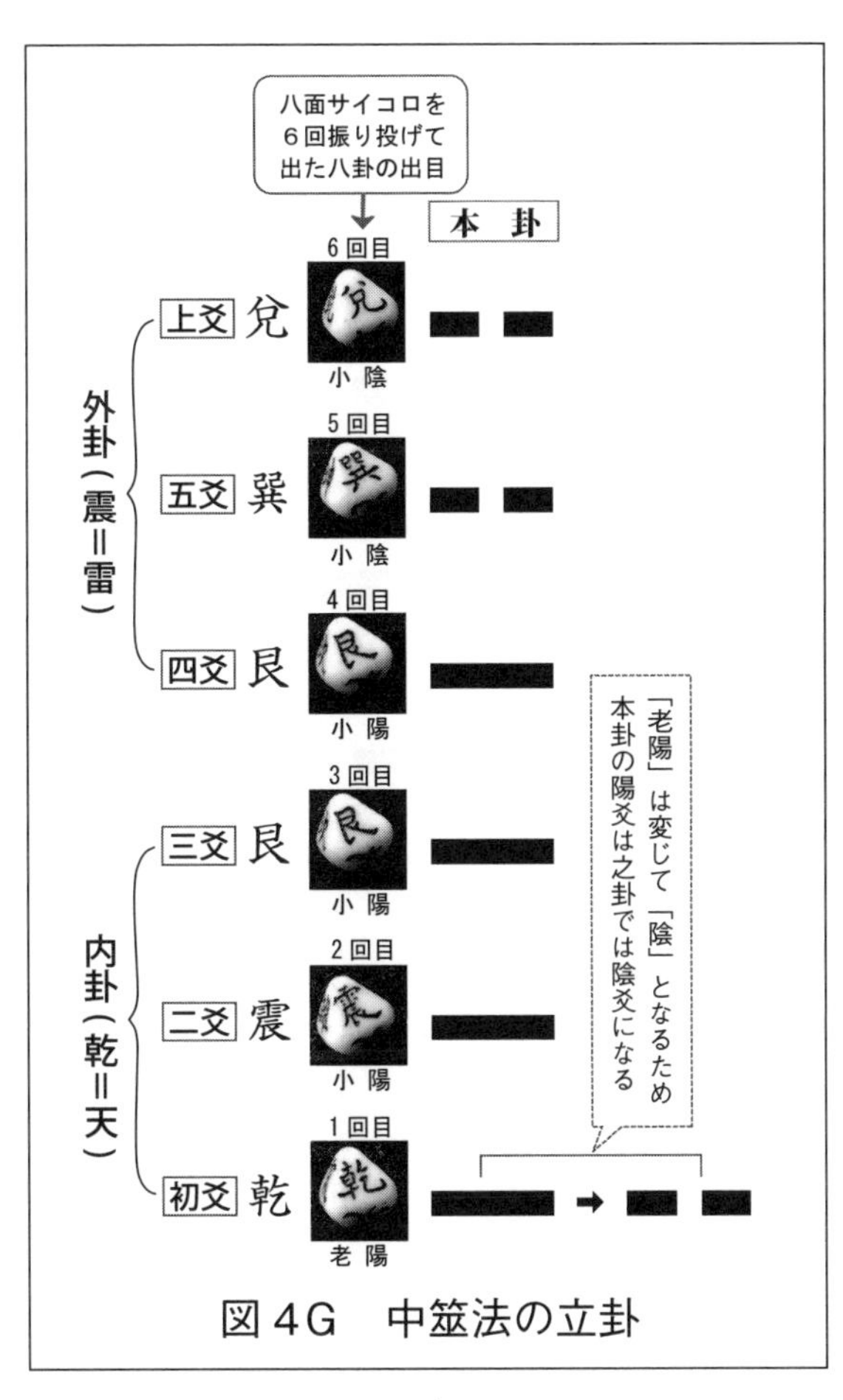

図4G　中筮法の立卦

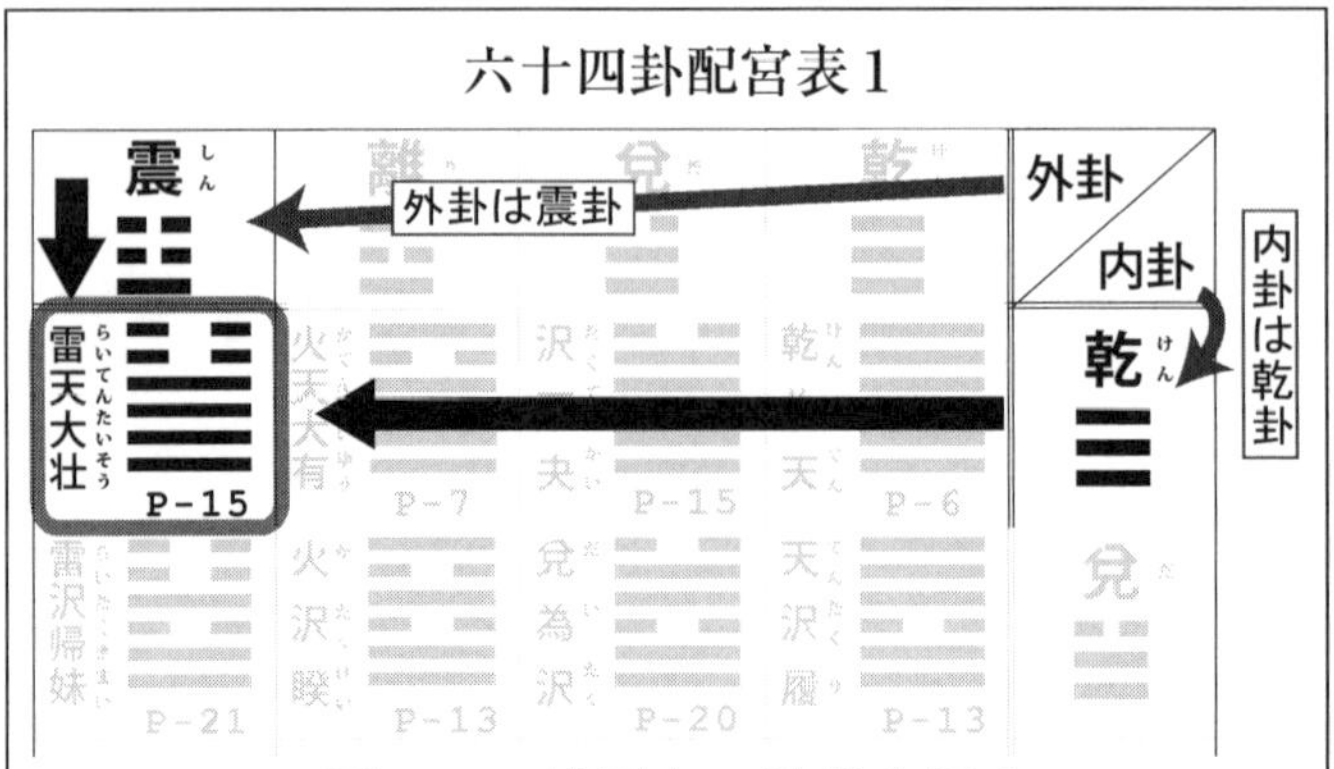

⑤之卦を出す：本卦は決定したので、続いて「**之卦**」を探します。立卦したときに初爻が老陽だったため陰爻に動きます。すなわち図4Iのように「初爻」が老陽のため「**陽が後に陰となる**」と動きます。この時、他の爻は陰陽の変化がないため初爻を陰⚋に変えてできた六十四卦を探します（図4J）。内卦が「天（乾）☰」から「風（巽）☴」に変わり、外卦「雷（震）☳」で変化しません。この内卦・外卦の組み合わせを探すと六十四卦「**雷風恒**䷟」です。この卦を「**之卦**」といい、時系列上の動きや本卦に影響をもたらす卦として判断します。

六十四卦配宮表1

震　外卦は震卦　外卦　内卦　内卦は乾卦　乾

雷天大壮　P-15

図４H　納甲表で易卦を探す

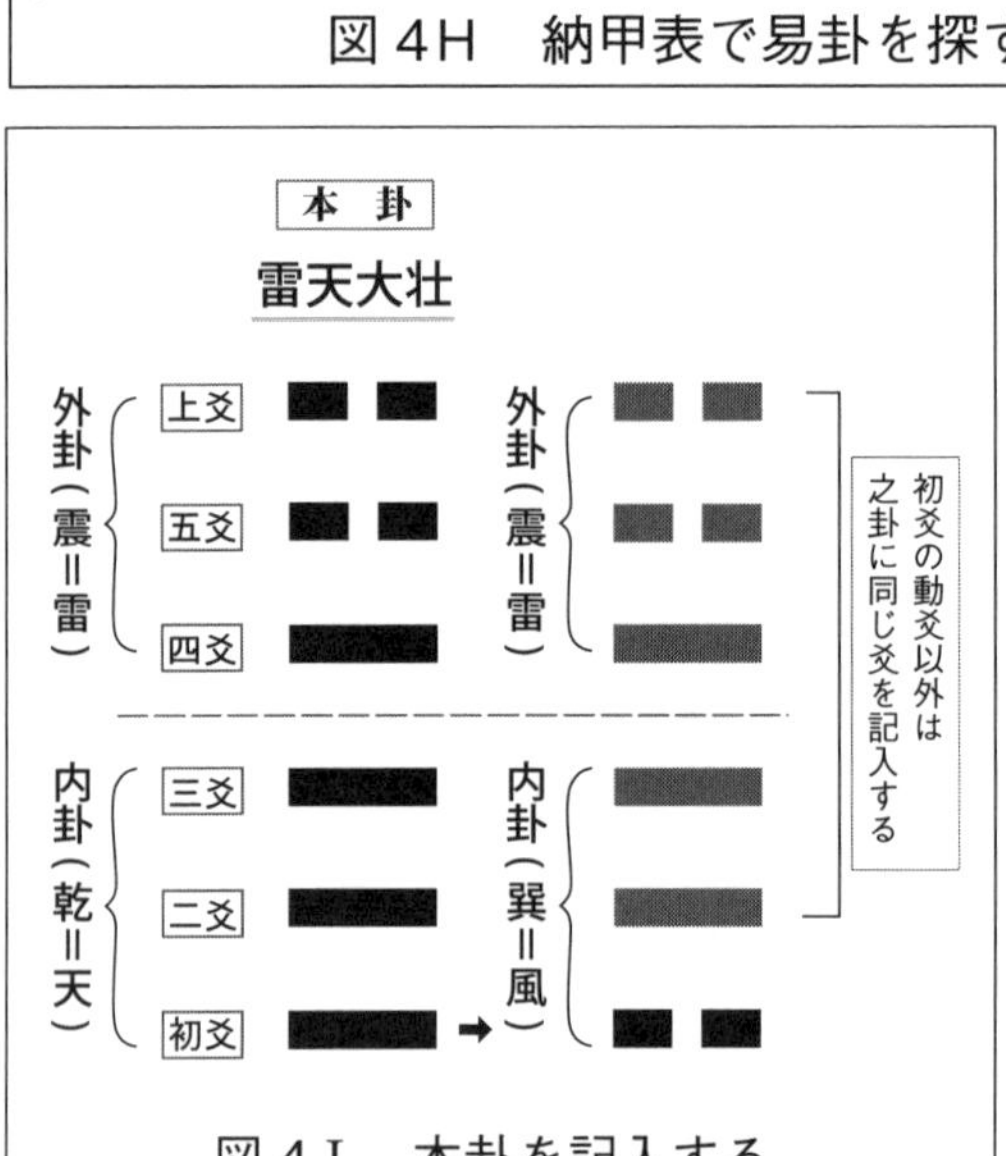

図４I　本卦を記入する

この之卦を記入すると図4Kのようになります。

これで易卦が出せました。

以上の易卦を断易チャートに書き入れ

てください。

続いて、納甲表を見ながら「納甲」を行いますが、まず立卦の仕方を覚えましょう。

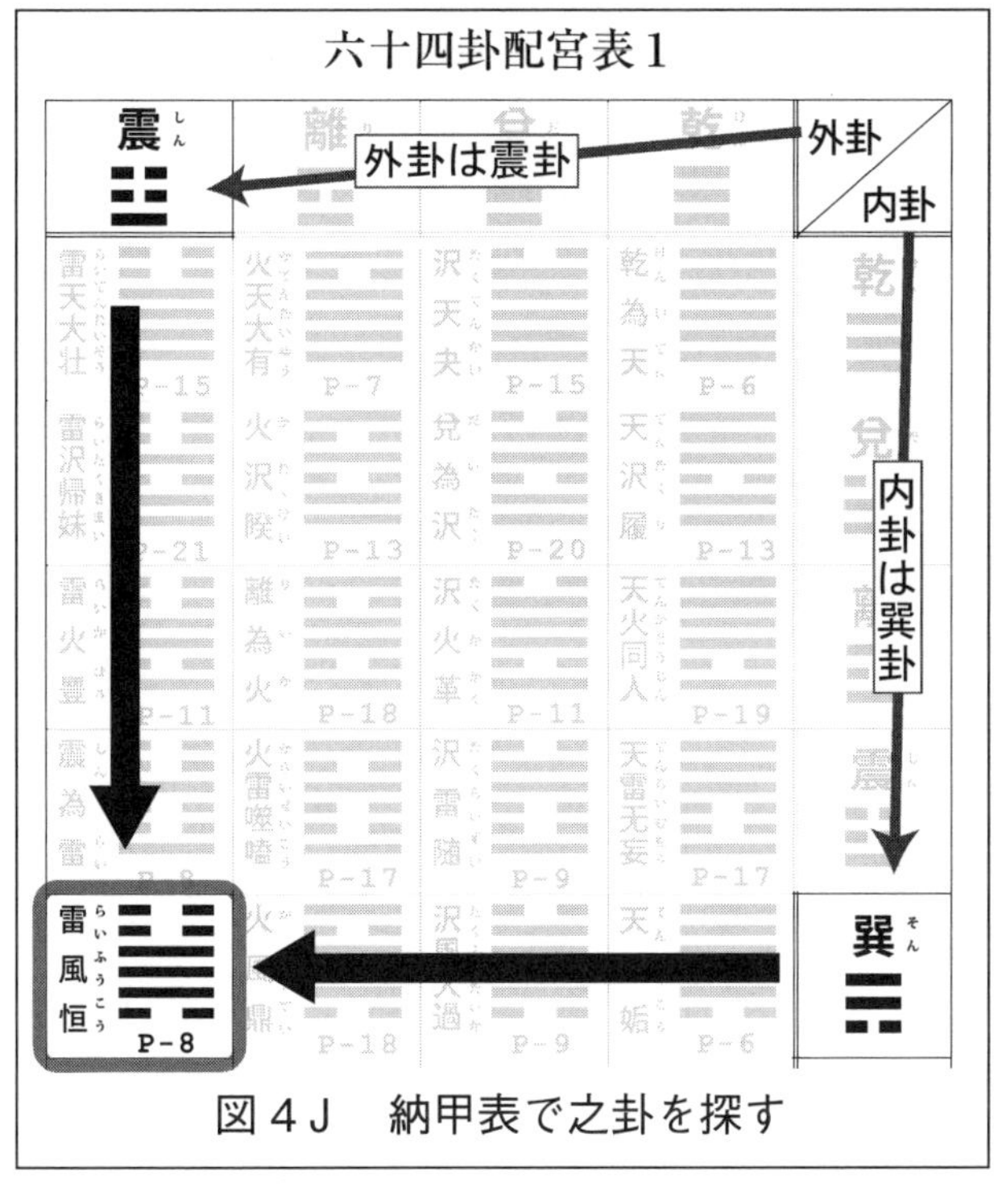

図４Ｊ　納甲表で之卦を探す

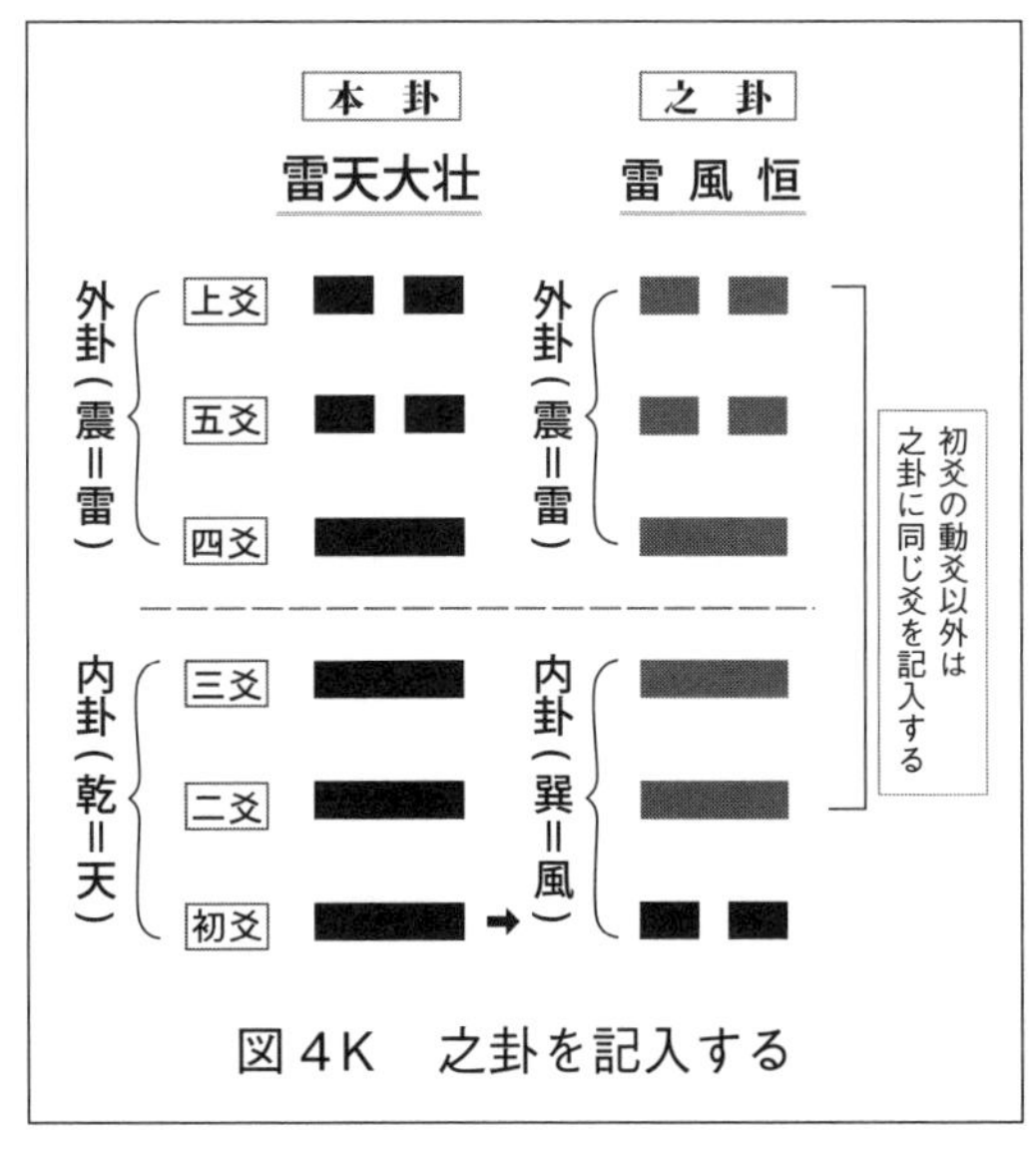

図４Ｋ　之卦を記入する

●コイン3枚を使用した中筮法の立卦（擲銭立卦法）

続いて、八面サイコロとともに代表的な立卦法としてコイン3枚を使用した方法を紹介します。先ほどと同じように中筮法は六爻を一爻ずつ出していくため、6回コインを投げることになります。

【手順】（写真解説は図4N）

八卦	数字	コイン（3枚）	六面サイコロ（3個）	四象
乾 ☰	1	表・表・表	奇数・奇数・奇数	老陽
震 ☳	4	表・裏・裏	奇数・偶数・偶数	小陽
坎 ☵	6			
艮 ☶	7			
巽 ☴	5	裏・表・表	偶数・奇数・奇数	小陰
離 ☲	3			
兌 ☱	2			
坤 ☷	8	裏・裏・裏	偶数・偶数・偶数	老陰

図4L　コインと四象の対応

①最初に本書に付随している断易チャート（またはノート）に、占っている年・月・日の干支を万年暦などで調べて書き込んでおきます。

②続いて占いたいテーマ（占的と言います）を心に思い描いて、コイン3枚を両手の中で上下に振りながら投げます。

※コインは台湾では古銭を使用するのが普通ですが、日本では5円玉を使用することも多いです。その場合の表裏の決め方ですが「**数字が書いてある面を裏とする**」ということを覚えておいてください。コインや六面サイコロ3個使用の場合の四象の対応は図4Lをご覧ください。

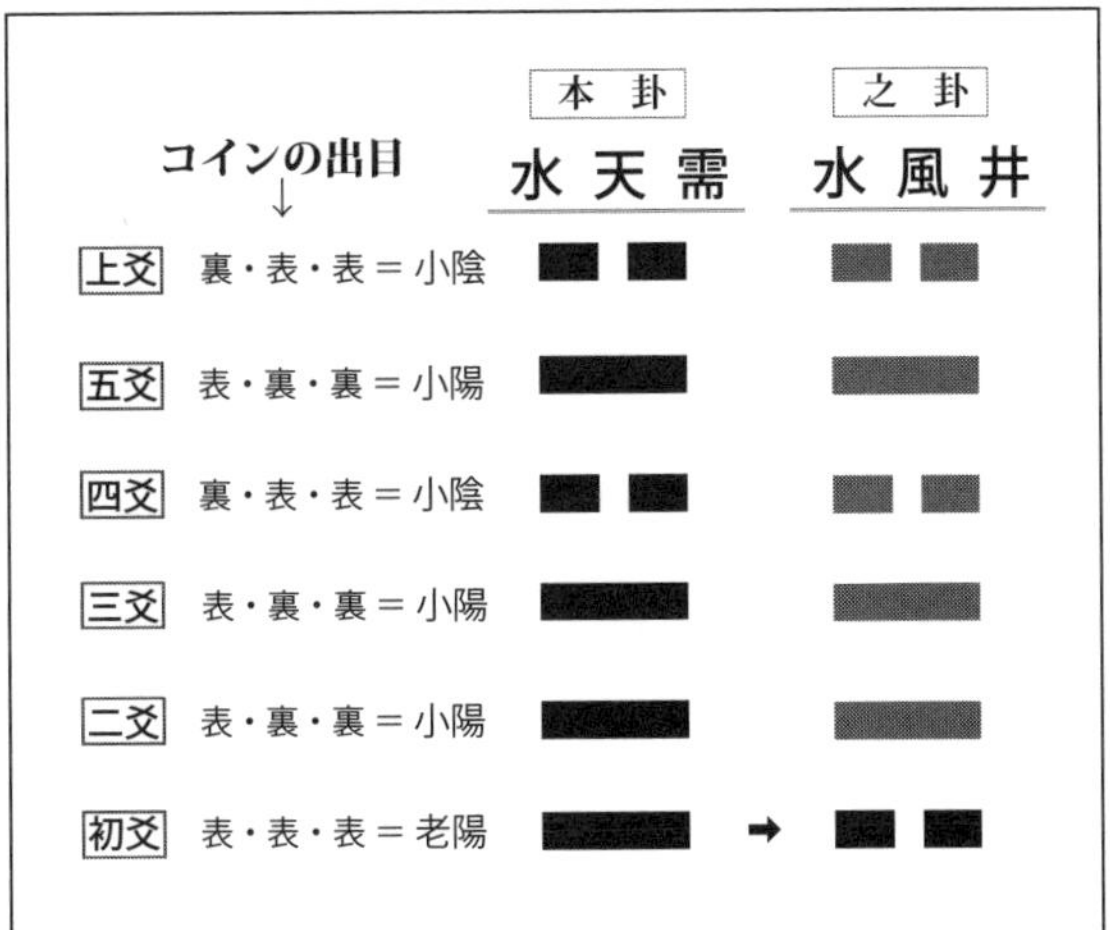

③集中しながら6回コインを投げます。最初の1回目が「初爻」となります。図4Mのように「表・表・表」ならば老陽となります。続いて「二爻」は「表・裏・裏」と出ましたので小陽。その後「三爻」は「表・裏・裏」で小陽、「四爻」は「裏・表・表」で小陰、「五爻」は「表・裏・裏」で小陽、最後に「上爻」は「裏・表・表」で小陰となりました。

④結果は「**水天需**（すいてんじゅ）䷄」が本卦となり、初爻が老陽で動くため之卦が「**水風井**（すいふうせい）䷯」となります。

	コインの出目	本卦 水天需		之卦 水風井
上爻	裏・表・表＝小陰	▅▅ ▅▅		▅▅ ▅▅
五爻	表・裏・裏＝小陽	▅▅▅▅▅		▅▅▅▅▅
四爻	裏・表・表＝小陰	▅▅ ▅▅		▅▅ ▅▅
三爻	表・裏・裏＝小陽	▅▅▅▅▅		▅▅▅▅▅
二爻	表・裏・裏＝小陽	▅▅▅▅▅		▅▅▅▅▅
初爻	表・表・表＝老陽	▅▅▅▅▅	➡	▅▅ ▅▅

図4M　コイン立卦 例

以上のように八面サイコロとコインによる立卦を紹介しましたが、その他に六面サイコロ3個での立卦や数字八面サイコロの立卦などがよく使用されます。これらの道具の出目と四象の対応に関しては図4Lに記載していますので、ご自身に合った道具を選んで立卦してみてください。

1. 額の前あたりで古銭を両手で包み占的・占事を唱えながら集中する

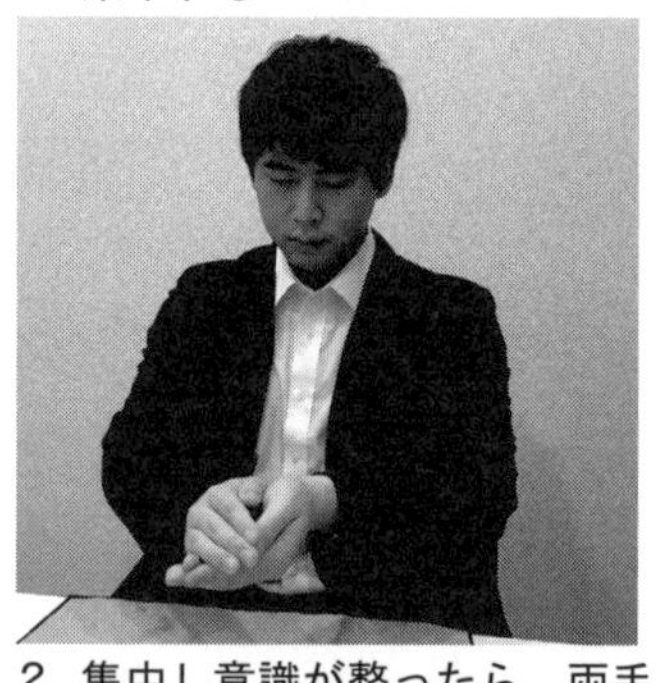

2. 集中し意識が整ったら、両手をみぞおち位まで下げる。両手の中で古銭を振る

3. 両手で包んでいる古銭をテーブルに落とす

図4N　古銭3枚での立卦法

4　中筮(ちゅうぜい)法以外の立卦(りっか)法

立卦の方法として「**中筮法**」の説明をしてきましたが、その他にも「**略筮法**」「**四遍筮法**」が日本では用いられる方法です。台湾でよく用いられる「**米粒占い**」では「略筮法」を立卦に使用することも多いようです。

●略筮(りゃくぜい)法

「中筮法」は六爻を出すために、6回サイコロやコインを振りますが、「略筮法」とは、2つの八面サイコロ（赤文字と黒文字の2種類）と六面サイコロ1個を使用して行います。

図40　略筮サイコロセット

赤文字サイコロと黒文字サイコロをそれぞれ内卦・外卦として、六面サイコロを六爻に対応させることで、一爻だけ「動爻」として之卦を出すことができます。

例えば、八面サイコロ2つと六面サイコロ1つを振って図4Pのように出たとします。

内卦の八面サイコロは「離」が出ています。外卦は「兌」です。そして六面サイコロは「初」と出ています。内卦が「離☲」外卦「兌☱」ですので、付録納甲表必携2頁の六十四卦配偶表1で「䷰」を探すと「沢火革」という六十四卦となり、本卦は「沢火革䷰」となります。そして六爻サイコロは「初（爻）」なので、初爻の「陽⚊」が「陰⚋」に変爻し、内卦は「離」から「艮」に動きます。動いてできた之卦は「沢山咸䷞」となり、図4Pの形になります。

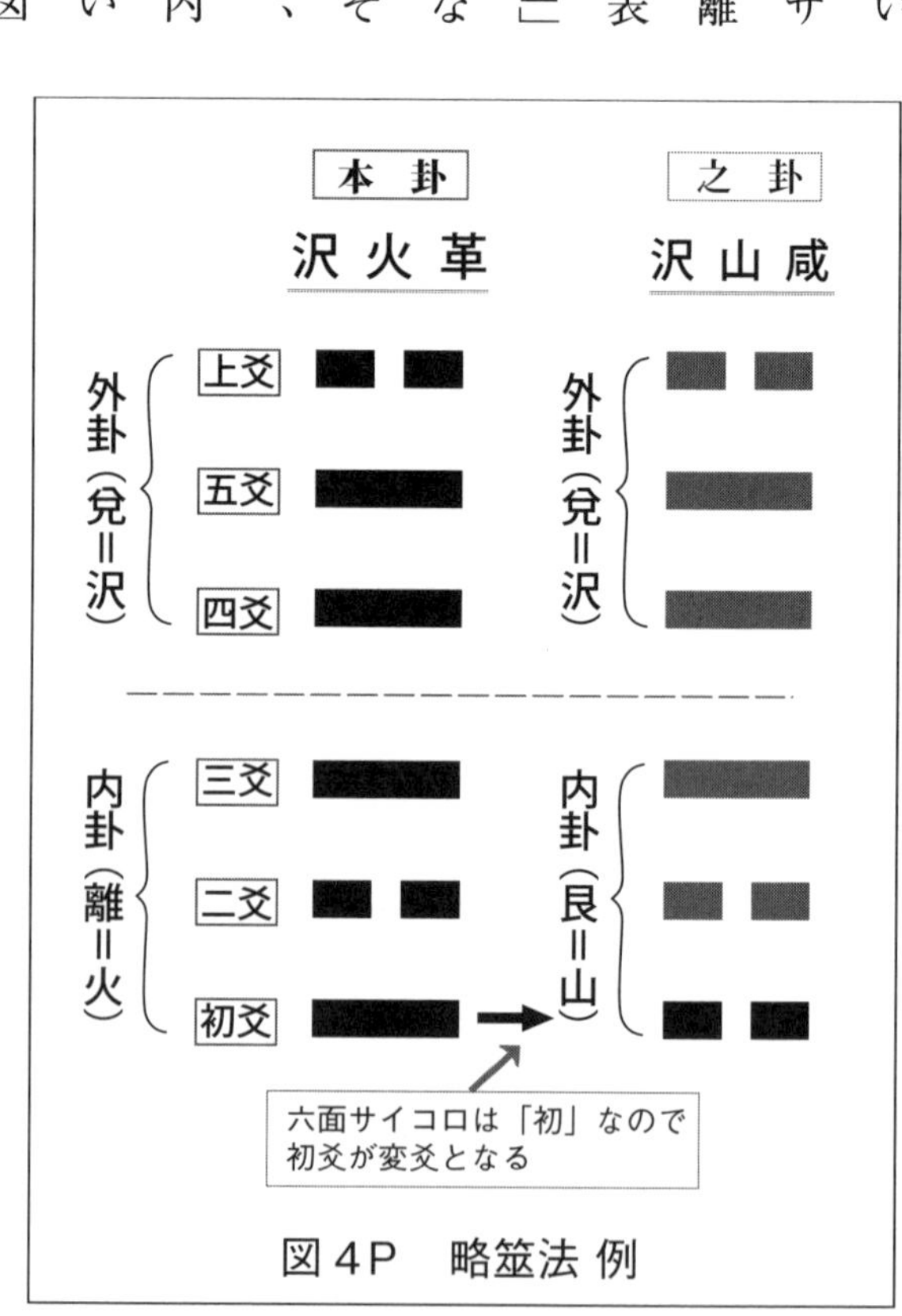

図4P　略筮法例

略筮法の問題

一見すると略筮法は便利で使い勝手が良さそうなのですが、一つの問題を孕んでいます。中筮法と違って常に一爻しか変爻しないため、断易の技法で重要な「伏吟」「反吟」（解説は198頁）が絶対に起こらなくなり、断易ロジックとして中途半端な技法になってしまうのです。そのため、簡素で日常的な問いに使用する分には良いですが、重要な案件では本格的な断易ロジックが成立せず問題が生じやすいことになります。したがって立卦の基本は「中筮法」「四遍筮法」とするのが適切です。

●四遍筮法（しへんぜい）

「四遍筮法」は著者の知る限り関西の周易研究者である紀藤元之介師が発案した立卦法のようです。もともとは周易の立卦法として知られていましたが、関西の断易家**易八大**師が断易立卦に使用することで、非常にポピュラーな立卦法として知られるようになりました。

使用するのは八面サイコロ2つだけです。この2つのサイコロを2回振り投げるのです。1回目が「本卦」となり、

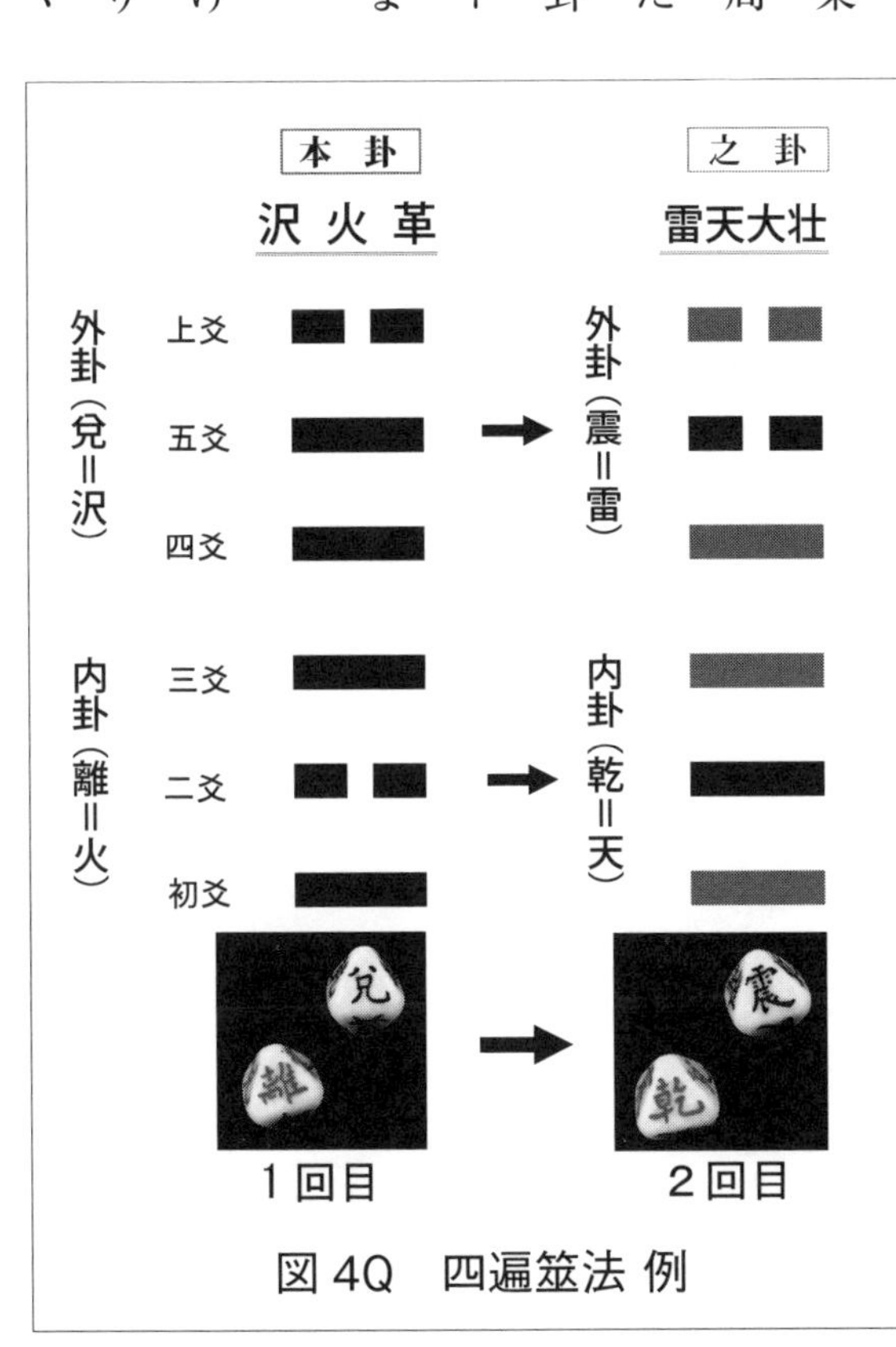

図4Q　四遍筮法 例

2回目が「之卦」となります。

この「四遍筮法」に関しては「四象」を用いず、「乾・震・坎・艮」を陽卦、「坤・巽・離・兌」を陰卦とする方法をとります

例えば、最初にサイコロを投げ振って、内卦のサイコロが「離☲」で外卦サイコロが「兌☱」ならば、納甲表で易卦を探して「沢火革䷰」、これが本卦です。

続いて2回目は内卦が「乾☰」で外卦が「震☳」ならば「雷天大壮䷡」、これが「之卦」となります。

これを易卦として表すと図4Qとなります。本卦と之卦の六爻を見比べてください。陰陽が変わっているのが二爻と五爻です。二爻・五爻が動いて変爻となっているのが判ります。

このように2つの八面サイコロで易卦が出せ、なおかつ略筮法の問題点をクリアできていることからも魅力的な立卦法です。

●時間立卦法（じかんりっか）

「時間立卦法」はその名の通り占った時間から立卦する方法です。断易ではあまり用いられず主に梅花心易で行われる立卦法です。具体的な立卦方法は割愛しますが、スポーツの勝敗や試験の合否を占う場合などに使用されたりします。例えばスポーツの勝敗では試合の始まる時間で立卦する方法などがあります。詳細をお知りになりたい方は梅花心易の書物などを参考にすると良いでしょう。

●無筮立卦法

「無筮立卦法」は、占う場にある物や動作などを八卦に当てはめて立卦する方法です。これは八卦と事象をつなげるだけの知識が必要で入門者向きではありません。ですが台湾や中国の易者間では非常にポピュラーな立卦法です。具体的な立卦方法は割愛しますが、興味のある方はまず周易や心易などで八卦事象を学ばれる必要があります。

【まとめ】

このように立卦に関して解説してきましたが、立卦の時点では八卦の成立から重要な「四象」と「六十四卦」を覚えてください。納甲表の見方は次章の「納甲」で詳しく紹介します。

この章では、立卦のやり方を知り、自分にとってシックリくる立卦法を見つけてください。

断易は陰陽五行論や干支学によって吉凶を判断しますが、易卦を出す段階の立卦がいい加減では占うべき適切な易卦が得られない場合があります。

どんなに五行論のロジックが判ったとしても、適切な易卦が出ていないことには的中も何もありません。

熟練者は最後に立卦に立ち返るというほど、立卦法や道具にこだわるものです。

5　特別な道具

これは断易のために日本で発明された立卦具で台湾や中国本土には存在しません。

「断易中興の祖」と呼ばれる**九鬼盛隆**（くきもりたか）師が考案したとされています。

●神蓍（しんし）

正式名称は「**神蓍**」ですが、通称「**断易箱**」という呼称で親しまれています。

長細い箱の中が6マスに仕切られていて、その中に6個の八面サイコロを入れることができるため、立卦するときに6回振る必要がなく、1回で立卦できてしまう便利な立卦具です。

主に関東圏の断易家は好んで使用しています。

図4Rの「神蓍」は著者が所有のもの。寄木細工で作っていただいた特注品です。

図4R　神蓍（しんし）（別名：断易箱）

「神蓍」も図４Ｓのように八面サイコロを使用する以外にも、１マスに六面サイコロを３個入れる方法もあります。

神蓍の振り方には幾種類かあり、図４Ｔ①の横に持つ方法と、図４Ｔ②の縦に持って振る方法があります。九鬼盛隆氏の著書では「竹刀のように」持って振るという表現で図Ｔ②の方法に触れているようですが、著書も含め多くの断易家はＴ①の方法で行う人が多いです。

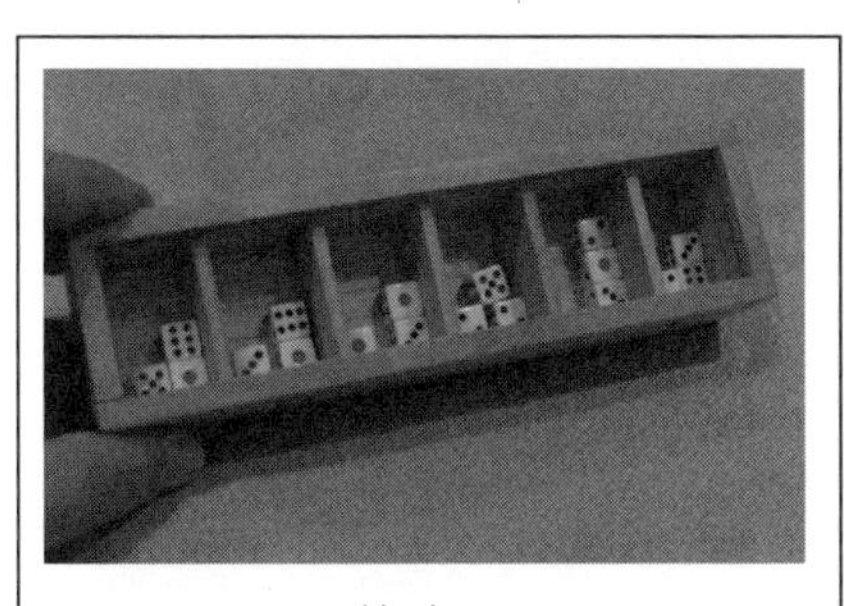

図４Ｓ　神蓍（六面サイコロ）

1．額の前あたりで神蓍を持ち占的・占事を心で唱え集中する

2．占的・占事を思いながら、数回神蓍を振る

3．振り終えたら、ゆっくりとテーブルに置き蓋を開けてサイコロを確かめる

図４Ｔ①
神蓍の立卦法　其の一

1．額の前あたりで神蓍を竹刀のように持ち占的・占事を心で唱え集中する

2．占的・占事を思いながら、頭上で振り、竹刀を打つように振り下ろす

3．神蓍を振り終えたら、ゆっくりとテーブルに置き蓋を開けてサイコロを確かめる

図 4T②
神蓍の立卦法　其の二

●円蓍（えんし）

これも日本で発明されたものではないかと思います。「円蓍」または「円蓍」と書きます。「円蓍」も色々なタイプがあり、そろばんの玉のような形状の立卦具です。現在は特注品を除き碁石を代用するのが一般的のようです。（図4U）

自作するならば、片面に「陽」、もう片面に「陰」と書くか、片面を黒文字、もう片面を赤文字で表し陰陽を区別します。

その碁石を3個用いて、コイン3枚のような使い方をするの

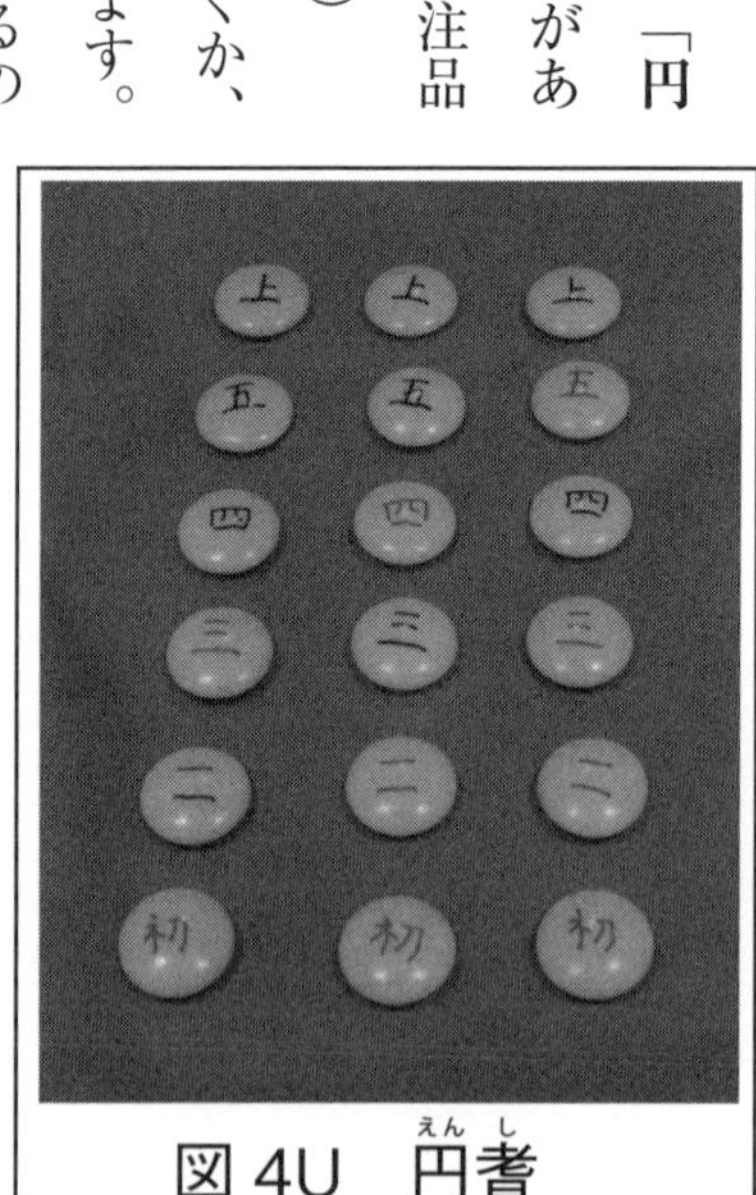

図 4U　円蓍（えんし）

です。昭和期の断易家である歌丸光四郎師は、3個×6で計18個の碁石を同時に投げて行っていた、といいます。

これら「**円著筮法**」は古くからあったようで、江戸後期の周易大家も使用していたようです。

著者も自身を占う時に円箸を使用することがありますが、大変珍しい立卦具で初心者向きではありません。

●神著を使わない特殊な八面サイコロ立卦法

これは、実は著者が好んで行っている立卦法です。

6個の八面サイコロを、神著を使用せずに立卦する方法です。

黒文字3個、赤文字3個、合計6個の八面サイコロのみで行います。黒文字サイコロを外卦、赤文字サイコロを内卦として、初爻用サイコロ～上爻用サイコロに判りやすいマークを付けています。（図4V）

そして直接6個のサイコロを手に取って、ダイストレーや皿に振ります。（図4W）

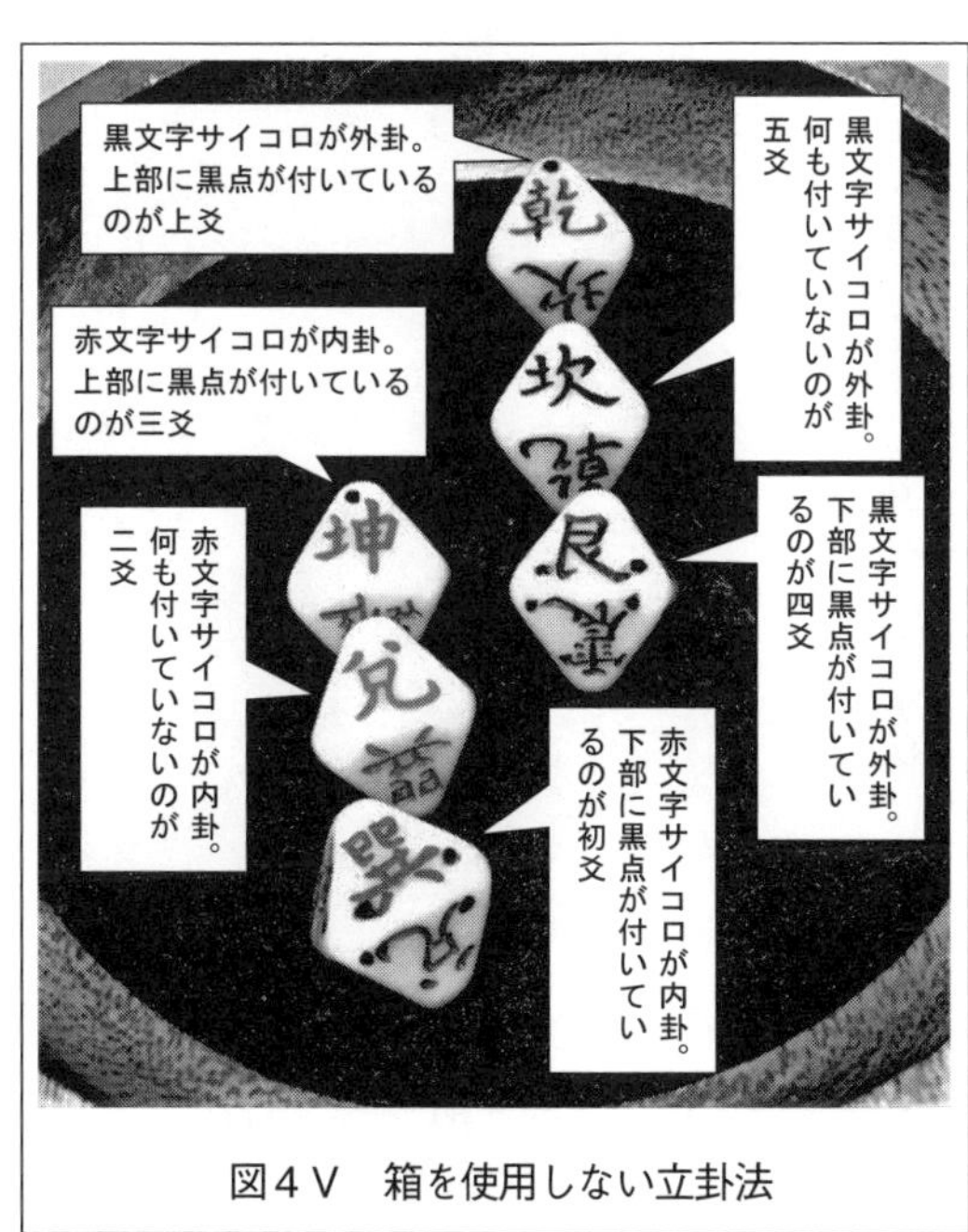
黒文字サイコロが外卦。上部に黒点が付いているのが上爻
黒文字サイコロが外卦。何も付いていないのが五爻
赤文字サイコロが内卦。上部に黒点が付いているのが三爻
黒文字サイコロが外卦。下部に黒点が付いているのが四爻
赤文字サイコロが内卦。何も付いていないのが二爻
赤文字サイコロが内卦。下部に黒点が付いているのが初爻

図4V　箱を使用しない立卦法

1.八面サイコロ６つを片手に持つ

2.サイコロを持った手を額の前に上げ占的・占事を心で念じる

3.意識が整ったら手を胸の辺りに下ろして手の中のサイコロを振る

4.振ったサイコロを受け皿に10cm程度上から落とす

図4W　箱を使わない手動立卦法

「神蓍」は便利ですが少々荷物になるため、外出での鑑定ではこちらの立卦法が手軽にでき、お薦めです。

ちなみに著者が鑑定で主に使用するのもこの立卦法です。

自宅や個人事務所で行う場合は「神蓍」をよく使い、自分のことを占う場合は「円蓍」を使用する場合もあります。

●筮竹(ぜいちく)

周易では代表的な立卦具です。

断易ではあまり使用されておらず、立卦具としても難易度が高いので、初心者にはお薦めが難しい道具です。

ただ、興味があれば、周易の指導者ならば筮竹の立卦法は教えてくれると思いますので、レクチャーを受けてみるといいでしょう。

図４Ｘ　筮竹

第五章　納甲（なっこう）と記入方法

●納甲（なっこう）とは

断易は周易と違い陰陽五行論を中心として物事の吉凶・成敗を判断しますが、その中で最も重要なのがここまで何度も出てきた用語「**納甲**」です。これは易占の中でも断易特有の特別な占法でもあります。

干支や陰陽五行論に関しては次章で解説しますが、干支はそれぞれ天干と地支と言い、天干は10あるので「十干」、地支は12あるので「十二支」と呼ばれます。そして陰陽が加わり天干・地支の組み合わせは60通りとなります。10と12の組み合わせは本来120通りですが、陽干は陽支と、陰干は陰支と組み合わされ、陰陽の組み合わせは発生しないので120の半分の60通りになります。

この陰陽干支の組み合わせを「**六十干支**（ろくじゅうかんし）」と言います。

十干の最初の干は「甲」、十二支の最初は「子」なので、最初の六十干支は「甲子」です。

納甲という言葉の由来は何でしょうか。甲子から始まる六十干支を易卦六十四卦に配置する（**帰納**する）ことを「**甲子**から帰**納**する」、ここから「納甲」になったとされます。

今では、この**干支**だけでなく**六親五類**（爻や干支の役割）や**六獣**（青龍や朱雀など）配置することも含めて「**納甲**」と呼んでいます。

●納甲（なっこう）の仕組み

納甲の仕組みについては理解することは断易を深める上で不可欠ですが、初心者には複雑で、かえって混乱してしまうものです。むしろ初期に断易嫌いを作る要因の一つなのです。

そのため、本書では下巻に納甲の仕組みの章を設けています。

入門レベルでは、「納甲表」を見て易卦を探す、その易卦に配置された納甲をそのまま書き写す、こうして易占判断を多く行った方が断易の醍醐味を知るうえで近道です。

そして、ある程度断易のロジックや判断スキルを習得してから、本格的に納甲の仕組みを学び始めても遅くありません。むしろ著者の断易授業では中級者向けの講座で初めて納甲の仕組みの説明をしています。基本的にロジックや占い方が判らなければ、最初に納甲の理屈を学んでも「何のために学んでいるのか」が理解できない可能性が高いからです。

ですので、入門者はまず本書の手順通りに進んでみてください。

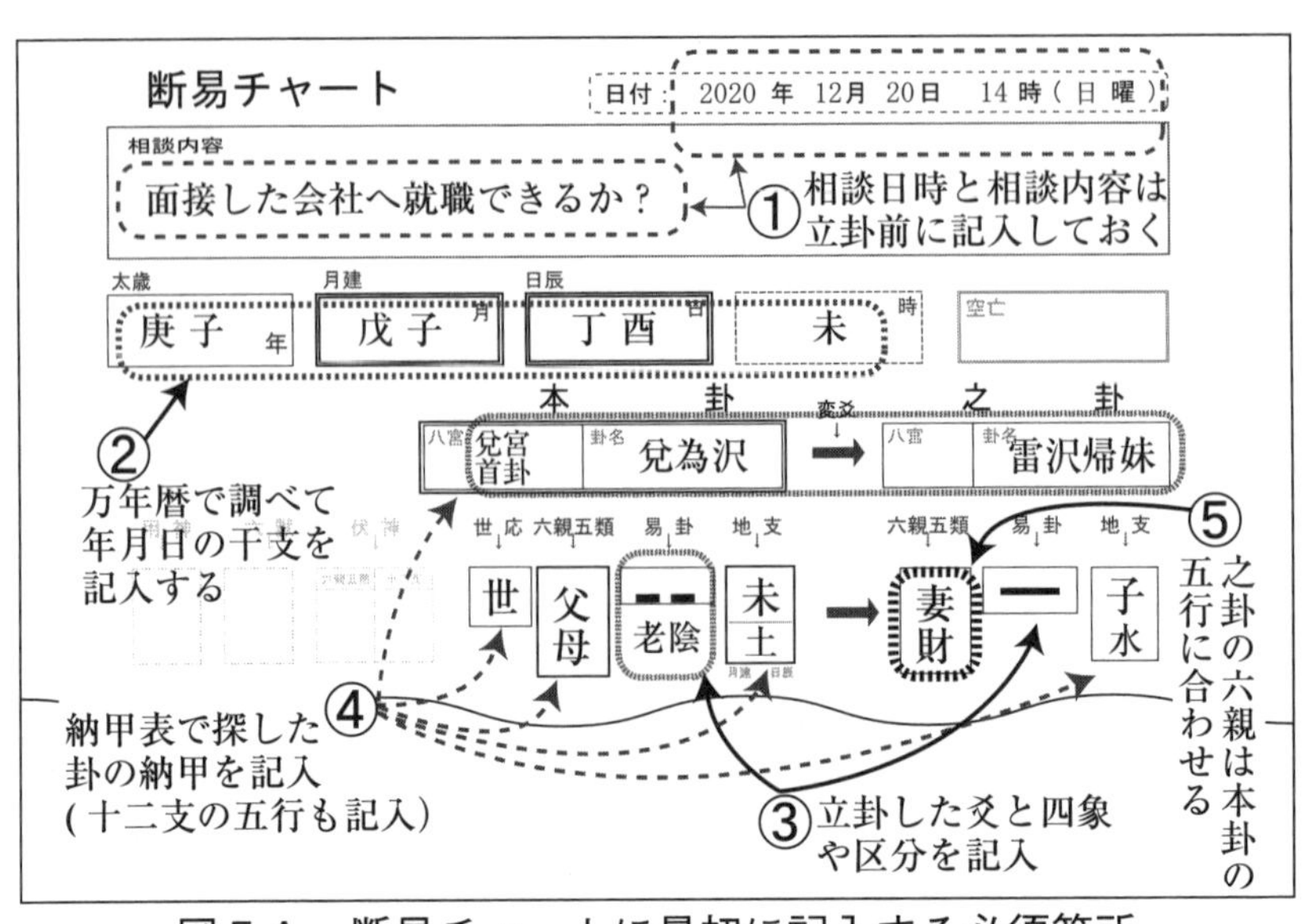

図５Ａ　断易チャートに最初に記入する必須箇所

本書では独自の立卦・納甲を記入するためのチャートを用意しています。チャートの記入ルールは多少勉強されている方はすぐに判るでしょうが、入門者は、最低限記入すべき箇所に注釈を入れた図５Ａを参考にしてください。

①チャート上部にある日付と相談内容は立卦前に必ず書くようにしましょう。

②立卦前に万年暦で年・月・日の干支を調べて記入します。（慣れてない方は後でもかまいません）

③立卦した時の陰╍陽━の爻、そしてサイコロやコインの四象（または記号）を記入しておきます。

④それを元に納甲表で探した本卦と之卦の六親五類と十二支（地支）を記入。地支の五行も記入します。

⑤之卦の六親だけは本卦の五行に合わせます。

慣れている方は全部埋めることもできますが、初心者はまず最低限①〜④は記入できるように練習してください。
主要箇所を記入したチャートは76頁にあります。

●実践で必須「納甲（なっこう）表」の見方

断易では六十四卦の納甲を網羅した「**納甲表**」というものがあります。

本書でも別冊付録としましたが、占術専門書に行けば「納甲表」が小冊子として売られているのが普通です。しかし台湾の断易家と接すると判るのですが、「納甲表」という小冊子は台湾や香港では基本的に用いません。断易の納甲は何も見ずに出せないといけないのです。本場と同じ方法を取るのも一つの選択ですが、日本には便利な「納甲表」があるのですから、最初はそれを見

図５B①　立卦したサイコロ

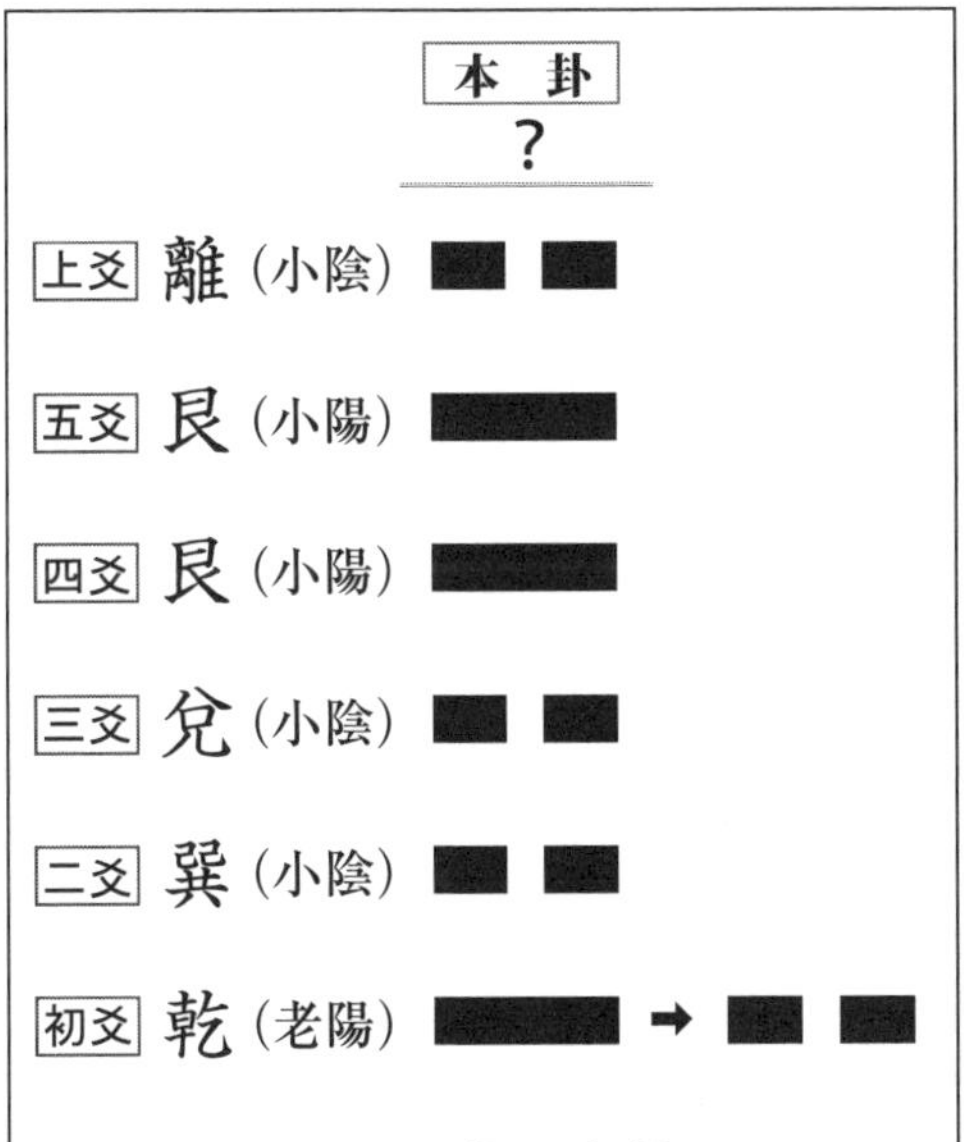

本　卦

？

爻	卦	陰陽	爻象
上爻	離	（小陰）	▬ ▬
五爻	艮	（小陽）	▬▬▬
四爻	艮	（小陽）	▬▬▬
三爻	兌	（小陰）	▬ ▬
二爻	巽	（小陰）	▬ ▬
初爻	乾	（老陽）	▬▬▬ ➡ ▬ ▬

図５B②　立卦

ながら易占の勉強をする方が短期間で断易を理解できるようになります。

ここでは「納甲表」の見方を理解し、立卦して得た六十四卦の納甲をスムーズに探せるようにしましょう。

【納甲表の判断手順】

本卦の納甲

①まず、立卦具（サイコロやコイン）で立卦をして六十四卦を出します。

②図5B②のように初爻「**乾**（老陽）」、二爻「**巽**（小陰）」、三爻「**兌**（小陰）」、四爻「**艮**（小陽）」、五爻「**艮**（小陽）」、上爻「**離**（小陰）」と出ました。六十四卦で外卦が「兌☱」、内卦が「震☳」は何の易卦でしょう？

別冊付録納甲表必携の六十四卦配

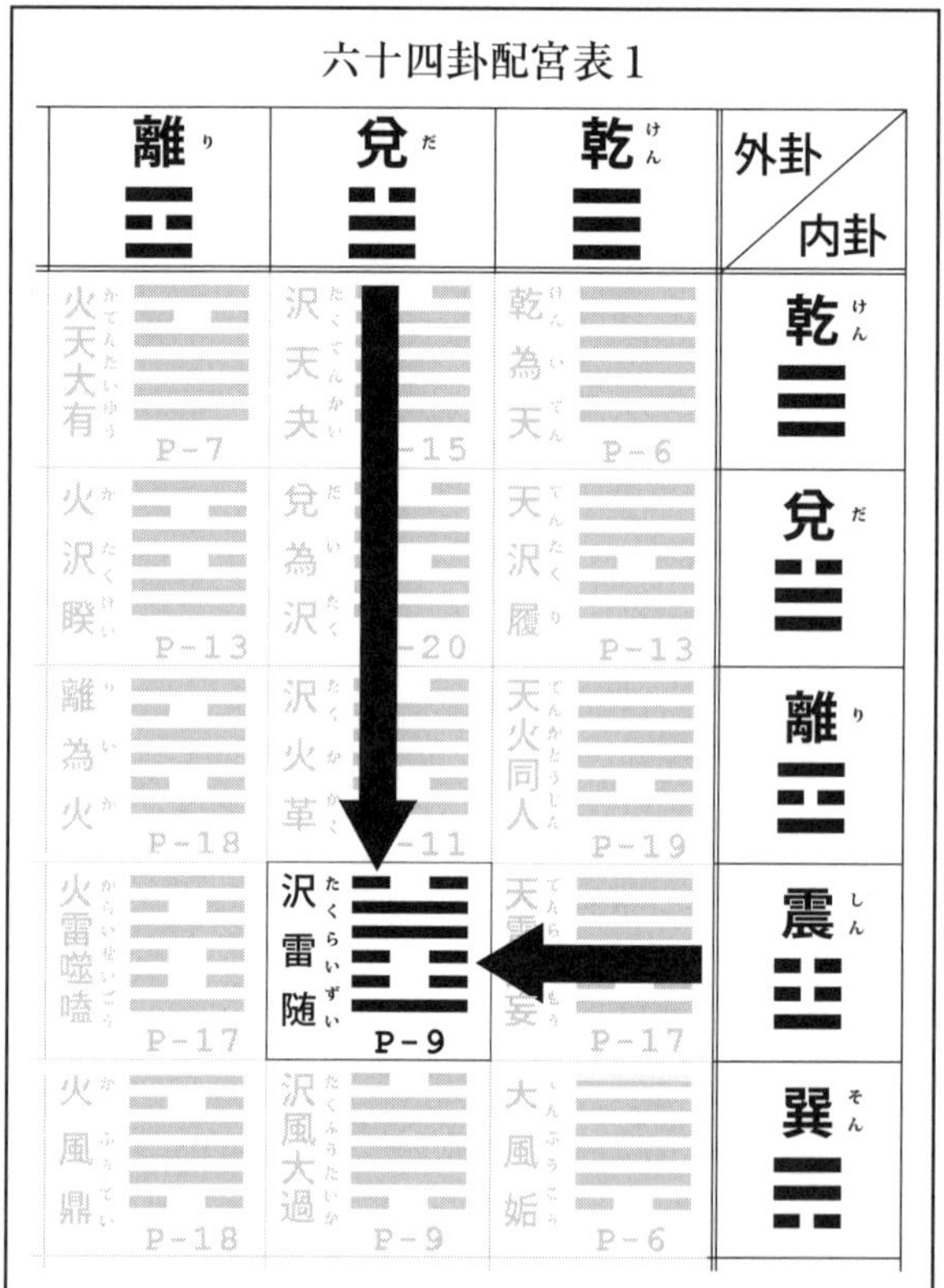

六十四卦配宮表１

離(り) ☲	兌(だ) ☱	乾(けん) ☰	外卦／内卦
火天大有(かてんたいゆう) P-7	沢天夬(たくてんかい) -15	乾為天(けんいてん) P-6	乾(けん) ☰
火沢睽(かたくけい) P-13	兌為沢(だいたく) -20	天沢履(てんたくり) P-13	兌(だ) ☱
離為火(りいか) P-18	沢火革(たくかかく) -11	天火同人(てんかどうじん) P-19	離(り) ☲
火雷噬嗑(からいぜいごう) P-17	**沢雷随(たくらいずい) P-9**	天雷无妄(てんらいむぼう) P-17	震(しん) ☳
火風鼎(かふうてい) P-18	沢風大過(たくふうたいか) P-9	天風姤(てんぷうこう) P-6	巽(そん) ☴

図５C①　納甲表 八宮表

宮表1（2頁）をみると「沢雷随」と記されており、下部に「P－9」とあります。（図5C①）

③次に納甲表の9頁を開くと

左下に「沢雷随䷐」の納甲があります。（図C②）

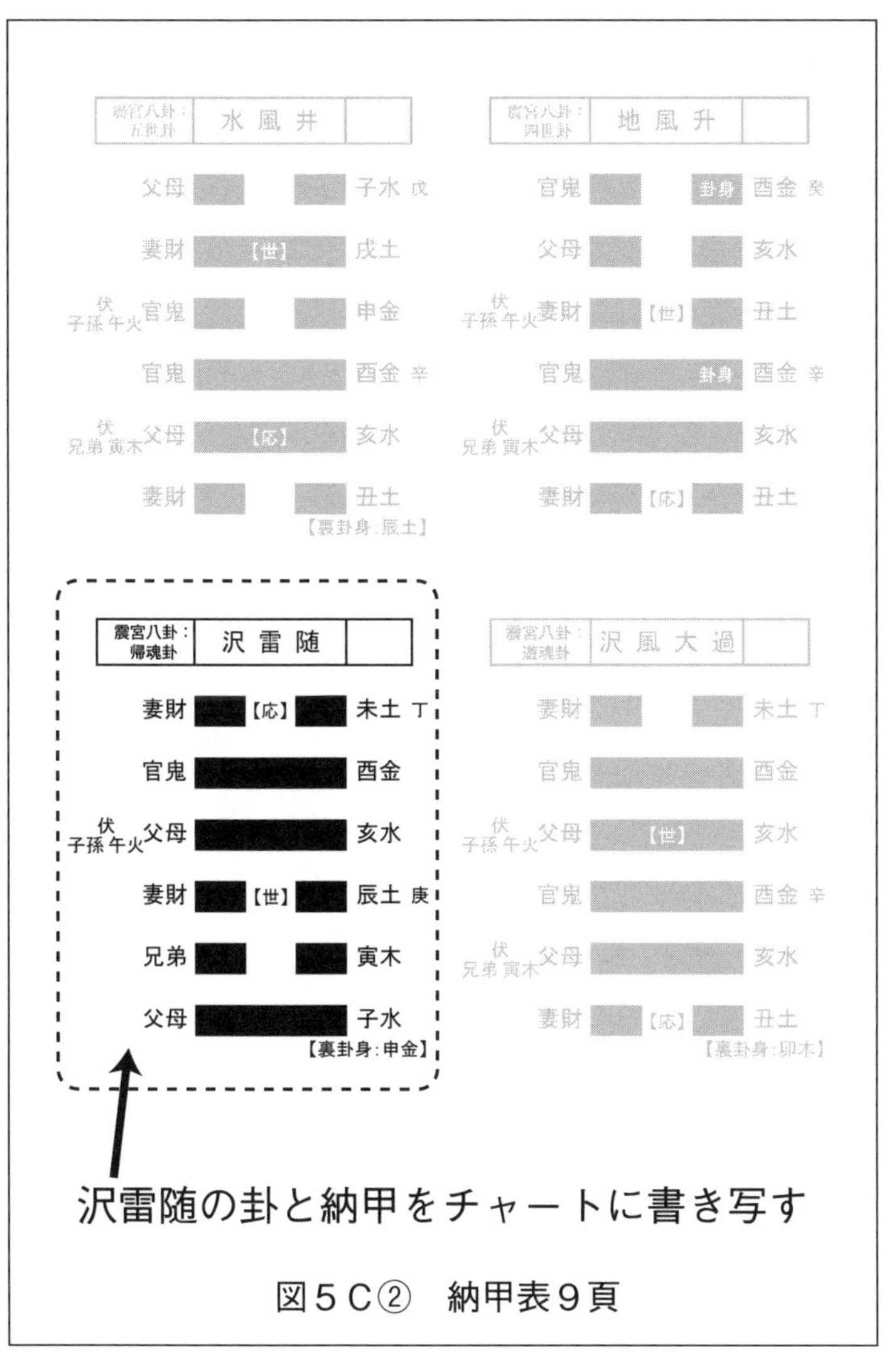

図5C②　納甲表9頁

④これを見て、巻末付録の断易チャート（図5D）をコピーしたものに十二支・爻・六親五類を書き写していきましょう。最初は書き忘れなどあると思いますが、気にしないでください。なお、断易の基本的判断では「十干」を使用しませんので書き写す際は省略してかまいません。

⑤卦の左側に小さい字で付記している**伏神**を記入し忘れることが多いので注意しましょう。左側に小さく「伏」と書かれている部分です。

⑥下部に記載されている「裏卦身」は、必要な時以外は省略してください。

断易チャート

日付：　年　月　日　時（　曜）

相談内容

太歳	月建	日辰		空亡
年	月	日	時	

本卦（八宮・卦名）　変爻 ➡　之卦（八宮・卦名）

用神　六獣　伏神（六親五類・十二支）　世応　六親五類　易卦　地支（月建・日辰）　六親五類　易卦　地支

備考

神殺	貴人	禄官	羊刃	駅馬	劫殺	桃花	天医	往亡

図5D　断易チャート（記入用）

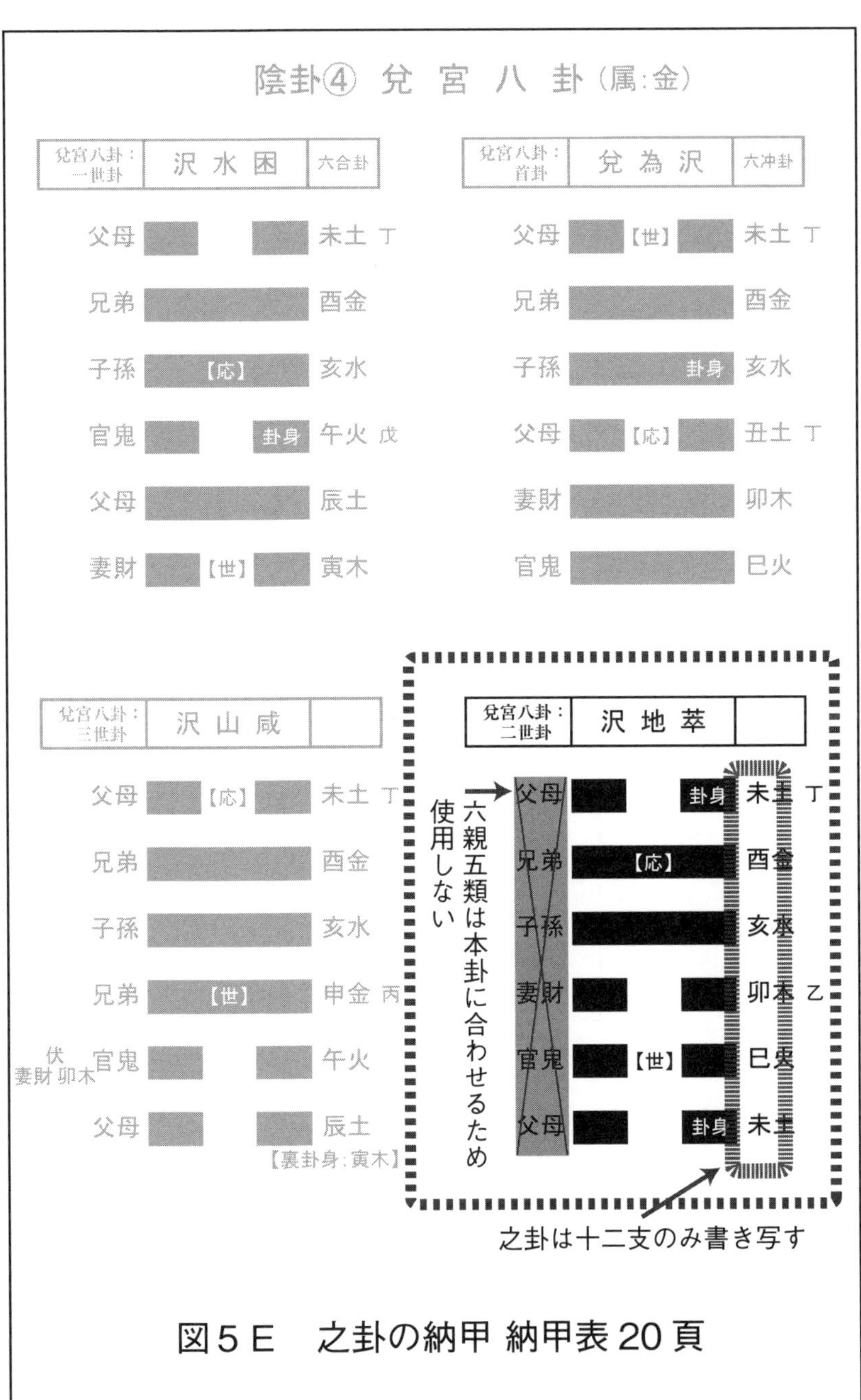

図5Ｅ　之卦の納甲 納甲表20頁

之卦の納甲

⑦今回の易卦は「沢雷随☱☳」で、初爻が「乾」でした。つまり「老陽」です。これは「陽が後に陰に動く」となり、初爻が動爻となり「陽爻」から「陰爻」に変じます。

すると外卦は変わらず「兌（沢）☱」ですが、内卦は「震（雷）☳」から「坤（地）☷」に変じます。

その結果、変じた之卦は「沢地萃☱☷」となります。

⑧③と同じく「六十四卦配宮表1（2頁）」で「沢地萃☱☷」を探すと20頁にあることが判ります。20頁を開くと右下に沢地萃がありました。（図5E）

之卦で重要なのは、「沢地萃」の納甲から十二支のみ書き写すことです。六親五類は本卦のものをそのまま使用するので、「沢地萃」の六親五類は無視してください。そして、動爻になっているのは初爻だけです

十二支（地支）	五行
子	水
丑	土
寅	木
卯	木
辰	土
巳	火
午	火
未	土
申	金
酉	金
戌	土
亥	水

表5a 十二支・五行対応表

ので、動いた先の化爻のみ十二支を記入してください。この場合ですと「沢地萃」の初爻の十二支は未です。チャートの地支（十二支）記入欄の下半には五行を記します。初心者は十二支と五行の区分はわからないと思うので、現状は表5ａの十二支・五行対応表（納甲表必携26頁にも同じものを用意しています）を参照して地支（十二支）の五行を記入してください。

⑨表5ａでは之卦初爻の未は土の十二支です。本卦の「沢雷随（たくらいずい）」の土の十二支である未と辰の六親五類は「妻財」ですから、之卦の未にも同じ役割である「妻財」と記入します。

※六親五類と十二支の関係は最初間違ってもかまいません。よくわからない場合は第七章でしっかり学びましょう。

以上で納甲表から必要な六十四卦をピックアップしてノートやチャートに書き写せば、すぐに断易鑑定を行うことができます。

以上のことを断易チャートに記入するとこのようになります。（図5Ｆ）

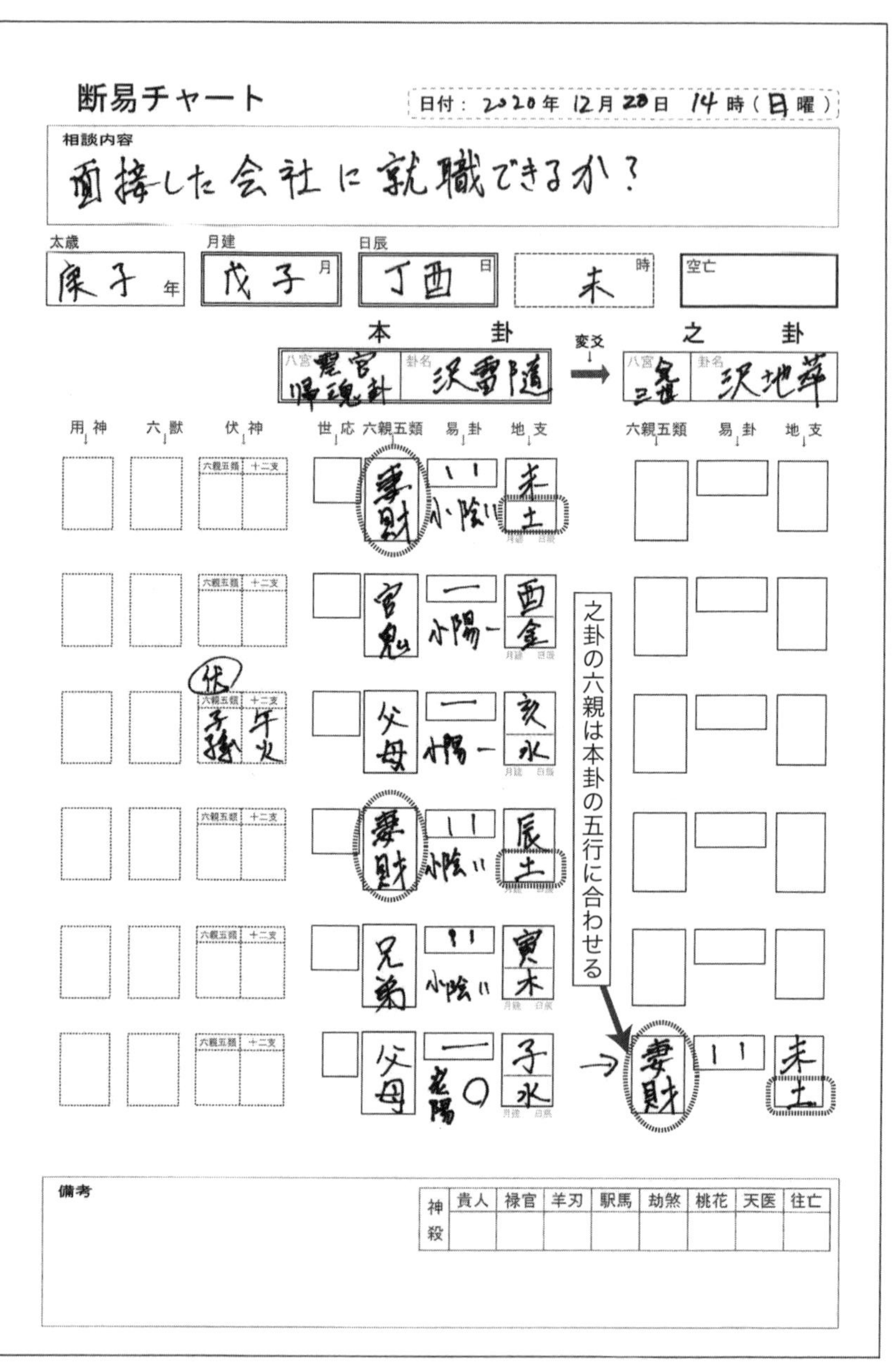

図５Ｆ　断易チャート 記入例

納甲の種類に関して

本書の別冊付録にある「納甲表」ですが、これは最も一般的な納甲で、本来は何種類かの納甲があります。断易をある程度学んでいくと「**胡煦納支法**」という言葉を聞く機会があるかもしれません。また**火珠林**などにも違う納甲をしている流派がありますし、中国北部（黒竜江省付近）にも独自の納甲をしている流派があります。

一概にどれが正解でどれが不正解というわけではありません。ただ、それぞれロジックの微妙な違いがあるように思うので、ごちゃまぜにならぬように、まずは本書の納甲で断易の技法をしっかり理解してみてください。それから複数の納甲の方法の違いなどを学ぶのも、ご自身の断易を確立するのに役立つと思います。

【まとめ】

断易は納甲した易卦を完成させなければ、易占判断に進めません。

そのため、最初はサイコロやコインを使用して立卦できたら、納甲表を開いて素早く目的の頁の六十四卦を探してチャートやノートに書き込めるように何度か練習してみてください。

最初は慣れない行為なのでミスもあるでしょうが、だんだん精度が上がってきますので心配しないでください。

東洋占術は四柱推命にせよ紫微斗数にせよ、万年暦などを用いて命式・命盤や大運・年運を書かなければ占術判断ができません。断易も同じことで、納甲した易卦を書いて初めて易占判断を行えるのです。

この後に判断法の最も重要な基礎である「**陰陽五行論**」と「**干支（十干・十二支）**」の章に入りますが、立卦・納甲の章を再確認して、スムーズに納甲できるようにトレーニングしてください。

第六章　断易学習　其の二〈陰陽五行論と干支学〉

1　陰陽五行論と干支学

断易の占断を行う上で最も重要な基礎原理として「陰陽五行論」と「干支」があります。五行論は五行説または五行思想とも言われ、東洋占術の根幹をなす思想体系です。精度の高さに定評ある断易の吉凶判断も、この陰陽五行論に基づいているのです。

本章では陰陽五行論と、断易の吉凶成敗に重要な要素をもつ干支学、この２つを学んでいきましょう。

●陰陽五行論とは

「陰陽」という言葉は易の概念の成立の章で出てきましたが、太極から陰と陽が分離し、森羅万象の２つの原理、例えば男女や昼夜、強弱、有無など、陽と陰のバランスによる事象現象の成り立ちや変化を表すものです。

これに対して「**五行**」とは「**森羅万象は5つの元素（木・火・土・金・水）**が巡り循環し、様々に作用することによって成り立つ」という意味です。この世界は木のエネルギー、火のエネルギー、土のエネルギー、金のエネルギー、水のエネルギーという方向性・指向性の違う5つのエネルギーが融合したり調和したり反発したりすることで形成されていると古代の識者は考えたのです。

特にこの五行論の関係性が調和的な関係や敵対的な関係などを暴き出すゆえに、断易は吉凶成敗が非常に精度高く解読できるのです。

陰陽五行論を学ぶ上で、まず五行関係の重要な2つの循環である「**相生**（そうしょう）」と「**相尅**（そうこく）」の関係を知りましょう。

●陰陽五行論（いんようごぎょうろん）の相生（そうしょう）・相尅（そうこく）

五行とは「木」「火」「土」「金」「水」という5つの元素の構成ですが、調和的関係と不調和的関係がそれぞれ存在します。それを「相生」「相尅」と言います。

相生（そうしょう）

図6Aの相生の関係をご覧ください。

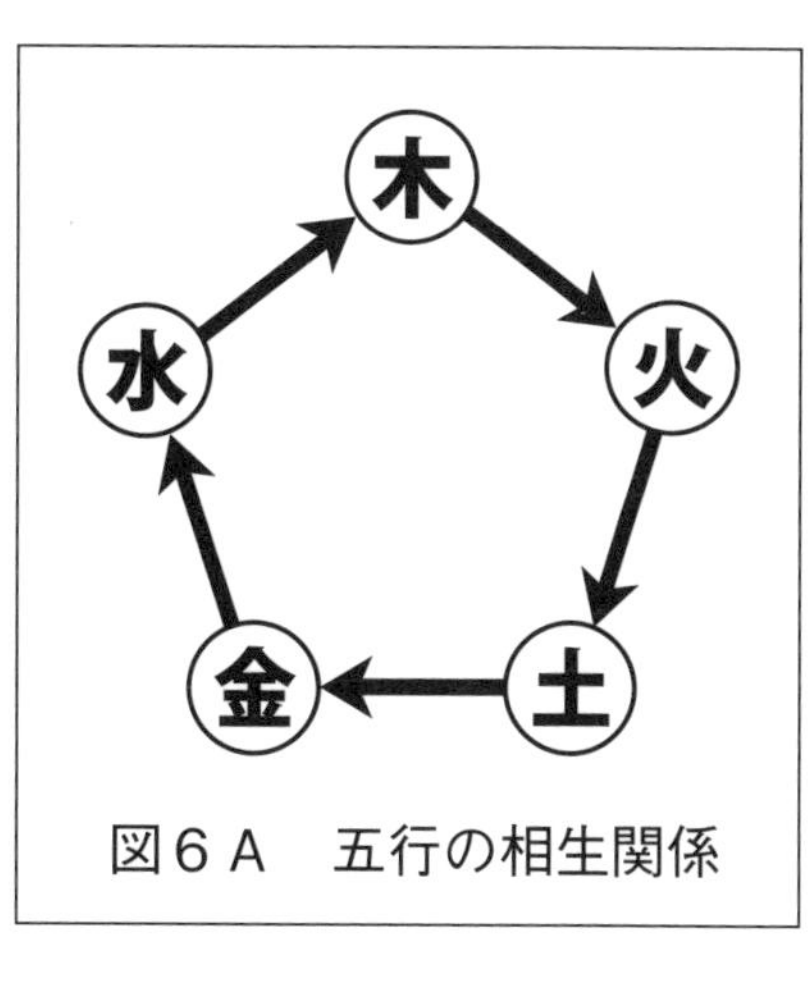

図６Ａ　五行の相生関係

まず「**木**」は「**火**」を生じます。火を起こすには燃料となる材料が必要です。自然界ではそれは木材です。木は火によって燃え、結果として灰が生まれ、「焼き畑農業」のように灰は土を豊かにします。つまり「**火**」によって「**土**」は豊かに生じられます。「**土**」の中（地底）ではその圧力によって鉱物が生まれます。つまり「**土**」の中で「**金**」が生じるのです。そしてその鉱物を源泉として湧き水が出て川となり、池や海に流れ着きます。「**金**」が「**水**」を生じるのです。さらには水の恵みによって樹々草花は咲き誇り生長します。つまり「**水**」は「**木**」を生じるのです。

このような関係を「**相生関係**」と呼び、調和的・友好的関係と考えます。これは言うなれば「**自然の循環**」と考えると判りやすいでしょう。人が存在していない場所（自然）の中で普遍的に起こっているエネルギーの流れです。

相生（そうしょう）の方向性（生（しょう）と休（きゅう））

相生の関係で重要なのは方向性があるということです。

図6Bのように、相生とはA側の「木」がB側の「火」を生じますが、逆に「火」が「木」を生じることはありません。

つまりの**木の持つエネルギーは火に与えられます**。それと同時に**木のエネルギーは減り衰えてしまいます**。生じさせ与える側が弱まり、生じられもらう側は強くなります。

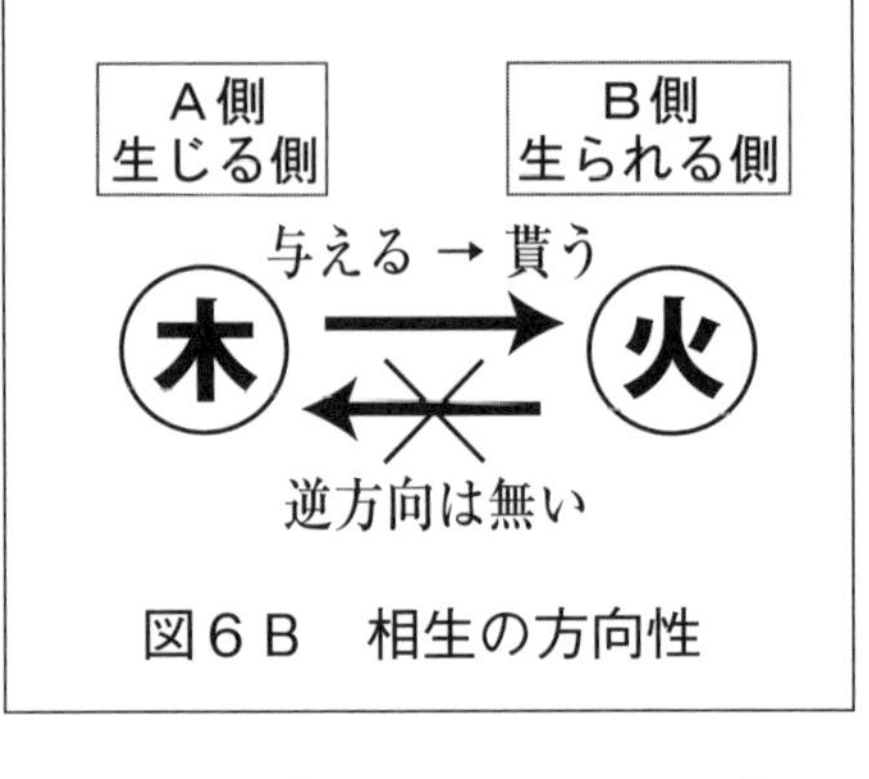

図6B　相生の方向性

断易ではB側は「生じられ」ますが、A側は自らのエネルギーを「**洩らす**」状態のため専門用語として「**休む**」という言い方をします。

断易ではこの「相生の関係」を解説するときに、A側から見ると「**助ける**」「**自分のモノを与える**」「**相手に好意を持つ**」「**評価する**」「**育てる**」「**守る**」「**材料を渡す**」「**与えて弱くなる**」「**衰えてしまう**」という状態になります。逆にB側は「**助力を受ける**」「**他者からモノをもらう**」「**好意を持たれる**」「**伸びる・勢いがつく**」「**成長する**」「**守られる**」「**生まれる・作る**」という明確な方向性があります。

そのためA側にとって**相生とは与えるばかりで損をすることもある**わけです。ですが相生とは調和的関係ですから、A側は**望んで与えている**ような状態です。

例えば親が無償の愛で子供を育てる関係に似ています。

易占判断をする場合はこの方向性は大切な要素ですので注意してください。

相剋（そうこく）

相生に対して相剋とは不調和な関係となります。

相生とは「**自然の循環**」と表現しましたが、相剋は「**人の営みの中で起こる循環**」と考えると判りやすいと思います。一般的に相剋は「凶的関係」ですが、剋自体が「凶」であると考えるのは早計です。悪いものを攻撃することは結果的に「吉」になるため一概に凶ではありません。

図６C　五行の相剋関係

図6Cのように「**木**」は「**土**」を剋します。人は食べる稲や野菜を育てるため「**土**」の養分を奪います。植物（木）を育てるために土から栄養を奪う（剋）のです。「**土**」は「**水**」を剋します。人は生活のため水が欠かせません。土で堤防を使って水を溜めたり水を操るために土を使って水を制御（剋）します。「**水**」は「**火**」を剋します。火は生活に欠かせませんが危険なものでもあるため、「**水**」で消す（剋）ことで火を操ります。「**火**」は「**金**」を剋します。鉱物を火で溶かし精製したり鍛え（剋）たりして斧や刃物をつくります。「**金**」は「**木**」を剋します。家を建てたり木材を生活に生かすために、刃物で木を切って（剋）使える物にします。

このように「相剋」の関係は人工的でもあり穏やかな関係ではありませんが、人の営みにとっては欠かせない必要悪のような行為でもあるのです。

相剋（そうこく）の方向性

相生以上に相剋関係は方向性がハッキリしています。例えばA側の「木」はB側の「土」を剋することで養分としての**エネルギーを奪い強くなり**、剋されたB側の「土」は**奪われることで非常に弱くなります。**

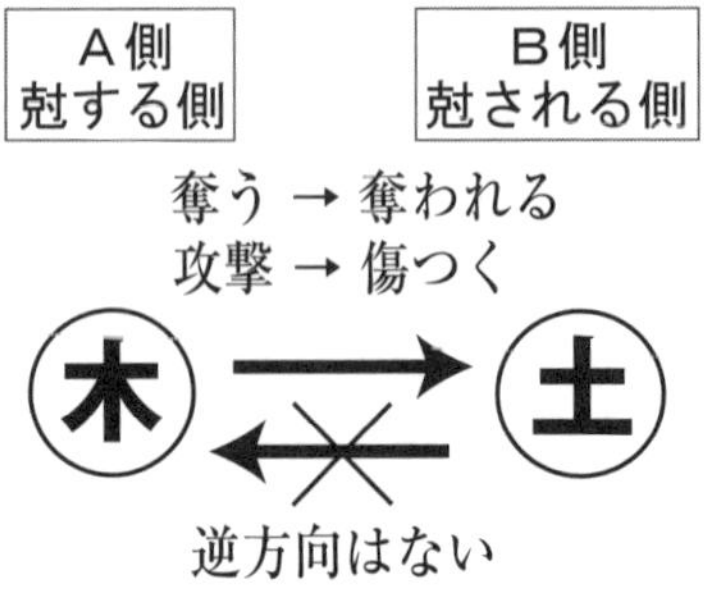

A側
剋する側
B側
剋される側
奪う → 奪われる
攻撃 → 傷つく
木
土
逆方向はない

図6D　相剋の方向性

断易では「相剋の関係」を解説するときにA側から見ると「**奪う・獲得する**」「**攻撃する**」「**敵対する**」「**否定・批判する**」「**支配・利用する**」「**使役する**」「**勝利する**」という状態になります。逆にB側は「**奪われる**」「**攻撃される**」「**傷つけられる**」「**否定される**」「**支配・利用される**」「**使われる**」「**敗ける**」という明確な方向性となります。相生と違い、一方が得して一方が損するような関係になりますが、**成敗がハッキリするというメリット**もあるのです。

比和(旺)

比和とは、同じ五行同士の関係を言います。

断易では「比和」という言葉は使わず「旺」という表現をします。

「旺」とは自分が倍になったようなイメージで、非常にエネルギーが強くなる状態です。自分を助けるにとどまらず、「**助け合う**」「**ともに協力する**」というような意味にもなります。ですが、敵対側が「旺(比和)」することは「**戦う**」「**競う**」力が強くなるため危険です。

【まとめ】

断易における吉凶判断とは、まず五行の相生相剋が要と言えます。

具体的な判断法は第八章で述べますが、木・火・土・金・水の五行における相生の関係と相剋の関係をよく覚えておいてください。

次に、納甲ですでに出てきた干支と五行の解説をしていきましょう。

2　五行と十干・十二支・六十干支

陰陽五行に関する説明をしてきましたが、断易では五行関係の判断は干支（特に十二支）を使用して判断します。納甲の章で、十二支は易卦に配置されていると説明しました。この六爻に配された十二支の五行関係が易占判断に重要です。

ここでは、十干・十二支と五行の関係性と、六十干支について解説していきます。

●天干（十干）

「**干支**」とは、10個の「**天干**」と12個の「**地支**」があり、通称的に「**十干**」「**十二支**」と表されます。

天干は四柱推命では非常に重要な要素ですが、断易では特別な判断法でない限り使用することはありません。通常、易占判断に用いるのは「**十二支**（**地支**）」なので、十干に関しては簡単な説明にとどめます。

「天干」とは、五行説の発祥起源の時代に用いられていた十進法の計数法をあらわす一種の数字として使われていたという説があるほど、非常に古くから用いられています。

五行それぞれに陰陽2種類の天干があり、5×2＝10で「十干」と呼ばれています。

十干と陰陽五行の関係は図6Eのようになっています。

天干（十干）	陰陽	五行
きのえ 甲（こうぼく）	陽	木
きのと 乙（おつぼく）	陰	
ひのえ 丙（へいか）	陽	火
ひのと 丁（ていか）	陰	
つちのえ 戊（ぼど）	陽	土
つちのと 己（きど）	陰	
かのえ 庚（こうきん）	陽	金
かのと 辛（しんきん）	陰	
みずのえ 壬（じんすい）	陽	水
みずのと 癸（きすい）	陰	

図６Ｅ　五行と十干の関係

●地支（十二支）

「**地支**」は「天干」よりも後に確立したとされ、一般的に年・月・日・時間に使用され親しまれてきました。

日本でも明治初頭までは時間の表示などに「十二支」が使われてきました。季節や時間だけでなく方角などにも「十二支」は広く使われ、時空間を占う時に重要な判断材料とされてきたのです。

十二支	陰陽	五行	方角	時間	季節
子 ね	陽	水	北	23時 ～1時	冬 大雪～
丑 うし	陰	土	北北東	1時 ～3時	冬の土用 小寒～
寅 とら	陽	木	東北東	3時 ～5時	春 立春～
卯 う	陰	木	東	5時 ～7時	春 啓蟄～
辰 たつ	陽	土	東南東	7時 ～9時	春の土用 清明～
巳 み	陰	火	南南東	9時 ～11時	夏 立夏～
午 うま	陽	火	南	11時 ～13時	夏 芒種～
未 ひつじ	陰	土	南南西	13時 ～15時	夏の土用 小暑～
申 さる	陽	金	西南西	15時 ～17時	秋 立秋～
酉 とり	陰	金	西	17時 ～19時	秋 白露～
戌 いぬ	陽	土	西北西	19時 ～21時	秋の土用 寒露～
亥 い	陰	水	北北西	21時 ～23時	冬 立冬～

図6F　十二支と五行・方位・時間・季節の関係

断易では、地支の関係性を用いて吉凶を判断したり状況を解読するため、易占診断の中心的な役割であり非常に重要な要素となります。

「地支」にも陰陽、五行の区分があります。その五行関係から季節・方位などと密接に関係しています。

図６Ｆをご覧ください。地支それぞれの陰陽五行の対応ですが、地支には季節や方位との対応があります。特に季節の対応はしっかりと覚えるようにしましょう。

図６Ｆで地支と陰陽五行との関係性が判ると思いますが、五行の相生・相剋図に地支を加えた図をさらに見ていきましょう。（図６Ｇ）

五行「木」の地支は「**寅・卯**」です。五行で「木」ですから「火」を生じます。つまり「**午・巳**」は「火」の五行なので「**寅・卯**」から生じられるのです。

また、「木」は「土」を剋します。そのため「木」の

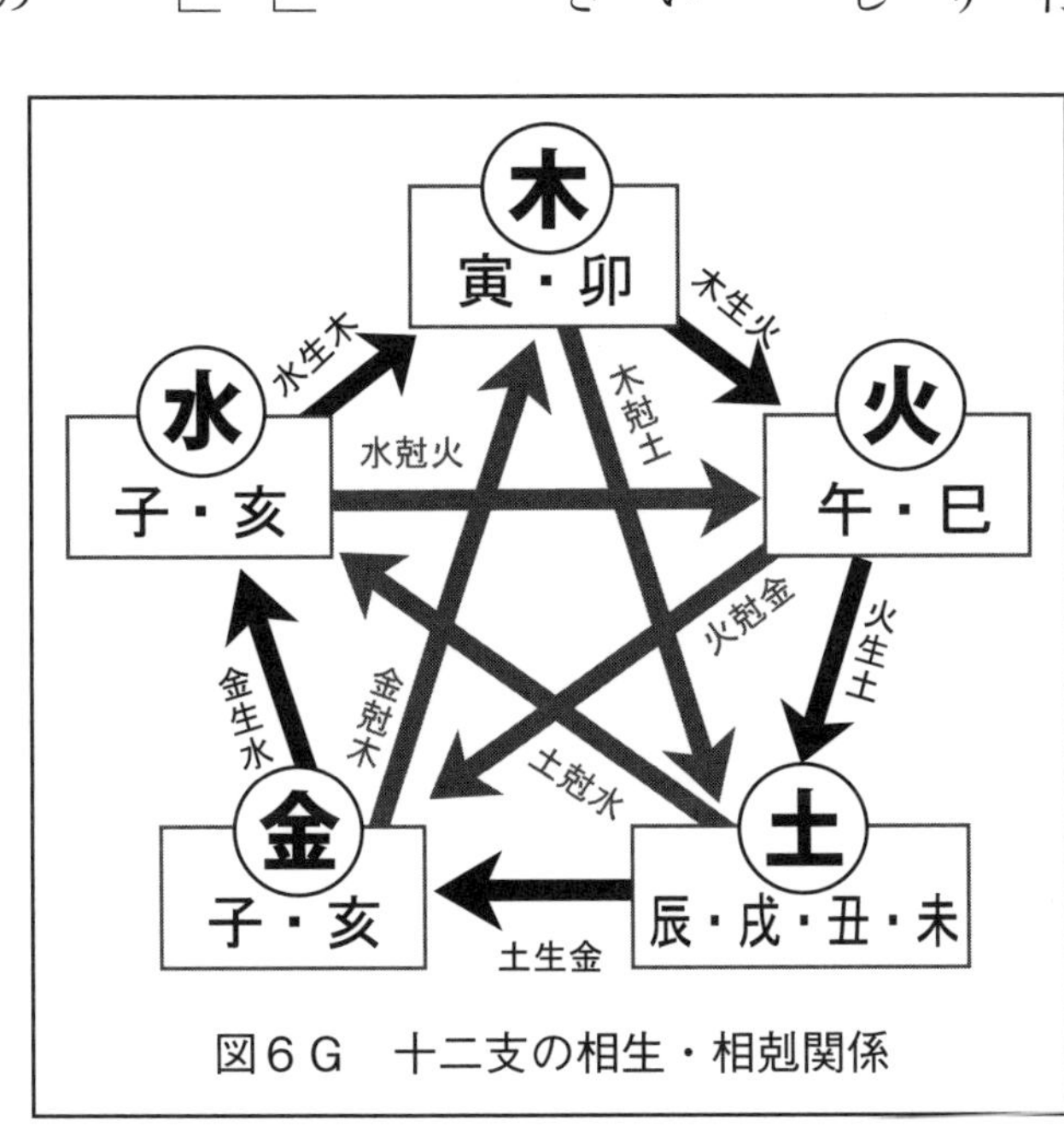

図６Ｇ　十二支の相生・相剋関係

「寅・卯」は「土」の「辰・戌・丑・未」を剋するのです。

このように五行と地支は密接に関係していますが、地支は五行とは違った独特の関係性があります。それが、断易のロジックにも重要な鍵となっている「合」と「冲」です。

3　地支(ちし)の特殊な関係性

「地支」には、五行関係だけでなく「支合(しごう)」「冲(ちゅう)」という断易のロジックに欠かせない関係性があり、そのほかにも「三合(さんごう)」「刑(けい)」「害(がい)」という地支同士の独特な関係性があります。

これら「支合」「冲」「三合」は、占星学的視点からできた地支の関係性のため、陰陽五行の関係性とは一線を画したものです。

特に「支合」と「冲」は五行の相生・相剋よりも重要な役割を果たします。

断易を学ぶ上で、この地支の関係性をよく把握することが占断のロジックを理解するために必須になってきます。

●支合

地支の関係性の中でも、「**結び合う**」関係です。「力を貸し合う」「結びつきが強い」「調和的」「引き寄せ合う」形です。断易では、略して「合」と言った場合はこの支合を指します。

支合は図6Hを見てもわかるように、初心者には少々覚えにくい形かもしれません。

> **重要ポイント**
> 支合とは五行の相生・相剋に関係なく合する。

例えば、子（水）—丑（土）は「支合」ですが、土剋水で「剋」の関係です。このような合の関係を「**剋合**」と呼び、通常は**剋よりも合が勝ります**。

つまり、「**剋することを忘れて合する**」関係となり、仇敵同士が手を結んで協力するような関係になります。しかし力が弱い支合の時は「**最初合でも、だんだん剋の関係が働いてくる**」場合があります。

逆に寅（木）—亥（水）は水生木の関係です。これは「**生合**」と呼び、合であり、生じる関係のため非常に**協力関係がスムーズ**です。

このように支合は「**剋合**」と「**生合**」の2種類がありますが、非常に精度が要求される占断でなければ、それほど意識して区別しなくても大丈夫です。

※注意：162頁で解説している「**合起**」では尅合と生合の区別が必要になります。
断易のロジックは支合の関係によって成立している技法が多く存在するため、占断で見落としてはならない重要な要素です。

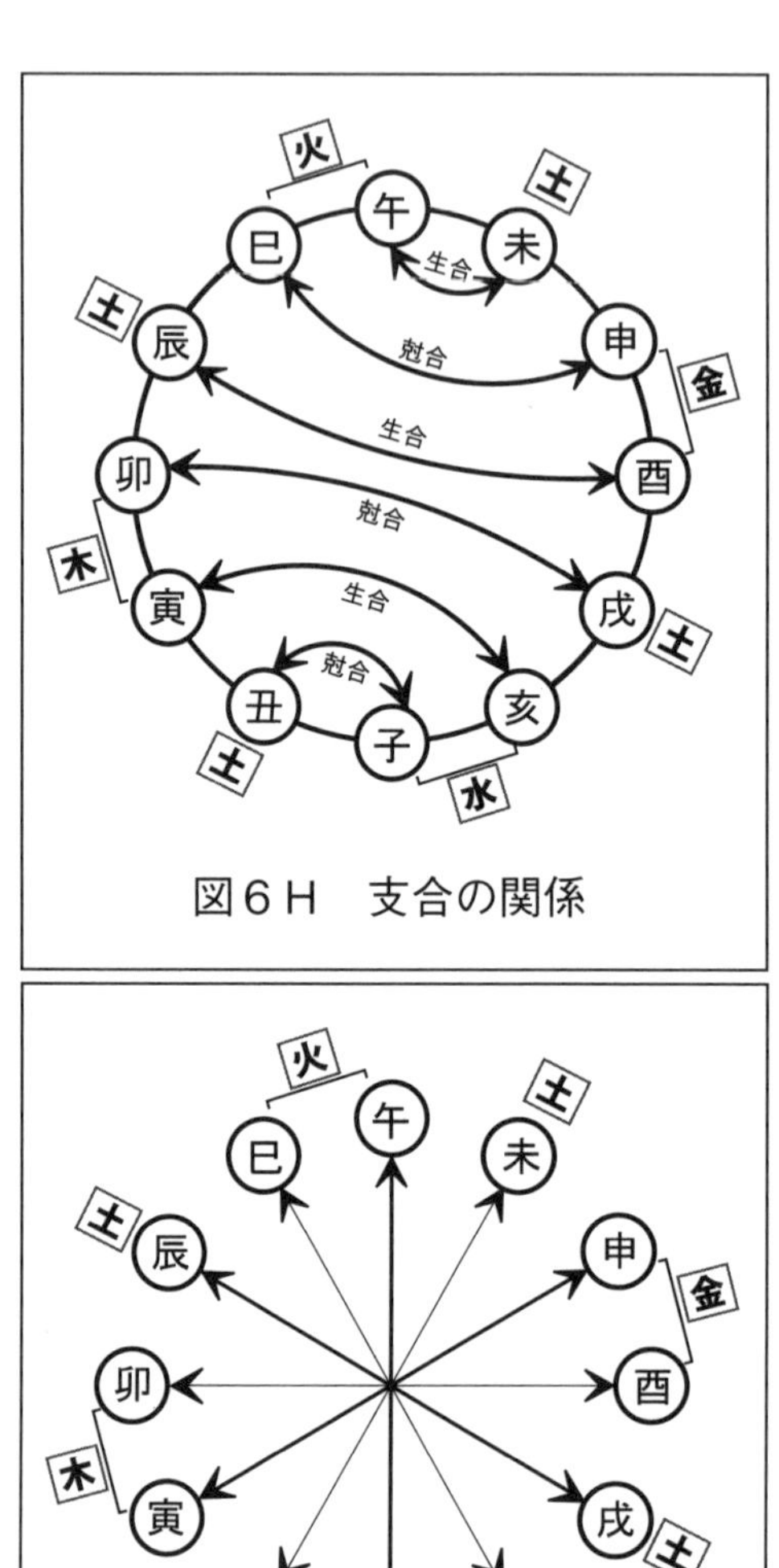

図６Ｈ　支合の関係

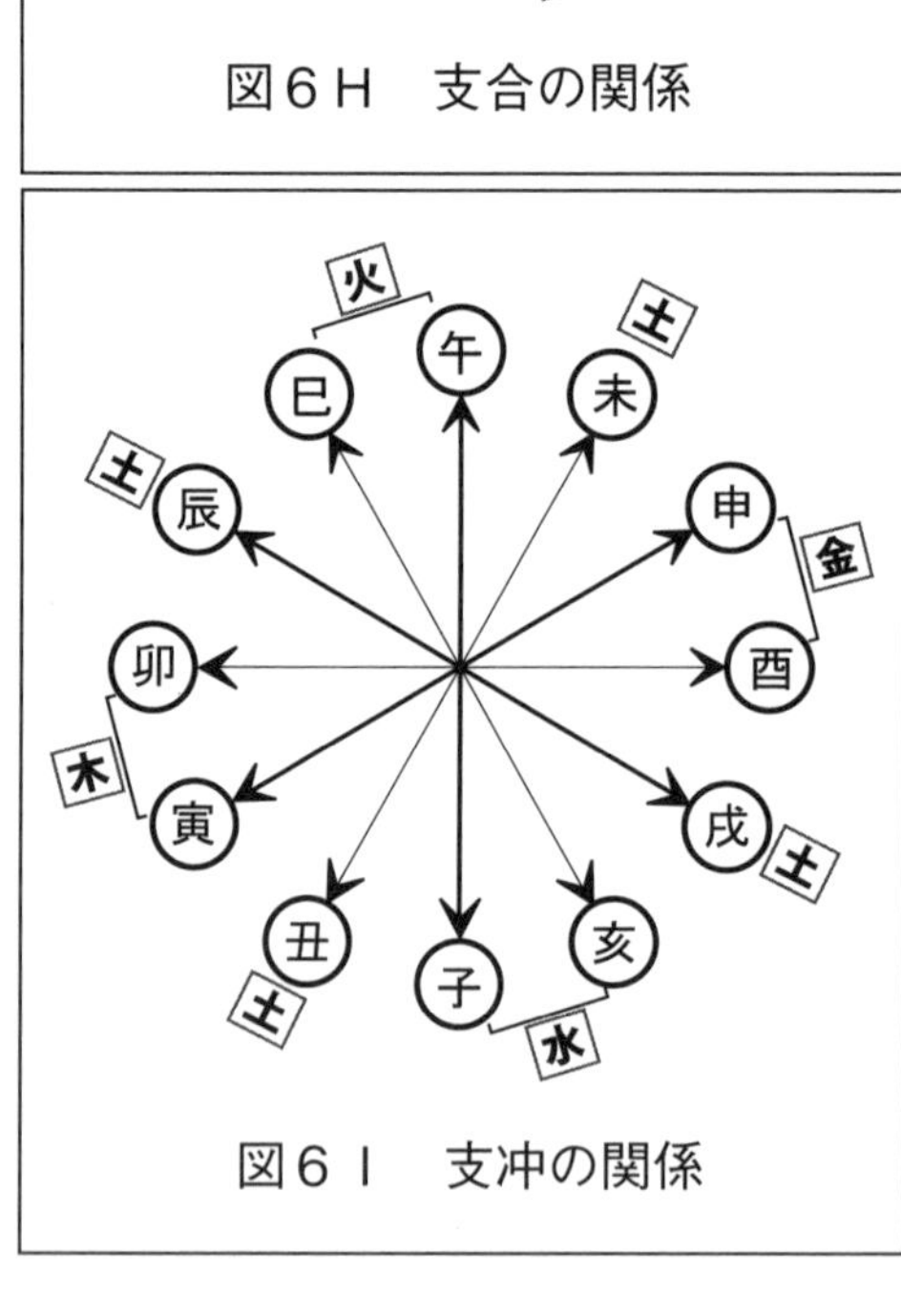

図６Ｉ　支冲の関係

●支冲（冲）

地支の関係性の中でも、「**対立・衝突する**」関係です。

「反目し合う」「敵対する」「破壊する」「散じる」という形になり、尅の関係以上に衝撃が強い関係です。

通常は「支冲」と呼ばず、単に「冲」というのが一般的です。

図6Ⅰの通り、7番目に（図では向かい側）くる地支と「冲」の関係になります。図では向かい側の地支なので視界的イメージで覚えてしまうと簡単です。

「冲」で興味深いのは「土」の地支の関係です。例えば寅（木）—申（金）の冲は、五行では尅関係です。子（水）と午（火）の冲も、五行関係も尅なので判りやすいですが、辰（土）—戌（土）は同じ土の五行で比和関係なのに対して土同士で「冲」となります。「丑」—「未」も同じです。これを別名「**朋冲**（仲間で冲する）」と呼びます。例えば「丑」—「未」は同じ土でも冬の凍った土と夏の乾燥した土という季節的対立があるのですが、理屈よりもまずは形で覚えてしまうと良いでしょう。慣れないと見落としやすいので注意が必要です。

この「冲」も、「合」と同じく断易の技法の中で多く使われている重要な要素です。

特に「応期」という時期を当てる占断では「支合」と「冲」は大いに活躍します。

少々乱暴な言い方かもしれませんが、近代断易のシステムは五行の相生・相尅、そして支合と冲による吉凶成敗が最も重要です。

複雑な占断になったときもこの「**生・尅・合・冲**」をチェックすることで、占断の核を発見できることが多いのです。

このことは占断方法の章で改めて説明します。

●三合（三合会局）

三合（三合会局）とは、3つの地支があるパターンで表れた場合に発生する協力関係です。常に発生するものではないですが、出現すると非常に強力な威力を発揮する関係性で、吉凶をひっくり返すこともあります。

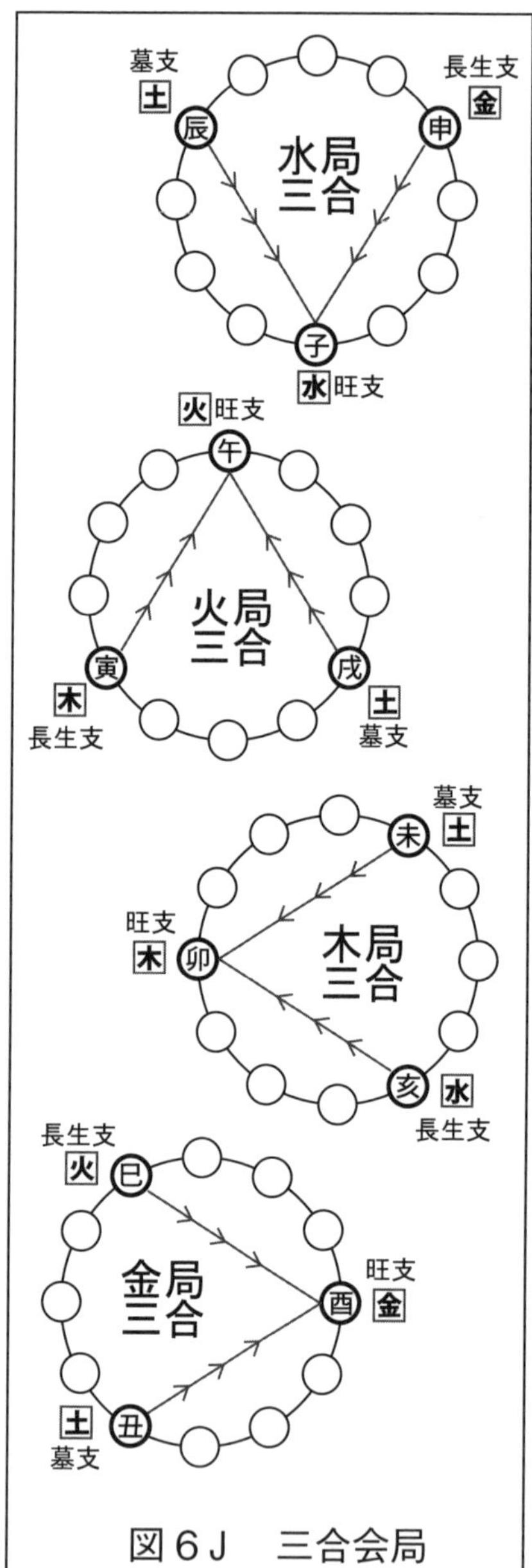

図６Ｊ　三合会局

三合は４つあります。五行の内で「**水局**（すいきょく）」「**火局**（かきょく）」「**木局**（もっきょく）」「**金局**（きんきょく）」の４つの三合会局です。

例えば図６Ｊの「**水局三合**」は、**子**（**水**）・**申**（**金**）・**辰**（**土**）の地支のうちで三支が一定の条件で表れるケースです。この三合は「水局」ですから、２つの地支の中でも水の地支である「子」が中心的リーダーです。これを「**旺支**（おうし）」と言います。その旺支に従う形で水の五行に変化するのが「**長生支**（ちょうせいし）」と「**墓支**（ぼし）」とです。

三合は東洋占では様々な使い方をされますが、いずれでも五行関係を一変するほどの威力を持ち、断易でも例外ではありません。

この三合の成立条件は流派によってかなり違いますが、特に「**旺支**」の配置が重要です。

三合の技法については別章で説明していきますので、この章では三合の組み合わせを覚えてください。

※次に解説する「刑」と「害」ですが、断易では吉凶成敗にそれほど影響をしません。そのため流派によっては無視することもあります。台湾断易では、状況判断のときや、あるパターンが起きている状況では凶として読むなどの方法もあります。入門者は読み飛ばしてもよいですが、実践応用が出来るようになったら再度確認されることをお薦めします。

●刑（けい）

「刑」は、「争い」「わだかまり」「荒む」「傷つける」などの状況を起こす組み合わせです。

刑には、同じ地支が揃ったときにおきる「自刑」、そして「二刑」「三刑」という3種類があります。（図6K）

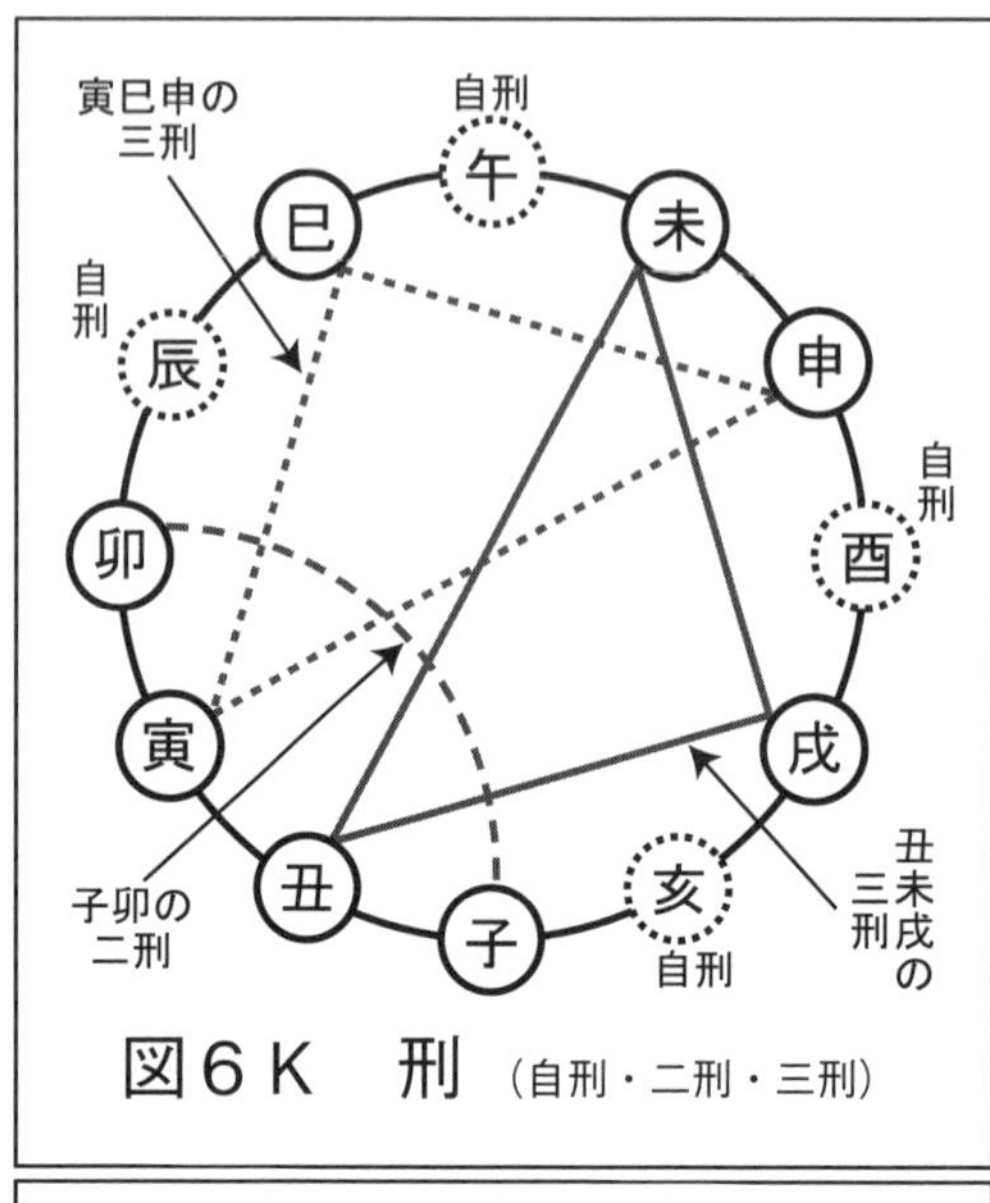

図6K　刑（自刑・二刑・三刑）

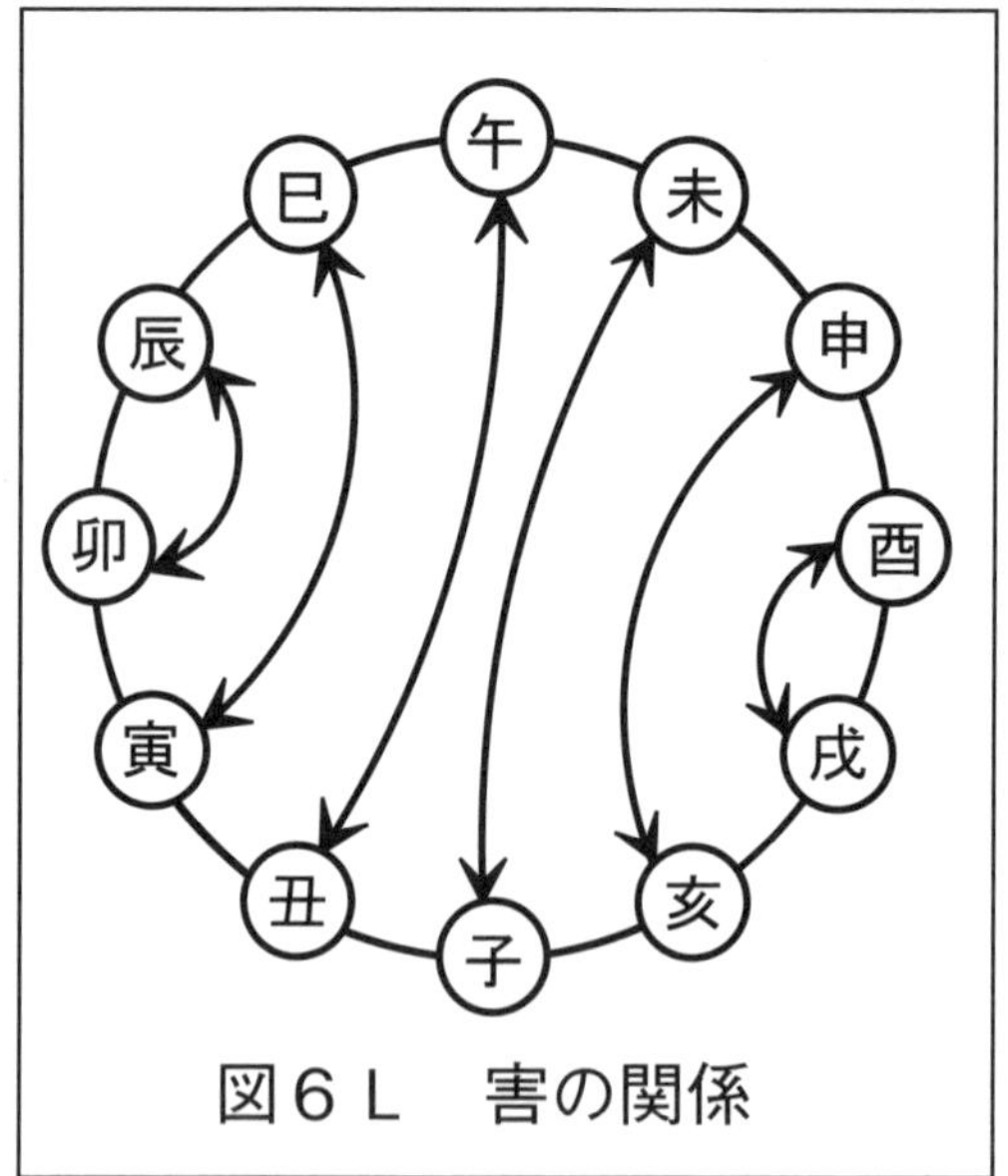

図6L　害の関係

●害（がい）

「害」は、前述した「支合」を阻む組み合わせの関係です。主に「邪魔」「障害」「病気」などを意味する組み合わせです。

害も刑と同じく吉凶判断には使用しないので、最初はそれほど重視しないでかまいませんが、台湾では状況判断（特に病気や障害）ではよく使用します。（図６Ｌ）

4　六十干支（ろくじゅうかんし）と空亡（くうぼう）

※空亡は重要な項目のため、入門者は基礎ができて応用を学び始めた時に再度確認されることをお薦めします。

●六十干支（ろくじゅうかんし）

十干と地支が結合することでできたものが六十干支です。

本来10×12＝１２０通りとなりますが、陽干は陽支と、陰干は陰支としか結びつかないため、60通りになります。年の運行も、月の運行も、日の運行も、すべてこの六十干支の組み合わせでできているのです。例えば年の運行は60年で同じ干支が巡ってくるため、祝いとして還暦の習慣があるのです。

断易鑑定では必ず月の干支と日の干支を使用するため、六十干支は必須になります。

●空亡(くうぼう)

干支は10個の干と12個の支の組み合わせでできているため、必ず支が2つ余ってしまい、2つ干が空の状態になります。これを俗に「虚しく滅ぶ＝空亡」と呼んでいます。（表6a）

空亡は、算命学では天中殺、六星占術では大殺界と呼ばれ怖れられています。

断易では、空亡は占断上でも吉凶占断に影響する大切な条件であるため、必ず書き留めておく必要があります。

十二支	十干
子	甲
丑	乙
寅	丙
卯	丁
辰	戊
巳	己
午	庚
未	辛
申	壬
酉	癸
戌	
亥	

表6a

※戌・亥に十干が欠けている。

空亡の出し方は、日の干支（断易では日辰と呼びます）から算出します。

例えば、鑑定する日が「甲子」の日ならば、空亡は「戌・亥」となります。

空亡は別名「**六甲空亡**」と呼びます。甲と地支の組み合わせは「甲子」「甲寅」「甲辰」「甲午」「甲申」「甲戌」の6つで、図6M「**六十干支表**」のように六種の組み合わせの空亡ができるためです。

六十干支および空亡											
甲寅	51	甲辰	41	甲午	31	甲申	21	甲戌	11	甲子	1
乙卯	52	乙巳	42	乙未	32	乙酉	22	乙亥	12	乙丑	2
丙辰	53	丙午	43	丙申	33	丙戌	23	丙子	13	丙寅	3
丁巳	54	丁未	44	丁酉	34	丁亥	24	丁丑	14	丁卯	4
戊午	55	戊申	45	戊戌	35	戊子	25	戊寅	15	戊辰	5
己未	56	己酉	46	己亥	36	己丑	26	己卯	16	己巳	6
庚申	57	庚戌	47	庚子	37	庚寅	27	庚辰	17	庚午	7
辛酉	58	辛亥	48	辛丑	38	辛卯	28	辛巳	18	辛未	8
壬戌	59	壬子	49	壬寅	39	壬辰	29	壬午	19	壬申	9
癸亥	60	癸丑	50	癸卯	40	癸巳	30	癸未	20	癸酉	10
子・丑	空亡	寅・卯	空亡	辰・巳	空亡	午・未	空亡	申・酉	空亡	戌・亥	空亡

図６Ｍ　六十干支表

5　十二運（じゅうにうん）

断易や四柱推命、算命学など干支を用いる占いで必ず用いられる技法の一つに「十二運」があります。

「十二運」とは、自然律に従って循環運行するエネルギー変化を12段階に分け、その盛衰を地支に対応させたものです。

正式には「**長生十二運**」または「**長生十二神**」と呼ばれます。12段階の名称は**長生**（ちょうせい）**・沐浴**（もくよく）**・冠帯**（かんたい）**・臨官**（りんかん）**・帝旺**（ていおう）**・衰**（すい）**・病**（びょう）**・死**（し）**・墓**（ぼ）**・絶**（ぜつ）**・胎**（たい）**・養**（よう）で表されます。

「十二運」は自然の盛衰を表現したとされますが、次のように、むしろ私たちの人生と考えた方が判りやすいでしょう。

- **長生**（ちょうせい）……青少年期のエネルギーで活発です。
- **沐浴**（もくよく）……成人を迎えますが湯浴みは裸になりますので性の目覚めを象徴し色情運がでます。
- **冠帯**（かんたい）……社会参加をしていきます。
- **臨官**（りんかん）……出世して地位や財を得ていく発展的エネルギーです。
- **帝旺**（ていおう）……40代の男性のごとく働き盛りで人生の絶頂を迎えます。
- **衰**（すい）……初老期で徐々にエネルギーに衰えを感じます。

・**病**(びょう)……さらに肉体は衰え自由には動かなくなります。

・**死**(し)……では人生の終焉を迎えます。

・**墓**(ぼ)……で死した肉体は墓に入ることで土の中に封じられます（封じる、停止、貯蓄、隠す）。

・**絶**(ぜつ)……となると肉体は土に還元され霊的な状態です（生と死、リセット、やり直し）。

・**胎**(たい)……になると輪廻によって新たに生まれようと母体に入ります。

・**養**(よう)……では生まれた幼児のごとき未熟な状態となります。

このように「十二運」は人生の変遷のようなエネルギー変化と捉えると判りやすいと思います。日本の断易では「十二運」の中で特に「**長生**」「**墓**」「**絶**」を使用します。その中でも「**墓**」「**絶**」は断易技法で頻繁に使用されます。

詳しくは月建・日辰・動爻の章で解説します。

水 （子・亥）	金 （申・酉）	土 （辰・戌 丑・未）	火 （午・巳）	木 （寅・卯）	五行／十二運
申	巳	申	寅	亥	長生
酉	午	酉	卯	子	沐浴
戌	未	戌	辰	丑	冠帯
亥	申	亥	巳	寅	臨官
子	酉	子	午	卯	帝旺
丑	戌	丑	未	辰	衰
寅	亥	寅	申	巳	病
卯	子	卯	酉	午	死
辰	丑	辰	戌	未	墓
巳	寅	巳	亥	申	絶
午	卯	午	子	酉	胎
未	辰	未	丑	戌	養

図６Ｎ　五行別十二運表

台湾の十二運の技法

ちなみに、この「十二運」は台湾の流派によっては使用頻度が高くなります。「十二運」すべてを活用することもありますし、出産占や陰宅占（お墓の風水）などでも活用され、様々なバリエーションで読みこなしていきます。

日本では「卜筮正宗十八問答」を基礎とした断易が発展したため、十二運の読み方などはあくまで長生・墓・絶を用いる技法のみが主流となっています。

また、「十二運」自体を否定して使用しない流派もあります。

台湾では、「十二運」は状況をより詳しく表現・形容するためによく使用されています。

どちらが正解というわけではありませんが、柔軟に「十二運」を用いるというのも一つの選択として考えて良いでしょう。

【まとめ】

陰陽五行と地支の関係性は、断易の吉凶判断の要とも言えます。特に五行の**相生・相剋**、そして地支の**支合・冲・三合**は断易ロジックの根幹を成す部分のため必須です。時間をかけてでも習得してください。

第二部

断易の技法

第七章　六親五類と用神について

1　六親五類と用神

八卦、立卦、納甲、五行論と学んできましたが、この章から本格的に断易ならではの技法を学んでいくことになります。特に、「**納甲**」の章で出てきた「**六親五類**」、そして断易の占断の中心となる「**用神**」についてです。

断易は簡略的表現をすれば、**六爻や月・日**に配置されたそれぞれの地支の関係性や相生・相剋によって占断をする術ですが、六爻の中で「**主体・主役の爻**」を決めて占うというのが、断易ならではのロジックです。そして主体・主役の爻を断易では「**用神**」という表現をします。例えば四柱推命では生まれた日の十干を「我」として占いますが、断易ではその占いのテーマに合わせて「中心的役割」を示す主役（用神）の爻を決定し、五行関係や地支関係によって用神が強められ助けられているならば吉となります。

その「用神」をどのように決めるかの判断で重要なのが「**六親五類**」です。

●六親五類(りくしんごるい)とは

親族名称で5タイプ（五類）に分類して「**兄弟・子孫・妻財・官鬼・父母**」と表し、それに相談者・依頼主を表す「**世爻**（+対比的な**応爻**）」を加えたものを「**六親五類**」と呼びます。表記上では「六親」と略す場合もあります。

「六親五類」にはそれぞれ役割が割り振られています。例えば財運を占う場合はその主役は「**妻財**」です。**立卦**して出した六十四卦の「**納甲**」によって**妻財**が配置している爻を探します。この爻を「**妻財爻**」と言います。さらにこの「**妻財爻**」に配置している地支の吉凶を判断することで財運の良し悪しを占ったりするのが断易の基本占断なのです。

●六親五類(りくしんごるい)の関係性

① 兄弟…我と同等、または競うもの
② 子孫…我が生じ助けるもの、育てるもの
③ 妻財…我が剋する、使役するもの
④ 官鬼…我を剋する、支配拘束するもの
⑤ 父母…我を生じ、庇護し助けるもの

表7a　五類のテーマ

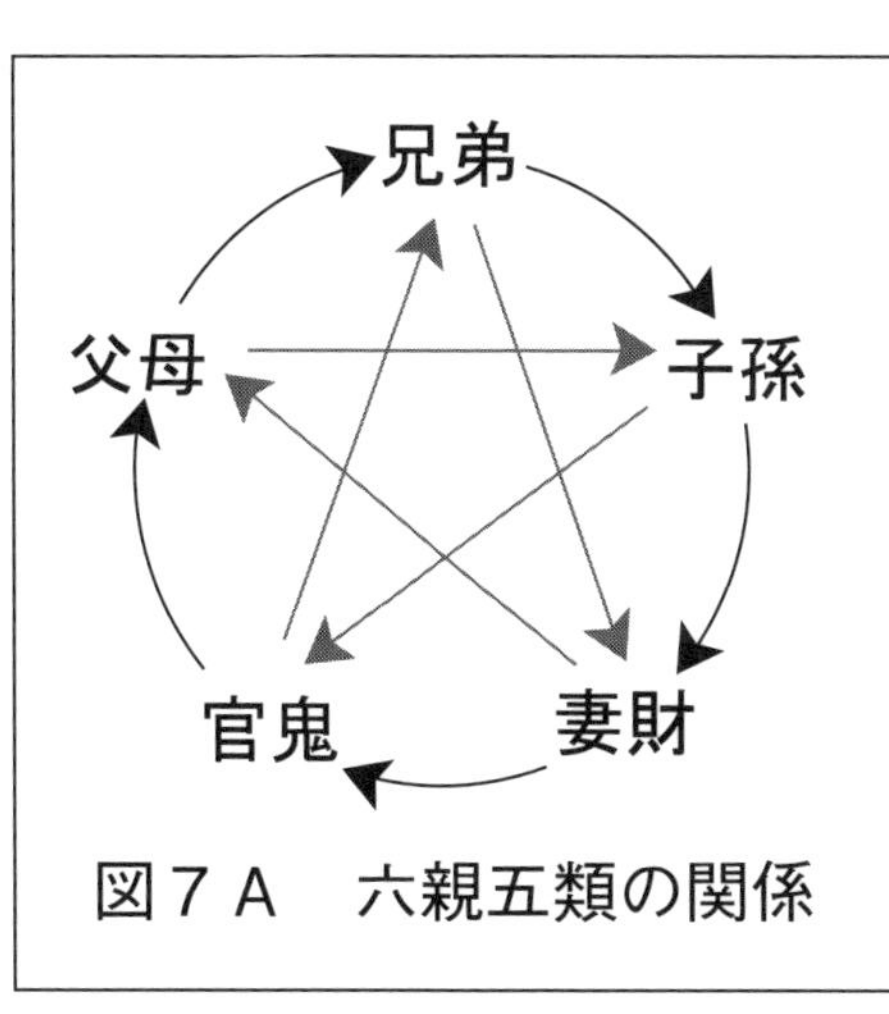

図7A　六親五類の関係

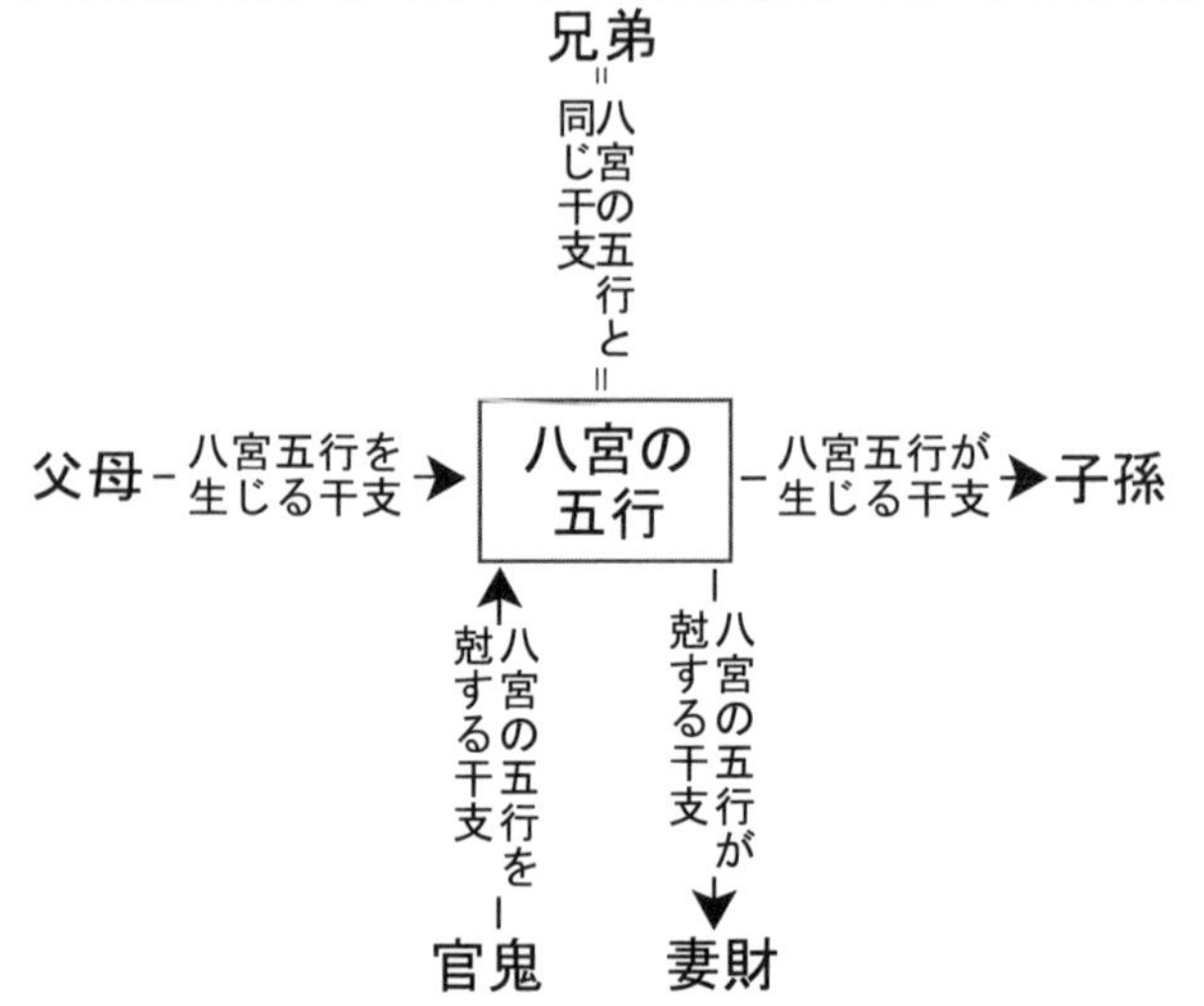

兄弟
＝同じ干支
八宮の五行と
＝

父母－八宮五行を生じる干支→　八宮の五行　－八宮五行が生じる干支→子孫

↑八宮の五行を剋する干支－
官鬼

－八宮の五行が剋する干支↓
妻財

図７Ｂ　六親五類と八宮五行の関係

六親五類の五類「**兄弟・子孫・妻財・官鬼・父母**」は五行の相生・相剋と同じ関係性を持っています。

図7Aを見ると、「**兄弟**」が「**子孫**」を生じ、「**妻財**」を剋しているのがわかります。その「**妻財**」は「**官鬼**」を生じ、「**父母**」を剋しています。

例えば、財運を占う場合は「**妻財**」を中心として占いますが、易卦の中で「**兄弟**」が強いと「**妻財**」を剋すため財運には凶作用の強い卦になるなど、吉凶判断をする場合に重要な役割を持つのです。

また、表7aで「**兄弟**」は「**我と同等**」とありますが、これは納甲表の「八宮（卦宮）」のグループの五行を「我」と設定しているためです。例えば卦宮「**乾宮**」グループの易卦では金の五行の六爻に「**兄弟**」が配置されています。厳密には「乾宮の易卦は金を我とする」のです。

ここは最初に無理に覚える必要はありません。五行と同じように六親の相生・相剋の関係を図のように覚える方が技法を学ぶのに役立つでしょう。

●六親五類と用神

断易では、この六親五類のもつ象意によって主体・主役となる爻である「**用神（用神爻）**」を決定します。つまり占断吉凶判断の最も重要なポイントになるのですが、六親五類の**意義・意味**から**象意**が分類されるのです。

よく断易は「**当たる時はズバッと当たるが、外れる時は大外れ**」という中傷めいた言がありますが、おそらく用神の決定を間違えていることが大半だと思われます。

この用神決定に関して六親五類の意義をよく理解し用神を導き出せるようになれば、こういうことは極めて少なくなるでしょう。

そういう意味からも六親五類の意義と導き出された象意に関して理解を深めてください。

●六親五類の象意

ここから六親五類の象意に関する解説をしていきます。実はいくつかの象意に関しては、流派や国によっても見解の差がある場合があります。特に新時代の象意（ＰＣやスマホ）などは論点・視点によって六親の象意が変わるからです。断易の占断精度はこの六親五類の象意を柔軟に解釈して用神決定ができるかで大きく変わります。

①兄弟（けいてい）

意義「我と同等・同類、または競うもの、利害を争うもの」。

我と同等ということからも**兄弟・姉妹**の意味があり、兄弟を占う場合は用神となります。

図7Aのように兄弟は妻財を剋するため、財を剋す「**破財の五類**」です。

また妻財は物を意味するため、物事を損耗・阻害する意味があります。

兄弟とは最初の競争相手でもあるため、ライバルや競争相手の象意があります。

【主な象意】

・兄弟、姉妹、従兄弟、義理の兄弟、ライバル、競争相手、共同経営者、同業者、友人や同僚（象徴的な意味で。個人の場合は応爻）

・財を剋する関係にあることから、破財、損失

・恋愛や夫婦の問題でも、恋のライバルや二股、裏切りなどの暗示あり

・感情面では、いらいら、焦り、怒り

・妻財（食物）を剋す（壊す・砕く）意味から入れ歯、また兄弟は手足の病気や欠損を表すため義足・義手

・争うことから、競技、体育館、競技場、運動用品・競技道具、ギャンブル、カジノ

・そのほかに、腕、脚、歯、胃、肩、膀胱
・天気を判断する場合は風・雲
※司る象意からも占的の「用神」になることは少なく、むしろ忌神や仇神として活躍します。

② **子孫**（しそん）

意義「我が生じ助けるもの、育てるもの」。

我が生じる、イコール「**生み出す、育てる**」ですから、**子供**の意味です。また、育てる存在として**生徒・弟子・門徒**など。

苦労・辛労を意味する官鬼を剋して福分の六親のため、**享楽・喜び・快楽**に関するものは子孫が象徴します。すなわち**遊び・お酒・嗜好品・たばこ・スイーツ・趣味**などです。

また、官鬼は名誉や官職を意味するため、官鬼を剋す子孫は**お勤めや試験には凶となり堕落・怠慢**となります。官鬼は災いや疾病を表すため、**病気を治す薬や医師**の意味があります。災いを**祓う祈祷を行う神官や僧侶**も子孫の象意となります。

【主な象意】
・子供、孫、甥、姪、生徒、弟子、自分が養育する存在、忠実な家臣、ペット、家畜、虫類全般
・福分を司る、享楽、快楽、遊び、娯楽、エンターテインメント、芸術、スイーツ、嗜好品、たばこ、酒、

趣味、ホテル、バカンス

・官鬼（病気・災い）を尅する、医師、薬品、医療具（包帯、補聴器、近眼補正のコンタクトや眼鏡も含む）、薬剤師、宗教者、神官、僧侶、神父、行者、霊能者、占い師、弁護士、御札（おふだ）、霊符、法事・法要

・官鬼（名誉・出世・権威・官位）を尅するので、名声・出世・就職を占う時の子孫爻は大凶

・財を生ずるので、財源全般、集客・ファン・愛好者、儲けにつながること全般

・福徳・幸福・喜びを表す、ラッキー・順風・幸福感

・そのほかに、食道、呼吸器、気管、目、耳、口、鼻、血管、毛穴、腸、生殖器、骨髄

・宴会・酒、飲料水関係全般、菓子、嗜好品全般、茶道、活花、楽器類

・天気を判断する場合は晴れ、日、月、星

③**妻財**（さいざい）

意義「我が尅する、使役するもの、所有するもの」。

我が権利をもって**支配**・**使用**・**使役する**ものを意味します。

古来では**妻**や**使用人**は所有物という観点でしたので、「妻＋財」は同じ象意に属します。特に男性から見た場合、妻財は**女性全般**、**妻**、**愛人**、**恋人**を意味します。

仕事占では、**経営自営**は利益を出すことを目的としているため妻財の象意です。利益を出す**商売・経営・事業・投資・ギャンブル**など。**日用品や道具、高価**なものも自分が所有するもののため妻財の象意。**食べ物**も利益・蓄えるという意味から妻財の象意。（ただし嗜好品やスイーツ・お菓子は子孫）

【主な象意】

・所有する星なので、（昔は男性が女性を所有する発想のため）妻、愛人・妾、女性
・使役・支配している存在、使用人、部下、従業員、奴隷
・財星なので、金銭、財産、宝石、貴金属、物価、株や相場、高価なもの全般、スマートフォン（固定電話は父母爻）、食肉や乳牛などの家畜（ペットは子孫）
・道具、食器、家財道具全般・キッチン、ストーブ・暖房器具、日用品全般、生活電化製品、食物全般、土蔵・物置、布（衣類は父母爻）・帯・反物
・商売・金儲けの用神、商業取引全般、有価証券（契約書は父母爻）
・そのほかに、食事、髪、血、息、涙、排泄物、尿、汗、牛乳、鼻糞、体液、ウエスト、肛門
・感情面では充実・満足
・天気を判断する場合は晴天（晴れの用神です）

④官鬼（かんき）

意義「我を剋する、支配するもの、拘束するもの、畏怖すべきもの」。

我を剋するということは、自分を支配するもの、拘束するものです。自分を管理する**上司**、**支配人**などは官鬼です。また古来、女性を支配するものが男性と考えられていたので、女性にとって**夫・男性**は官鬼の象意です。

剋されるのは恐れる、**畏怖する**ことです。そのため**神仏**、**鬼神**、**首相**、**公官庁**、**裁判所**、**税務署**、**警察**などは官鬼の象意。また、**盗賊**、**反社会的存在**も該当します。

我を剋するのは害することのため、**疾病**、**災い全般**は官鬼の象意です。

畏怖すべきものは権威や栄誉でもあります。**名声・名誉・権威**、それを得るための**選挙**や**試験**なども官鬼の象意となります。

【主な象意】

・夫、夫の兄弟や同輩、男性、上司、支配人（直接の上司は官鬼、会社の経営者などは父母爻）
・我を攻撃する存在全般（身内でも我に害を与えようとするなら官鬼で見る場合がある）
・権威の星であるため、裁判所、税務署、警察、官庁、勤務先、会社
・支配・管理されることから、就職、勤務、就業、学業、公務、義務、職業
・名誉の星であるため、官庁官職、選挙、試験、勝負（裁判など）、名声・人気運

・威厳畏敬の星であるため、神仏、天皇、首相、位牌、神仏、宗教、荒神、鬼神
・災禍、病気・ウィルス、裁判、憂いに関すること全般、悪霊・霊現、死体、銃刀類、盗賊・逆賊・乱臣
・天気を判断する場合は雷・嵐・台風・天変地異

⑤父母（ふぼ）

意義「我を生じ、庇護し助けるもの、導くもの」。

我を生じるものとは育てるもの、守るものです。そのため**父母**、**祖父母**は父母の象意です。

我を守るものとして雨風から守る**家屋**や**建物**は父母の象意。家屋を立てる場所である**土地**も該当します。庇うこととして**衣服**や**雨具**。

我を成長させるものとして**学問**・**教育**、教えてくれる**先生**、**学校**、**書籍**、**文書**、**情報**は父母の象意です。

我の権利を守り庇護することから、雇う**会社**、我に潤いを与え給金を払う**社長**は父母の象意です。同じく権利や保証ということから**証明書**・**免許証**などは父母の象意。

我を育て守る側は苦労を伴うため**心労**・**辛苦**。

植物に潤いをもたらすことから天気を見るとき**雨**となります。

【主な象意】

・父母、祖父母、叔伯父母、舅・姑、先祖、先生（教える存在全般）、家主、雇用主

・土地・建物（家屋・館・城・病院）・建物の鍵・塀やフェンス・乗り物全般（車・飛行機・船）・工学（エンジニアリング）

・信号・通信手段（固定電話・ＦＡＸ・メール・電報、パソコン類、ルーター、Ｗｉ－Ｆｉ）

・衣類、風呂敷、帽子、傘、雨具、身にまとうもの全般、覆うもの全般（単なる布は妻財）、垂れ幕、カーテン・寝具

・文書、書類、証文、帳簿、手紙、メモ類、訴状・証明書・印鑑・情報

・学習・学問に関わること、学校、文章、塾

・そのほかに、頭、顔、胸、背中、腹部、臂部

・心労を司る（我を生じる存在。自分のために苦労してくれる存在のため）

・天気を判断する場合は雨・雪（雨の用神）

⑥世爻（せこう）

世爻は我そのものです。占断では**求占者**（占いの依頼人）は必ず世爻になります。

自分に関係することである限り、占断では必ず世爻の状態を判断する必要があるため、世爻は準用神（準

じた主体・主役）でもあります。
特に得失占では、世爻と用神の関係が、利益や得が来るか去るかの重要な判断要素となります。
将来の希望や展望を判断するとき、大望・遠望ならば、より世爻は重要になります。

【主な象意】

・自己占、希望占、我に関すること全般に関わる

⑦応爻（おうこう）

世爻が我ならば、応爻は之に対する相手となります。また、求める・目指す場所を意味する場合もあります。

基本的に六親に該当しない人物を占う場合は応爻がポイントです。

うわさを占う（面識のない芸能人や直接かかわりのない人）ときは応爻でみます。

※応爻は流派によって判断範囲に差があります。応爻をほとんど使わないという断易家もいます。著者は積極的に応爻を取り入れている部類と思います。占断の範囲が広がるメリットがありますが、六親の分類が面倒だからとりあえず応爻に設定してしまうような問題も生じ、応用範囲の広い爻でもあり、注意が必要です。

【主な象意】

・あの人、あの人たち、彼らなど、六親に分類しにくい特定の相手・存在
・土地や場所を探している時の購入地・転宅先・旅行先・転勤先
・交渉相手や相手との相生
・争っている相手（夫婦・親兄弟でも競争する関係は世応でみる）
・結婚占では相手の実家と見る場合がある
・疾病占では医者や病院を表す場合がある

携帯電話・スマートフォン・ノートパソコンの六親（新規の六親判断）

通信機器の六親五類は「父母」ですが、携帯電話が当たり前になった１９９０年代に台湾では「携帯電話の六親は父母で良いのか？」という論議が盛んに行われました。「常時持ち歩くものであり、通信機器としての役割だけでない日常的に使用する機器なのだから妻財では？」という主張も出てきたためしばらく「父母か妻財か」という議論がありましたが、正直なところ流派によって分かれているようです。著者は様々な占断の検証によって現在はスマートフォンやタブレットの六親を「妻財」として取っています。ただし、自宅にある固定電話は今まで通り「父母」で良いでしょう。また、ＰＣ機器もデスクトップや据え置きのノートＰＣは「父母」で良いでしょう。ハ

ードディスクは情報を蓄える（食べる）ものなので「妻財」と考えられます（固定・携帯に関わらず）。
近年PCもゲーム機器に近い使い方も出てきました。例えばeスポーツなどゲーム機器としてのみノートPCを使用している場合は、「父母」というより「妻財」、または占的によって「子孫（遊び）」に区分する必要もあると思います。

このように、用途など相談のポイントや視点によって六親の選び方が変わる場合があるので新時代の六親は注意が必要です。

2　用神（ようじん）・原神（げんしん）・忌神（いみがみ）・仇神（きゅうじん）

●用神（ようじん）とは

占断の「主体・主役」となる六親五類のことを「**用神**」と言います。

断易の占断では、この用神が決定しなければ、占断を進めることができません。

用神を決めるにあたっては、占断の内容から、六親五類（世爻・応爻・兄弟・子孫・妻財・官鬼・父母）の象意の中でどれが最も主体として相応しいかを選定基準とします。例えば「**商売を占うならば、金銭の利益が出るかを判断の主体とするので妻財**」となります。また「**女性からの結婚相談ならば、女性にとっ**

ての男性・夫の象意は官鬼」と判断します。

代表的な用神選定に関しては、別冊付録「納甲表必携」40頁の「用神一覧」に書かれている用神選定例を最初は参考にしてください。

その後は六親五類の象意から、自在に用神を探し出せるように理解を深めていきましょう。

逆に用神選定を誤ってしまうと、占断の主体がずれてしまうため占断結果は違う方向となり、いわゆる「誤占」をしてしまう可能性があります。

六親五類を正しく見極め、的確な用神を選定できれば、断易の占断は誤ることが極めて少なくなります。占断の精度を決定する重要事項だと覚えてください。

断易では、用神を示す六親五類を決定して初めて具体的占断が始まります。

その吉凶を決めるのは、年月日の地支からの相生・相剋や、地支関係の合冲制化、動爻からの影響（後章参照）です。断易ではこの動爻が、年月日の影響に次いで占断の重要な要素となります。そして、動爻がどのような役割をもっているを示すのが「**原神・忌神・仇神・閑神**」です。

●原神（げんしん）・忌神（いみがみ）・仇神（きゅうじん）・閑神（かんじん）

占断のために六親五類から用神を決定した場合、他の六親五類が用神とどのような関係になるかを、「**原神・忌神・仇神・閑神**」という表現をします。

原神（げんしん）

用神を生じる爻で、用神を助ける六親五類を「原神」と言います。

原神が六爻上で活動していれば用神を生じ助けるため吉となります。

逆に原神が力なく傷ついていると吉凶では不利です。

そのため、用神を決定した後に原神が活動的で用神を助けているかをチェックすると吉凶判断がしやすくなります。

忌神（いみがみ）

用神を剋し制する爻の六親五類を「忌神」と言います。

忌神は「きじん」とも読みますが、ほかにも鬼神や貴人など同じ音読み名があるので、訓読みの「いみがみ・いむかみ」と表現するのが一般的です。

図7Cのように忌神は五行関係としては用神を剋するため、忌神が活動的ですと用神を傷つけ凶となりやすいのです。吉凶判断では要注意の爻です。

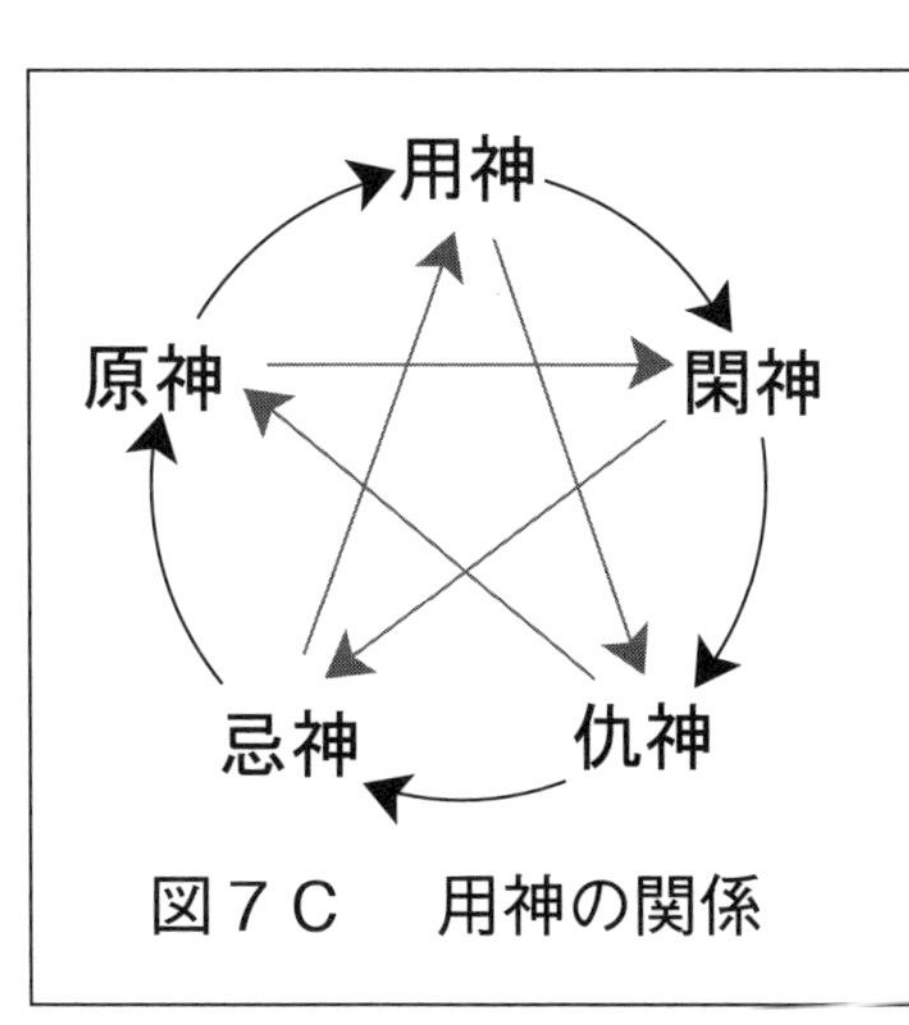

図７Ｃ　用神の関係

ですが、忌神は同時に原神を生じる関係であり、原神が活動力をもっていれば原神を助ける役割となって用神への剋がおろそかになるため、原神の状態次第で吉凶に影響が出るわけです。

原神と忌神は用神に対する吉凶判断に重要な役割を果たすのでチェックが欠かせません。

仇神(きゅうじん)

忌神を生じる爻で、なおかつ原神を剋する六親五類を「仇神」と言います。

仇神は音読みで「きゅうじん」となり、「凶神」や「休神」などと誤解しやすい言葉になってしまうため、訓読みの「あだがみ」と表現することが多いです。

間接的ですが忌神の力を助けたり、原神を剋したりするため、活動的になっているときは要注意です。

閑神(かんじん)

本来、他の「用神・原神・忌神・仇神」と違って明確な役割がないことから、「ひまな神」という「閑神」となる六親五類があります。

図7Dのように仇神を生じたり、「忌神を剋する」など用神の味方をしているようですが、ケースによっては「用神のエネルギーを洩らす働き」をするなど吉凶が定まらない立場のため、活動していると判断が難しい爻となります。

●用神（ようじん）と六親五類（りくしんごるい）の関係性

どの六親五類を用神とするかを決定すると、自動的に「**原神・忌神・仇神・閑神**」も決まります。

例えば、図7Dのように六親五類の「妻財」が用神となる占事ならば、原神は「子孫」となり、子孫は用神である「妻財」を助ける関係になります。同じように「兄弟」は忌神となり、用神「妻財」を尅す関係となるわけです。

これに五行関係が加わってくるのですが、例として六十四卦の中で「**兌為沢**」(図7E上)の納甲では、次のようになっています。

・六親五類「**兄弟**」の爻**↓酉**（金）

・六親五類「**子孫**」の爻**↓亥**（水）

・六親五類「**妻財**」の爻**↓卯**（木）

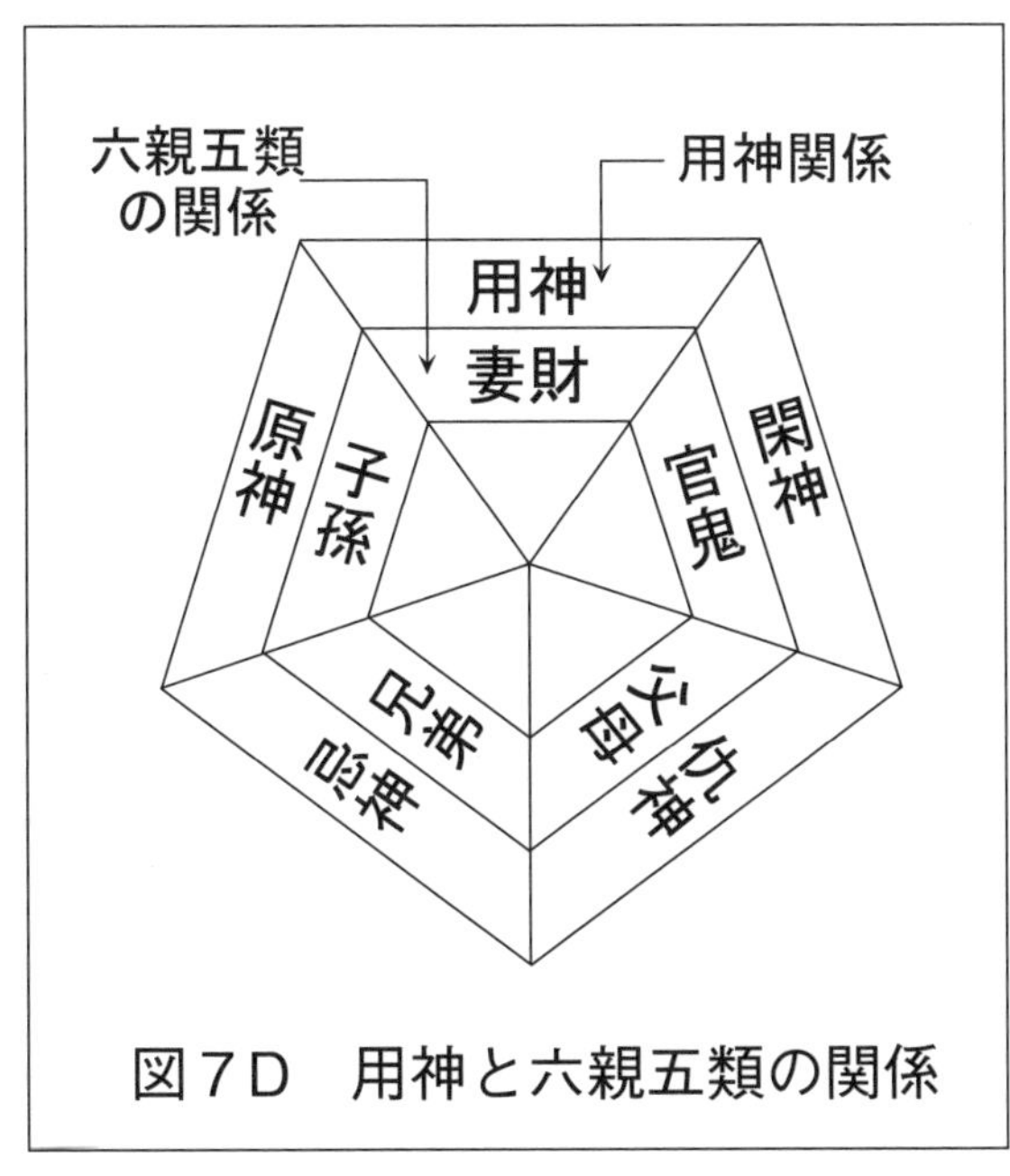

図7D　用神と六親五類の関係

・六親五類「**官鬼**」の爻↓**巳**（火）
・六親五類「**父母**」の爻↓**未・丑**（土）

占事で「商売の発展」を占う場合、財に関することなので用神は「**妻財**」となります。

「**兌為沢**」の納甲では二爻にある地支の卯（五行の木）が「**妻財**」爻で、これが用神になるのです。

すると、自動的に図7E下のような五行と六親五類そして用神関係が決まります。

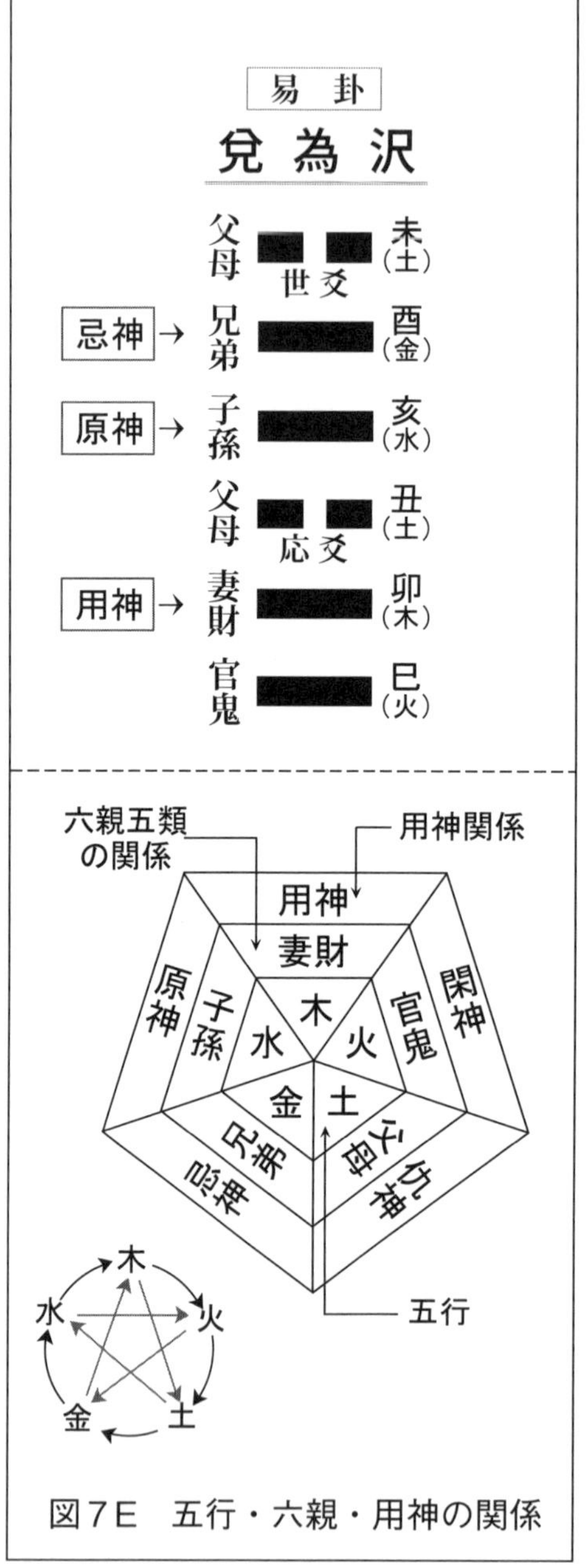

図7E　五行・六親・用神の関係

用神「**妻財**」は地支で**卯**です。五行では木ですので、木を生じる水の地支亥が四爻にあり、「子孫」爻が原神の役割となるのです。そして木を剋する金の地支は五爻にある**酉**で、「**兄弟**」爻で忌神となるのです。

一つひとつ順序立てて説明していくと非常に面倒くさい工程を経ているように感じますが、実は流れが判るとそれほど難しいことではありません。五行と六親五類、そして用神の関係性が判ってしまえばすぐに把握できるはずです。最初は慣れるまで少々時間がかかるでしょうから、何度か別の六十四卦を例題にして図7Eのように対比図を書きながら練習してみてください。

第八章　断易の判断基準について

前章までは断易での占断する準備を学んできました。ここからは本格的な断易占断のロジック・技法を習得していく章となります。

本章で学ぶのは、断易のもっとも重要な吉凶成敗の判断のポイントです。著者も様々な断易書を読んできましたが、最初は吉凶判断を具体的にどうすればできるのかなかなか理解できないころがありました。ですが、２つの視点を分離して判断すると、思っていたよりも整理されることがわかってきました。

それは「**断**（**吉凶判断**）」と「**象**（**事象・状況説明**）」です。

断易の要は、まず「吉凶成敗の判断（**断**）」を明確にさせることです。吉凶をハッキリさせることができるのが断易の強みとも言われているわけですから、まずはここの判定を優先します。

ですが、吉凶判断を最優先させるとしても「どのような状況・状態なのか？　今後どのように変わるのか？」などの状況説明も大切です。断易本はこれが入り混じって書いてあるのですが、初心者はまずこれを分解して判断すると「吉凶成敗」の判定は非常に判りやすくなります。

●断易の吉凶成敗を判断する重要基準

重要ポイント

吉凶成敗の判定に参加できるのは、主体である**用神**、運として三伝（太歳・月建・日辰）、そして**動爻**である。

まず断易の占断で重要な「**吉凶成敗**」の判断ですが、例題①（図8A）をご覧ください。

「**経営しているお店の売り上げは上がるか？**」という占事相談があったとします。

前章で学んだように万年暦で「月・日」の干支と空亡を調べて記入し、その後に立卦すると「**坤為地**」が出ました。四爻が「**老陰**」なので動爻となり、之卦が「**雷地豫**」に動きました。

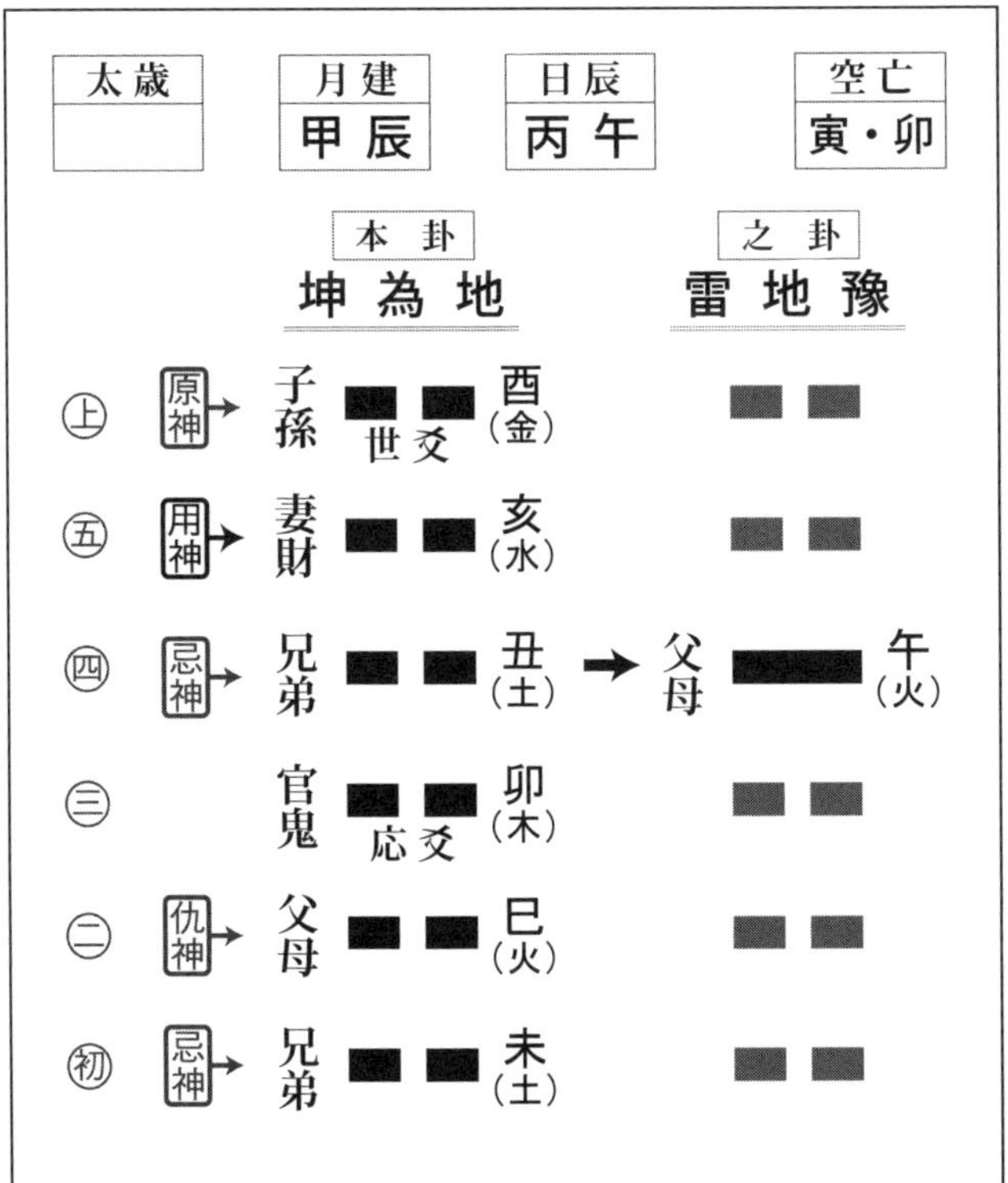

太歳	月建	日辰	空亡
	甲辰	丙午	寅・卯

爻	神	本卦 坤為地			之卦 雷地豫	
上	原神→	子孫	▅▅ ▅▅（世爻）	酉（金）		▅▅ ▅▅
五	用神→	妻財	▅▅ ▅▅	亥（水）		▅▅ ▅▅
四	忌神→	兄弟	▅▅ ▅▅	丑（土） →	父母	▅▅▅▅▅ 午（火）
三		官鬼	▅▅ ▅▅（応爻）	卯（木）		▅▅ ▅▅
二	仇神→	父母	▅▅ ▅▅	巳（火）		▅▅ ▅▅
初	忌神→	兄弟	▅▅ ▅▅	未（土）		▅▅ ▅▅

図8A　例題①

この場合、占いの主体・主人公となる「**用神**」は財に関することですので、六親五類の中で「**妻財**」が配置している五爻になります。この五爻を「妻財爻」と呼びます。

この用神の妻財爻の地支は「**亥**」で、五行は「**水**」です。

その結果、図8Bの関係図のように、原神は「子孫」で上爻「**酉**（**金**）」になります。忌神は「兄弟」ですが、初爻「**未**（**土**）」と四爻「**丑**（**土**）」と2つの「兄弟爻」が忌神となっています。仇神は父母なので二爻「**巳**（**火**）」が仇神となります。閑神は「官鬼」で三爻「**卯**」ですが、表記は省略しています。

五行関係、六親五類、用神、そして動爻がわかりました。

ここから具体的な断易の占断を始めるのですが、「吉凶成敗」の判定で非常に重要なことがあります。

それは再度申し上げますが、

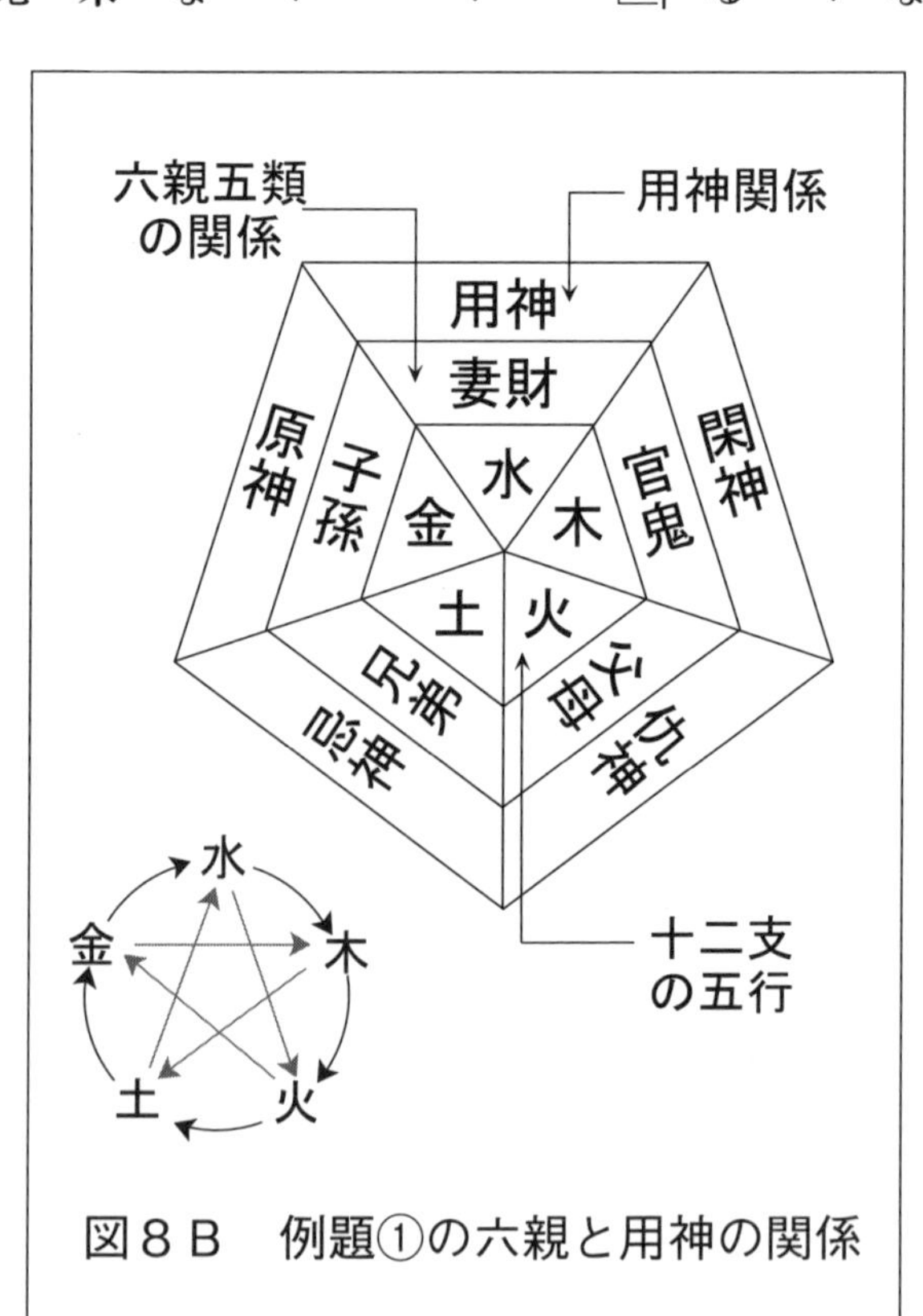

図８Ｂ　例題①の六親と用神の関係

「吉凶成敗の判定に参加できるのは、主体である用神、三伝（太歳・月建・日辰）、そして動爻である」ということです。

日辰と月建は「**占った瞬間**」から得られる五行関係の中心軸であるため、易卦すべてに影響をもたらすことができますが、六爻に関して**他爻に干渉できるのは動爻のみ**なのです。（**重要ポイント**）

そして、この条件に満たない爻（完全な静爻）は「吉凶成敗」の判断では不要となります。

以上を箇条書きにまとめます。

・判断の要である**用神**は絶対必須。

・五行関係および地支関係における相生・相剋・合冲・制化によって吉凶を決めますが、重要なのが三伝の**月建・日辰**。（太歳・時間は特定の占事で用います）

・月建・日辰は用神の吉凶に重要ですが、易卦の中で「**動爻**」のみが他の爻へ影響をもたらすことができる活動性があります。逆に静爻は他の爻への影響がないため「吉凶成敗」の判定に参加できません。（ある条件で動爻化できる静爻があります）

いくつかの例外条件がありますが、基本的に用神の「吉凶成敗」を決め手となるのは、**月建・日辰・動爻**です。ですので、図8Cのように参加できない爻を消してしまうと卦が整理されます。

図８Ｃを見ると、**用神**である五爻の**妻財**・**亥**以外で参加できるのは四爻の動爻である**兄弟**・**丑**だけとなります。そして兄弟爻は**忌神**です。忌神は用神を剋すため用神の妻財にとって良くありません。

そして、吉凶で重要なのが**月建**と**日辰**の地支からの相生・相剋・合冲です。図８Ｃでは月建の地支は**辰**（土）で、用神・**亥**（水）は剋されます。そして日辰の地支・**午**（火）は用神・**亥**（水）に助力を与えていません。

以上のことからも、月建と動爻から剋され、日辰からも助けられてないので、この用神は「凶」の状態となります。結論的には「売り上げは良くない」となるのです。これが「象（状況・事象説明）」をすっき

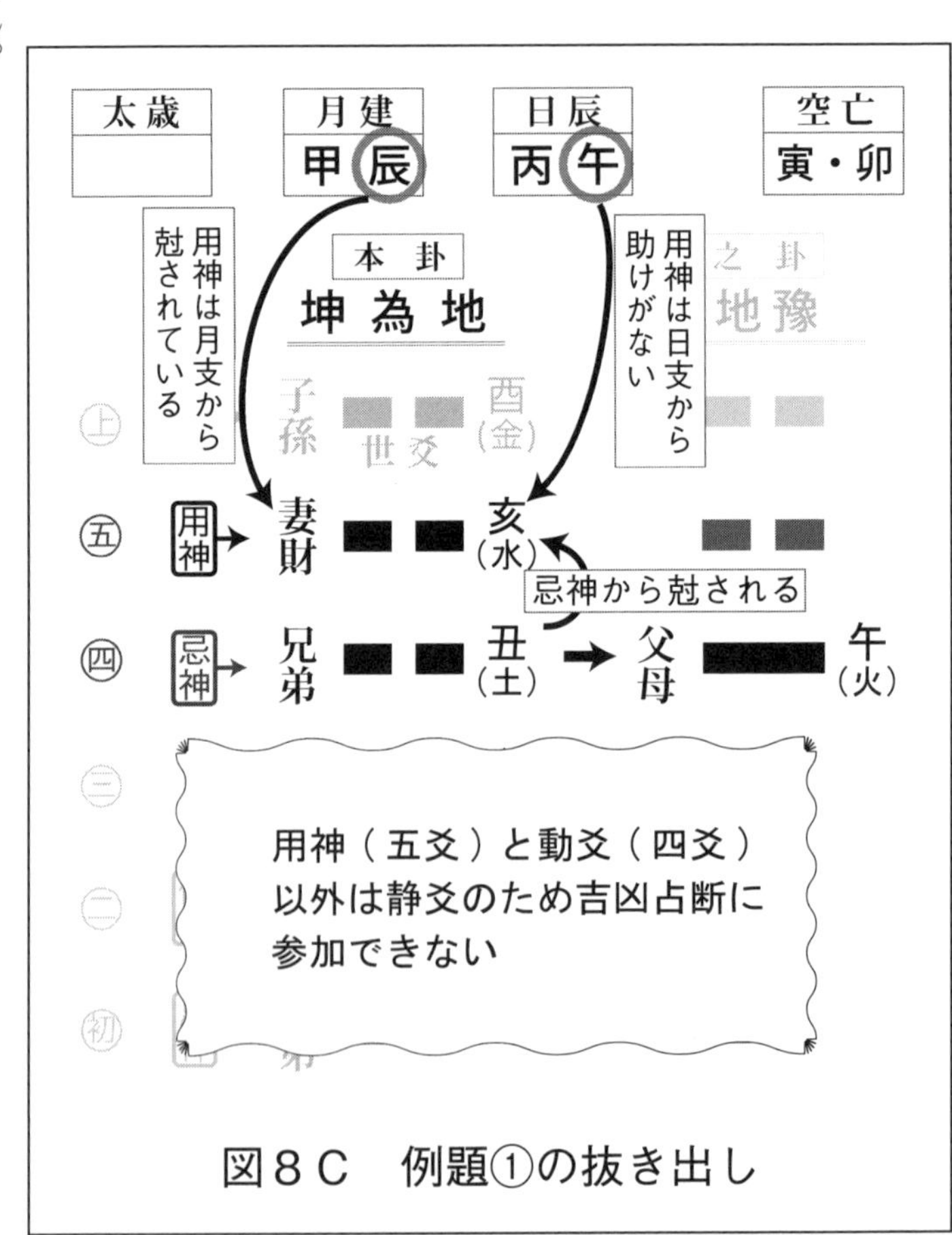

図８Ｃ　例題①の抜き出し

り取り除いた吉凶占断です。

同じように例題②（図8D）をご覧ください。

こちらも同じ占事内容で、占い立卦の結果は「**坤為地**」で同様ですが、之卦は「**火地晋**」に動いています。つまり四爻と上爻が2つ動爻となっていることになります。

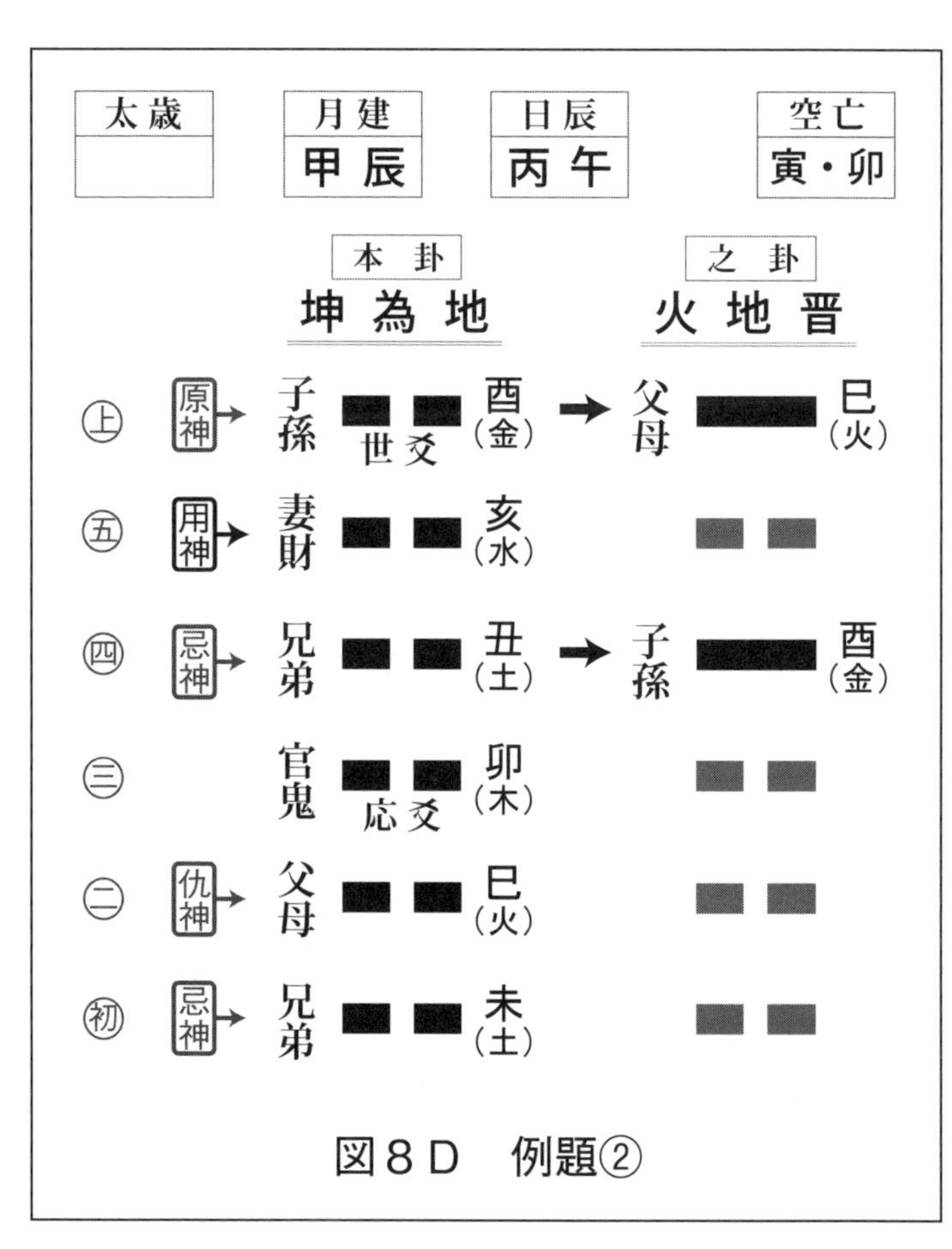

図8D　例題②

初爻～三爻は用神ではない静爻で「吉凶判断」には参加できませんから、図8Eではマスクをして隠しています。

今回は用神の五爻と、動爻が四爻と上爻なので、外卦が3つ「吉凶判断」に参加します。

ここで注目なのは、上爻が原神の子孫爻だということです。原神は用神を生じ助けます。地支としては上爻の**酉**（金）が用神・**亥**（水）を金生水で助けています。

そして四爻の忌神は例題①（図8C）では用神を剋していましたが、例題②では原神が参加しています。本来忌神は用神を剋する作用をもちますが、原神が動爻の場合は勝手が変わります。原神が「吉凶判断」に参加してくると、忌神は原神の存在を優先して原神を生じることに一生懸命になり、用神を剋することを忘れてしまいます。これを専門的には「**連続相生**」と呼びますが、これは後章であらためて学習します。

「吉凶判断」として月建と日辰から用神への影響は先ほどと変わらないのですが、実は原神が参加することによってそれも微妙に変わるのです。

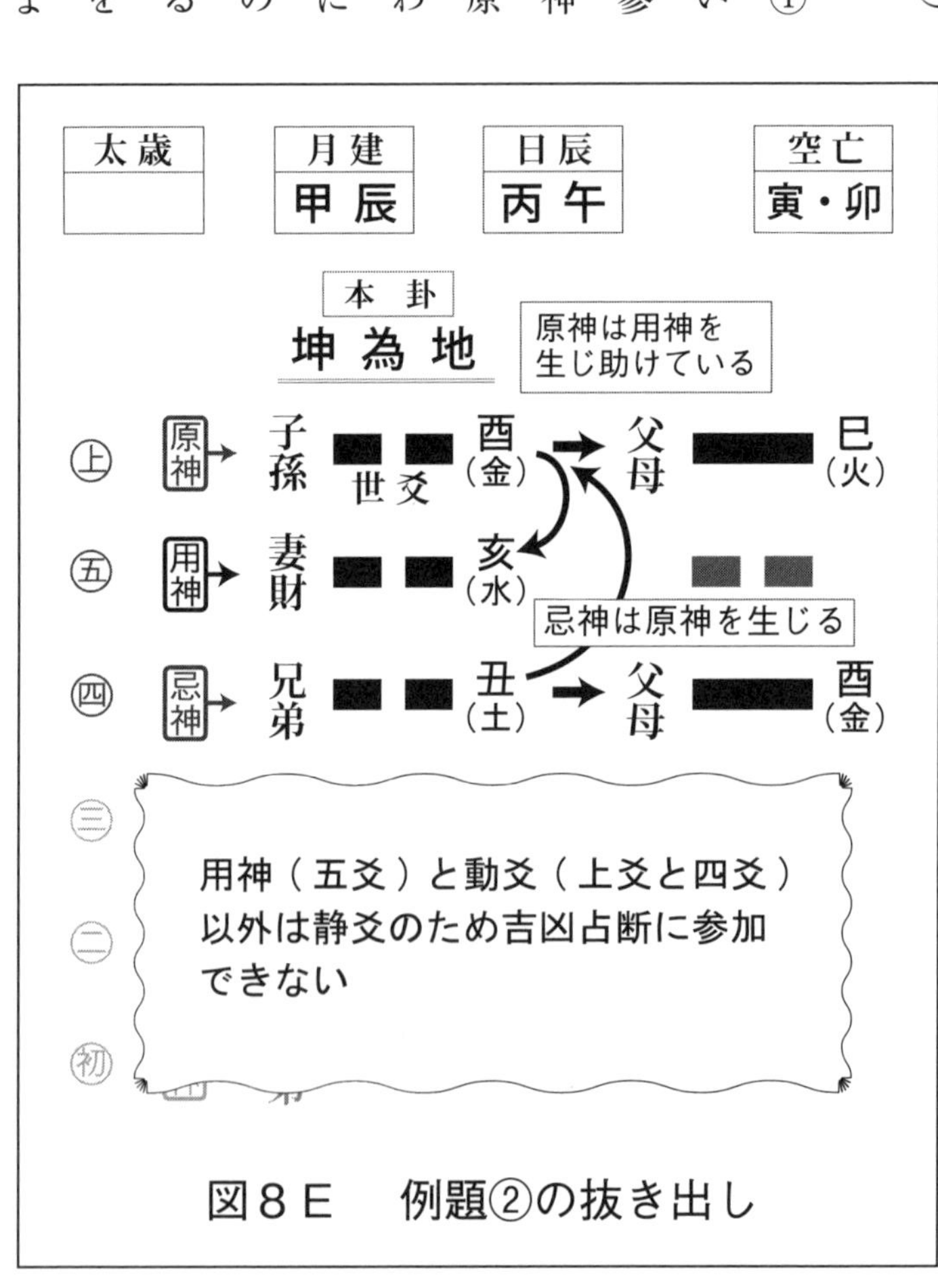

図8E　例題②の抜き出し

結果として日・月から良くないので「吉」と言えない判定ですが、爻関係では協力を得られるので、改善余地の十分ある「小凶」程度と判断できそうです。

このように、「吉凶判断」は用神と月建・日辰は必須なのですが、参加する動爻によって影響が変わり、吉凶の判断も変化するのが断易の特徴となっています。

●吉凶とは○と×の二択だけではない

断易の醍醐味は、まず「吉凶」をはっきり断じることができることです。

ですが、多くの初心者が誤解しやすいのが「吉凶」とは○と×だけと考えることです。実際に占断上では、例えば結果が凶だとしても、10段階で10の凶なのか2の凶なのかによって、凶という判断も変わります。つまり2程度の凶ならば改善策の提示はむしろ必須なはずです。

すなわち、先述の「**経営しているお店の売り上げは上がるか？**」という占事相談に対して凶の結果だとしても、

・売っている商品に問題があるのか
・立地条件の問題で来客がすくないのか
・商売敵が多い競合場所なのか
・過剰な設備投資が響いているのか

など、様々な要因および改善策を易卦の状態から推察・推理できるはずなのです。

ただし、その場合は、「**吉凶判断**」と違って「**状況説明**」を見る必要があるため、易卦全体を判断して状況や展開を読み解くため非常に難易度が高くなります。

●吉凶占断「断」と状況説明「象(しょう)」を分ける

断易は「吉凶以外は占えない」と考える流派もあるようですが、台湾では非常に詳細な状況説明を行います。むしろこの状況説明を詳細に解読できれば解決策やアドバイスが可能になります。

本当の意味で高度な占断とは「吉凶判断」だけでなく、この「状況説明」が的確であるかなのです。どのような占術でも、この両輪がそろってはじめて有益なものになるのだと思います。

【まとめ】

本章では吉凶判断のポイントを紹介しましたが、具体的にどう判断していくのかを次章から詳述します。三伝(日辰・月建・太歳)、そして動爻の解説と続きますが、断易の占断の核心部分となります。

本章でも紹介した**日辰・月建・動爻**に対するロジックは、断易において重要な技法の大半を占めています。中にはなかなか難しいロジックもあり、動爻なのに活動機能を失い一時的に静爻のように停止したり、逆に静爻なのに日辰や月建との関係で力を持ち動爻となる、などのイレギュラー条件の技法もあります。

第九章　日辰（にっしん）・月建（げっけん）・太歳（たいさい）（三伝（さんでん））について

1　日辰（にっしん）・月建（げっけん）・太歳（たいさい）（三伝（さんでん））

卜占の基本な概念である「偶然が必然となる」。

断易は他の卜占と違い、占った年月日（三伝）の地支と、出した易卦の地支を比較検討することで吉凶判断を導き出すシステムです。

この「占った瞬間」を陰陽五行に基づき解析するシステムこそが断易の吉凶判断の正確さに関係していることなのです。


前章で判るように吉凶判断で非常に重要な役目を持つのが三伝と言われる「**日辰・月建・太歳**」です。

その中で常に吉凶判断で活躍するのが**日辰**と**月建**です。

- **日辰とは、占った**（**立卦した**）**日の地支**
- **月建とは、占った月**（**月節**）**の地支**

断易とは「どのような瞬間（タイミング）で立卦したか？」を軸として陰陽五行に基づいて明確にする

技法です。

この「瞬間・タイミング」を分析解読する上で重要な役割をするのが日辰と月建になります。

三伝のうちで**太歳**は、何年にもまたがる長期的な占事や年運占、または解答が出る時期を出す「**応期**（おうき）」に使用します。通常の占断では、日辰と月建で判断します。

※時間支も同じく短時間の占事判断の場合のみ使用する場合があります。

●日辰（にっしん）と月建（げっけん）の役割

細かい技法は後回しにしますが、吉凶成敗において非常に重要な役割を果たすのが**日辰**と**月建**です。

ポイント

月建と日辰は占断における吉凶成敗に重要な役割を果たす。

占断における力量は月建・日辰ともに互角と言っていいが違いもある。

月建は「建内（月節内）」では非常に強い影響をもたらす。その期間を過ぎると影響力は弱まる。

日辰は「六爻の主宰」とも言われ、重要な影響を持ち、その力は月を超えて最終的な影響力を持つ。

力量においては匹敵する月建・日辰だが、時間軸では力量に変化がある。

月建（げっけん）

月建は占った（立卦した）年月日の内で月の地支を指します。月建はその月節の中（別名**建内**）では非常に強い影響を持ちます。

例えば3月節（卯月）に占った場合、月建は「卯」となります。卯は五行では木です。例えば用神が午（火）の場合は、月建から用神は生じられ力を得るため、用神・午は力を増します。ですが用神が丑（土）ならば、月建から用神は木剋土で剋されるため力を抑えられ弱くなります。

月建は特に月節内（建内）では日辰以上に影響力が強いため、月内に結果が出るような占断では非常に重要になります。

逆に月節内（建内）を越えて次の月節に移った場合では影響が弱まります。

日辰（にっしん）

日辰は占った（立卦した）年月日の内で日の地支を指します。

日辰は「**六爻の主宰**」という異名があるほど重要な影響を持ちます。月建が占った建内で作用し、次の月節に移ると影響力が弱まるのに対して、日辰は最終的に影響力があります。

●日辰（にっしん）と月建（げっけん）の力量変化

日辰と**月建**の力量は拮抗します。そのため用神が月建から剋され日辰から相生ならば一進一退で吉凶判断が難しいのです。

しかし、この力量も時間経過によってある程度変化します。日辰と月建の力量バランスの変化は図９Ａ①をご覧ください。

占った時は月建の影響が強いため、スタート地点の力量バランスに大きな影響をもたらすのは月建です。

ですが、月節が変わると月建の影響は弱まり、最終結果が数カ月後に出るような占断ならば、最終的には日辰の影響が力量バランスに強く出ます。

図９Ａ②のように、月節内に答えが出るような占断の場合は、月建の影響が強い中で結果が出ます。

その場合は最終結果に強い影響力を持つ日辰であっても月建の力が強い時期なので、月建の影響が優位になります。

このように日辰と月建が、六爻に配された六親五類と地支に対してど

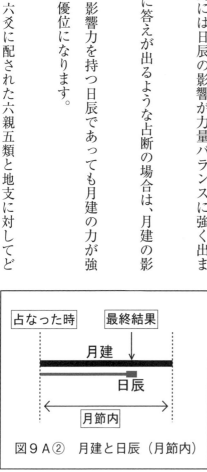

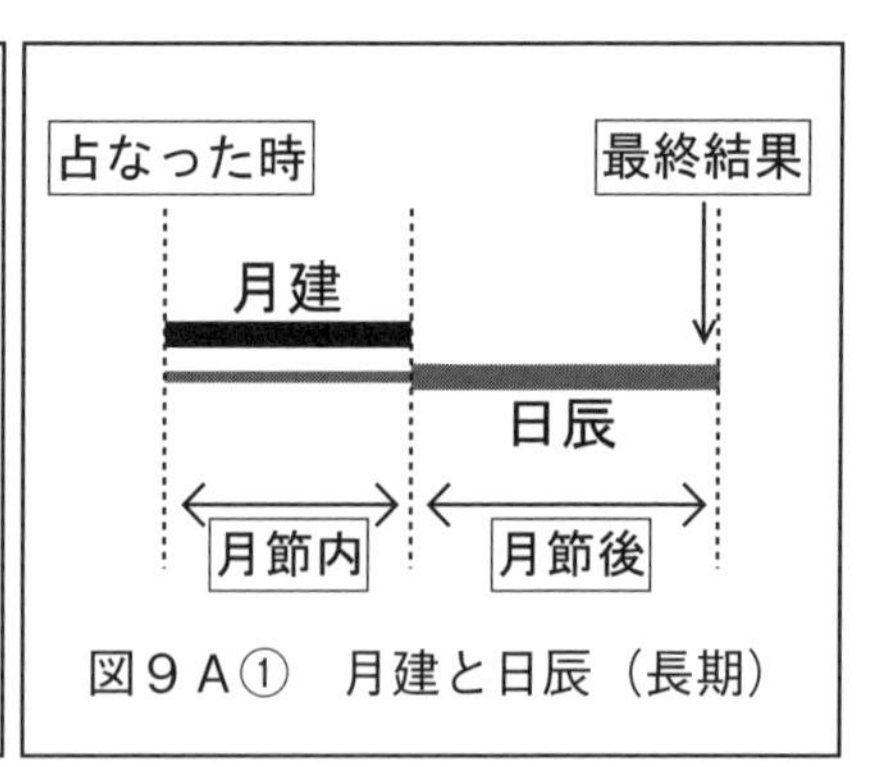

図９Ａ①　月建と日辰（長期）

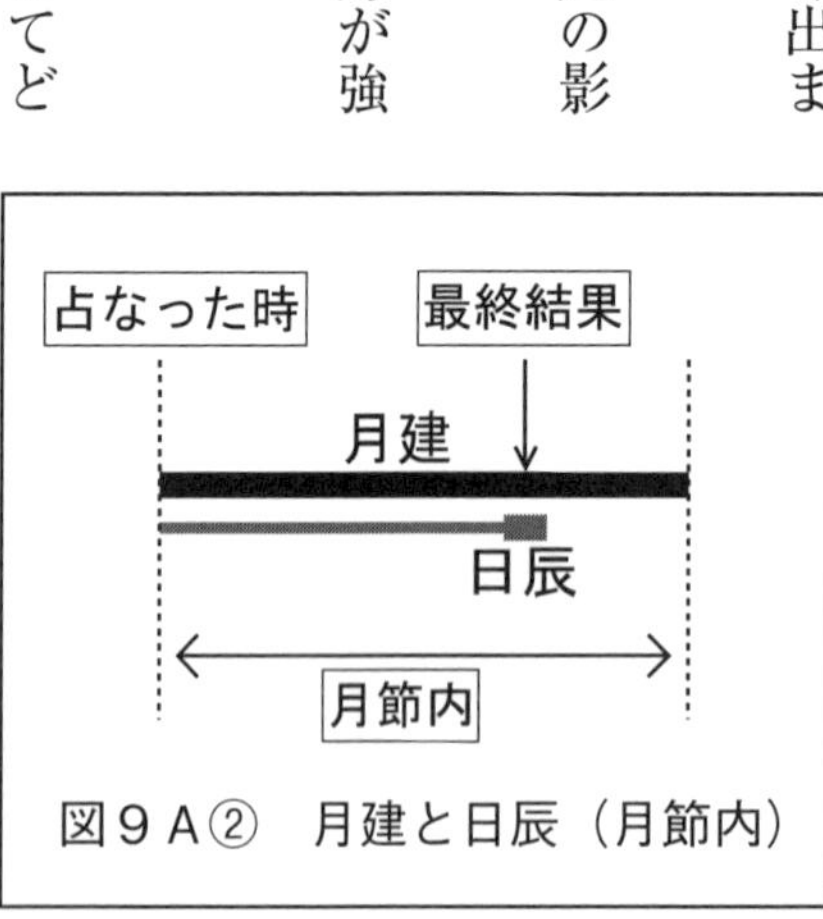

図９Ａ②　月建と日辰（月節内）

のような影響を与えるかが最終的な吉凶成敗に関係する、ということが判ると思います。

少々乱暴な解説をするならば「**月建・日辰が拮抗する占断では、短期ならば月建が優位、長期ならば日辰が優位**」となります。力量が拮抗して判断が難しい時は、ぜひ時間的経緯をよく考えて判断してください。

その影響がよく作用しているのか悪く作用しているかの判断に関しては、「**旺相休囚死**」という力量ランクがあります。

●旺相休囚死（おうそうきゅうしゅうし）

「**旺**（おう）・**相**（そう）・**休**（きゅう）・**囚**（しゅう）・**死**（し）」とは、三伝である日辰・月建（太歳も含みます）からどのような影響を受けているかをランク別にしたものです。基本は五行の考え方と同じですが、六爻に配された用神や忌神などが、日辰・月建から生じられたり比和していて力を得ているか、剋されたりして力を弱められているかを区分したものです。

本書では、この基本的力量ランクである「**旺相休囚死**」に「**臨・破**」を加え、「**臨・旺・相・休・囚・死・破**」と細かく判断するのを推奨しています。吉凶判断がより明確になるからです。ですが、最初はまず基本の「旺相休囚死」を学んできましょう。

図9Bをご覧ください。

①日辰・月建と同じ五行（比和）の場合は「旺」として最も力量が強い爻となります。

例えば月建が卯（木）で、用神・寅（木）ならば、月建から「旺」じていて非常に強い状態です。

②日辰・月建から五行的に相生されている爻は「**相**（**相生**）」の力量となります。

例えば月建が卯（木）で用神・午（火）ならば、月建から生じられているので「**相**」です。「旺」に次いで力量のある爻です。

③日辰・月建を生じる関係の爻は「**休**」の力量です。

これは日辰・月建から旺相されず、洩れる（自らの力を与えて洩らしている）状態のため、力が弱まり休眠のような状態なので「休」と評されます。

例えば月建が卯（木）で用神・子（水）ならば、水は木を生じて洩れる関係なので「休」となります。

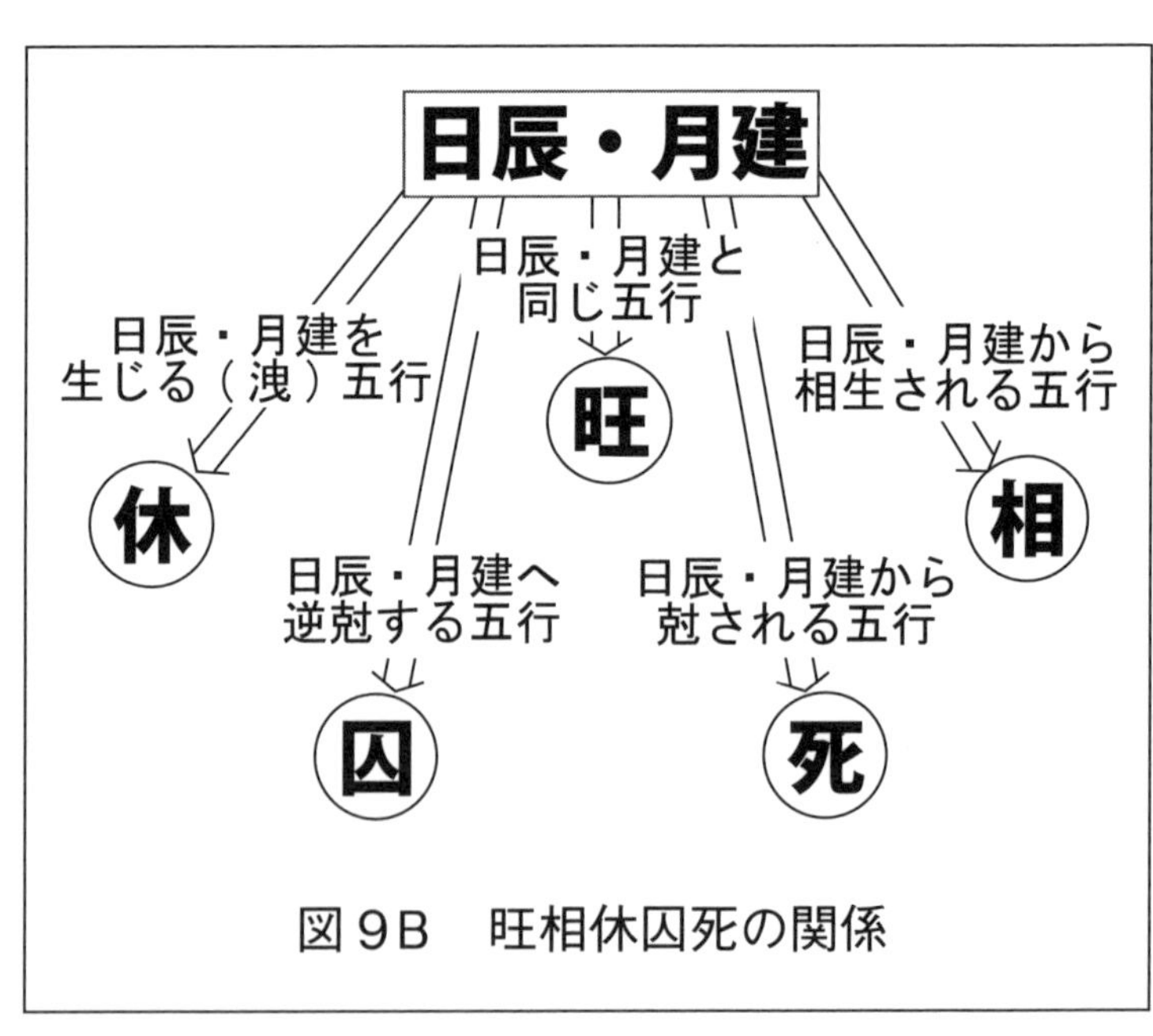

図９B　旺相休囚死の関係

「休」は力なく少々弱い力量です。

④日辰・月建へ逆剋する関係の爻は「**囚**」の力量です。

通常六爻は年月日という時間軸を剋することはできませんが、月日を逆に剋そうという形が反逆をしている存在のようなものなので、捉えて閉じ込め囚人のような状態にしてしまえという発想から「囚」と評せられます。

例えば月建が卯（木）で用神・申（金）ならば、月建を逆に剋している関係ですから「囚」となります。「囚」とは拘束されているため、「休」よりも力量が弱く傷つきます。

⑤日辰・月建から剋される関係の爻は「**死**（**剋**）」の力量です。

「**休**」「**囚**」が日辰・月建から助けられていない弱い爻ですが、「死」の爻は日辰・月建から明確に剋を受けるため非常に傷つきます。「休」「囚」が小凶・中凶程度と考えると、「死（剋）」は大凶の力量です。

例えば月建が卯（木）で用神・丑（土）ならば、月建から木剋土で剋される関係のため「死（剋）」となります。

断易は占った時である日辰・月建の支配下での易卦の五行関係で吉凶判断を行うため、この「**旺・相・休・囚・死**」の力量ランクは吉凶判断に直結する重要項目です。

●日辰（にっしん）・月建（げっけん）の吉凶への決定力

日辰・月建が同等の力量で六爻に対して強い影響を持っていることはこれで判ったと思います。

これから月建と日辰について、個別に特徴と傾向を解説していきますが、まず最初に、初心者が大まかに日辰と月建を判断する時に役立つ判断法を紹介します。

占断をした時点（月節内）では、月建の支配下であり、月建からの「旺相休囚死」が非常に重要です。次節の月建解説で詳述しますが、「旺相休囚死」に「**臨・破**」を加え、「**臨・旺・相・休・囚・死・破**」とランク分けをしていきます。

月建はスタート地点での六親五類や用神・忌神等のパワーバランスを支配します。

つまり占った時点で「用神はどの程度強いのか?」「妻財爻は月建から力を得ているのか?」などが判断できます。また月建は占った時点ということもあり、「**条件が良い状態でスタートできるか**」「**基礎条件が良いか**」なども表します。スタート時点から用神がパワーを持っているならば、良い走り出しであるわけですが、もし用神が月建から尅されて「**死**」の力量ランクであれば、最初から非常に苦戦していたり大きく遅れをとっているかもしれません。もし月節内に結果が出るような短期間の相談の場合、この月建からの力量で結果が出る可能性があるのです。

続いて日辰は、占った月節を越えても作用する永続性がありますから、最終的に影響を増していきます。

数カ月後・数年後に結果が出るような相談ならば、最終的には日辰からの「臨・旺・相・休・囚・死・破」

が最終的な吉凶の決め手になることが多いです。

先ほどの月節内に結果が出るような短期間の相談でも、月建から「休」や「囚」と弱くても日辰から「旺」であれば、吉の結果になる可能性は高くなります。ですが、月建から「死」や「破」という強い傷を受け日辰から「休」など弱い影響しかもらえてなければ結果は思わしくないでしょう。

このような月建からの影響と日辰からの影響の変化を時系列的にイメージするのは断易占断では非常に大切です。

例えば図9Cの①をご覧ください。

ある爻が月建から「相生」の影響をもらっていますが、日辰からは「尅」です。生と尅の力量は拮抗するため、これだけだとプラマイゼロのイメージです。そのため爻関係が吉凶の決め手になります。

続いて②をご覧ください。

ある爻が月建から「旺」の影響をもらっていますが、日辰から

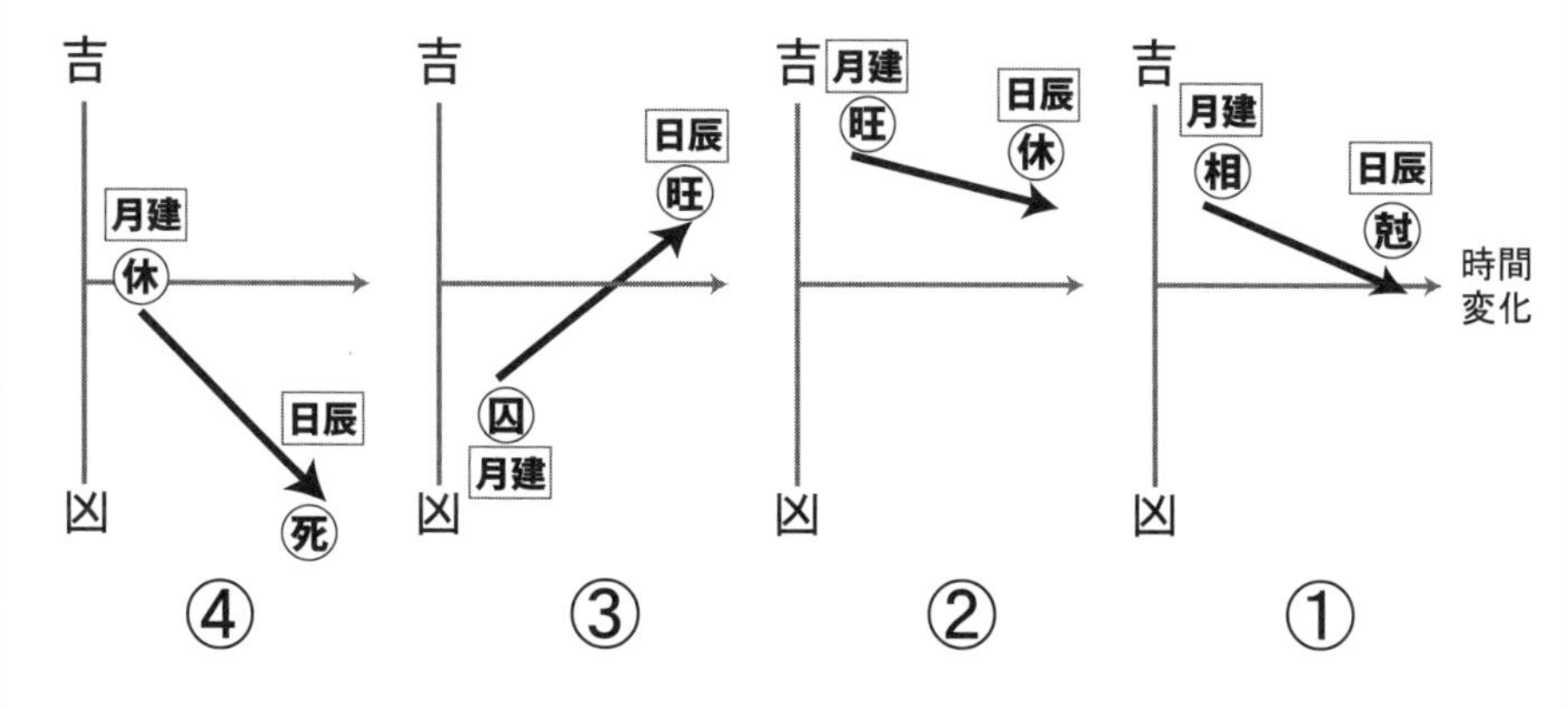

図9C　月建と日辰の力量変化のイメージ

は「休」です。

先ほど「休」の力量ランクは小凶と書きましたが、スタート時点の月建の影響が非常に強い助力をもらっているため、日辰から「休」していても凶まで落ちてないイメージです。

次の③は月建から「囚」ですが、日辰から「旺」です。月建から囚していて傷ついていますが、これも日辰から「旺」じられるため、少なくとも吉側に回復しているイメージです。

ですが、④は月建から「休」して力弱く、さらに日辰からは「死（尅）」で非常に傷つきます。これですと、さすがにどちらからも助力なく非常に悪い結果になりかねません。

大まかなイメージですが、吉凶判断は○×診断ではないということの参考になると思います。

このように月建・日辰それぞれの影響が用神や原神・忌神にどのような影響をもたらしているかを読み解くのが断易の吉凶判断なのです。

さらに六爻内での動爻がどのような作用を与えるかが判れば、基本的な吉凶判断が十分可能になるでしょう。

次節から月建と日辰の影響に関して詳細に解説していきます。吉凶判断の要の部分ですから、よく理解して読み進んでください。

2 月建（げっけん）

月建とは、十二カ月の季節の五行的変化が易卦に対してどのような影響をもたらすかを表す重要な三伝です。前述したように月建は、スタート地点での六親五類や用神・忌神等のパワーバランスを支配します。月建内（または現時点）では「**用神はどの程度強いのか?**」「**原神・忌神は月建から力を得ているのか?**」などの判断です。また「**条件が良い状態か**」「**準備ができているか**」「**基礎条件**（下地・ベース）**が良いか**」なども表します。

中国発祥の占いは四柱推命もそうですが、「季節」との五行的対応が運の強さや弱さに関係する重要なポイントです。

例えば春には五行の内で「木行」が最も勢いを増し、「土行」のエネルギーは木々を成長させるため栄養を奪われ、「水」のエネルギーも木々を育てるために使用されます。ですが、秋になれば「金行」が最も栄える季節となり、「木行」は収穫のため切られて（尅されて）しまいます。このように季節の中で五行の盛衰があり、十二カ月によってさらに細かい変化があるのです。

そのため、「月建」は、易卦に納甲された地支（五行）の盛衰（力量の変化）に大きく関係するのです。その区分の方法が前述した「**旺相休囚死**」なのです。

●「臨」と「破」

本著では、この「旺相休囚死」に「**臨・破**」という力量ランクを加えて判断します。

「**臨**」とは、三伝（月建・日辰・太歳）と同じ地支の爻のことです。一見すると「臨」は「旺」の中に含まれるものですが、力量としてはより強くなります。「臨」は別名「**月併**」とも言われます。

「**破**」とは、三伝（月建・日辰・太歳）の地支から「冲」を受けた地支の爻です。月建から冲される時に「**月破**」と呼ばれ、六爻に尅以上の強い衝撃を与えます。

「月破」は断易技法で非常に重要なので後で詳しく解説します。

●月建の「旺相休囚死」表

月建は月の地支ごとに12パターンの「旺相休囚死」があり、「臨・破」を加えると図9Dのようになります。例えば寅月（2月節）を例にとりましょう。

まず寅月の節入り日が通常2月4日で判りやすいですが、他の月の場合は万年暦で節入り日と月節終わりの日を必ず調べてください。でないと判断している月がズレている場合があります。

寅月（2月節）では地支の寅は木行であるため、木の五行が「旺」となり、最も勢いがあり強くなります。その中でも「**寅**」は「**臨**」であり、六爻に寅が納甲されている爻は最強の状態です。同行の「**卯**」は

「旺」で、次いで強いです。

「午・巳」は、火の五行で月の五行の木から生じられているため「相」です。

水の五行である「子・亥」は、月建の五行の木を生じ「洩らす」関係ですから「休」となります。

金の五行である「申・酉」は、月建の五行の木へ逆尅する関係のため「囚」となります。

そして、月建の木から尅される土の五行「辰・戌・丑・未」は、「死」となり傷つきます。

最後に2月節の寅から地支で「冲」されるのは申ですので、申はこの建内では「破（月破）」となり最も傷ついている状態です。

このように、毎月月建の地支の五行を中心とした「旺相休囚死」の関係が発生します。

<table>
<tr><th>月節</th><th>2月</th><th>3月</th><th>4月</th><th>5月</th><th>6月</th><th>7月</th><th>8月</th><th>9月</th><th>10月</th><th>11月</th><th>12月</th><th>1月</th></tr>
<tr><td>月建</td><td>寅</td><td>卯</td><td>辰</td><td>巳</td><td>午</td><td>未</td><td>申</td><td>酉</td><td>戌</td><td>亥</td><td>子</td><td>丑</td></tr>
<tr><td>臨※</td><td>寅</td><td>卯</td><td>辰</td><td>巳</td><td>午</td><td>未</td><td>申</td><td>酉</td><td>戌</td><td>亥</td><td>子</td><td>丑</td></tr>
<tr><td>旺※</td><td>卯</td><td>寅</td><td>丑・未</td><td>午</td><td>巳</td><td>辰・戌</td><td>酉</td><td>申</td><td>丑・未</td><td>子</td><td>亥</td><td>辰・戌</td></tr>
<tr><td>相</td><td colspan="2">午・巳 火</td><td>申・酉</td><td colspan="2">辰・戌 丑・未 土</td><td>申・酉</td><td colspan="2">子・亥 水</td><td>申・酉</td><td colspan="2">寅・卯 木</td><td>申・酉</td></tr>
<tr><td>休</td><td colspan="2">子・亥 水</td><td>午・巳</td><td colspan="2">寅・卯 木</td><td>午・巳</td><td colspan="2">辰・戌 丑・未 土</td><td>午・巳</td><td colspan="2">申・酉 金</td><td>午・巳</td></tr>
<tr><td>囚</td><td colspan="2">申・酉 金</td><td>寅・卯</td><td colspan="2">子・亥 水</td><td>寅・卯</td><td colspan="2">午・巳 火</td><td>寅・卯</td><td colspan="2">辰・戌 丑・未 土</td><td>寅・卯</td></tr>
<tr><td>死</td><td colspan="2">辰・戌 丑・未 土</td><td>子・亥</td><td colspan="2">申・酉 金</td><td>子・亥</td><td colspan="2">寅・卯 木</td><td>子・亥</td><td colspan="2">午・巳 火</td><td>子・亥</td></tr>
<tr><td>破※（冲）</td><td>申</td><td>酉</td><td>戌</td><td>亥</td><td>子</td><td>丑</td><td>寅</td><td>卯</td><td>辰</td><td>巳</td><td>午</td><td>未</td></tr>
</table>

※臨＝月併（げっぺい）とも言う。旺＝比和とも言う。破＝月破（げっぱ）と言う。

図９Ｄ　月建 旺相休囚死表

立卦した易卦の地支は、月建の五行によって月節内は支配され、力量に差ができるのです。

この「臨・破」を加えた「旺相休囚死」の力量をイメージできるようになると、断易の吉凶判断の精度もアップします。特に図９Ｅのようなグラフのイメージを最初は持っていた方が良いかもしれません。

月建・日辰それぞれの「旺相休囚死」が組み合わさり、外・内の差や時系列の力量変化などが詳細に判断できるようになります。

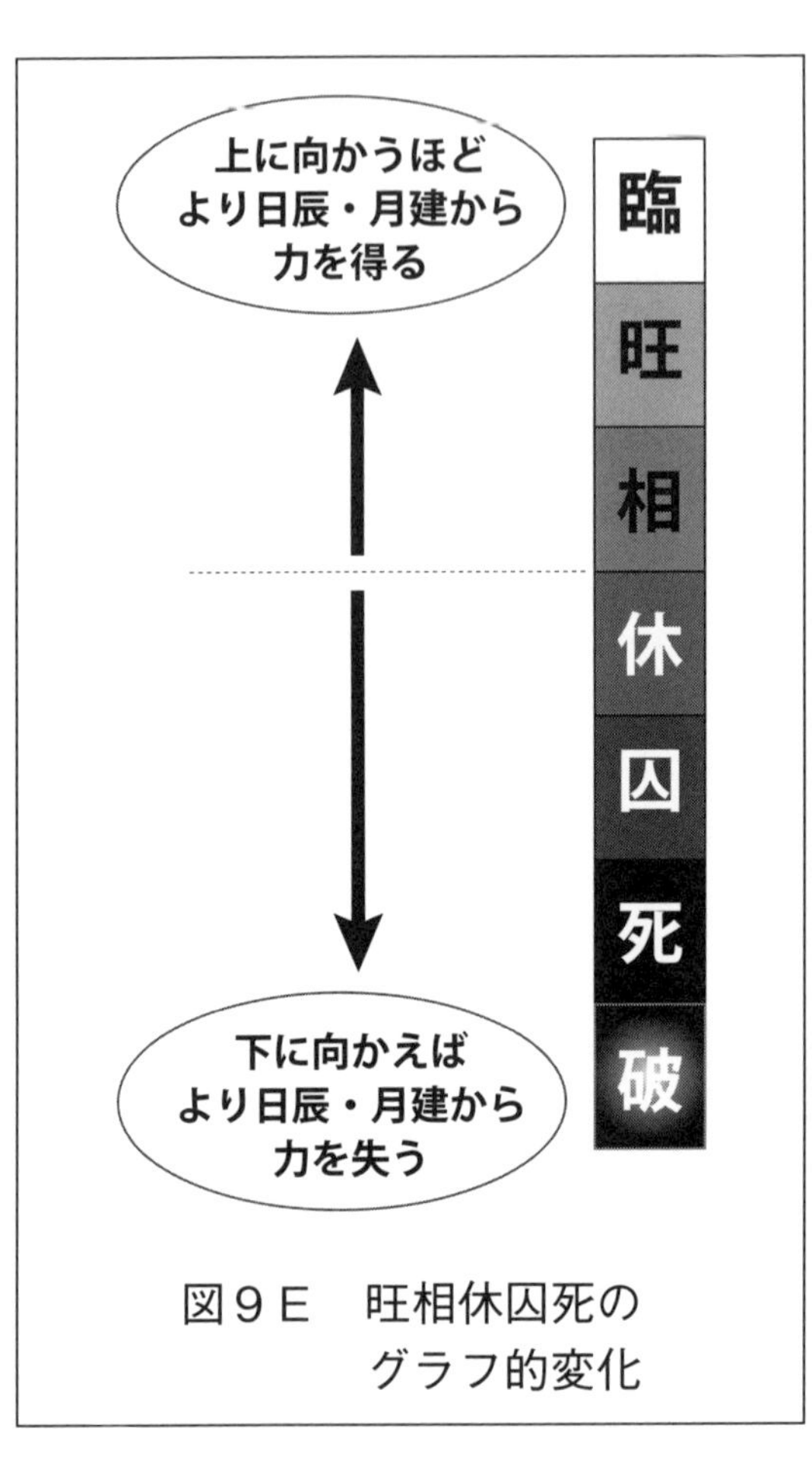

図９Ｅ　旺相休囚死のグラフ的変化

3 日辰（にっしん）

日辰とは、占った日の干支のことです。特に「**日の地支**」を指して「**日辰**」と呼ぶのが通常です。月建が季節の五行的な旺相休囚を表しているのに対して、日辰は「占った日」から見た五行的旺相休囚となります。

断易占断で最も重要な観点は「**どのようなタイミング（月日）で立卦した（占った）のか？**」です。そのため占った月以上に占った日は重要になります。今日占うのと明日占うのとでは明らかにタイミングが違います。たとえ同じ易卦が出たとしても、占う日が違えば干支が変わり、易卦に対する五行的影響は変化するのです。

それゆえに、日辰は吉凶に対して最終的、または決定的な影響をすることになります。

●日の区切り

日辰ですが、通常干支の区切りを日の区分とします。そこで大切になるのが「**時間の干支**」です。

時間の干支は表9aのように1日は12に区分されています。地支は子～亥の区切りになり「子の刻」は23～1時となるため、通常日の区切りは夜の23時となります。

※日の区切りに関しては、四柱推命でも1日の区切りが23時なのか24時なのかで意見が分かれています。断易でも24時で区切りにしている流派もあり得ますが、本書では地支の区切りを1日の区切りとする方式を取っています。

時支	時間
子	23時～1時
丑	1時～3時
寅	3時～5時
卯	5時～7時
辰	7時～9時
巳	9時～11時
午	11時～13時
未	13時～15時
申	15時～17時
酉	17時～19時
戌	19時～21時
亥	21時～23時

表9a　時刻の区分

●地域時差

1日の区切りが23時とすると、23時前後の占断では日辰がずれる可能性があり、注意が必要です。東洋占術では明石市を標準時間として地域時差を取って時間を前後に修正します。

【北海道】
根室 +42
釧路 +38
網走 +37
帯広 +33
旭川 +29
稚内 +27
札幌 +25
函館 +23

【青森県】
八戸 +26
三沢 +26
青森 +23
弘前 +22

【岩手県】
釜石 +28
陸前高田 +27
盛岡 +25
花巻 +25

【秋田県】
横手 +22
大館 +22
秋田 +21
本荘 +20
能代 +20

【宮城県】
気仙沼 +26
石巻 +25
仙台 +24

【山形県】
山形 +21
新庄 +21
米沢 +21
鶴岡 +19
酒田 +19

【福島県】
いわき +24
福島 +22
郡山 +22
会津若松 +20

【茨城県】
日立 +23
水戸 +22
土浦 +21
下館 +20

【栃木県】
黒磯 +20
宇都宮 +20
日光 +19
足利 +18

【群馬県】
館林 +18
桐生 +18
前橋 +17
高崎 +16

【千葉県】
銚子 +23
勝浦 +21
千葉 +21
船橋 +20
館山 +20

【埼玉県】
春日部 +19
さいたま +19
所沢 +18
秩父 +17

【東京都】
23区 +19
府中 +18
立川 +18
八王子 +17
青梅 +17

【神奈川県】
川崎 +19
横浜 +19
鎌倉 +19
横須賀 +19
平塚 +18
小田原 +17

【新潟県】
新潟 +16
長岡 +16
柏崎 +15

【長野県】
長野 +13
諏訪 +13
塩尻 +12
松本 +12
飯田 +11

【山梨県】
大月 +16
山梨 +15
甲府 +14
韮崎 +13

【静岡県】
熱海 +16
伊東 +16
清水 +14
静岡 +14
浜松 +11

【愛知県】
豊橋 +10
岡崎 +09
豊田 +09
名古屋 +08

【岐阜県】
富山 +09
岐阜 +07
大垣 +06

【富山県】
黒部 +10
富山 +09
高岡 +08

【石川県】
輪島 +08
金沢 +06
小松 +06
加賀 +05

【福井県】
福井 +05
敦賀 +04
小浜 +03

【滋賀県】
長浜 +07
彦根 +07
大津 +04

【三重県】
桑名 +07
四日市 +07
伊勢 +07
津 +06
亀山 +05
熊野 +04

【京都府】
宇治 +03
京都 +03
亀岡 +02
舞鶴 +01
宮津 +01
福知山 +01

【大阪府】
東大阪 +03
枚方 +03
大阪 +02
泉南 +01

【奈良県】
奈良 +03
大和高田 +03
生駒 +03

【兵庫県】
尼崎 +02
西宮 +02
神戸 +01
明石 ±0
姫路 −01

【鳥取県】
鳥取 −03
倉吉 −04
米子 −06

【島根県】
松江 −08
出雲 −09
浜田 −12
益田 −12

【岡山県】
備前 −03
津山 −04
岡山 −04
倉敷 −05

【広島県】
福山 −06
尾道 −07
三原 −07
竹原 −08
広島 −10

【山口県】
岩国 −11
徳山 −13
防府 −14
山口 −14
宇部 −15
下関 −16

【香川県】
高松 −04
坂出 −05
丸亀 −05

【高知県】
室戸 −04
高知 −06
中村 −08

【愛媛県】
伊予三島 −06
今治 −08
松山 −09
八幡浜 −10

【福岡県】
豊前 −15
北九州 −17
福岡 −18

【大分県】
佐伯 −12
大分 −13
別府 −14
宇佐 −15

【宮崎県】
延岡 −13
宮崎 −14
都城 −15

【熊本県】
阿蘇 −16
熊本 −17
本渡 −19

【佐賀県】
佐賀 −19
唐津 −20

【長崎県】
島原 −19
長崎 −20
佐世保 −21

【鹿児島県】
鹿屋 −16
鹿児島 −18
阿久根 −19

【沖縄県】
那覇 −29
石垣 −43

表9b　地域別・時差一覧表

表9bに則って、夜の23時前後の占いではどの地域で占っているのかによって時差修正を行ってください。

また、断易では時間による占断はあまり行いませんが、勝負占などでは時間の地支が重要になることがあります。その場合は時間による地域時差修正に注意してください。

●日辰（にっしん）の「旺相休囚死（おうそうきゅうしゅうし）」

日辰の力量に関しては、月建と同じ「旺相休囚死」で判断していきます。また「臨・破」も用いますが、「破」に関して日辰は月建と違い単純ではありません。これは後述します。

日辰からの力量は易卦に納甲された地支に対して非常に強い影響をもたらします。

例えば用神が日辰から「臨」ならば、用神は日辰から力を得て非常に強い状態となります。逆に日辰から「死」ならば、「尅」され傷つくため力が弱くなります。

ただし、日辰の「旺相休囚死」は単独で判断するわけでなく、月建の「旺相休囚死」との関係が重要になります。特に日辰からの冲は月建からの力量によって「破」以外の作用をもたらします。

このように日辰が易卦の六爻に与える力は月建よりも若干複雑です。それは最終的な吉凶に最も影響するためでもあります。

日辰の「旺相休囚死」表記の批判について

本書では日辰の力量に関しては、月建と同じ「旺相休囚死」で表しています。ですが、本来「旺相休囚死」とは季節の五行に関する趨勢を表現しているため、季節ではない日辰に対して「旺相休囚死」という表現は間違っているという説明も書によってはあるのです。

これに関しては著者も実は正しいと思っており、本来日辰に関しては「**旺・相生・洩・逆尅・尅**」のような表現にした方が良いと思うのですが、断易を始める方には逆に混乱させる可能性があるため、あくまでも五行の趨勢の表現として月建も日辰もほぼ「旺相休囚死」に統一しています。

ただし日辰では「死」でなく「尅」と表記しています。やはり「死」は月建的表記です。そのため、

・**月建**……旺・相・休・囚・死

・**日辰**……旺・相・休（洩）・囚・尅（死）

と下巻のケース別解説では表記しています。ご了承ください。

4 太歳（たいさい）

前述のように、太歳の判断方法は月建・日辰の判断に準拠すると思ってください。

通常、断易の吉凶判断では、主に月建と日辰が活躍しますが、太歳は「長期的相談」「年運占」「応期」などの判断で活用されます。台湾の断易本例題などでも太歳が省略されていることがありますが、数年単位の長期的な相談や1年の運勢を占う年運占でなければ太歳は省略されることが多いのです。

ただし、「応期」が数年で判断される場合は、太歳の地支が重要になります。そのため通常は「応期判断」で活用することが多くなります。

第十六章「応期について」で、太歳を用いた応期占の解説をしていますので、そちらをお読みください。

5 三伝（さんでん）の冲（ちゅう）（破（は））の作用

月建・日辰、そして太歳の「三伝」からの作用は吉凶判断に重要であることは前述しました。特に月建と日辰は吉凶判断の要となり様々な作用をもたらします。太歳の作用は年運占や数年かかるような長期的な占断でない限り省略されますが、太歳の判断は月建・日辰の判断に準拠すると思ってください。

この節からは、前述の月建・日辰からの「旺相休囚死」以外の作用を解説します。

まず最初に月建・日辰からの「冲」の作用です。

月建からの六爻に対する「冲」は「月破」とシンプルですが、日辰からの「冲」は少々複雑ですので注意してください。

●月建(げっけん)からの冲(ちゅう)→月破(げっぱ)

147頁の図9Dのように月建の地支から「冲」を受ける地支は「破」となります。通常これは「**月破**」と呼びます。

月建と月破の関係のみを抜き出したのが表9cです。

月破	月建
申	寅
酉	卯
戌	辰
亥	巳
子	午
丑	未
寅	申
卯	酉
辰	戌
巳	亥
午	子
未	丑

表9c　月建と月破

《月破の作用》

易卦中で月破を受けた爻は「占った月節内では非常に傷つき」ます。

「冲」の作用は衝突や対立などと表しますが、月建から爻に対して強烈な衝撃を与えることになります。

車で言ったら事故や故障、ガス欠で動けなくなるような状態です。

そのため、その月節内では「月破」を受けた爻の六親五類の活動は極めて制限されます。

図９Ｆの例では月建は「巳月」です。易卦は「地沢臨」で、五爻の六親五類の「妻財爻」は「亥」のため、月建の巳から亥は冲されています。つまり「月破」の状態です。

この場合、「巳月」の月節内では五爻の妻財・亥は月破によって極めて制限を受けることになります。金銭的な占断だった場合は妻財・亥が「用神」になってしまうた

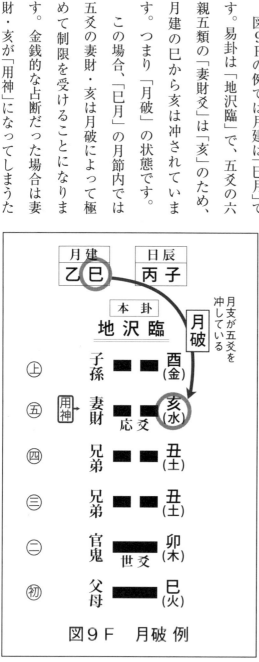

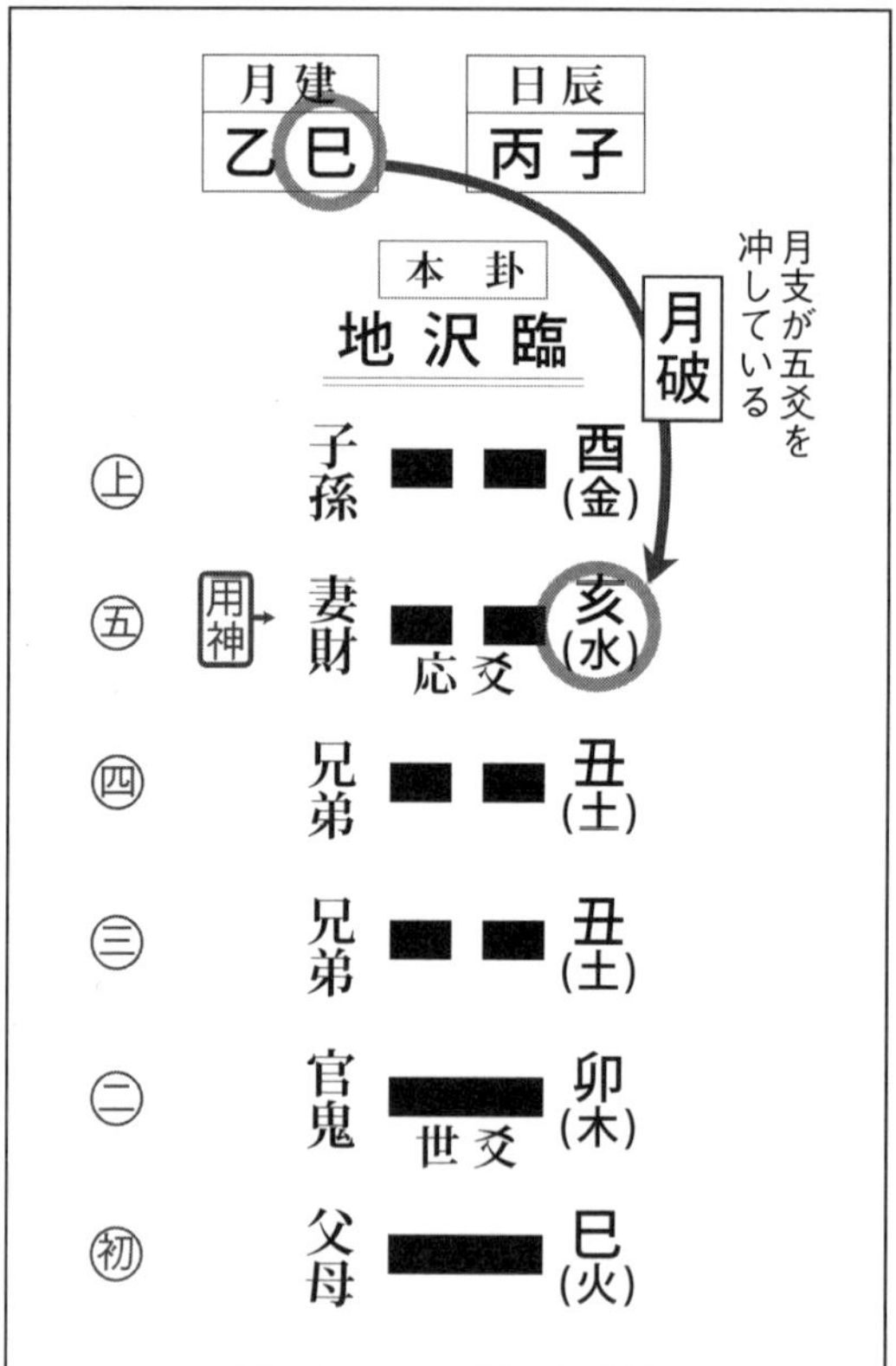

月建	日辰
乙巳	丙子

月破
月支が五爻を冲している

本卦
地沢臨

爻		六親	爻	地支
上		子孫	▅▅ ▅▅	酉(金)
五	用神	妻財	▅▅ ▅▅ 応爻	亥(水)
四		兄弟	▅▅ ▅▅	丑(土)
三		兄弟	▅▅ ▅▅	丑(土)
二		官鬼	▅▅▅▅▅ 世爻	卯(木)
初		父母	▅▅▅▅▅	巳(火)

図９Ｆ　月破 例

め、月節内は金銭的には非常に苦しい状態になるのです。

特に立卦した占断が月節内に結果が出るような受験占などでの月破は、日辰からの助力（旺相）がなければ月節内では月建からの「旺相休囚死」が支配的ですから、ほぼ不合格となるような凶意の強さを持ってしまいます。

逆に中長期の占断に関しては、最終判断に重要な日辰からの「旺相」を受けられれば良くなる可能性がありますが、月建から「月破」を受けていると、現時点では非常に条件の苦しい状態です。それを覆せる日辰や動爻からの援助がなければ、凶を吉に変えるのは難しい場合が多いです。

※月破を逆転できる条件に関しては174頁を参照ください。

●日辰からの冲

日辰からの「冲」に関してですが、これは月建と違い少々複雑です。

なぜかと言うと、月建の影響によって作用が変わってしまうためです。つまり、日辰からの冲は、月建から「旺相」を受けた場合と、月建から「休囚死」を受けた場合の2種類に分かれます。

↓日破（月建から休囚死）

易卦のある爻が、月建から「休囚死」の状態で日辰から「冲」された場合のことを「日破」と呼びます。

別名「冲散（ちゅうさん）」とも言い、冲されて散るという非常に傷ついた状態です。これは、他に動爻による援助が得られない場合はその爻の力はほぼ失われると言っても過言ではありません。

図９Ｇでは、五爻の「妻財爻」の地支は**亥**です。月建が**辰**のため土尅水で亥は尅されるため「休囚死」の「死」の状態となっています。そして日辰は**巳**であり、五爻・**亥**は冲されるため「**日破**」となります。月建から助力を得られず、日辰からも「冲」され「日破」となり、五爻の妻財・亥は非常に傷つき力を失った凶意の強い結果となっています。

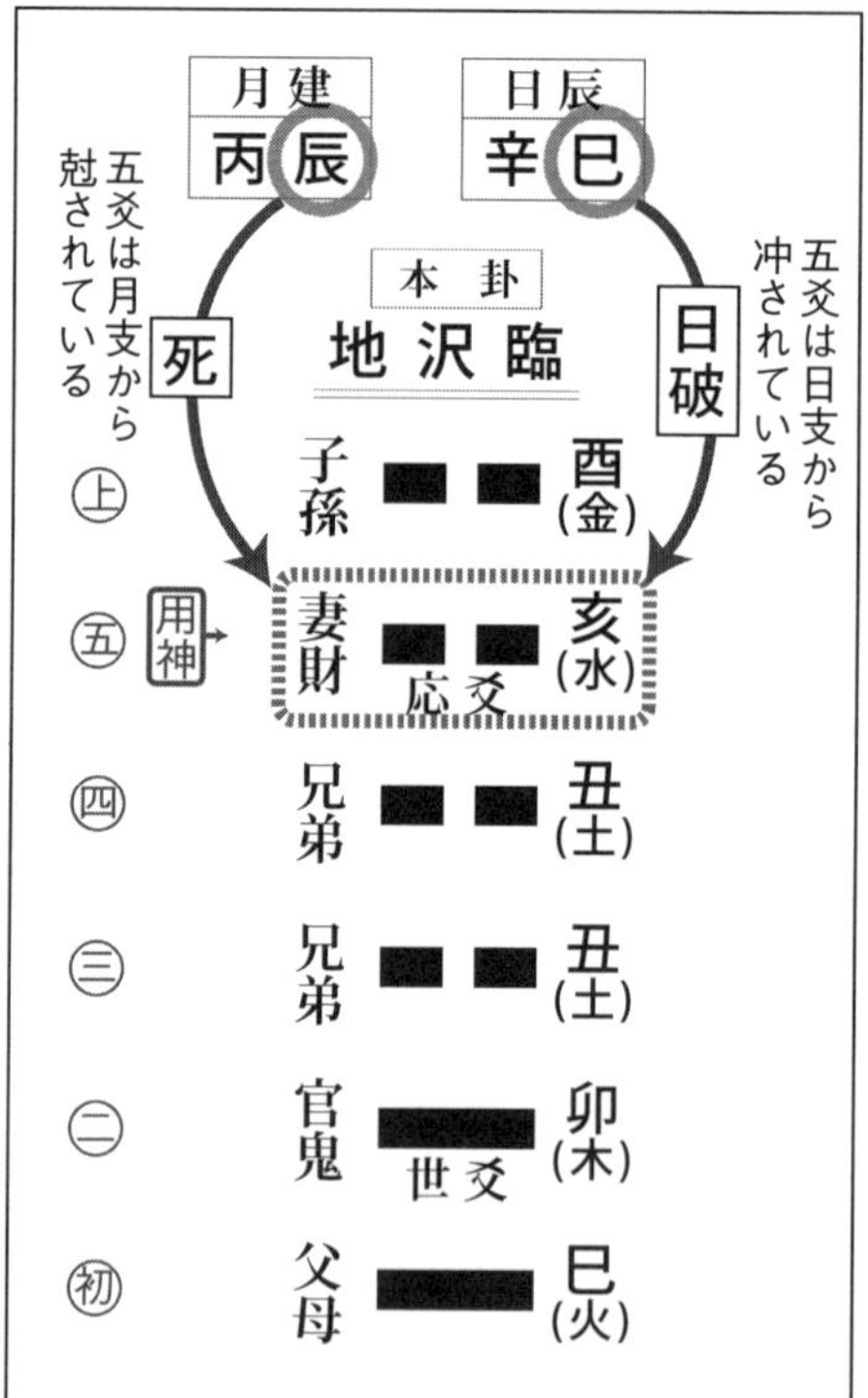

月建 丙辰
日辰 辛巳
五爻は月支から尅されている
五爻は日支から冲されている
死
日破
本卦
地沢臨
上 子孫 酉(金)
五 用神 妻財 亥(水) 応爻
四 兄弟 丑(土)
三 兄弟 丑(土)
二 官鬼 卯(木) 世爻
初 父母 巳(火)

図９Ｇ　日破 例

↓**暗動（あんどう）**（月建から旺相）

月建から「旺相（臨含む）」と力を得ている状態での日辰から「冲」された状態を「**暗動（あんどう）**」と言います。別名「**冲起暗動（ちゅうきあんどう）**」とも言い、冲されることで弱いながらも動爻と同じ活動力を持ちます。

ただし、日辰から「冲」されて傷つきながらも月建からの「旺相」の力で死なずに動くという状態のため、通常の動爻ほどの力を持ちません。

暗動は、「**表に出れずに裏で活動する**」とか「**潜伏して突然動きだす**」「**陰ながら支援する**」「**裏工作・人知れず活動する**」などの作用を持ちます。表だって動くことができない特殊な動爻となるのです。

図9Hの例題では、五爻「妻財爻」の地支は**亥**です。月建は**子**で同じ水の五行であり、「旺」じているため力を得ています。続いて日辰は**巳**で五爻・**亥**とは冲しているため、「暗動」の条件となります。この五爻「妻財爻」は弱いながらも動爻の動きを持ちますが、前述の判断に則れば「陰で金策を行う」とか「副業やバイトをして収益を得る」などの見えにくい動きで妻財爻が働いている状態になるのです。

このように暗動の読み方は極めて難しいかと思います。下巻のケース別例題の中に参照できるものがあるので、参考にしてください。

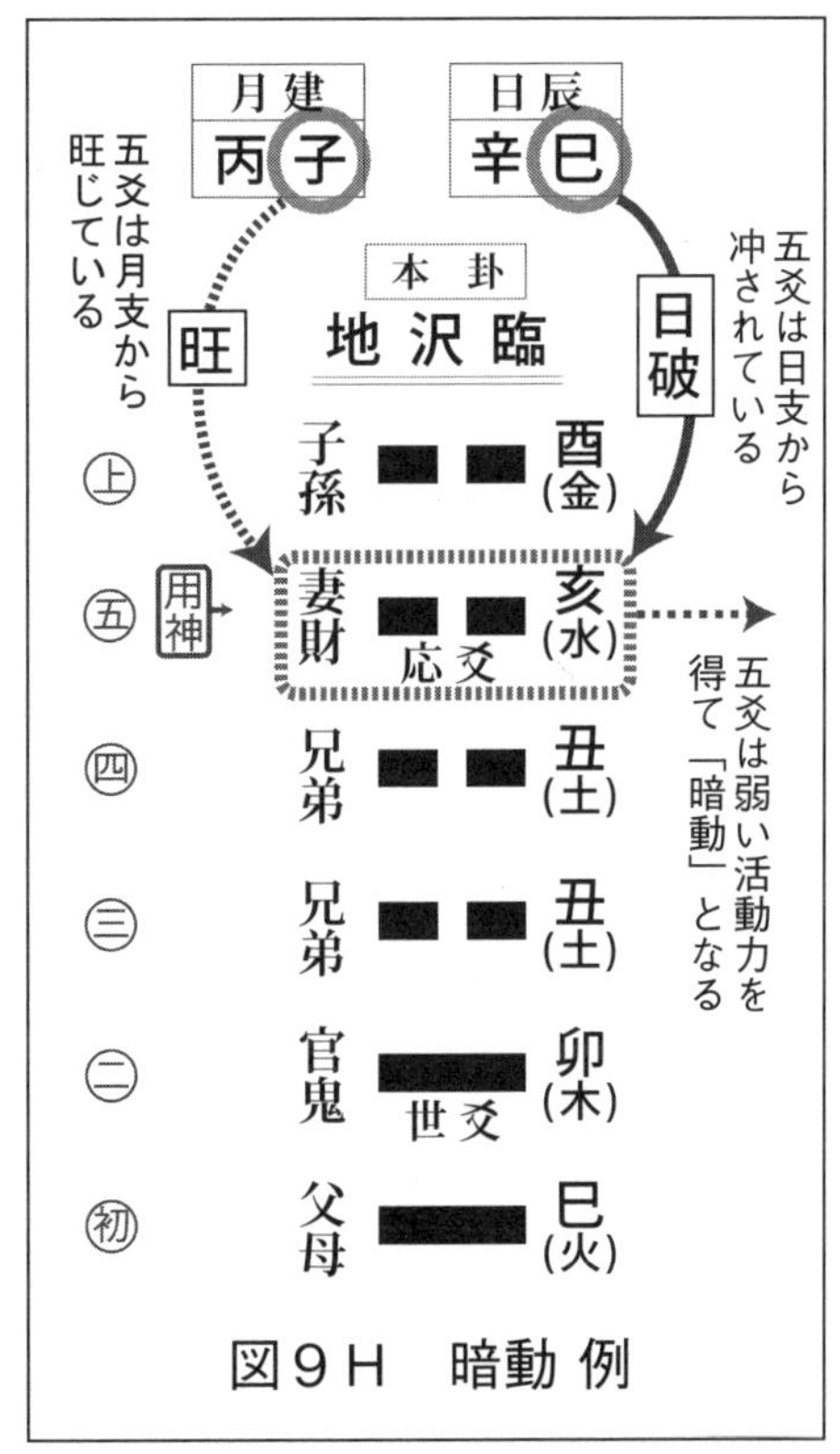

図9H　暗動例

●太歳からの冲→歳破

最後に、太歳の地支から「冲」を受ける地支は「歳破」となります。作用としては月建に準拠します。つまり占断において「破」を受けた爻はその歳内では非常に傷つきます。

ただし、太歳は年運占や数年かかるような長期的な占断の時にのみ用いるため、通常の占断では使用しません。

6　三伝の合（支合）の作用

前節の「三伝の冲」では月建から説明していますが、本節の合に関しては日辰の説明からスタートします。合の作用は日辰の作用が月建・太歳よりも少々複雑だからです。逆に日辰からの支合の作用を理解できれば、月建・太歳の合作用はすぐに理解できると思います。

冲（破）と違って支合の作用は、「動爻」と「静爻」では逆の作用になり、それぞれ「合住」「合起」と呼ばれます。支合では地支と地支が結びつき協力関係になりますが、三伝との合は時として動きを止められてしまう作用をするため注意が必要です。

●日辰からの合

三伝の支合の中ではやはり日辰からの作用が最終的影響を持つため重視します。

↓合住（動爻に対しての合）

六爻の中に動爻があり、その爻の地支と日辰が支合の関係になる場合、「合住」という作用を起こします。日辰との結びつきが強いため動きと止められてしまい動爻としての機能が停止します。

図９Ｉの例題では上爻子孫・酉は日辰・辰と支合しています。上爻は動爻となっているため「合住」し、動爻は日辰によって停止し動爻の機能を失います。つまり静爻と同じように、他の爻へ影響を与えることができなくなるので

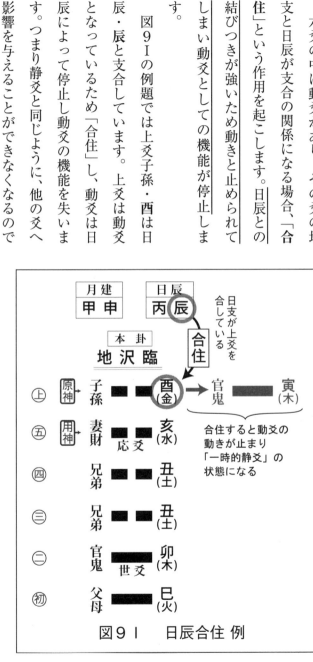

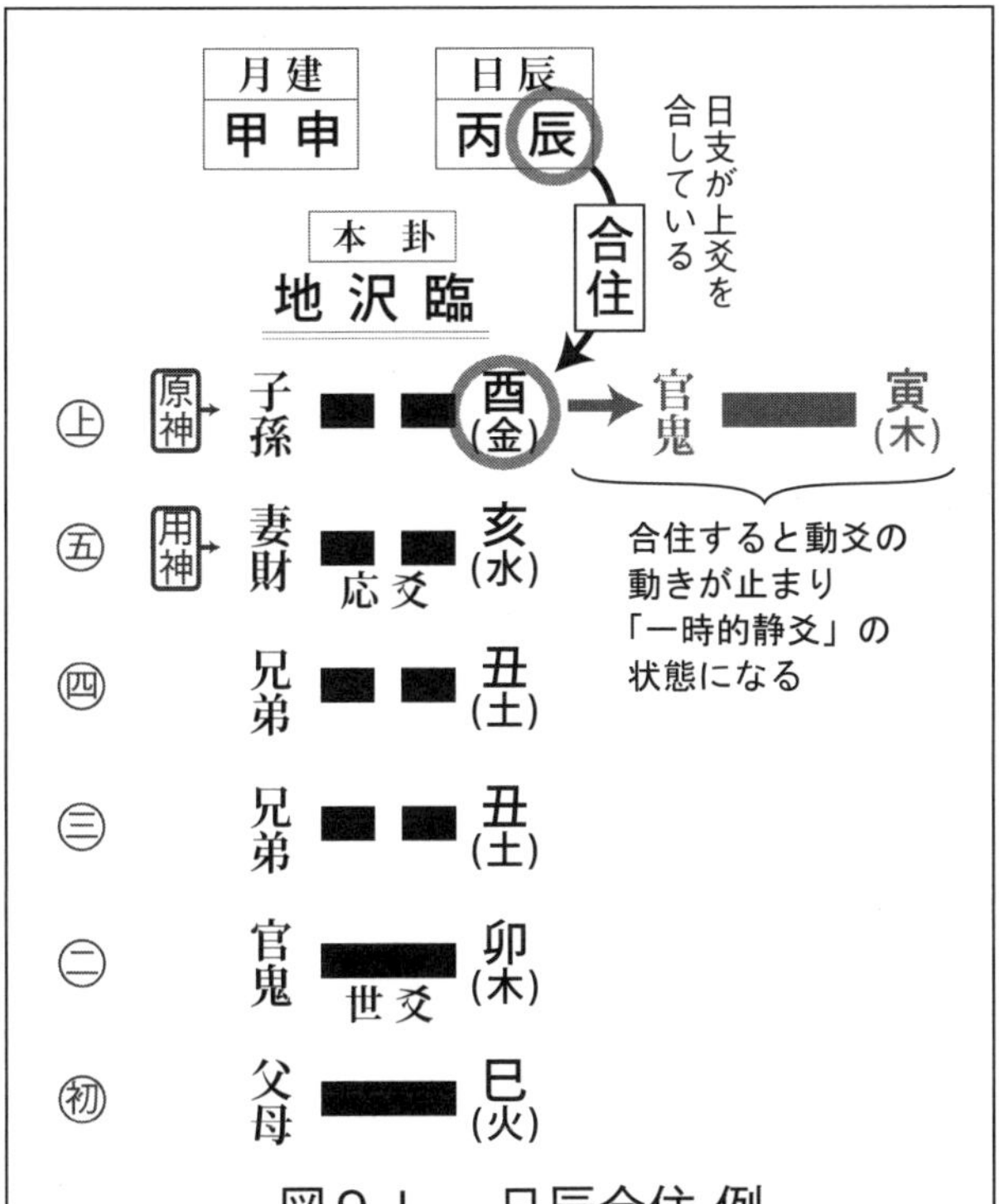

		月建	日辰
		甲申	丙辰

本卦 地沢臨

		六親	爻	地支		
上	原神→	子孫	▅ ▅	酉(金)	→ 官鬼 ▅▅▅	寅(木)
五	用神→	妻財	▅ ▅ 応爻	亥(水)		
四		兄弟	▅ ▅	丑(土)		
三		兄弟	▅ ▅	丑(土)		
二		官鬼	▅▅▅ 世爻	卯(木)		
初		父母	▅▅▅	巳(火)		

合住

日支が上爻を合している

合住すると動爻の動きが止まり「一時的静爻」の状態になる

図９Ｉ　日辰合住 例

す。もしこの易卦が「財運占」だった場合、**用神**は五爻の「妻財」になります。上爻の「子孫」は妻財を生じる**原神**の役目のため用神に有益な影響をもたらすはずですが、「合住」のため「子孫」は影響力を失ってしまいます。

日辰は最終的な吉凶に大きく影響します。とはいえ、良い作用が「合住」するのは、吉度が弱くなるため問題です。逆に**忌神**が動爻だった場合は、「合住」によって用神を攻撃する力を失うため、良い作用となります。このように、六親五類の何が「合住」しているかでも吉凶が大きく変わるのです。

※第十六章「応期について」でも述べますが、「合住」は永遠に停止するわけではありません。詳細は164頁を参照してください。

↓合起（ごうき）（静爻に対しての合）

日辰からの合作用でも静爻に対しては「**合起**」と呼びます。「合住」と逆に、静爻に対して「**旺相に近い力を与え、活動力を得る**」状態となります。つまり、静爻が動爻に近い活動力を持ちます。これを「**合起（ごうき）暗動（あんどう）**」と呼びます。ただし、「合起」した爻がすべて動爻となるわけではないので注意が必要です。

「合起暗動」は前節「三伝の冲」で出てきた「**冲起暗動**」（158頁）と同じく、通常の動爻ほどの力を持ちません。

・**合起して「暗動」する**…月建から旺相していること。そして「生じる合」（寅亥・辰酉・午未）である必要があります。

・**合起して「暗動」できない**…月建から休囚死では、「合起」した場合、合の作用により旺相に近い力量となりますが、暗動になる活動力は得られません。

図９Ｊの例題では、五爻の妻財は静爻です。五爻の亥水は日辰の寅木と支合するため「合起」します。

月建から生じられ「**旺相**」し、さらに「**寅亥の合**（**生合**）」のため「**合起暗動**」して活動力を得ています。

「合起暗動」した爻の六親五類は地道な**自助努力**や**自力開運**をする力を得ます。ただし暗動ですから、表立っ

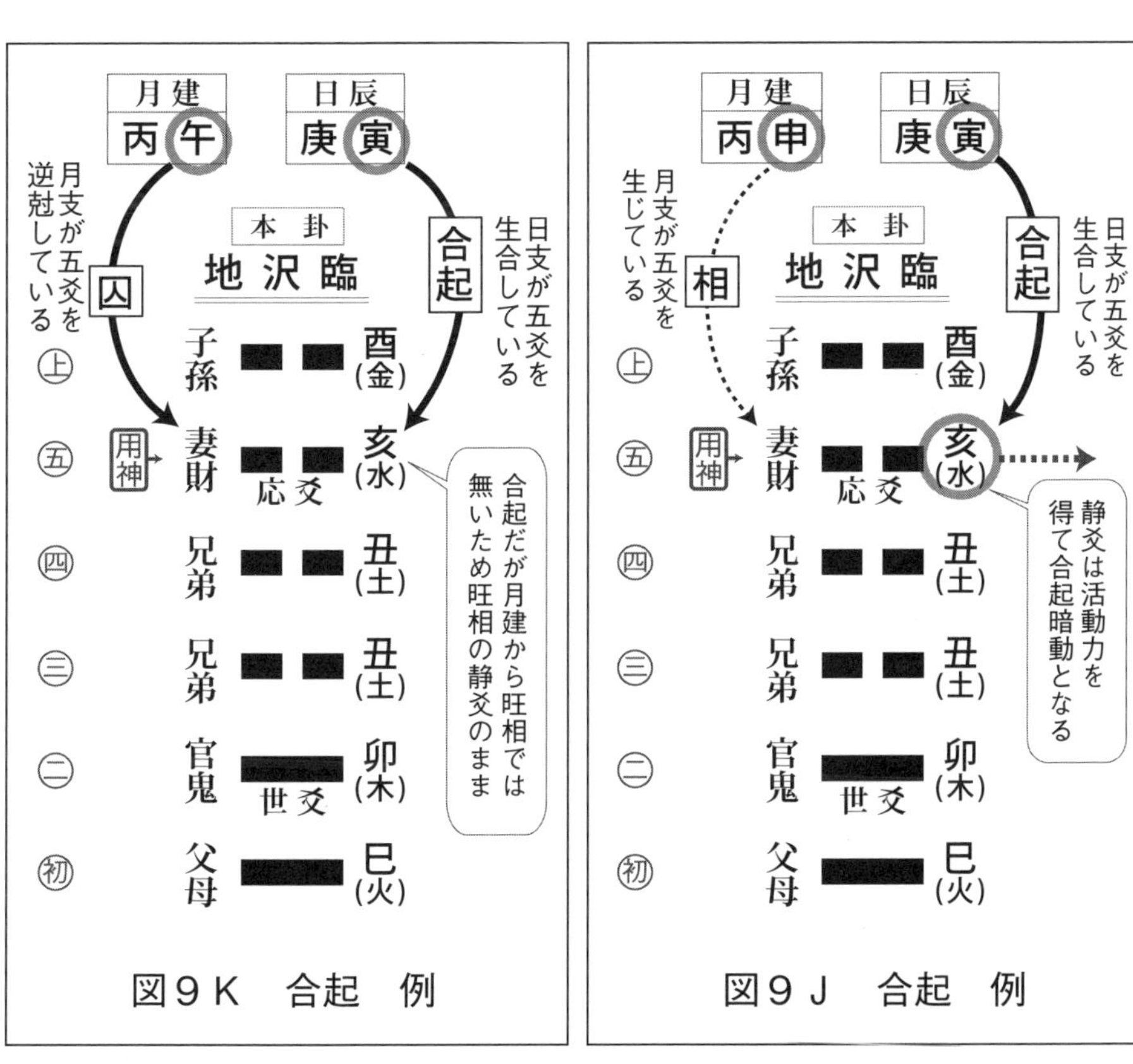

図９Ｊ　合起　例

図９Ｋ　合起　例

た動きよりも、裏での活動や人に見せない努力をするような動きとなります。

逆に図９Ｋの例題では、「**合起**」して旺相に近い力はもらっていますが、月建から「**休囚死**」のため動爻する力はありません。

●月建からの合

月建からの支合の作用は日辰よりもシンプルです。

↓合住（動爻に対しての合）

日辰と同じく、月建から動爻へ合するとその月節内では「**合住**」となり、動爻としての機能が停止します。

ただし日辰と大きく違うのは、月建の影響下である「月建内」を越えると「合住」を抜けるため、通常の**動爻としての作用が復活**します。占った当初は動爻の動きが停止しますが、建内を過ぎれば問題ないため日辰の合住ほど重視されないことが多いです。ただし月建内で結果が出るような占断の場合は、見落としがないように注意してください。

↓合起（静爻に対しての合）

こちらも日辰ほど難しくありません。基本的に月建が静爻と合すると「合起」と呼び、月節内は「旺相」と同じ力量となります。そして月建との合起で「**暗動**」することはありません。

※流派によっては、暗動する活動力を持つという考え方もあります。

●太歳からの合

年運占や数年を要する長期的な占いの場合、太歳からの生尅を判断しますが、その場合は太歳からの支合の作用は月建の合と同じです。

7　三伝の十二運（長生・墓・絶）の作用

第六章「断易学習　其の二」の101頁で解説した「十二運」ですが、断易では主に「**長生**」「**墓**」「**絶**」を用います。

台湾断易では「十二運」を縦横無尽に用いる術者もいて様々な応用技法がありますが、本書ではまず日本断易で最も用いられる「**長生・墓・絶**」について解説していきます。

十二運の「長生・墓・絶」の技法は次章「動爻について」にも出てきます。断易の吉凶判断は「生・尅・

合・冲」が最も重要であることは前述していますが、十二運は直接吉凶の作用をもたらすというより、**間接的に吉凶に関わる**と考えると判りやすいと思います。

占断における時間的経緯や動きを遅くしたり停止したりしますが、それ自体が直接的に吉や凶ではないからです。ただし、時間的リミットがある相談では、「墓・絶」が作用している最中にリミットが来てしまう場合もあるため、吉凶に関わることもあります。

「十二運」とは五行別に区分されています。十二運表に関しては第六章の表（103頁）を参照してもらうとして、こちらの表9dは「長生・墓・絶」を抜き出した表です。

用爻	長生	墓	絶
木（寅・卯）	亥	未	申
火（午・巳）	寅	戌	亥
土※注1（辰・戌 丑・未）	申	辰	巳
金（申・酉）	巳	丑	寅
水（子・亥）	申	辰	巳

表9d　五行別墓絶表

前述のとおり「長生・墓・絶」は日辰・月建・太歳に入る場合、六爻に影響をもたらしますが、日本断易では「**日辰に対する長生・墓・絶**」のみを取ります。台湾断易では日辰だけでなく月建・太歳で用いることもありますが、初心者はまずオーソドックスに日辰の十二運で判断してください。（動爻・化爻

の墓や絶に間しては次章「動爻について」で説明します）

例えば「用神」の爻が**寅**だとすると表9dでは木の列を見ます。日辰の地支が**未**の場合は、用神から見て日辰の地支は「**墓**」となります。また日辰が**申**の場合は「**絶**」になります。

同じように「用神」が**子**ならば水の列を見ると、「**墓**」は**辰**で「**絶**」は**巳**となります。日辰が**辰**ならば「**墓**」です。

土の「長生」「墓」「絶」について

土の「長生」「墓」「絶」は特殊です。土の十二運は生成五行の理屈から水と同じ地支となりますが、実践としては非常に問題です。例えば「用神」が「戌」で日辰が「辰」の場合は「墓」となりますが、「戌」にとって「辰」とは「冲（破）」の関係です。断易のシステムは「合・冲・生・尅」が無視しては成り立ちません。そのため土の十二運は採用しない流派も多く、著者も採用していません。

●長生（ちょうせい）

「用神」の地支に対して日辰が十二運表の「**長生**」ならば、日辰は用神を「**生じ助ける**」関係となります。

特に水・木・火行の「長生」は用神を生じる関係のため、一般的には「**相生と同じ**」です。

《金行長生の問題》

金行の長生は問題があります。なぜなら金行「申・酉」に対して長生「巳」は火であり「**火剋金**」となるからです。剋の関係で長生とは不思議と感じるかもしれませんが、「**鉱物を有益な金属と加工するためには火は必要**」という考えがあります。

そして火の剋に耐えて初めて鉱物は有用な金属となるため、金の長生とは「**月建から旺相していること**」が条件となります。つまり「**用神が金行の申・酉で日辰が巳の場合、月建から旺相していれば長生として申・酉を生じるが、月建より休囚死では火剋金となり火に溶かされてしまう**」と判断するべきです。

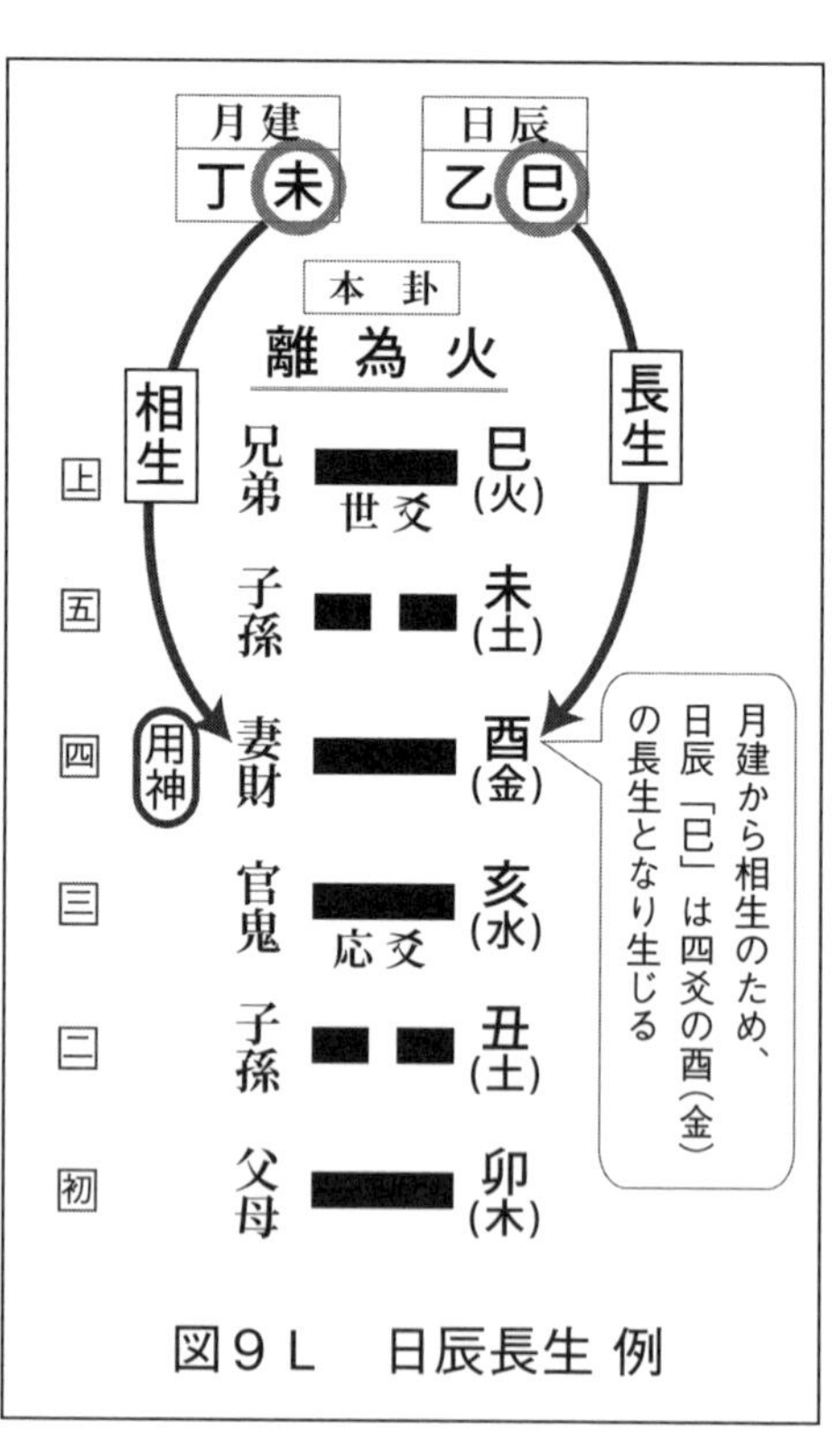

図９Ｌ　日辰長生 例

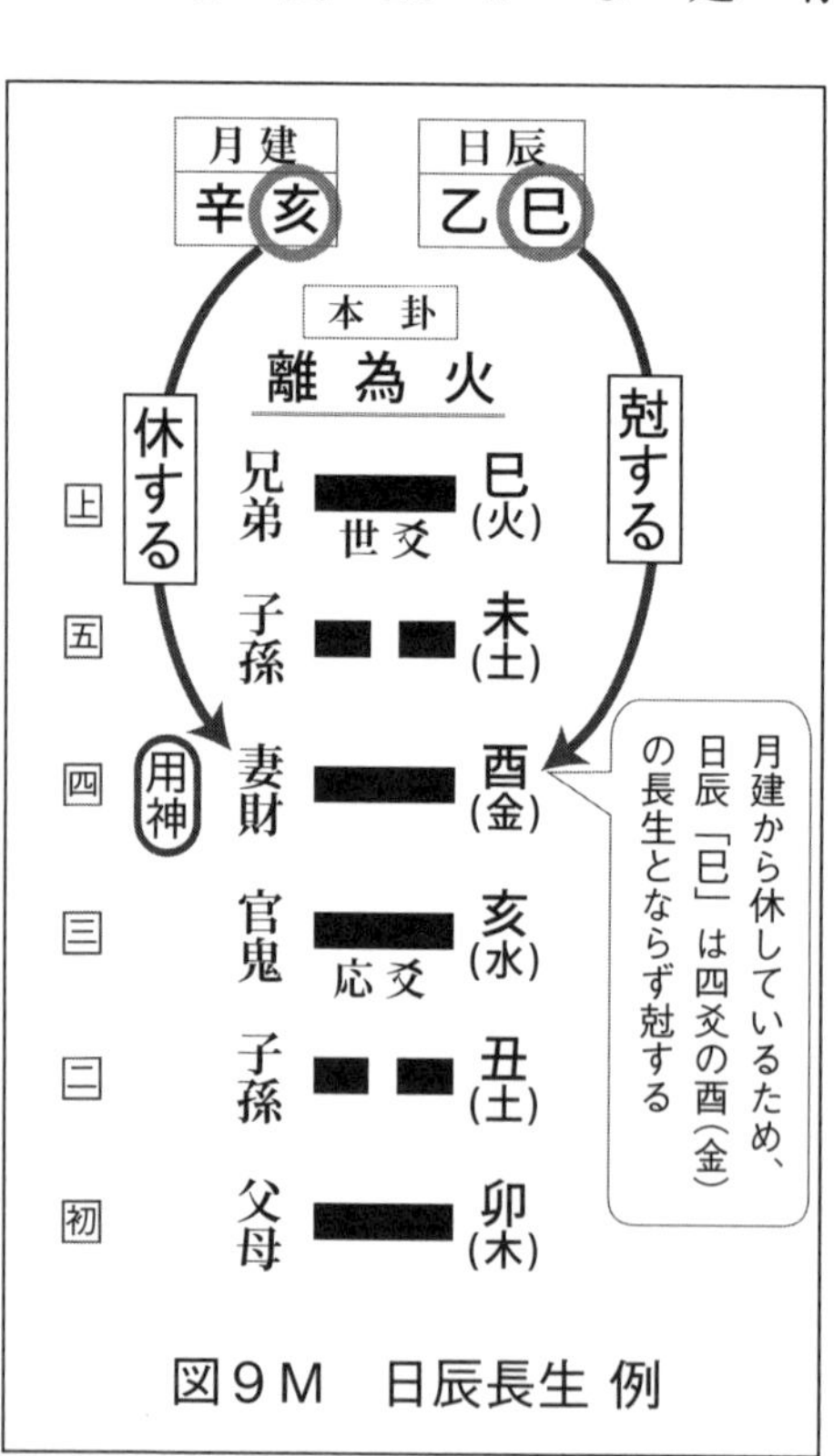

図９Ｍ　日辰長生 例

図9Lと9Mの例題では、四爻の「**妻財・酉**」が用神です。五行で酉は金です。日辰の**巳**は金行の「長生」です。図9Lでは用神の酉は月建・未から相生で酉は強く、日辰・巳は長生として用神を生じ助力しますが、図9Mでは月建が亥で用神・酉は休していて弱く、日辰・巳の火に耐えられず**剋**となります。

その他の水行・木行・火行の「長生」は相生と変わりません。

●入墓（にゅうぼ）

用神の爻の地支から日辰が十二運表の「墓」の地支ならば、該当する五行の爻は「墓」の影響を受けるため「**墓に入る**、または**入墓する**」と言います。

図9Nの例題では三爻の「官鬼」の「亥」は五行で水です。水行の「墓」は「辰」ですが、日辰が「辰」のため「亥」にとって日辰は「墓」となっています。この状態が「**入墓**」です。

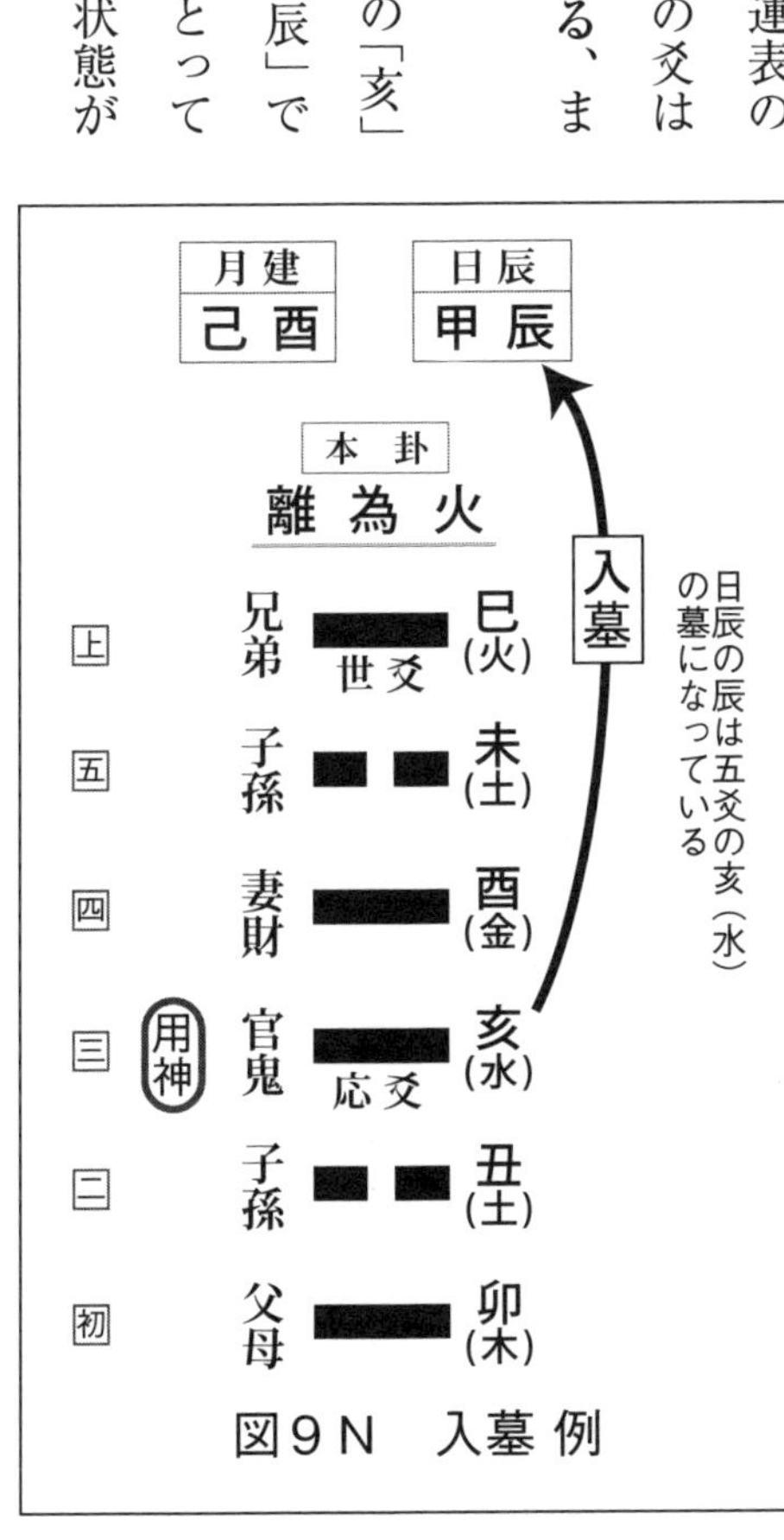

図9N　入墓例

《入墓の作用》

「入墓」とは「**停滞、一時停止・閉鎖、暗闇、入院、呪縛、貯蓄、監禁**」などを表します。この易卦では「妻財」爻が「入墓」しているため、金銭的な事柄に関しては停滞して動きません。

ですが、月建からは生じられて「旺相」なので財運として凶ではありません。あくまでも「入墓」**中は動きがなくなるだけ**です。

「入墓」は日辰・月建・太歳から「冲」された時に「**墓が開く**（**墓庫冲開**（ぼこちゅうかい））」と言い、解放されます。（302頁参照）

動きが停止・停滞するなど制限されるため凶と考えがちですが、「冲開」されれば動き出せることが多く、タイミング的な問題だけで決して凶とは言えないことも多いです。逆に「貯蓄・貯金」などを占う時はお金が貯められるという吉作用になることもあります。

ただし、生死の境をさまよっているような重体の方を占断して「墓」に入ると、本当に「墓に片足を突っ込んでいる」ような意味となり危険です。

●入（にゅう）絶（ぜつ）

用神の爻の地支から日辰が十二運表の「**絶**」の地支ならば、該当する五行の爻は「絶」の影響を受けるため「**絶に入る**、または**入絶する**」と言います。

図９０の例題では、上爻の「子孫爻（世爻）」の「酉」は五行で金です。金行の「絶」は「寅」です。日辰は「寅」ですから、「酉」にとって日辰は「絶」となっています。この状態が「**入絶**」です。

《**入絶の作用**》

「入絶」とは「**消滅、停止・停滞、リセット、リタイア、断絶、不明、行き止まり、袋小路、逃げ道がない、断念、諦め、生と死、やる気が起きない、失望**」などを表します。

この易卦では「妻財」爻が「入絶」しているため、金銭的な事柄に関しては停止・停滞という作用が起きていて、例えば「入るはずの入金がない」などの事象が起きたりします。

ですが、月建からは生じられて「旺相」なので、財運として凶ではありません。あくまでも「**入絶**」中での**消失・停止**です。月建から旺相しているか休囚死なのかは、絶から抜けることができるかの重要ポイ

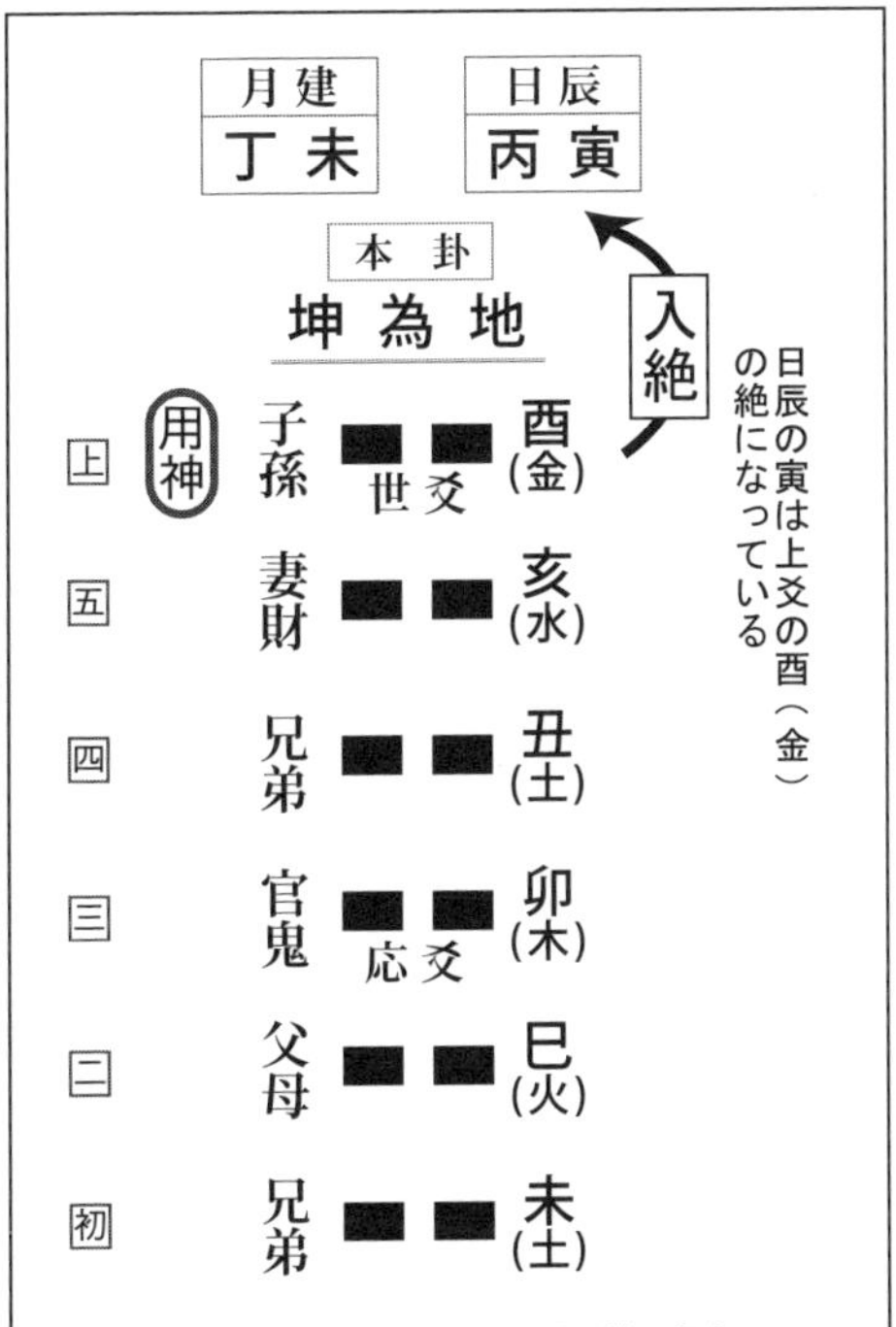

図９０　日辰入絶 例

ントです。

絶なのか冲なのか？

流派によって絶は使用しない場合があります。その一番の要因は、図9Pのように用爻が「子」で日辰が「巳」の場合は「絶」の関係と言えますが、図9Qのように用爻が「亥」だった場合、日辰「巳」と「絶」の関係であると同時に「**冲**（巳⇅亥）」の関係です。断易では冲は非常に強い作用と考えますから、通常「絶」とは取らず、「冲」の作用を優先させます。つまり地支中で半分は絶とは取らず、冲を優先させることになるのです。

台湾や香港の断易書を読んでいても、ある例題では「冲」なのに別の例題では「絶」と取っているということもよくあり、占者のセンスで取り捨てを行っているように感じます。

このように「絶」は、「墓」ほど用いられないケースも多く、ブレやすいので注意が必要です。大切なのは、「冲」は吉凶作用に強い影響を持ちますが、「墓・絶」の直接的吉凶作用は「生・尅・合・冲」に比べると低いということです。

あくまでも占事・占例によっては、結果的に凶作用が生じるということです。

例えば「相手から連絡が来るか」という相談だった場合、用神が日辰から「絶」ならば、「しばらく連絡が絶える」という絶の作用は凶作用となる可能性が高いですが、絶から脱する時に連絡が来るケースも多いので、長期的相談ならばそれほど凶意が強くありません。ですが短期の相談で絶となるのは凶の意味合いが強くなります。

逆に「リセットしたい、リタイアしたい、止めたい」という相談だった場合は、絶の動きはリタイアする動きそのままを表現していますが、タイミングによっては絶を脱して復帰することも表すのです。

このように「墓・絶」は時間的遅延や一時的な停止などの作用を起こすことが重要で、「**間接的に吉凶にかかわる**」と認識してください。

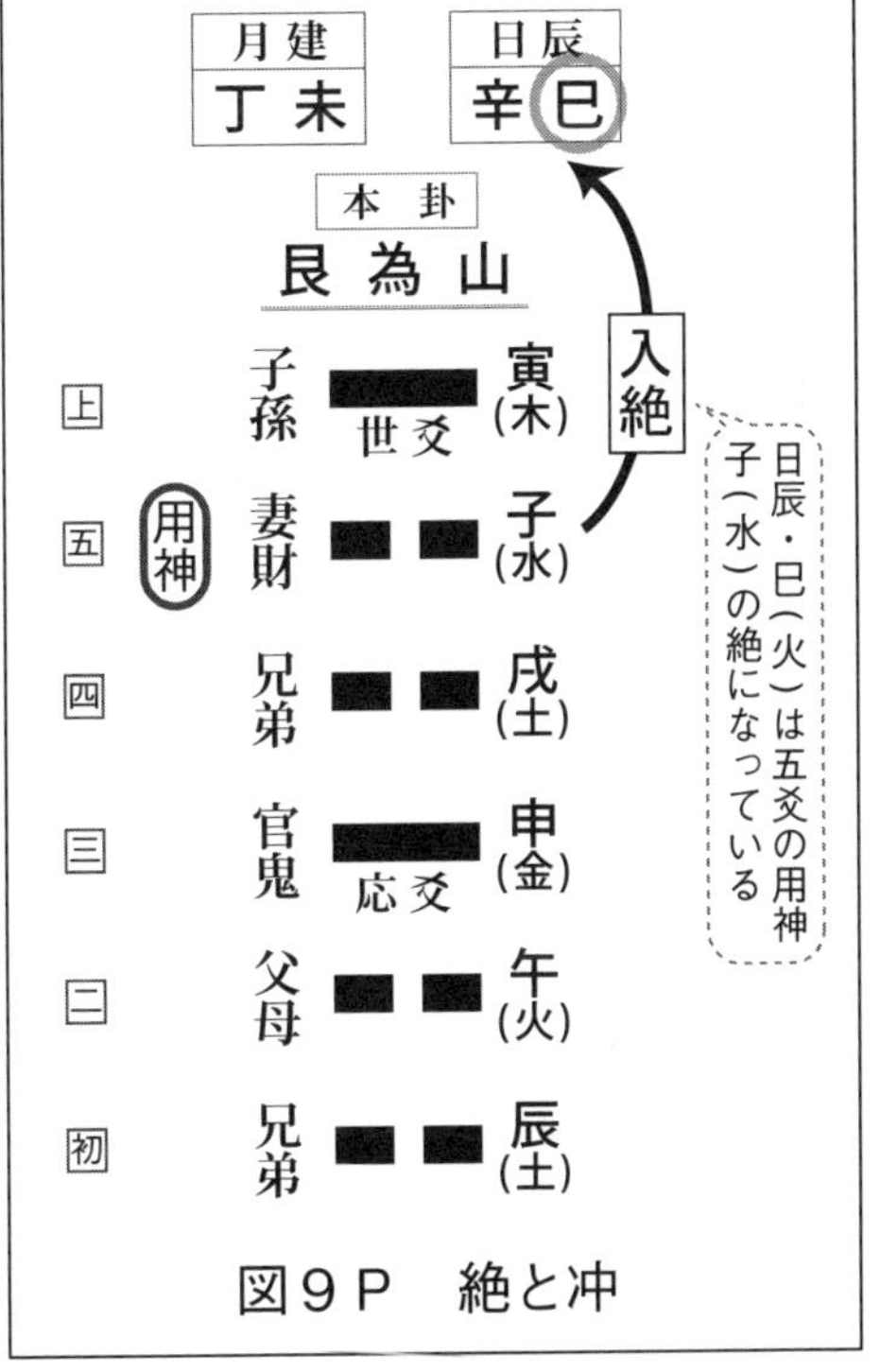

図９Ｐ　絶と冲

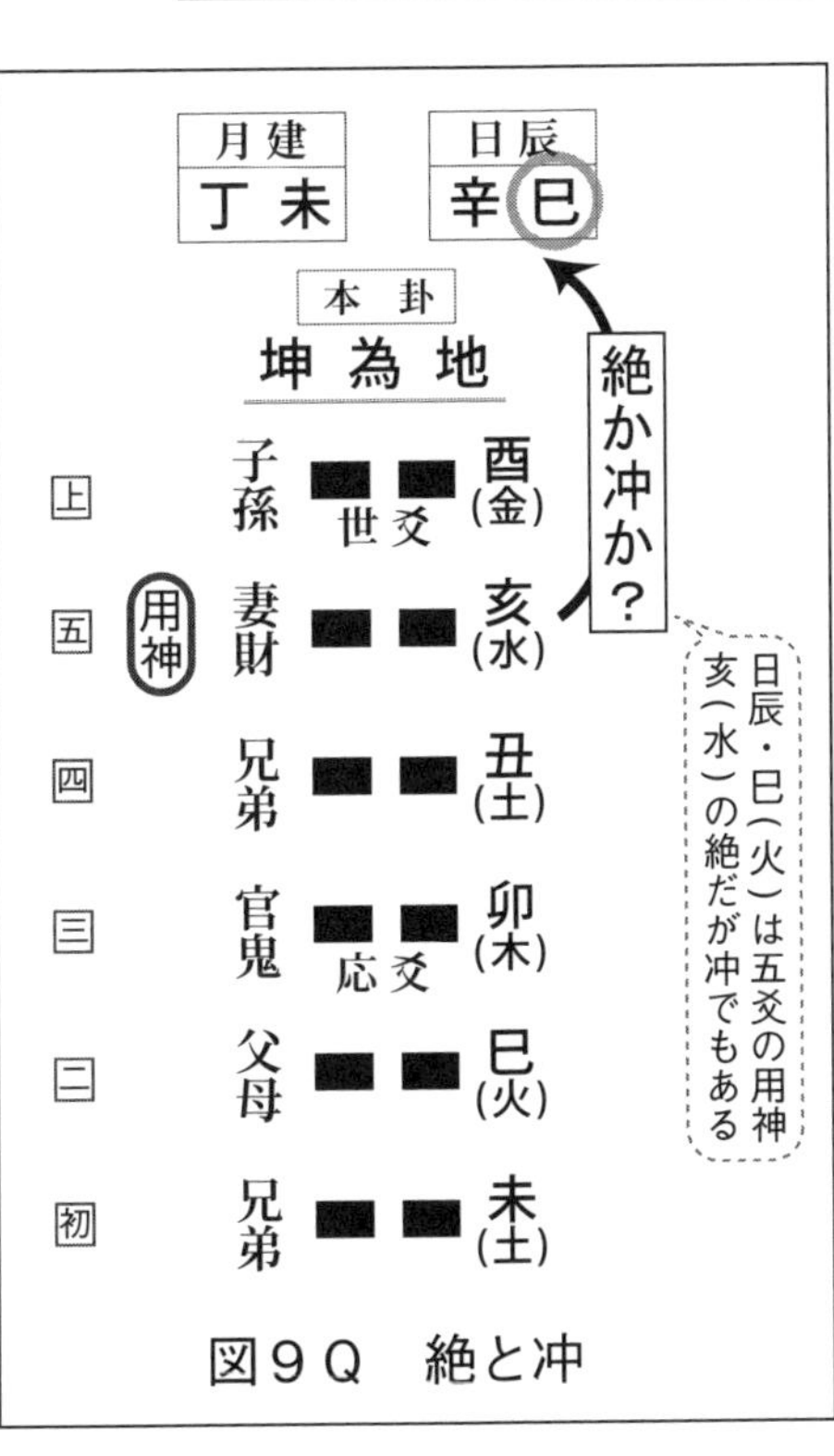

図９Ｑ　絶と冲

8　月破（げっぱ）を逆転できる条件

157頁で少し触れました「月破を逆転できる条件」についてです。

断易で吉凶に最もかかわるのが「月建、日辰、動爻」です。

これを一種「**月建・日辰・動爻の3者による多数決**」と考えるとわかりやすいと思います。

つまり、月建がノーだが日辰と動爻はイエスの場合、多数決でイエスが強いことになります。

「月破」で月建からの冲は非常に用神を傷つけるため、日辰から生じられることで助けられても全面的に吉とはならないですが、日辰と動爻がある条件以上を満たしていれば**逆転作用**を起こして吉作用が勝る場合があります。それが「**月破を逆転できる条件**」です。

月建からの「月破」ならば、日辰がその傷つきを覆すには「**臨む**」状態でないと対抗できません。

そして、もう一つ重要なのが動爻です。動爻は独発（一爻のみ動爻）した爻が原神で、用神を助けていることが条件となります。

月破を逆転できる条件

①日辰が用神から見て同行の「臨」の状態である。
②原神独発で動爻となり用神を強く助けている。
③用神独発で動爻となり回頭生となっている。（回頭生は第十章で解説します）

①と②、①と③などこの条件が2つ以上そろうならば月破を逆転することができるでしょう。ただし、月破が最初から消えてしまうわけではありません。あくまでも最初は月破のような危機的状況がありますが、その後は努力の成果や運が向くことで不利を有利にひっくり返すような結果となります。

この月建・日辰・動爻の3者による多数決の判断は大切です。

同じように月建・日辰から用神が「旺・臨」ならば、他の動爻から剋や冲を受けてもそれほど危険ではないことが多いのです。

また、同じように日辰から冲を受けても月建から「旺・臨」ならば**冲気暗動**するだけで一概に凶とは言えず、他の動爻から生じられるならば吉となるでしょう。

このように月建・日辰・動爻のバランスに注意して吉凶判断を行ってください。

9　時間変化がない場合の日辰(にっしん)・月建(げっけん)による判断

これまで授業で何度も受けた質問に「**時間的変化がない相談で月建・日辰からの吉凶判断や状況判断はどうすればよいのか?**」があります。

例えば、このような相談があったとします。

「今度、知人を介して男性と会うことになっています。どんな感じの人でしょう?」

このように会う前に「どんな印象の人なのか?」を聞いてくる、曖昧性の強い相談は吉凶判断を重視する断易にとって苦手となりやすいのです。

ですが、月建と日辰の考え方を工夫することでこういう判断も可能になります。

月　建	日　辰
現時点での状態 ・現在・この時期の強さを意味する	**最終的な状態** ・最終的な状態を意味する
人気や評価の有無 ・現在・この時期の強さなので人気や評価（外身）を意味する	**実力や中身の有無** ・最終的な状態なので、中身や実力の有無を意味する
印象・外見 ・表面上の言葉 ・外見的印象	**真実・実情・内面** ・内に隠した本音 ・内面的性質
ブランド性・信頼度 ・評判・人気	**実用性・必要性** ・実用度・内情
環境・外因 ・環境要因・周囲からの援助や敵対	**内情・実情** ・内的要因
真　偽 ・絵が本物かなど	**状　態** ・絵の状態は良いか悪いかなど

表9e　月建と日辰の象意

・日辰は最終的に吉凶にかかわります。つまり最終的とは後でわかること。つまり「**内面・核心・潜在性・裏側**」という判断が可能です。

・月建とは占った月です。つまり日辰に比べ早く作用します。つまり最初に見えるもの「**外見・初見・顕在性・表側**」という判断が可能です。

「今度会う予定の男性はどんな感じの人ですか?」といった相談は、物事の白黒判断を優先する傾向のある断易にとっては難しい内容です。しかし恋愛相談や人間関係の相談では、吉凶占よりもこのような曖昧性が強い内容は多いものです。

「今度、知人を介して男性と会うことになっています。どんな感じの人でしょう?」

という相談に対して、断易を立卦し

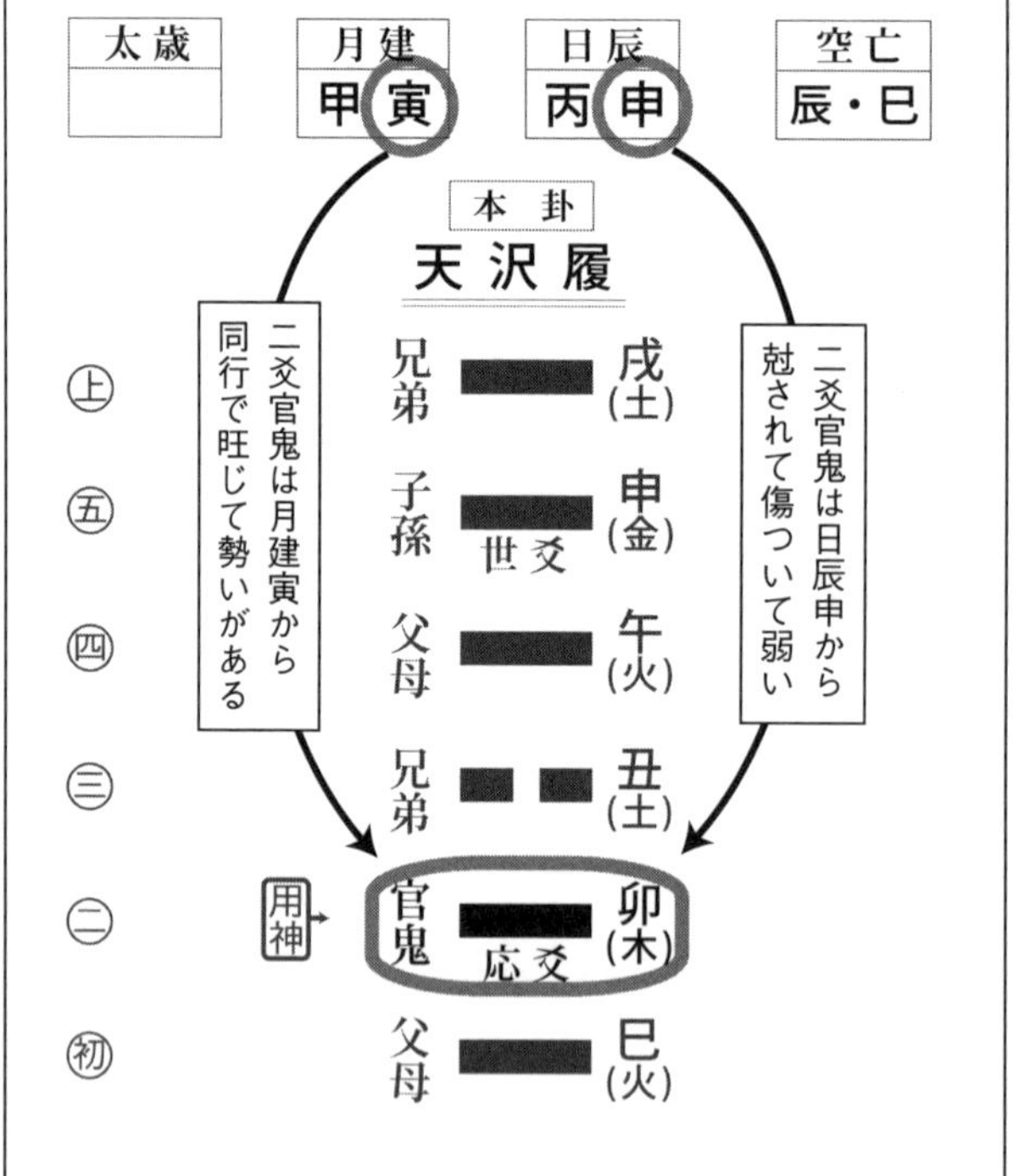

太歳
月建 甲寅
日辰 丙申
空亡 辰・巳

本卦
天沢履

二爻官鬼は月建寅から同行で旺じて勢いがある

二爻官鬼は日辰申から尅されて傷ついて弱い

上 兄弟 戌(土)
五 子孫 申(金) 世爻
四 父母 午(火)
三 兄弟 丑(土)
二 用神 官鬼 卯(木) 応爻
初 父母 巳(火)

図９Ｒ　例題「どんな感じの男性か」

て図9Rのような卦「天沢履」が出たとしましょう。

この場合、用神は男性を表すので「官鬼爻」としましょう。「天沢履」の卦で官鬼は二爻にあります。表9eでは、月建は外見や印象を表すと書いてあります。つまり今度会う男性の外見の印象や相談者の好みが旺相休囚死で表れています。月建の地支は寅（木）、用神の官鬼は卯（木）で同行となり、官鬼は月建より「旺じて」います。

この場合の外見・印象は非常に勢いがあるわけで、女性にとってこの男性は「非常に好感の持てるタイプの男性」と見受けられます。

続いて日辰を見てみましょう。

表9eで日辰は内面・実情を表すと書いてあります。

すると、日辰は申（金）で、官鬼の卯（木）は金尅木で尅されています。

この場合、本質的性質は女性を傷つけかねない部分がある男性の可能性があります。少なくとも女性にとって好ましい性質の男性ではなさそうです。このように外面と内面を月建・日辰で判断することが可能です。

この男性の印象や性質を旺相休囚死に当てはめて表現すると、表9fのような分け方になります。

恋愛占などで相手の評価を占う時には非常に役に立つ方法です。

また、就職占や転職占でも、「この会社は就職先（転職先）としてどうでしょう？」などの相談でも十分使えます。先ほどの図9Rの天沢履が立卦で出たとします。

	月　建 印象・外側	日　辰 性質・真実
旺 （同行）	・一目ぼれ ・夢中になる ・自分にとってタイプ	・気の合う性格 ・理解しあえる
相 （相生）	・非常に好感が持てる ・一般的にみて印象が良いタイプ	・頼りになる ・支えてくれる
休 （洩）	・印象が薄い ・好きでも嫌いでもない	・すれ違い ・価値観が違う
囚 （逆尅）	・印象がよくない ・受け入れにくい	・頼りない ・弱弱しい
死 （尅）	・好みじゃない ・不快なタイプ	・傷つけられる ・問題がある

表9f　月建・日辰の旺相休囚死による違い

就職占・転職占の用神は官鬼となりますから、同じように二爻の卯（木）が用神です。

月建から旺じているため「相談者が就職したいと希望している」可能性は高いですが、会社の実情・内情は、日辰から剋されており「働く環境としてはブラック」な可能性があります。外からの印象が良くても実際働いてみると問題多い企業などは、このような卦が出ることがよくあります。就職の面接の前などに相談をされるときに非常に効果的な方法です。

月建と日辰の判断において、吉凶の中でも時間的要素がない場合は、このような「外・内」という判断も重要な手法です。ほかにも応用が効きますが、それは本書後半のケース別例題であらためて解説します。

【まとめ】

この章は断易を学ぶ上で最重要ともいえます。断易とは三伝（日辰・月建・太歳）と八卦との対応による吉凶成敗を基調とするため、日辰・月建と卦中にある用神の関係は、吉凶の大部分を決定してしまうほど強い作用を持ちます。そのため、日辰・月建から六爻の地支への「生・剋・合・冲」の影響や、「長生・絶・墓」そして空亡の影響をどれだけ理解しているかが、断易の吉凶判断の精度を決定づけるといっても過言ではありません。

入門者は一度でこの重要さを把握することは難しいかもしれません。今後もこの章を繰り返し読んで理解を深めてください。

第十章　動爻(どうこう)について

1　動爻(どうこう)とは

> 重要な役割の一つを担うのが「動爻」です。
> 動爻は時に、月建・日辰による吉凶を逆転することができる力を持っています。
> 三伝が「時（天）の運」を表すならば、動爻は「地・人の運」でもあります。
> 三伝に次いで大きな影響をもたらす動爻は様々な技法があるため、見落とすと吉凶判定を誤ることもありえます。しっかり学んでいきましょう。

●動爻(どうこう)と化爻(かこう)

立卦して老陽・老陰の爻は動爻になります。図10Aのように得卦が「火天大有の四爻動爻」だった場合、動爻は四爻の「兄弟・酉金」です。この「兄弟・酉金」が動爻となり、変動して化爻の「父母・戌土」となっています。

●動爻（どうこう）の作用

断易の占断の中でも動爻は非常に重要な作用をもたらします。

断易のルールとして、吉凶判定に参加できる**六爻**は用神となる爻を除けば**動爻のみ**です。そして動爻は他の爻への作用が可能です。つまり日辰・月建と同じく他爻への作用があるのです。

逆に静爻はどんなに月建・日辰から旺相を受けようとも他の爻へ作用することはできません。

図10Aは四爻の「兄弟・酉金」が動爻となっているため、他の爻へ**生・尅・合・冲**などの作用をもたらすことができます。

例えば二爻の「妻財・寅木」が用神だった場合、四爻の「**兄弟・酉金**」は二爻「**妻財・寅木**」に対して「**金尅木**の尅作用」により用神を傷つけることができます。財運

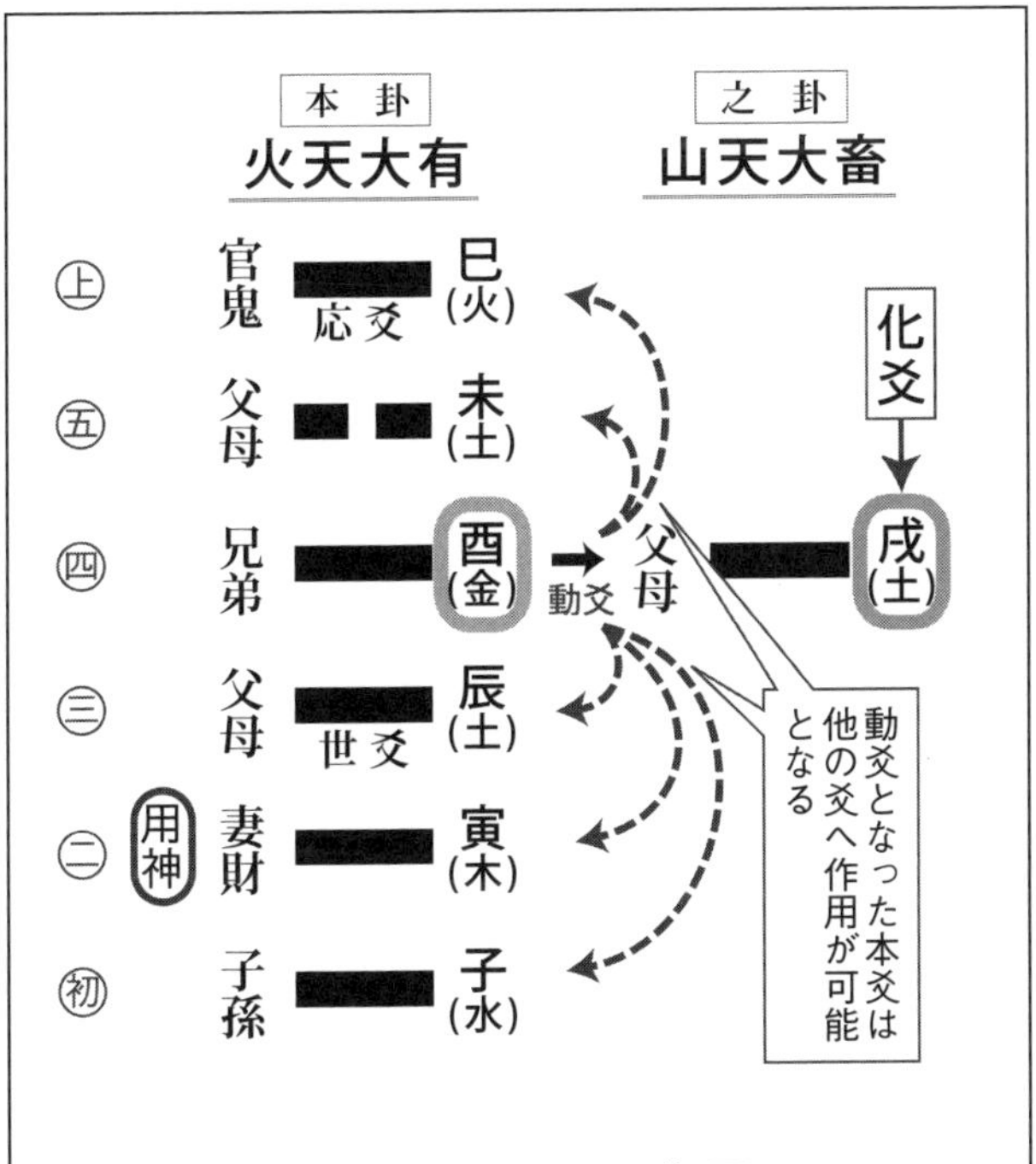

本卦
火天大有

之卦
山天大畜

上	官鬼	陽（応爻）	巳(火)	
五	父母	陰	未(土)	
四	兄弟	陽	酉(金) 動爻	→ 父母 戌(土) 化爻
三	父母	陽（世爻）	辰(土)	
二（用神）	妻財	陽	寅(木)	
初	子孫	陽	子(水)	

動爻となった本爻は他の爻へ作用が可能となる

図10A　動爻の作用

占ならばお金に問題が起きる動きがあります。

●動爻（どうこう）の数

立卦する時に老陰・老陽が多く出れば、動爻も複数卦の中に現れてきます。

独（どく）発（はつ）

1爻のみが動爻になることを「**独発**」と呼びます。

「独発」は、他の爻へ作用できる動爻が1爻のみであるため非常に強力です。**多動**しているよりも独発の爻は日辰・月建に迫る作用を持っていると思ってください。

図10Aのように四爻のみが動爻の場合、「独発」となります。用神が二爻妻財だった場合、独発ゆえに非常に強力な尅作用となります。

乱（らん）動（どう）

通常動爻は2～3爻動くことがよくありますが、5～6爻動く場合は「**乱動**」と呼びます（図10B）。専門的には6爻中5爻動く図10Bのようなケースを「**独静**」、6爻すべて動爻になることを「**尽発**」と呼びます。様々な要素が動いているため、占っている状況が複雑化しているケースが多いです。

●化爻（かこう）の作用

図10Cでは「沢天夬」の三爻の「辰」が動いて「丑」となっていますが、この「丑」が**化爻**です。

化爻とは動爻の十二支と違い、他の爻への作用は**原則ありません**。化爻の十二支は動く元である動爻（本卦の爻＝本爻）に対してのみ作用があります。（図10D、図10E）

図10Cの場合、三爻の化爻の**兄弟・丑**は本爻の**兄弟・辰**に対してのみ作用します。

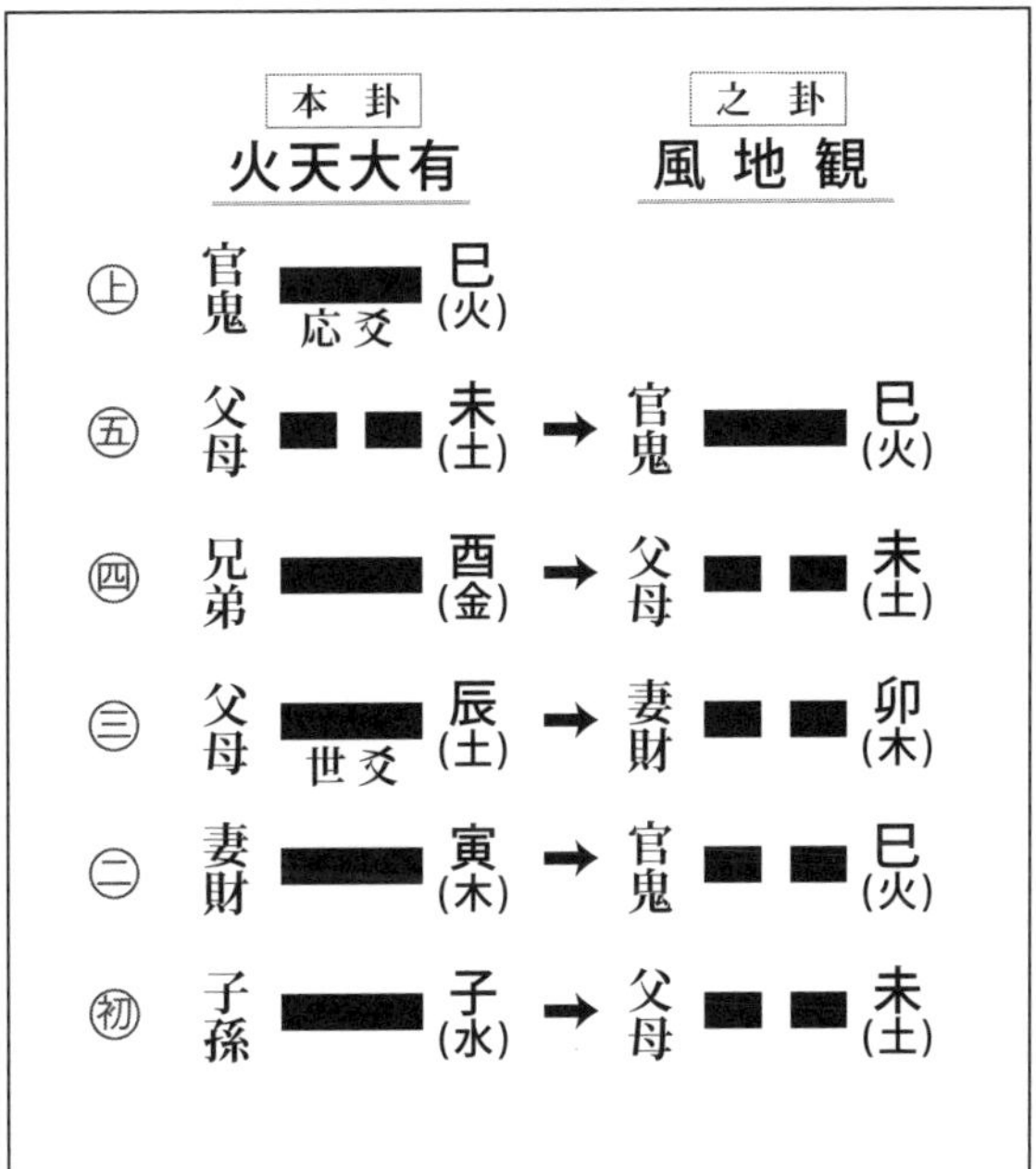

	本卦 火天大有				之卦 風地観		
上	官鬼	━━━ 応爻	巳(火)				
五	父母	━ ━	未(土)	→	官鬼	━━━	巳(火)
四	兄弟	━━━	酉(金)	→	父母	━ ━	未(土)
三	父母	━━━ 世爻	辰(土)	→	妻財	━ ━	卯(木)
二	妻財	━━━	寅(木)	→	官鬼	━ ━	巳(火)
初	子孫	━━━	子(水)	→	父母	━ ━	未(土)

図10B　乱動について

辰（土）と丑（土）は同行で比和している関係ですが、動爻の動きとして「**退神**」という作用になります。

これは後述しますが、動爻の力は時間が経つとともに衰えたり退いたりします。

このように動爻と化爻は独特の作用があります。次節からは、動爻の独自作用の解説をしていきましょう。

化爻は動爻元の本爻にのみ作用することができる
本爻 → 化爻
動爻

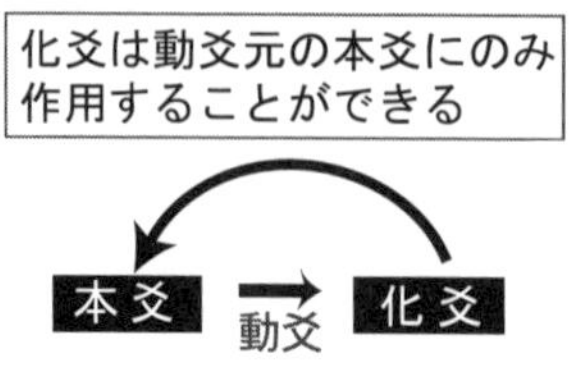

図10D　化爻と本爻の関係

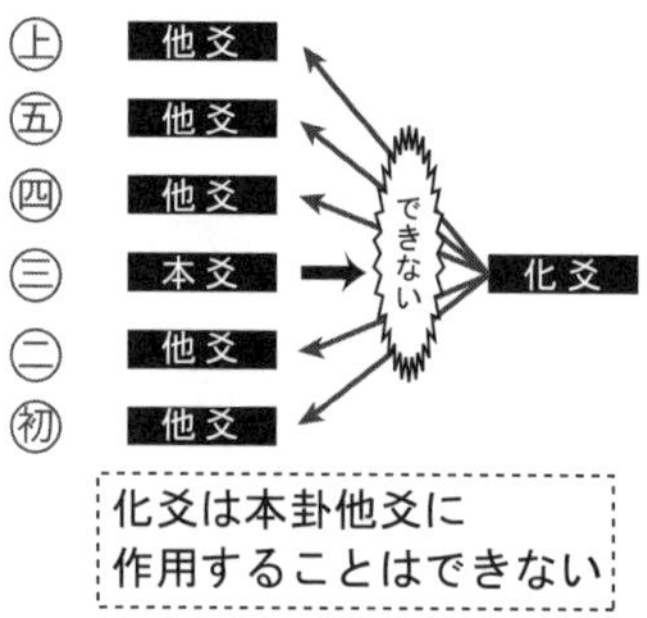

㊤ 他爻
㊄ 他爻
㊃ 他爻
㊂ 本爻 → できない ← 化爻
㊁ 他爻
㊟ 他爻
化爻は本卦他爻に作用することはできない

図10E　化爻と他爻の関係

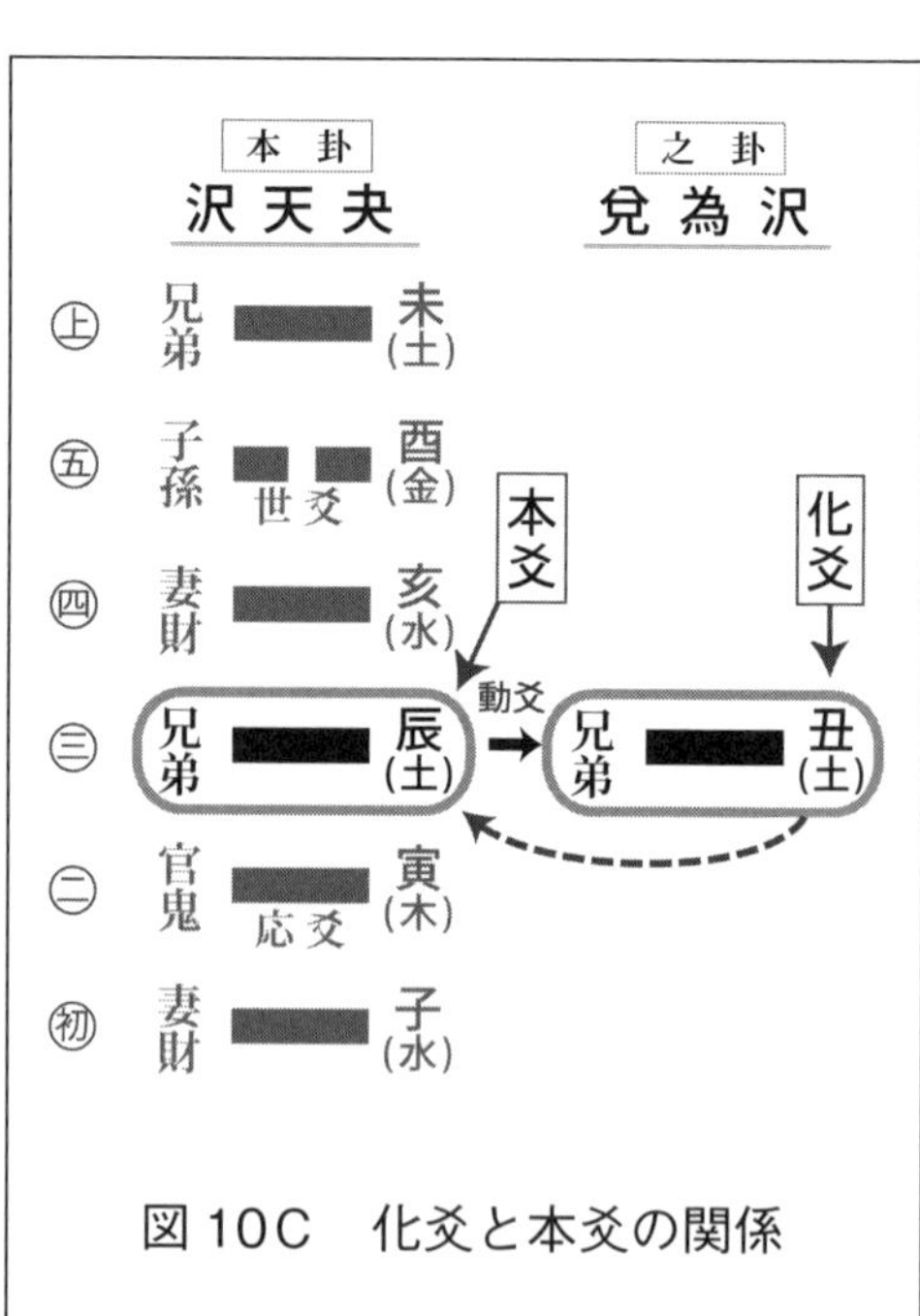

図10C　化爻と本爻の関係

※伏神が化出した時のみ他爻へ作用できる場合があります。

※台湾の断易では流派によって化爻はもっと他爻に作用する場合もあります。

2　動爻（どうこう）の作用①（回頭生・回頭尅・進神・退神）

動爻と化爻の関係がどのような形になっているかで、動爻の他爻への影響力が変わります。

動爻の作用の中で吉凶に大きく影響するのが、

・**回頭生・回頭尅**
・**進神・退神**
・**伏吟・反吟・尅反吟**
・**合化**
・**長生化・墓化・絶化**

です。
動爻の動きはこれらの作用によって大きく変化するので注意してください。
※入門者が混乱する一因がこの動爻の変化の多さです。じっくり学んでください。

●回頭生（かいとうせい）

動爻が起きた時に、「**化爻が動爻を生じる関係**」となる時を「**回頭生**」と呼びます。

回頭生は動爻が動く中で自らを生じる作用です。そのため動爻はだんだんと力を強めていきます。

また、回頭生は動爻の動きの中でも「**逆転劇**」を起こす強さを秘めています。

例えば動爻が日辰・月建からの助けが少々弱い場合でも、回頭生ならば「**最初は力がないが、だんだんと強くなる**」などの変化作用があります。

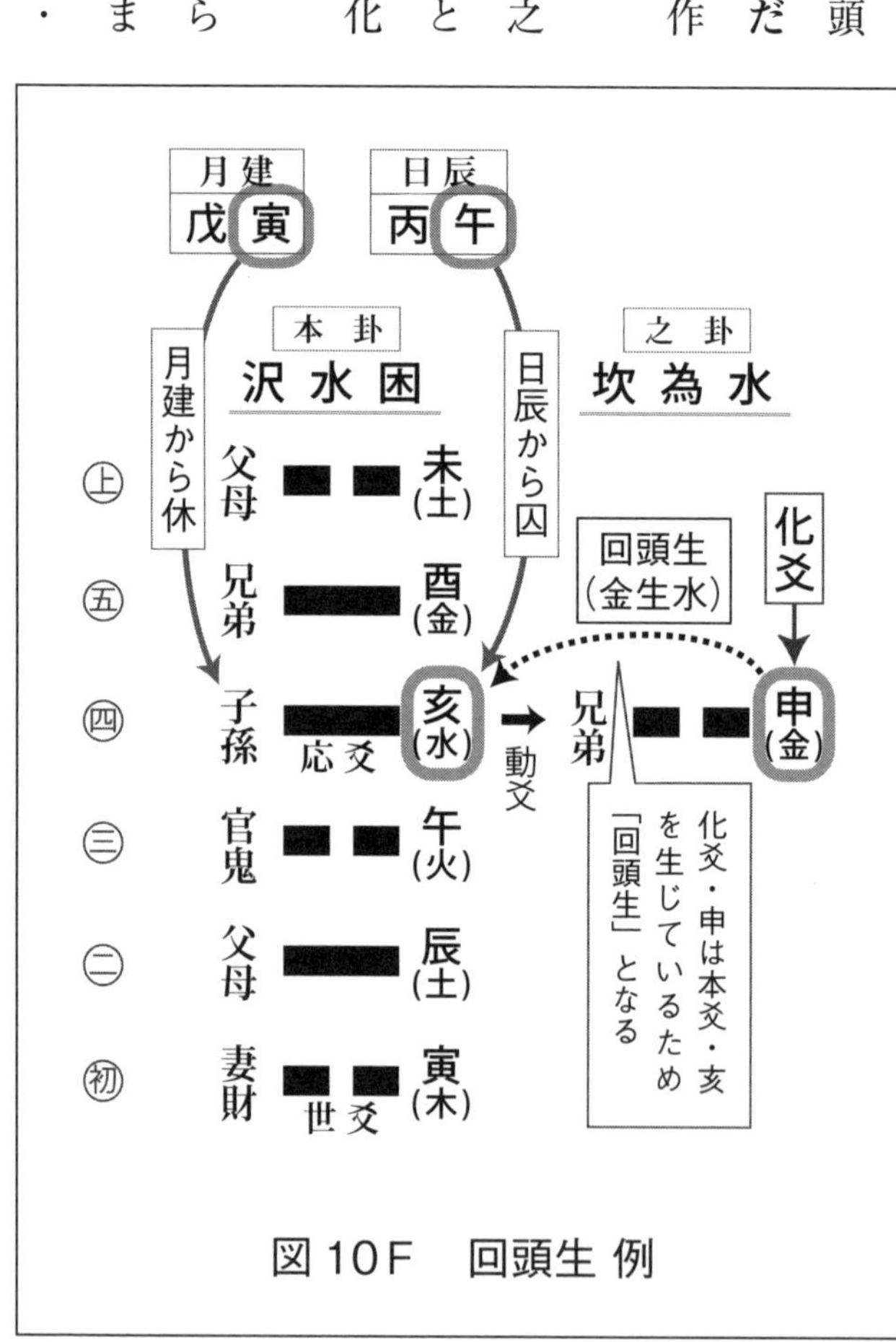

図10F　回頭生 例

図10Fは、本卦「沢水困」で之卦「坎為水」です。四爻が動爻となり、子孫・**亥**が兄弟・**申金**に化しています。

動爻の**亥水**は化爻・**申金**から生じられ、「**回頭生**」となっています。また四爻子孫・**亥水**は月建・

寅木から「**休して**」おり、日辰・**午火**からは「**囚して**」います。そのため四爻の**亥水**は弱く力がありません。しかし「**回頭生**」となり、時間経緯に伴って自力作用でだんだん強くなっていきます。

特に用神そのものが動爻となり「回頭生」ならば、用神は最初不利でもだんだんと強くなっていき、最終的に逆転作用を起こすことも少なくありません。

●回頭尅（かいとうこく）

動爻が起きた時に、「**化爻が動爻を尅する関係**」となる時を「**回頭尅**」と呼びます。

回頭生とは逆に化爻が本爻を尅するため、自虐的・自滅的に自らを傷つけていきます。動爻が旺相して強くても、時間経過とともに傷ついていくのです。

例として図10Gをご覧ください。本卦「山火賁」で之卦が「山雷

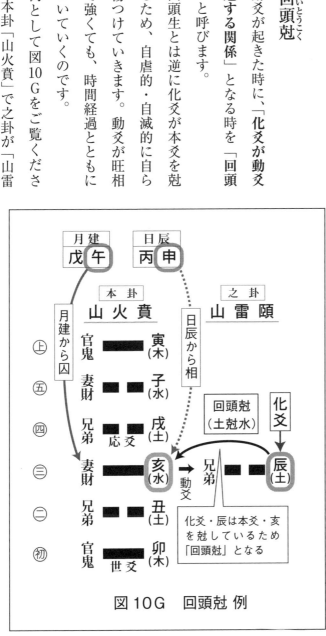

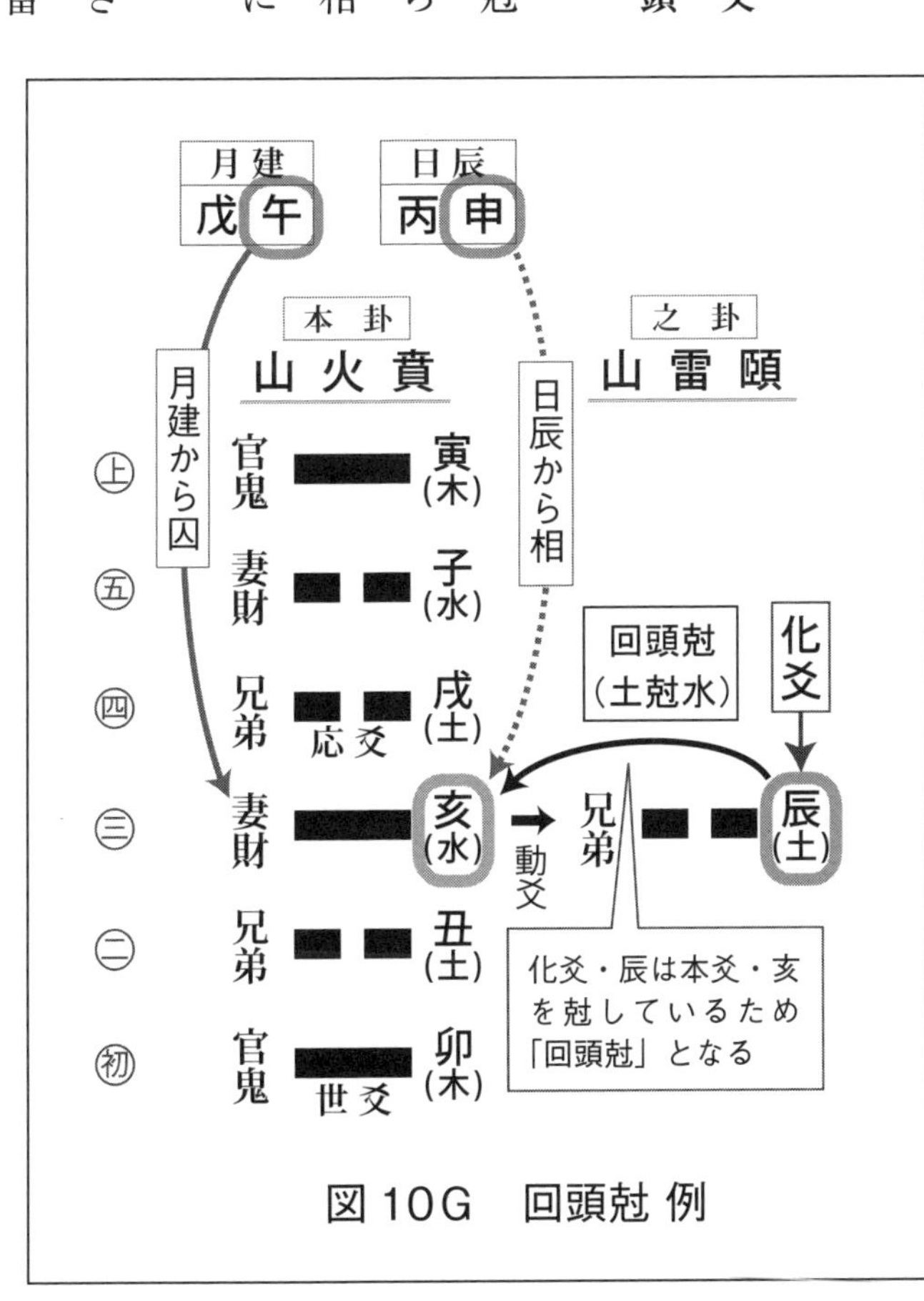

図10G　回頭尅 例

頤」です。三爻の**妻財・亥水**が動爻となり、変じて化爻**兄弟・辰土**となります。**化爻・辰土**は**本爻・亥水**を土剋水で傷つけます。これが「**回頭剋**」です。

三爻・**亥水**は月建から**囚して**いますが、日辰からは**相生**で生じられ、ある程度は力があります。ですが、**化爻・辰土**から「回頭剋」のため、最初は強くても後に自滅することになります。

例えば財運を占っているならば、用神はこの三爻になります。財運は一見良さそうですが、その後は財運がどんどん自滅的に悪くなっていきます。

このように、**回頭生・回頭剋**は状況を一変させるような動きになることが多く、吉凶判定に大きな影響をもたらします。動爻の動きの中でも強い作用を起こすので注意してください。

●進神(しんじん)

まず、どのような動爻の動きが進神となるかを説明しましょう。

動爻が化爻に変爻し、同行の十二支が順行している場合、「**進神**」となります。

十二支順行とは「子↓丑↓寅↓卯↓辰↓巳……」のように通常の十二支の数え方のことです。

例えば同行の十二支順行とは図10H①のように、木（寅↓卯）、火（巳↓午）、金（申↓酉）、水（亥↓子）と、木・火・金・水に関しては同じ五行の十二支は並んでいるケースです。同行の順行はわかりやすいのですが、土の十二支順行は丑↓辰↓未↓戌↓丑……と並びが飛んでいるため、慣れないとわかりにくいか

もしれません。（図10H②）

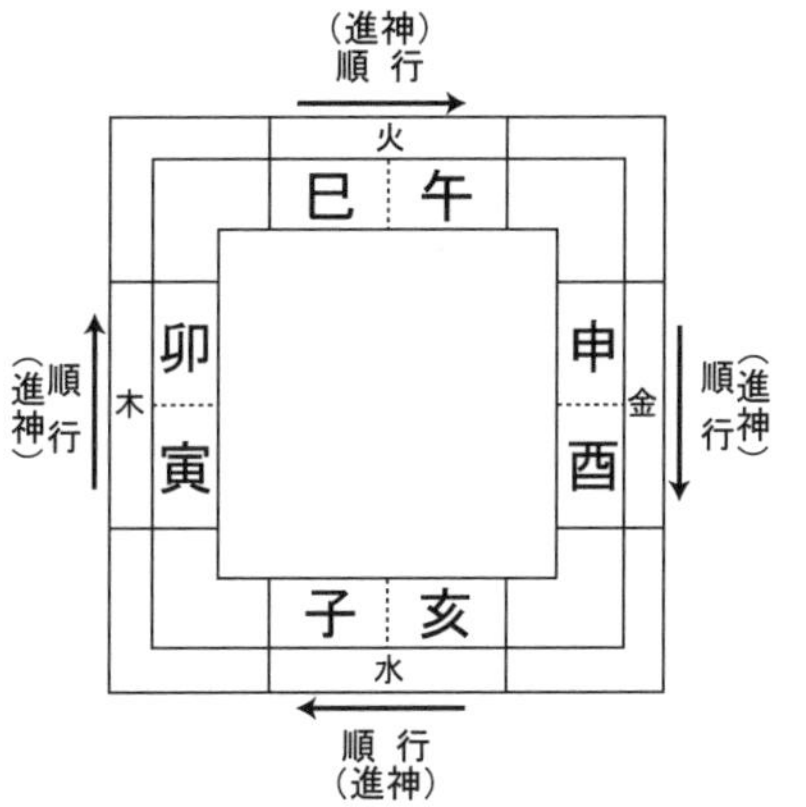

図10H①　進神（同行十二支順行）

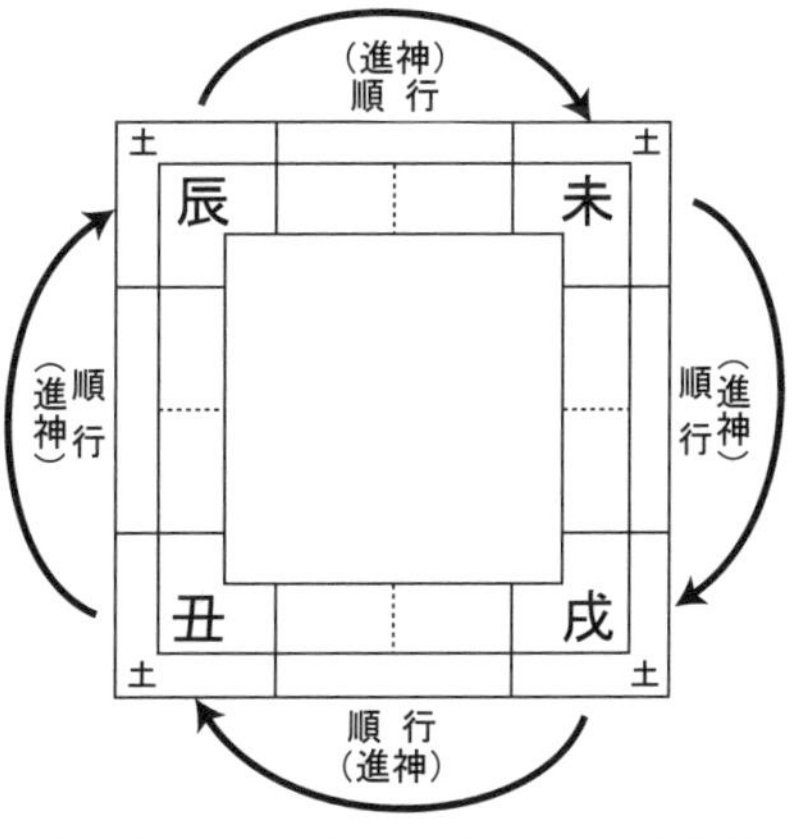

図10H②　進神（土の十二支順行）

では、進神とはどのような爻の動きを指すのか具体的に説明していきましょう。

図10Ｉは、本卦の沢雷随が之卦の兌為沢に動いています。二爻の**動爻・寅木**が変じて**化爻・卯木**に動いています。

十二支は「寅木→卯木」と動爻→化爻が順行の動きとなっているため、二爻は**進神**です。

同じように図10Ｊでは兌為沢が沢天夬に動いています。三爻の**動爻・丑土**が変じて**化爻・辰土**となり、

「丑土→辰土」と同行の順行なので進神です。

注意してほしいのが図10Kのような一見十二支順行の場合です。

「未土→申金」と、十二支順行でも同行ではないので進神になりません。

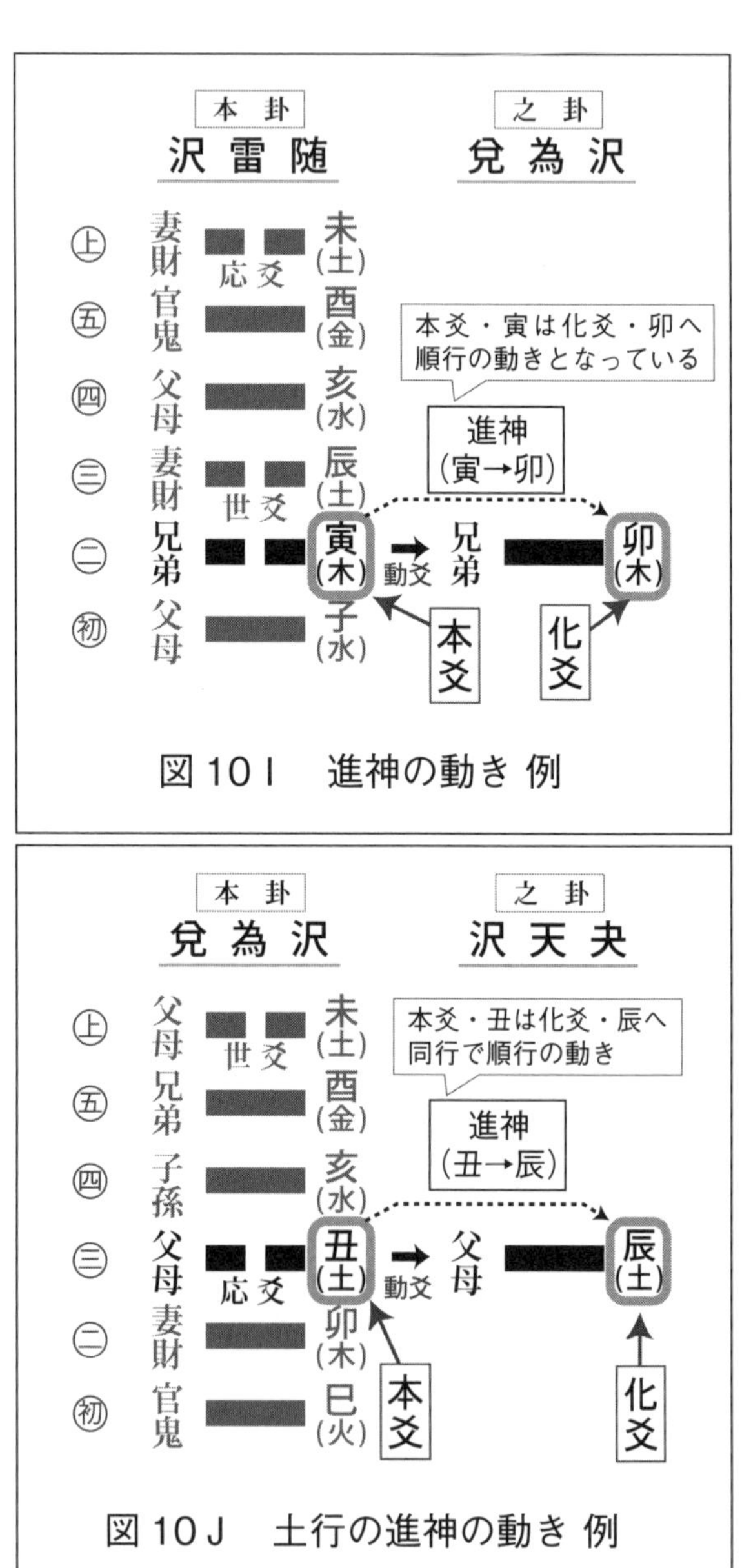

図10I　進神の動き 例

図10J　土行の進神の動き 例

《進神の作用》

進神の動きがあれば、その爻は**徐々に勢いを増していきます。**

また、「**ペースが速くなっていく**」「**流れがスムーズになる**」「**障害が少なくなっていく**」などの作用もあります。

回頭生と似ていると感じるかもしれませんが、回頭生がパワー的変化だとすると、進神は早度的変化というイメージです。

喜神が進神の場合は良いのですが、忌神が進神ですと、忌神の動きがだんだん良くなってしまうので要注意となります。

本卦 火山旅　之卦 天山遯

上 兄弟 ▬▬▬ 巳(火)
五 子孫 ▬ ▬ 未(土) → 動爻 妻財 ▬▬▬ 申(金)
四 妻財 ▬▬▬ 酉(金) 応爻
三 妻財 ▬▬▬ 申(金)
二 兄弟 ▬ ▬ 午(火)
初 子孫 ▬ ▬ 辰(土) 世爻

進神ではない

十二支が並びで順行しているが同行ではないので進神にならず

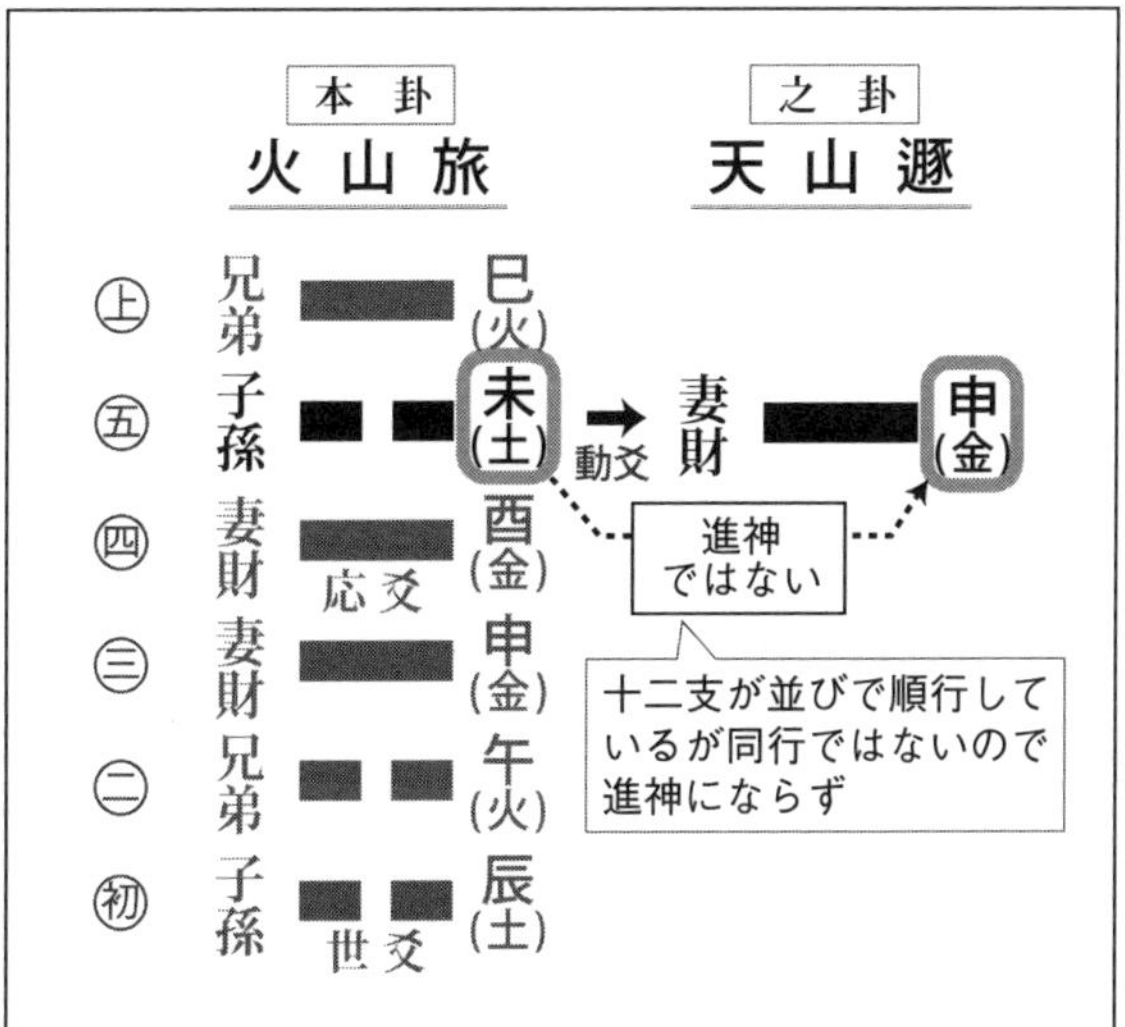

図10K　進神と勘違いしやすい例

さらに進神は月建・日辰からの旺相休囚死によって作用が変化します。

進神の旺相休囚死の作用について

①進神が旺相している場合

進神の爻が月建・日辰から旺相している場合は、進神の作用が早く作用します。

②進神が休囚死している場合

進神の爻が月建・日辰から休囚死している場合は、力がないためすぐには進神の作用が出ません。そのため、旺じる時に進神の作用が働きます。例えば進神の爻が「寅木→卯木」と木行だった場合、月建が戌月の時の木行は「囚」しています。そして寅月になると進神爻は旺じるので、進神の作用が起きます。すなわち、間近な時期の占断では進神の作用が起きず、単に弱い動爻でしかありません。

●退神（たいじん）

進神と違い、同行の十二支が逆行の動きになった場合、退神となります。木行ならば本卦動爻→化爻の動きが「卯木→寅木」、火行ならば「午火→巳火」、金行ならば「酉金→申金」、水行ならば「子水→亥水」、そして土行ならば「戌土→未土→辰土→丑土……」となれば退神です。（図10 L①②）

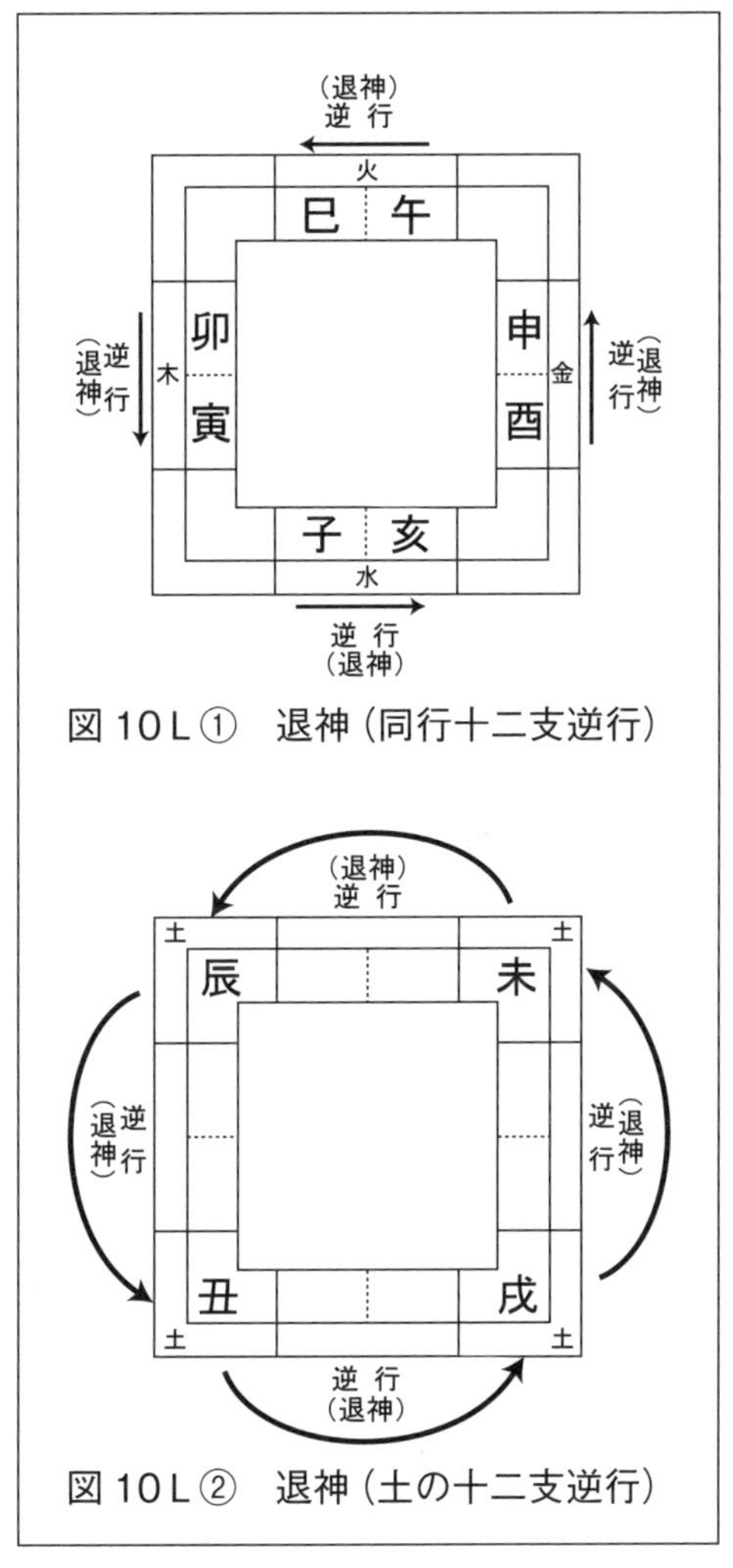

図10L① 退神（同行十二支逆行）

図10L② 退神（土の十二支逆行）

次頁図10Mを見てください。
本卦「兌為沢」が之卦「雷沢帰妹」に動いています。
この場合、五爻の「兄弟・酉金」が動爻となり、化爻「兄弟・申金」に動いています。
動爻「酉金」が化爻「申金」に動いているので十二支の順番を逆行しています。
そのため、五爻の動爻は退神となっているのです。

また、土行に関しては退神も進神と同じように離れて並んでいるため見過ごしやすく、注意が必要です。

続いて図10Nをご覧ください。

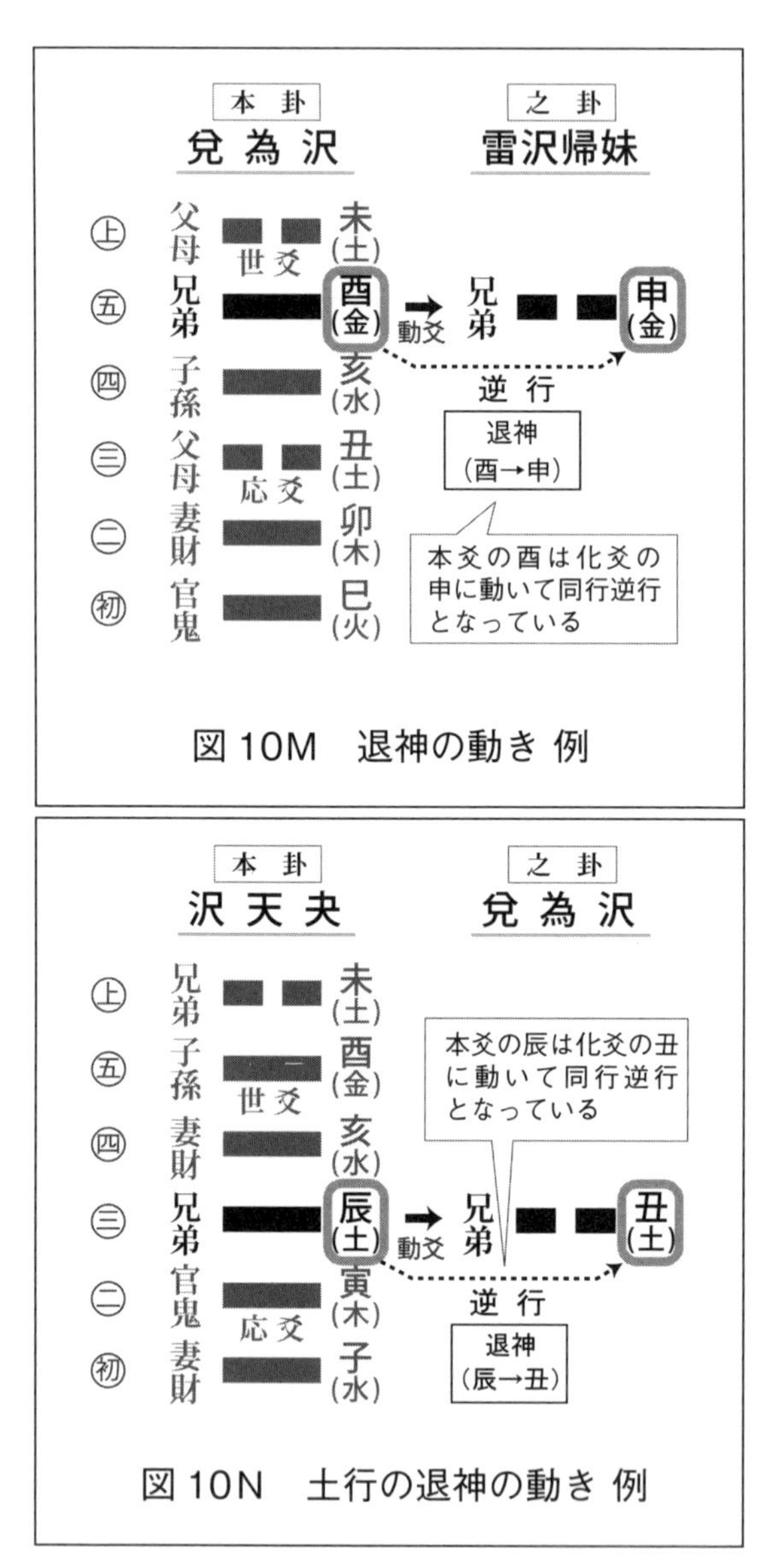

図10M　退神の動き 例

図10N　土行の退神の動き 例

本卦「沢天夬」が之卦「兌為沢」に動いています。

三爻**兄弟・辰土**が動爻となり、化爻**兄弟・丑土**になっています。

「辰土→丑土」は十二支の順番では逆行しているため、三爻の動爻は「**退神**」となっています。

《退神の作用》

退神の動きがあれば、その爻は**徐々に勢いが減退して**いきます。

また、「**遅くなっていく**」「**遅延する**」「**撤退する・退避する**」「**倒れる**」「**返却**」「**退化**」などの作用もあります。

進神と逆の効果となって、進もうにも向かい風で下がりかねないような状況になったりします。

喜神が退神の場合は動きがままならないため良くありませんが、忌神が退神ですと、忌神の動きが鈍いため好都合となることが多いのです。

また、退神も進神と同じく、月建・日辰からの旺相休囚死によって作用が変化します。

退神の旺相休囚死の作用について

①退神が旺相している場合

退神の作用は進神とは逆になります。退神爻が月建・日辰から旺相している場合は、旺相している時期は退神の作用が起きません。例えば退神の爻が「酉金→申金」と金行だった場合、月建が申月ならば金行は「旺」じて強い状態です。旺相している時期では単なる動爻であった退神の作用は発生しません。そのため、間近な時期の占断では退神の作用は出ません。しかし、亥月になれば金行は「休」するため、退神の作用が働くようになります。数カ月以上かかる中長期的な占断では退神作用が起こります。

②退神が休囚死している場合

退神の爻が月建・日辰から休囚死している場合は、むしろすぐに退神の作用が出てきます。間近な相談でも、すぐに退神の作用が発生します。

3 動爻（どうこう）の作用②（伏吟（ふくぎん）・反吟（はんぎん）・尅反吟（こくはんぎん））

●伏吟（ふくぎん）

伏吟とは、本卦動爻が化爻に動いても動爻・化爻どちらも同じ十二支の場合をいいます。

つまり動爻↓化爻の動きが「寅↓寅」や「辰↓辰」という形は伏吟です。

図10〇をご覧ください。本卦「風天小畜」が之卦「風雷益」に動いています。

二爻と三爻が動爻となっていて二爻**兄弟・寅木**は化爻に動いても兄弟・寅木です。

三爻も、動爻**妻財・辰土**が化爻に動いても**妻財・辰土**です。動爻・化爻が同じ十二支になる場合は「**伏**

吟」となります。

《伏吟の作用》

伏吟とは、「**進んでも変わらず**」という意味であり、「**滞る**」「**進退極まる**」「**成長しない**」象意です。

通常、仕事にせよ恋愛にせよ時間的経過があれば進展・発展することを望みますが、伏吟とはいくら時が進んでもスタート地点と同じままなのです。

吉神が伏吟の場合は、いくら努力しても進まないため凶意が強くなります。逆に忌神が伏吟だと、凶意が及ばず吉兆の動きとなります。

伏吟で注意すべきなのは、旺相休囚死でそれほど作用に変化がないことです。

むしろ伏吟は永遠ではなく、伏吟の十二支を冲する時に伏吟から解放されます。これは第十六章「応期について」で詳しく解説します。

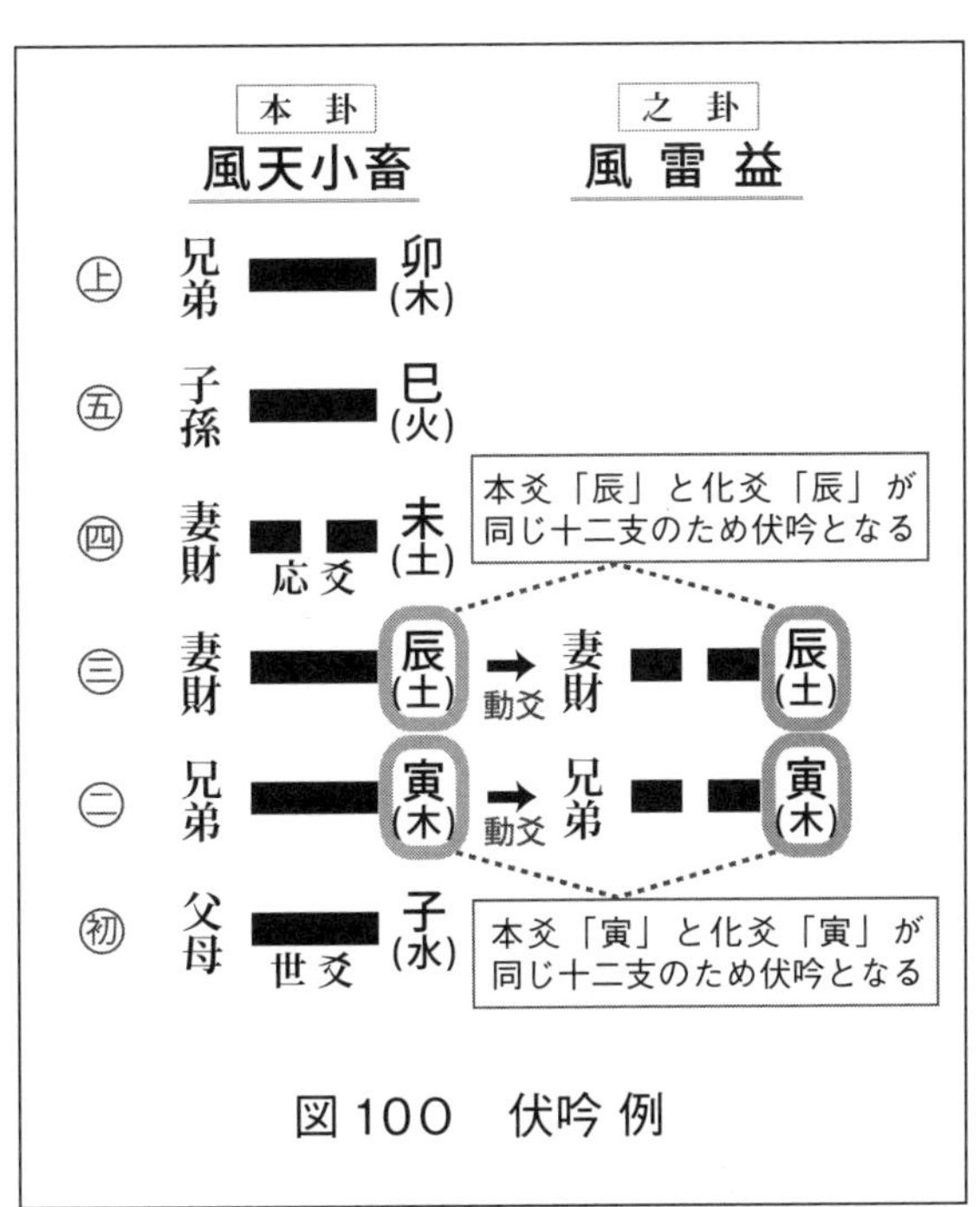

図100　伏吟例

●反吟（はんぎん）・尅反吟（こくはんぎん）

本卦動爻の十二支と、動いた化爻の十二支とが「**冲関係**」の場合は、**反吟**となります。

尅反吟は、本卦動爻の十二支と、動いた化爻の十二支とが「冲関係」までは同じです。なおかつ**回頭尅**（189頁参照）という「**冲尅の関係**」が成立していた場合は**尅反吟**となります。

まず、**反吟**の状態を解説していきましょう。

図10Pは本卦「雷風恒」が動いて之卦「雷地豫」。

二爻と三爻が動爻となっています。

二爻の本卦動爻は**父母・亥水**、化爻は**子孫・巳火**で、動爻と化爻は「冲の関係」です。同じく三爻も**官鬼・酉金**と化爻**兄弟・卯木**は「冲の関係」です。二爻・三爻ともに、これは「**反吟**」の状態です。

	本卦 雷風恒			之卦 雷地豫	
上	妻財	▅ ▅（応爻）	戌(土)		
五	官鬼	▅ ▅	申(金)		
四	子孫	▅▅▅	午(火)		
三	官鬼	▅▅▅（世爻）	酉(金) → 動爻	兄弟 ▅ ▅	卯(木)
二	父母	▅▅▅	亥(水) → 動爻	子孫 ▅ ▅	巳(火)
初	妻財	▅ ▅	丑(土)		

本爻「酉」と化爻「卯」が冲の関係になるため反吟となる

本爻「亥」と化爻「巳」が冲の関係になるため反吟となる

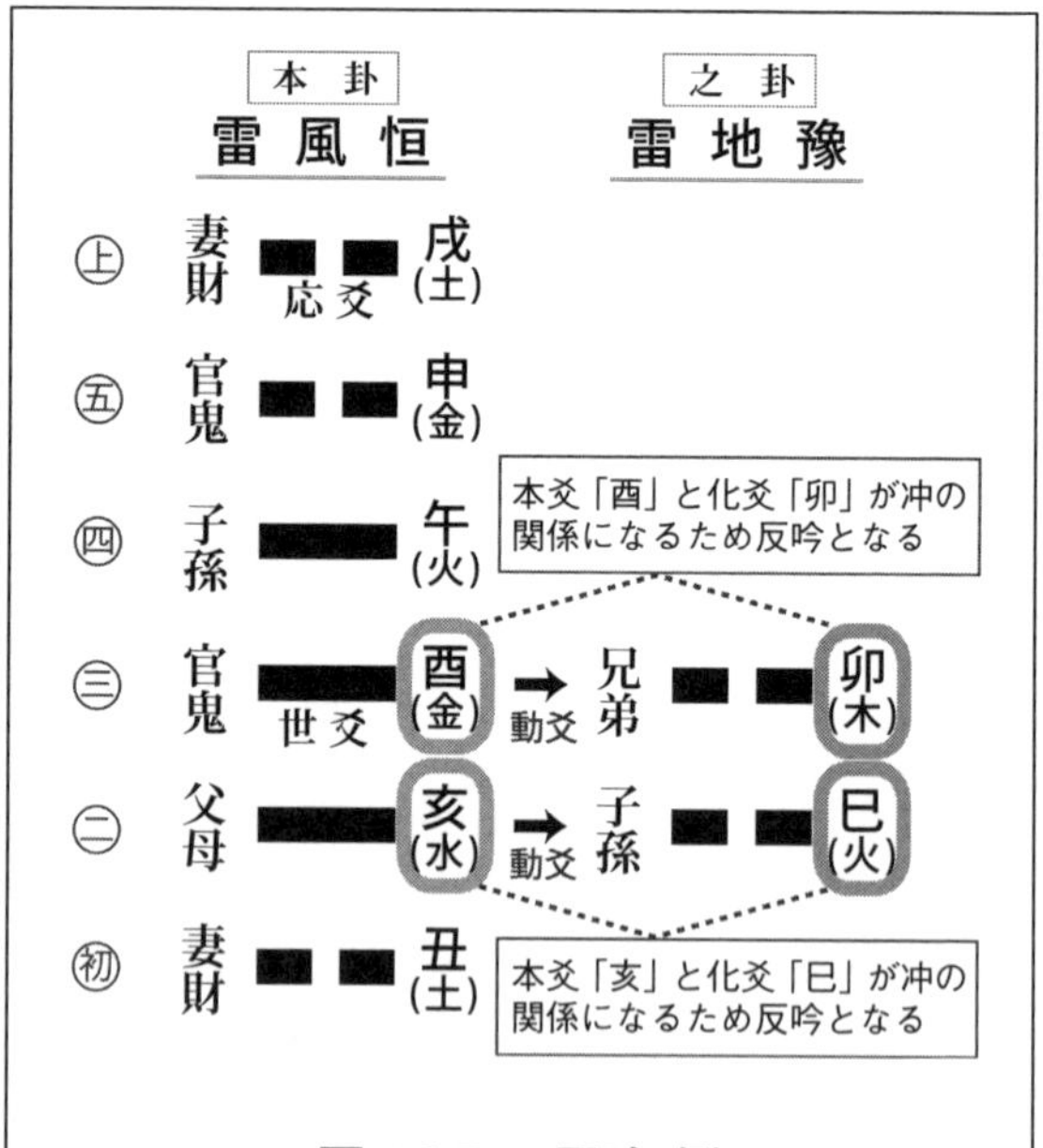

図10P　反吟例

続いて「**尅反吟**」の卦はどう違うでしょうか？

図10Qは本卦「雷地豫」で之卦「雷風恒」と、図10Pとは本卦・之卦が逆の動きになっています。

二爻と三爻が動爻となっていて、それぞれ化爻の十二支と「冲の関係」までは同じです。

ですが、尅反吟の場合は、化爻の十二支が本卦動爻を尅している「**回頭尅**」が加わります。

二爻の**化爻**は**亥水**で、動爻は**巳火**です。化爻が動爻を**火尅金**で尅しているため**回頭尅**です。冲であり尅であるため、この状態を「**冲尅**」と呼びます。

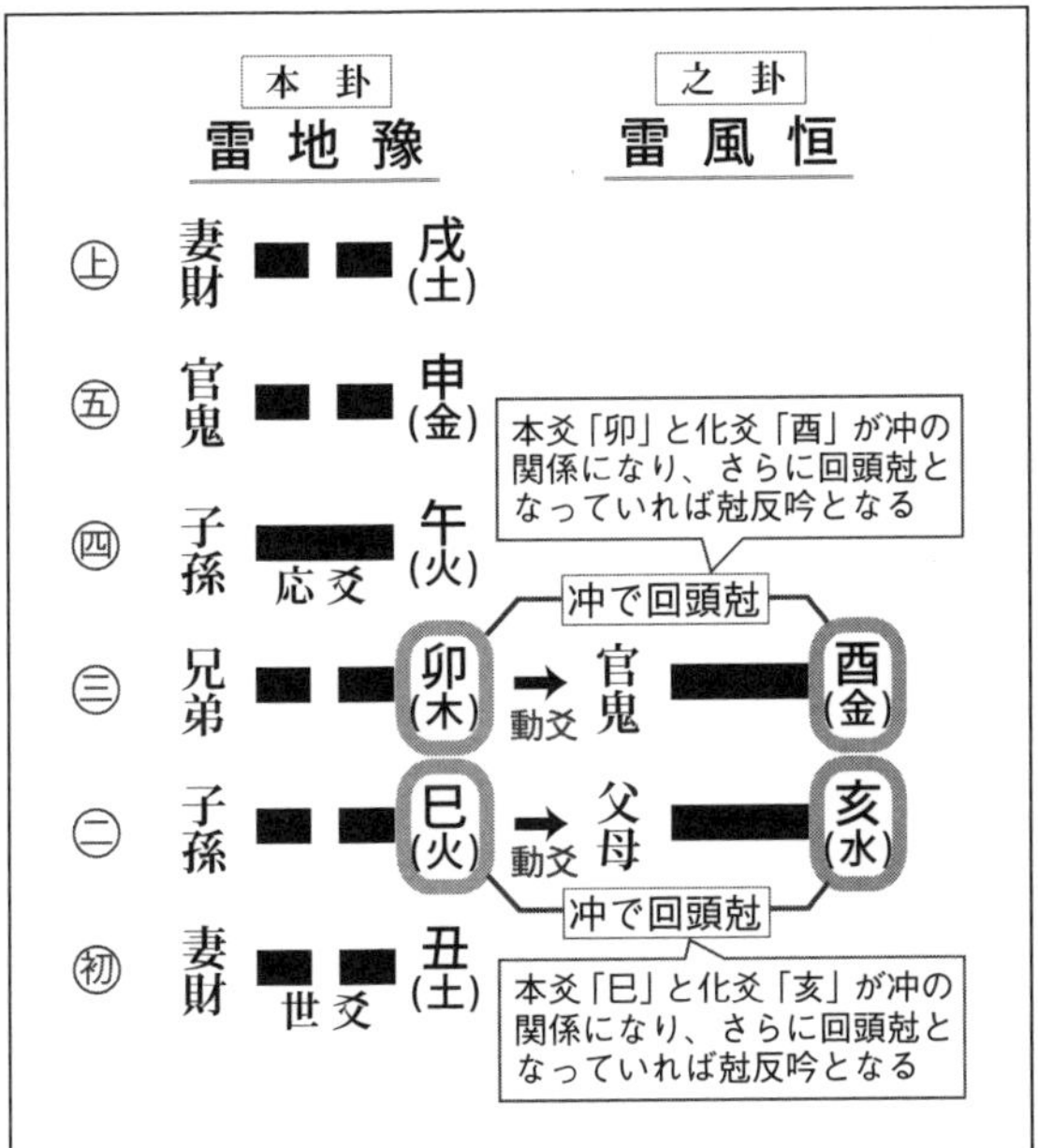

図10Q　尅反吟 例

三爻も同じく化爻・酉金が動爻・卯木を**冲尅**しています。二爻・三爻ともに、「**尅反吟**」となっています。

《反吟の作用》

反吟とは「**同じ事を繰り返す**」「**反復する**」という意味となります。反吟自体はそれほど凶意が強い動きではありません。

そのため月建・日辰から旺相の場合は、良い意味で「**繰り返し状態**」「**行ったり来たり動き回る**」のですが、月建・日辰から休囚死なると「**堂々巡り**」「**変化のない繰り返し**」などネガティブな意味合いが加わってきます。

反吟は海外赴任や貿易の仕事などではよく現れる動きで、「**本社と海外の支社を往復する**」などの状態で見られることがあります。

《尅反吟の作用》

反吟に対して、**尅反吟**は反吟の「**繰り返し作用**」に「**尅作用**」が伴い、「**同じ事を繰り返してダメになっていく**」という形になります。例えば酒をやめることを占って尅反吟ならば、「我慢できず飲んでしまい再びアルコール依存症状態に戻ってしまう」などの凶意が強い動きとなります。

尅反吟は、繰り返えせば繰り返すほど悪くなっていきます。

もし、占断で重要となる「用神」が動爻となり反吟や尅反吟の場合は、注意深く卦を観察してください。

反吟だけならば単に繰り返すのみで、良し悪しは月建・日辰との関係によります。しかし尅反吟は、この形自体は動けば動くほど泥濘にはまるような状態であり、用神尅反吟は大凶となりやすいのです。

反吟・尅反吟の旺相休囚死の作用について

①反吟が旺相している
反吟は尅の凶意がなく「繰り返し」を行うのみです。反吟の本爻が月建・日辰から旺相しているならば、順調に動き回る形となります。

②反吟が休囚死している
反吟は尅の凶意がなく「繰り返し」を行うのみですが、月建・日辰から休囚死では「繰り返し」の動きがありながらも徒労・苦労が含まれてきます。そのため休囚死から旺相する時期に順調になる場合があります。

③尅反吟が旺相している
尅反吟は「繰り返し」の中で尅作用が起き、凶意が増していきます。旺相する尅反吟は最初は旺相の力がありますが、だんだん力を失い、尅反吟の作用が強くなっていきます。

④尅反吟が休囚死している
尅反吟は「繰り返し」の中で尅作用が起き、凶意が増していきます。月建・日辰から休囚死している尅反吟はすぐに尅反吟の作用が起きるので注意が必要です。特に用神が休囚死の尅反吟となっている場合は、大凶となります。

《伏吟・反吟の注意点》

伏吟・反吟の例題を見て気づいた方もいるかもしれませんが、伏吟・反吟（剋反吟）はいずれも2つの爻が伏吟又は反吟となります。これは断易の納甲の仕組みがわかれば簡単な理由なのですが、入門者はまず名称と作用を学んでください。

ある程度、断易に関して理解が進んできてから納甲の仕組みを知ることで、より理解が深まると思います。ただこの時点で理解すべきことを簡単に表すならば、伏吟は、外卦・内卦どちらでも本卦↓之卦の動きが「**乾**（天）↑↓震（雷）」の場合にのみ発生する点です。

同じように反吟と剋反吟は、本卦↓之卦の動きか「**坤**（**地**）↑↓巽（風）」の場合にのみ発生します。

断易の納甲な易卦に十二支を納める時に反吟や伏吟の動きを想定して組み込んでいることが、仕組みを理解するとわかるのですが、今はこういう状態にのみ伏吟・反吟が発生すると思ってください。

重要ポイント

伏吟・反吟・剋反吟を解説してきましたが、これらは他の作用と大きく違う部分があります。

以下のポイントに注意してください。それは「**用神や忌神が伏吟・反吟でなくても、卦中にあれば、作用してしまう**」ということです。例えば伏吟が卦中にあって用神・原神が伏吟でなくても、伏吟の特徴である「進展しない」作用が出ます。用神や原神が伏吟・反吟では作用が強いですが、そう

でなくても弱いながら事象として作用します。その場合は、伏吟・反吟を抜ける「応期」（205頁参照）で作用が抜けます。

4　動爻（どうこう）の作用③（合化（ごうか）・墓化（ぼか）・絶化（ぜっか））

●合（ごう）化（か）

支合の作用には、第九章で解説した合住・合起がありますが、動爻にも支合の作用があります。それが「**合化**」です。台湾本などでは「**化合**」と書かれているものもありますが、名称よりも作用を覚えてください。

図10Rでは本卦「風雷益」が之卦「天雷无妄」に動いています。

動爻は四爻にあり、**妻財**・**未土**が動いて化爻**子孫**・**午火**になります。

動爻の**未土**と**化爻**・**午火**は「支合」の関係です。

この本爻と化爻が「支合」の関係になることを「**合化**」と呼びます。

《合化の作用》

合化は、「**合住**」と同じような作用を持ちます。

つまり動爻と化合は結び付いて身動きが取りにくくなり思うように動けなくなります。

月建・日辰から旺相していれば強いので止まりはしませんが、牛歩の動きのように足枷をはめられたかのように鈍い動きになり、動爻の本来の作用が働きません。月建・日辰から休囚死ならば力なく、足枷によってほぼ動きを封じられてしまう状態になり、作用できないのです。

ですが、合化の鈍さから抜けられる時があります。それは「**動爻の本爻を冲する時期**」ですが、詳細は第十六章にて説明します。

合化は厳密には**生合化**と**尅合化**があります。**生合**とは「**寅↑↓亥**」「**辰↑↓酉**」「**午↑↓未**」、そして**尅合**とは「**子↑↓丑**」「**卯↑↓戌**」「**巳↑↓申**」です。

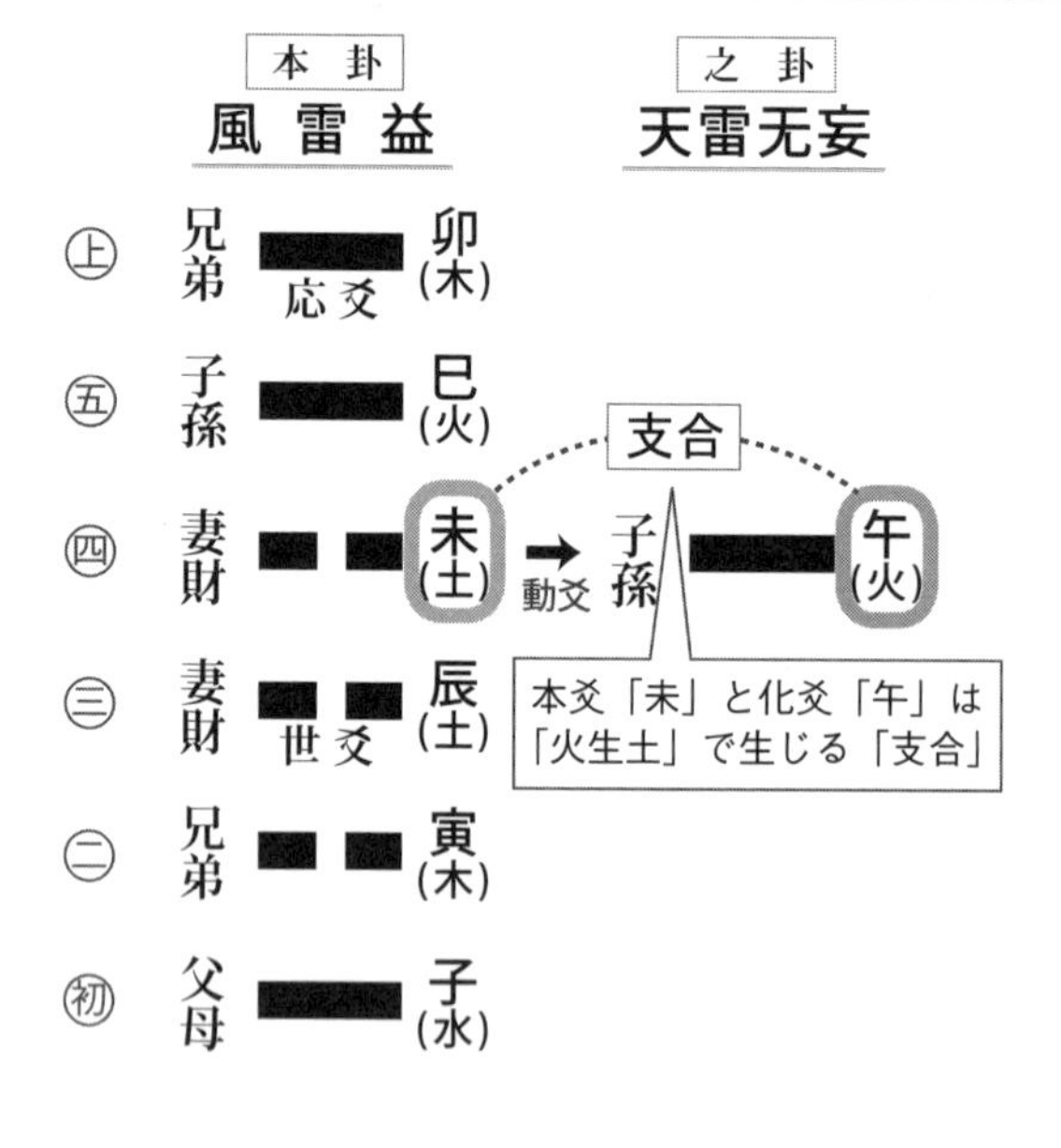

合化は月建・日辰から旺相の状態ならば

本卦　風雷益

之卦　天雷无妄

	六親	爻	地支	→	六親	爻	地支
上	兄弟	━━━ 応爻	卯(木)				
五	子孫	━━━	巳(火)				
四	妻財	━ ━	未(土)	動爻	子孫	━━━	午(火)
三	妻財	━ ━ 世爻	辰(土)				
二	兄弟	━ ━	寅(木)				
初	父母	━━━	子(水)				

支合

本爻「未」と化爻「午」は「火生土」で生じる「支合」

図10R　合化（合に化す）・生合の例

生合・剋合を区別する必要はあまりありませんが、休囚死している場合、剋合化は注意が必要です。

剋合とは2つの十二支の支合の状態に剋が含まれています。例えば「子丑の支合」は丑土と子水の支合ですが、土剋水の関係でもあります。つまり「結びつく関係だが内部に剋が含まれる」状態です。そのため、月建・日辰から死（剋）を受けると後々剋作用が出てくる場合があります。図10Sのように**初爻・子水**は**化爻・丑土**に動いており、**合化**しています。もし月建から休して日辰から死（剋）のような状態ならば、動きの中でだんだん剋作用が出てきて凶意が強くなります。

用神がこのような剋合化の動きをしている場合は、三伝との関係に注意してみてください。

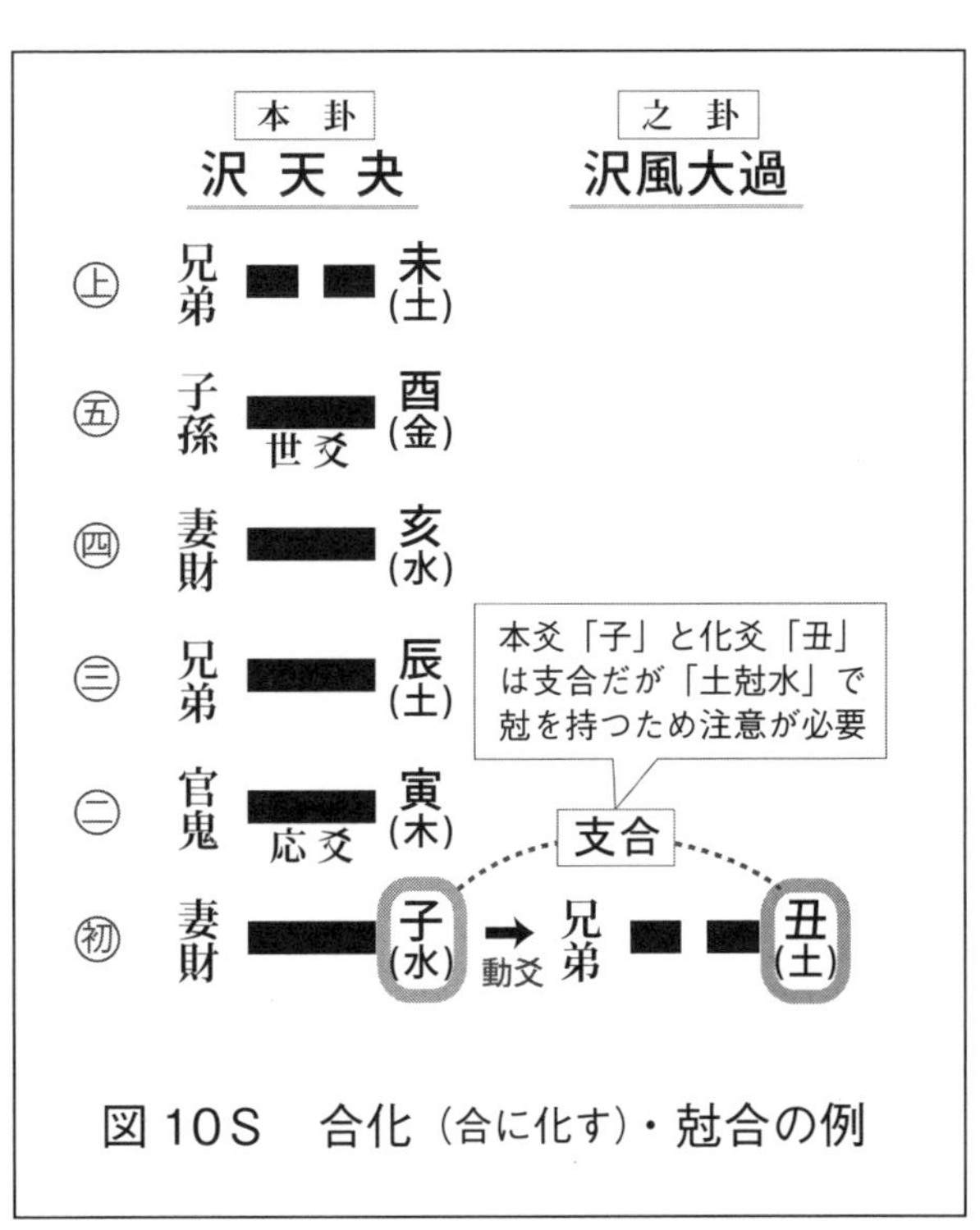

図10S　合化（合に化す）・剋合の例

剋合化の注意点まとめ

①月建・日辰から旺相の場合

動爻の剋合化は、月建・日辰から旺相していれば、生合化と同じく動爻の合化として合住と同じような作用が起きます。この合化は、本爻が冲される時に解けて、普通の動爻として機能します。

②月建・日辰から休囚死の場合

動爻の剋合化は、月建・日辰から休囚死していれば、合の中に剋が潜んでいるので、注意が必要です。ただし、この注意は用神が動爻合化している場合のみです。用神の剋合化は最初合住の作用で身動きが取れませんが、その後動けるようになると回頭剋の作用が出てしまい凶です。用神以外は旺相と同じに考えてください。

●墓化（ぼか）

第九章で「**入墓**」という作用を解説しました（169頁）が、動爻にも墓の作用があります。

図10Tのように三爻**兄弟・亥水**が動爻となり化爻**官鬼・辰土**に動いた場合、辰土は「**水行の墓**」ですから、亥水は辰土に墓することになります。

この状態を「墓に化す」という意味で「**墓化**」と呼びます。

《墓化の作用》

「墓化」は「入墓」と同じく、動こうとしても「墓」に封じられ・閉じ込められます。「**停滞、一時停止・閉鎖、暗闇、入院、呪縛、貯蓄、監禁**」などの作用があり、一時的に身動きが取れなくなります。

ですが、一時的に動けなくなっているだけなので通常の占断ではあるタイミング（応期）が間に合えば動き出せるようになります。

ただし例外があります。重い病気（癌の末期など）や重篤な状態の占断では「墓に入る」という形になっているため、非常に危険な状態を表す場合があります。

死に関することや危篤・倒産など、末期的なことを占う時には要注意です。それ以外では一時的な問題だと思ってください。

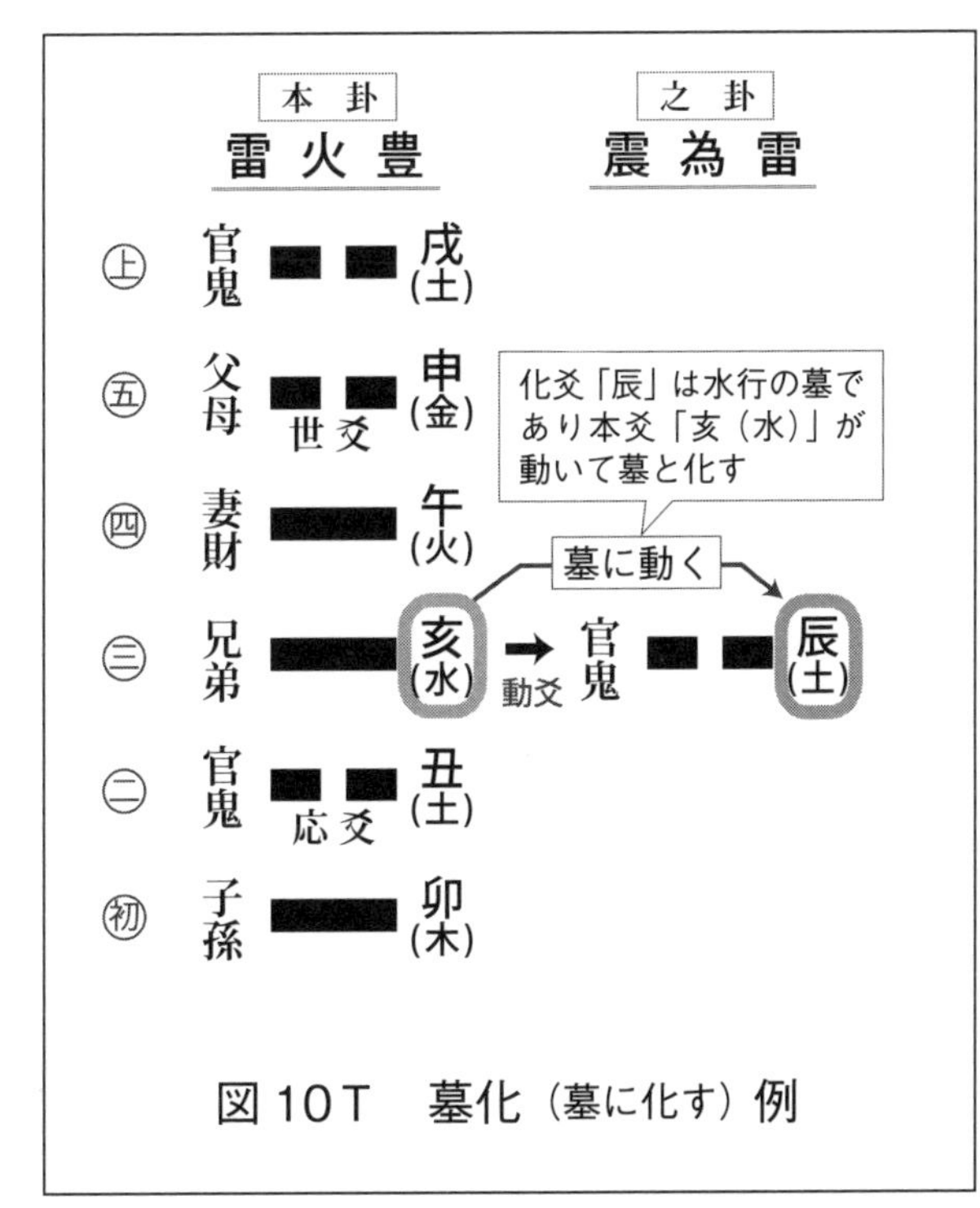

図 10T　墓化（墓に化す）例

●絶化（ぜっか）

第九章で「入絶」という作用を解説しました（170頁）が、動爻にも絶の作用があります。図10Uのように上爻の**兄弟・酉**が動爻となり、化爻**官鬼・寅**となります。化爻の寅は「**金行の絶**」に当たり、上爻の酉は「絶と化す」状態です。これを「**絶化**」といいます。

	本卦 地山謙			之卦 艮為山	
㊤	兄弟	▅▅ ▅▅	酉(金)	動爻→ 妻財 ▅▅▅▅	寅(木)
㊄	子孫	▅▅ ▅▅ 世爻	亥(水)		
㊃	父母	▅▅ ▅▅	丑(土)		
㊂	兄弟	▅▅▅▅	申(金)		
㊁	官鬼	▅▅ ▅▅ 応爻	午(火)		
㊀初	父母	▅▅ ▅▅	辰(土)		

絶に動く

化爻「寅」は金行の絶のため本爻「酉(金)」が動いて絶と化している

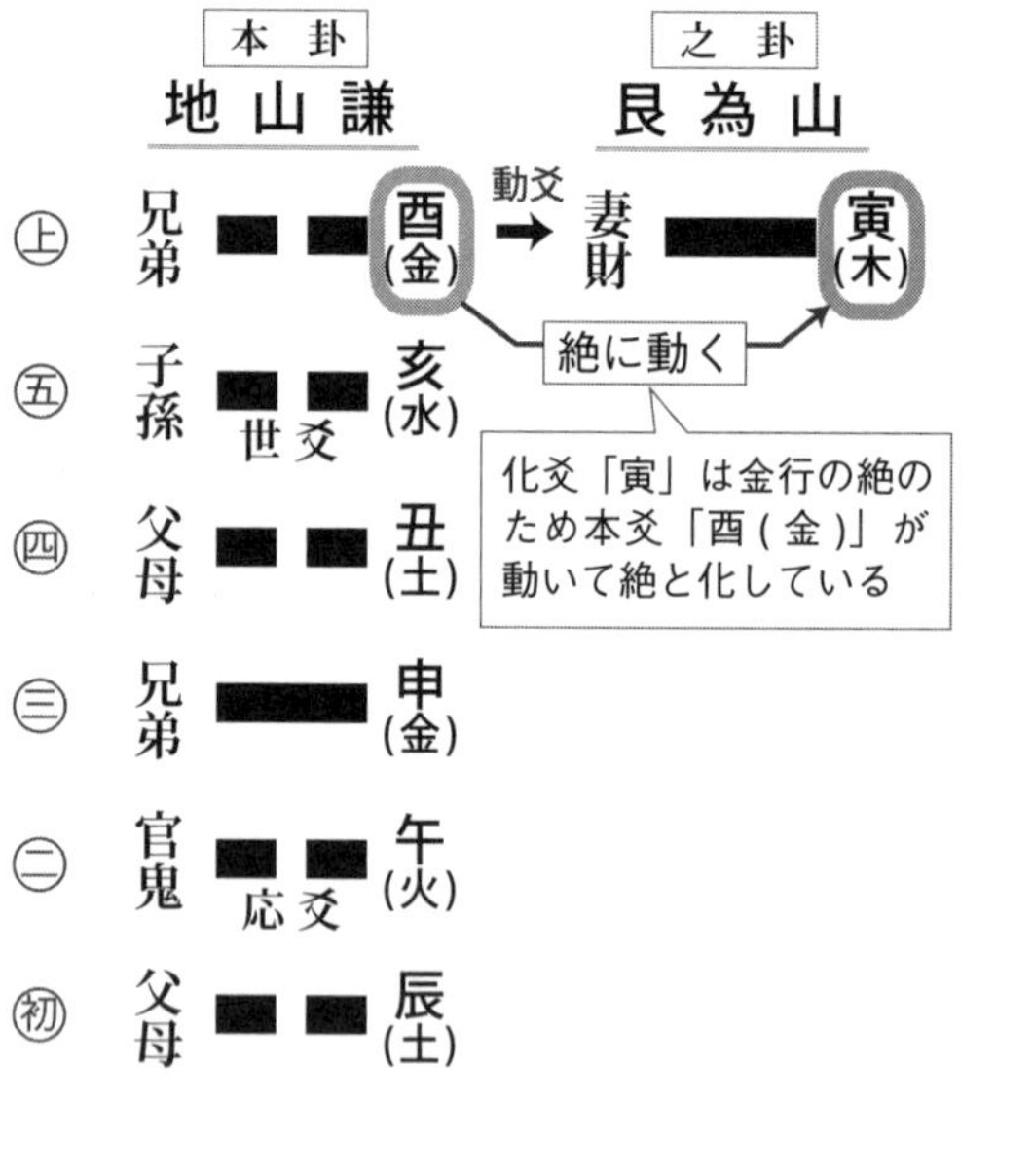

図10U　絶化（絶に化す）例

《絶化の作用》

絶化は三伝の入絶と同じく「**消滅、停止・停滞、断絶、切断、**リセット、リタイア、**行き止まり、袋小路、逃げ道がない、断念、諦め、生と死、やる気が起きない、失望**」という動きになります。

特に「維持する、守る、続ける」というようなテーマの占断で、用神が動爻となり**絶化**していると、「続かない、やる気がなくなる、辞める」という凶事が起こりえます。

逆に忌神が動爻で絶化ならば、最初は用神

を攻撃したとしても、だんだん「続かない」状態となり、影響がなくなります。

特に月建・日辰から休囚死を受け、力のない動爻「絶化」は気力なく、力を失いやすいでしょう。ですが絶化を脱する応期が来れば解けます。応期に関しては第十六章「応期について」291頁をご覧ください。

5　動爻（どうこう）の他爻（たこう）への作用

動爻は他の爻への影響力があることは前述しました。その中でも動爻からの合・冲・長正・墓・絶は独特な作用があります。前章とともに続けて学ぶことをお勧めします。

●動爻（どうこう）が他爻（たこう）に合する

①動爻が他の爻に合する場合、基本的に他爻を支援します。世爻や用神に対して動爻が合すると、動爻は原神のような支援協力をするのです。（図10

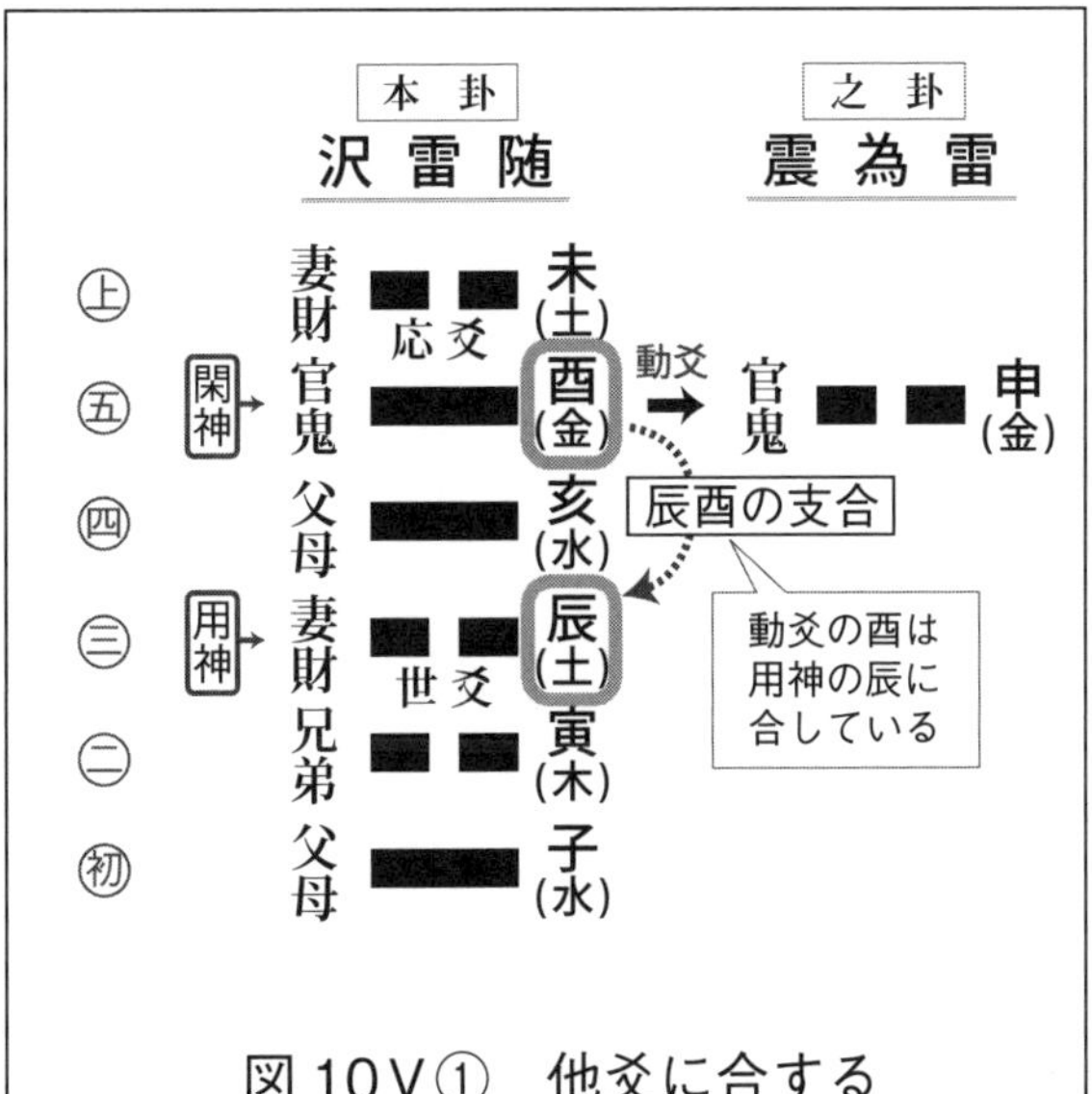

本卦
沢雷随
之卦
震為雷
上　妻財　未(土)
応爻
五　閑神→官鬼　酉(金)　動爻→　官鬼　申(金)
四　父母　亥(水)
辰酉の支合
三　用神→妻財　辰(土)
世爻
二　兄弟　寅(木)
初　父母　子(水)
動爻の酉は用神の辰に合している

図10V①　他爻に合する

V①）

②動爻が他の動爻と合する場合は、合住のようにお互いを縛りあって身動きができないような状態になります。（図10V②）

③用神が動爻となり他爻に合する場合は、自分のメリットを他に分け与えるような形になり、良くありません。例えば図10V③では用神の世爻が原神の応爻に「寅亥の支合」となります。本来原神は用神

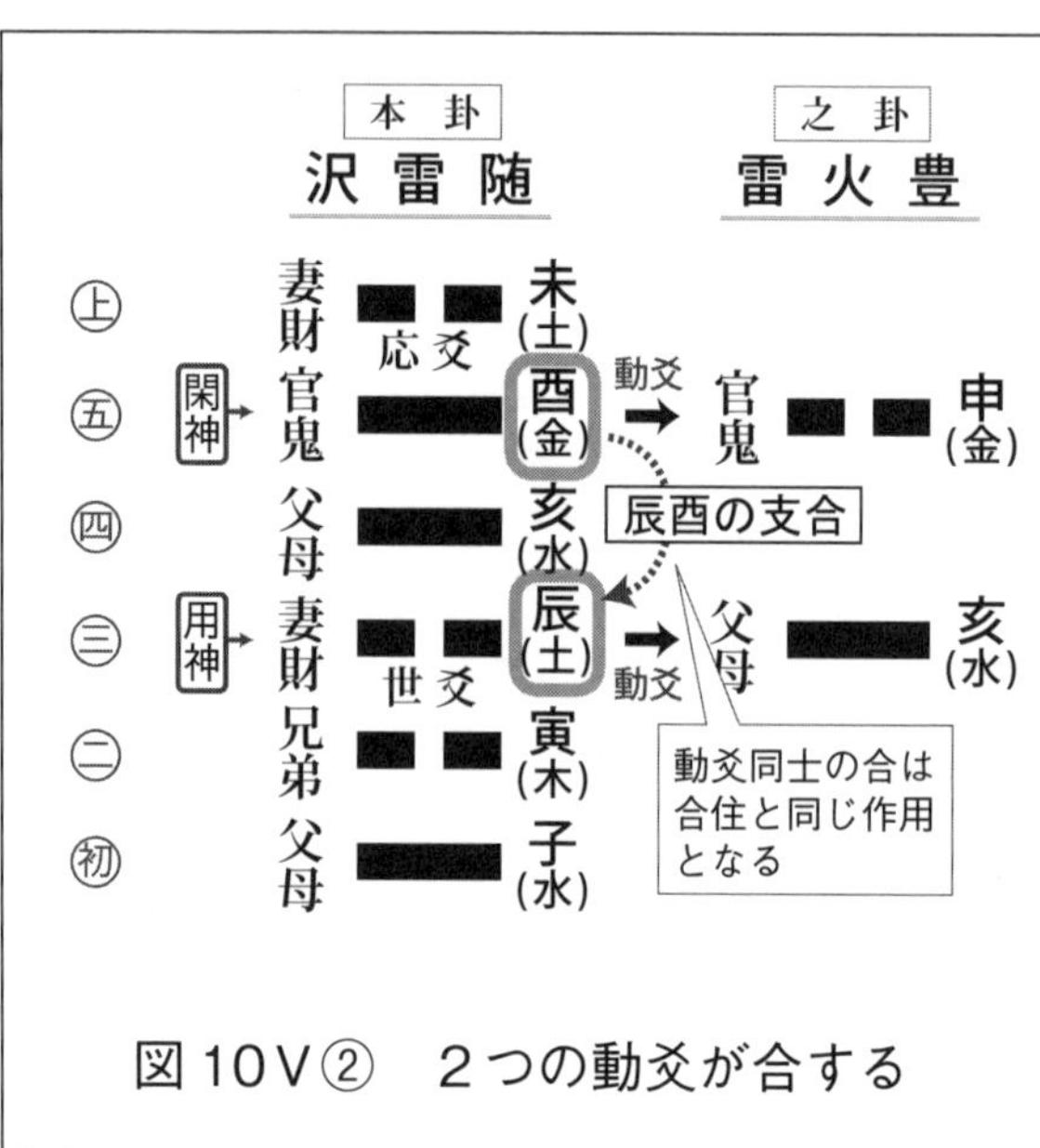

図10V②　２つの動爻が合する

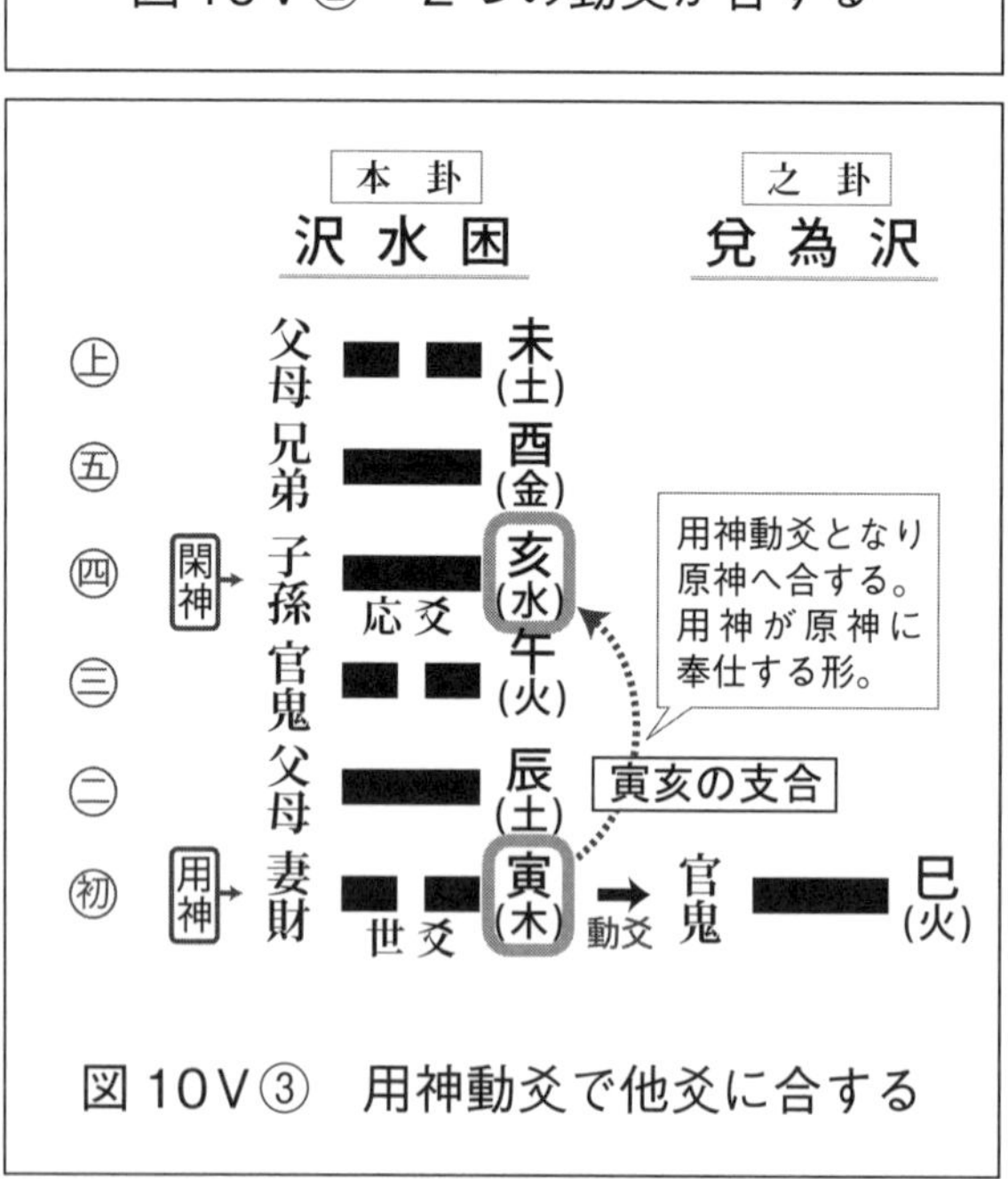

図10V③　用神動爻で他爻に合する

を助けますが、用神が動爻となり原神に合するため、用神世爻から原神に奉仕してしまうような形になっています。また用神が休囚死していれば原神に依存するような弱さができます。

●動爻(どうこう)から冲(ちゅう)を受ける

動爻が他の爻へ冲するため「**爻冲**」と呼ばれます。

「**爻冲**」は日辰からの冲と同じように考えてください。例えば、用神に動爻が「爻冲」している場合、用神が月建から旺相しているならば、「爻冲」されても「**冲起暗動**」を起こします。(冲起暗動は158頁参照)

ですが、用神が月建から休囚死して動爻から「爻冲」を受ければ、「**冲破**」のような強い凶意となります。

例えば図10Wのように二爻の妻財爻・卯が用神、五爻の兄弟爻・酉が動爻となった場合、

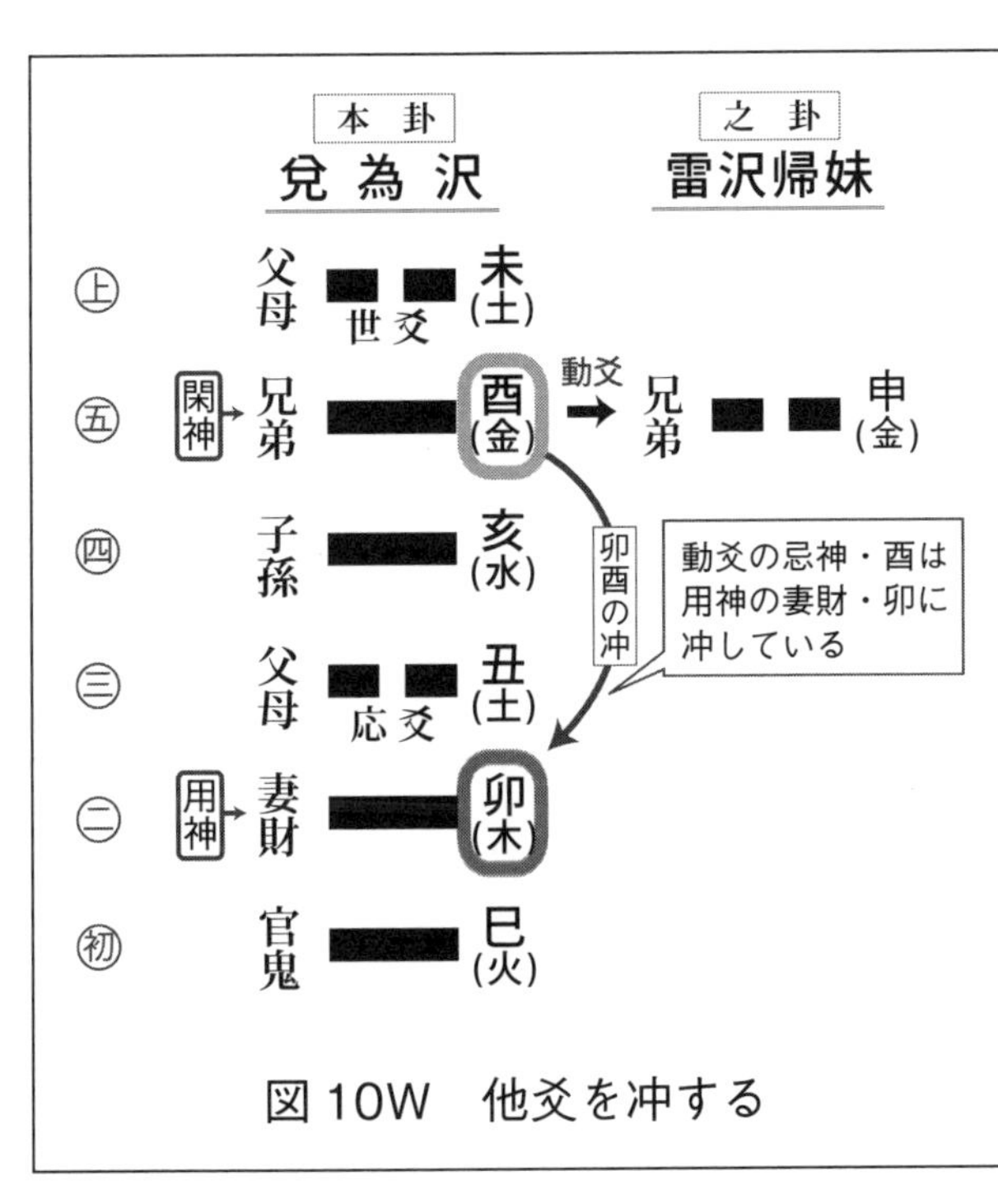

図10W　他爻を冲する

兄弟爻・酉は忌神ですが用神の卯とは冲の関係です。そのため「爻冲」が発生します。用神の卯が月建から旺相していれば、冲されても冲起暗動となり、弱い動爻となり隠れて活動します。休囚死ならば、冲破されて非常に傷つき凶意が強いでしょう。

《作　用》

冲破ならば「**決裂・不和・衝突・破壊・対立・分散・離別・挑発**」の象となります。冲によって開運する場合を冲開と言い、「**困難を切り開く**」となります。まれに「**出会い**」「**興奮**」「**動揺する**」など。冲気暗動するならば「**密かに活動する**」「**暗躍する**」など。

●動爻に墓する

《作　用》

用神や世爻・応爻が動爻に墓すると、「**他のことに捕らわれる**」状態になったりします。

動爻の影響で「**身動きが取れない**」などの現象が起きます。それ以外、吉凶に関しては五行の関係性の方が強く出ます。他の象意として「**他に預ける**」「**隠す**」「**管理される**」「**拘束を受ける**」「**後始末をする**」など。

動爻の十二支が土行の場合は注意が必要です。それは、土行とは「墓」となる五行だからです。

特に用神と土の動爻の関係に注目してください。

図10Xでは、用神は二爻の**妻財・卯**です。卯は木行で「**木の墓**」は**未**ですが、上爻の**父母・未**が動爻となっています。動爻は他爻に影響をもたらしますが、用神の卯にとって墓であるため動爻に入墓してしまい、しばらくの間は封じられて身動きが取れなくなります。

応期の時期に墓が開き用神は脱することができます。（第十六章「応期について」291頁で解説）

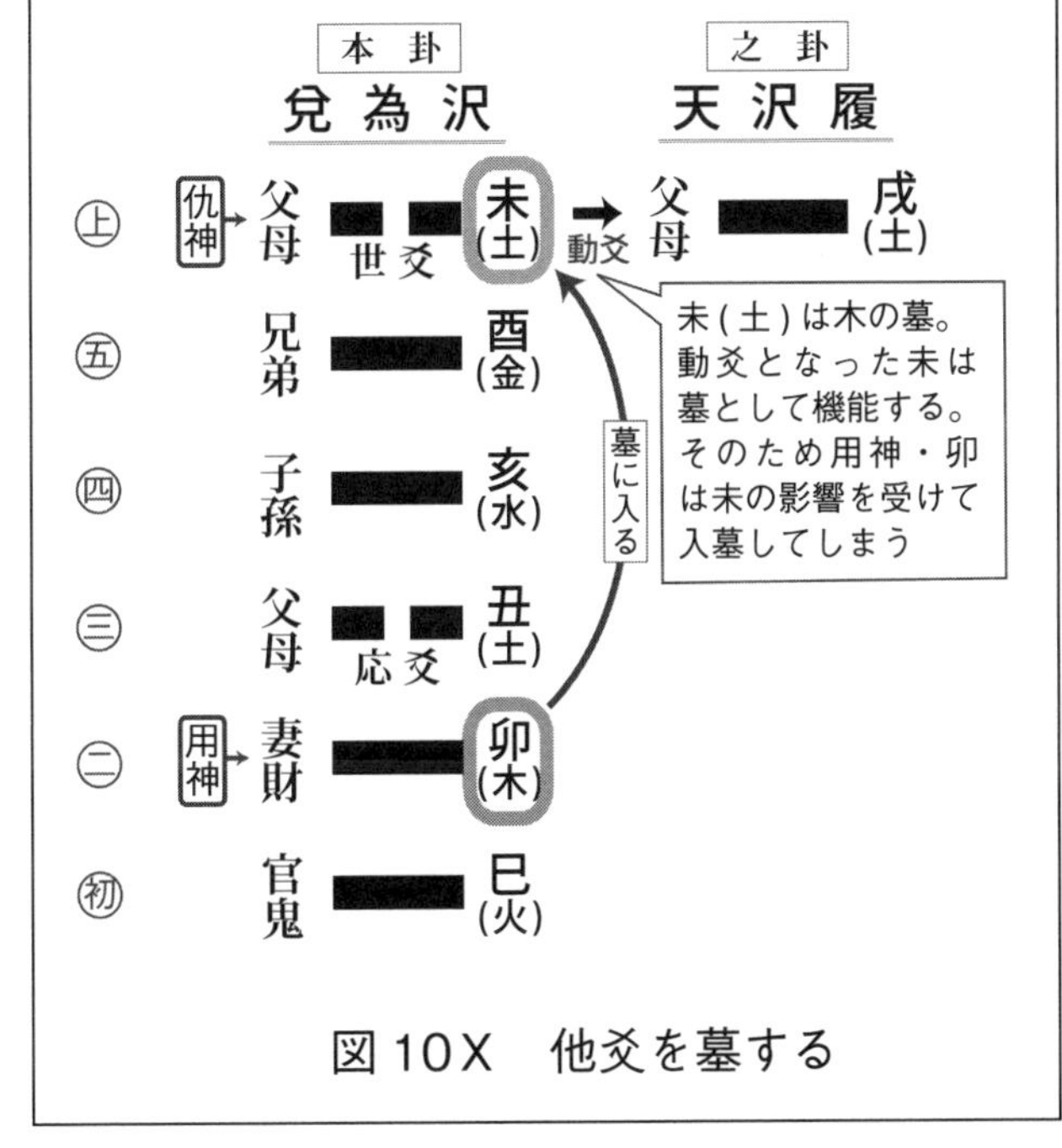

図10X　他爻を墓する

●動爻（どうこう）に絶（ぜつ）する

《作　用》

用神や世爻・応爻が動爻に絶すると「**他のことを気にかけて本来のことを忘れている**」状態になったりします。「**リセットする**」「**度忘れ**」「**忙しくて用事を忘れる**」「**意気消沈**」「**袋小路に入る**」「**気が乗らない**」

「**停止**」などの現象が起きます。それ以外、吉凶に関しては五行の関係性の方が強く出ます。

前述の墓に入ると同じく、用神は動爻が絶の十二支の場合は、絶に捕らわれてしまいます。絶の作用は日辰への入絶と同じような作用が起きます。

墓と同じく、絶も応期を得れば脱することができます。

図10Yのように、用神が四爻の**妻財・酉**で動爻が初爻の**父母・寅**の場合、寅は「**金行の絶**」のため五行で金である**酉**は**寅**に「**絶に入る**」となります。

応期を得て用神は自由になりますが、図10Yのように絶の関係は大体が尅関係のため、吉凶的には難しい卦になることが多く、注意深く卦を観察する必要があります。

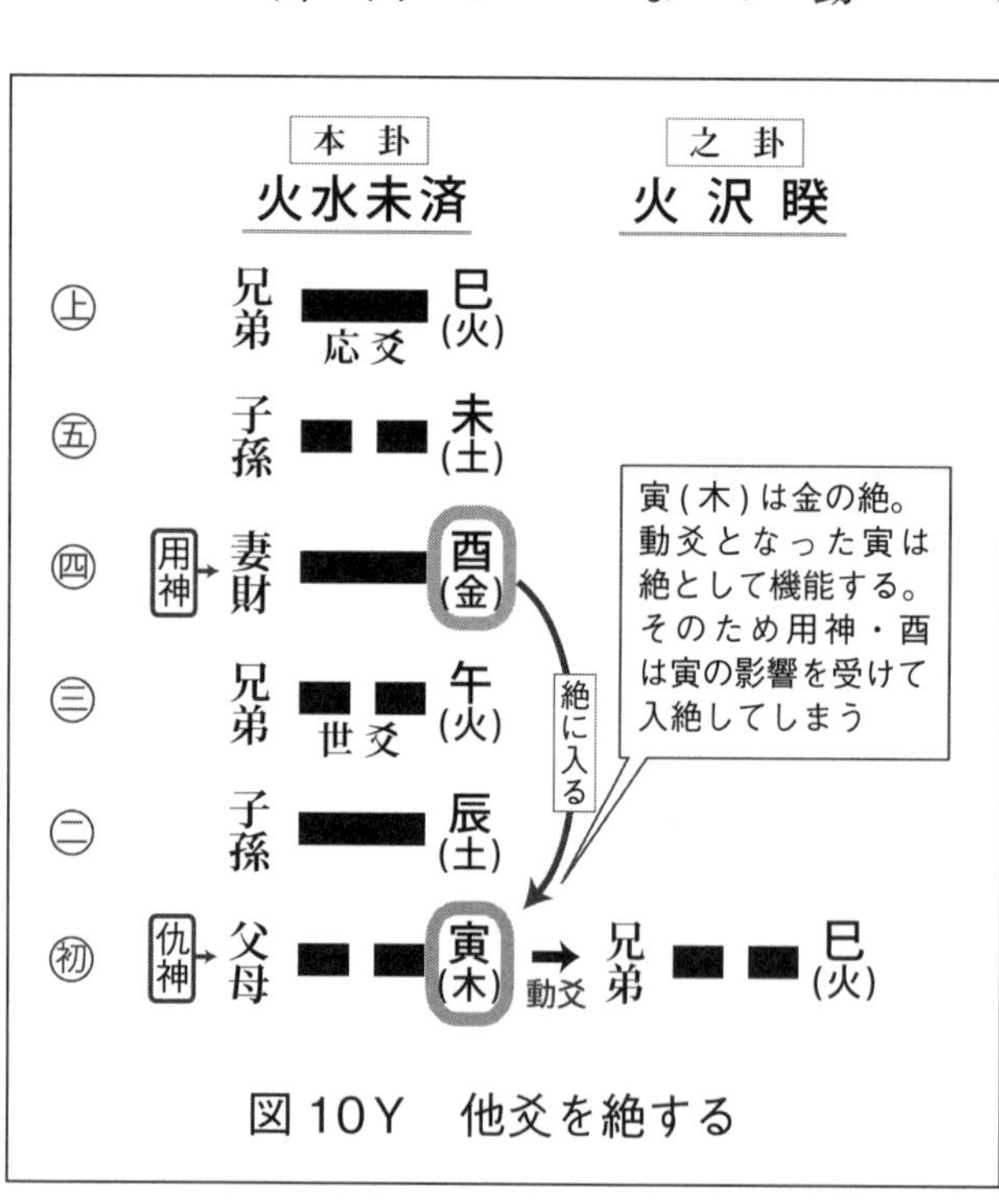

図10Y　他爻を絶する

6　複数の動爻の関係

断易では、立卦した卦に複数の動爻が現れることは少なくありません。平均して2～3爻が動爻になることが多いと思います。

その際、独発（1爻のみ動く）は吉凶が鮮烈に出ますが、複数の動爻があると動爻同士の駆け引きが起きるため入門者が悩む部分でもあります。

この章では複数の動爻の形の代表例をいくつか紹介します。

●原神と忌神が動爻となる（連続相生＝貪生忘剋）

本来、用神を助ける原神と、用神を剋し攻撃する忌神が同時に動爻となった

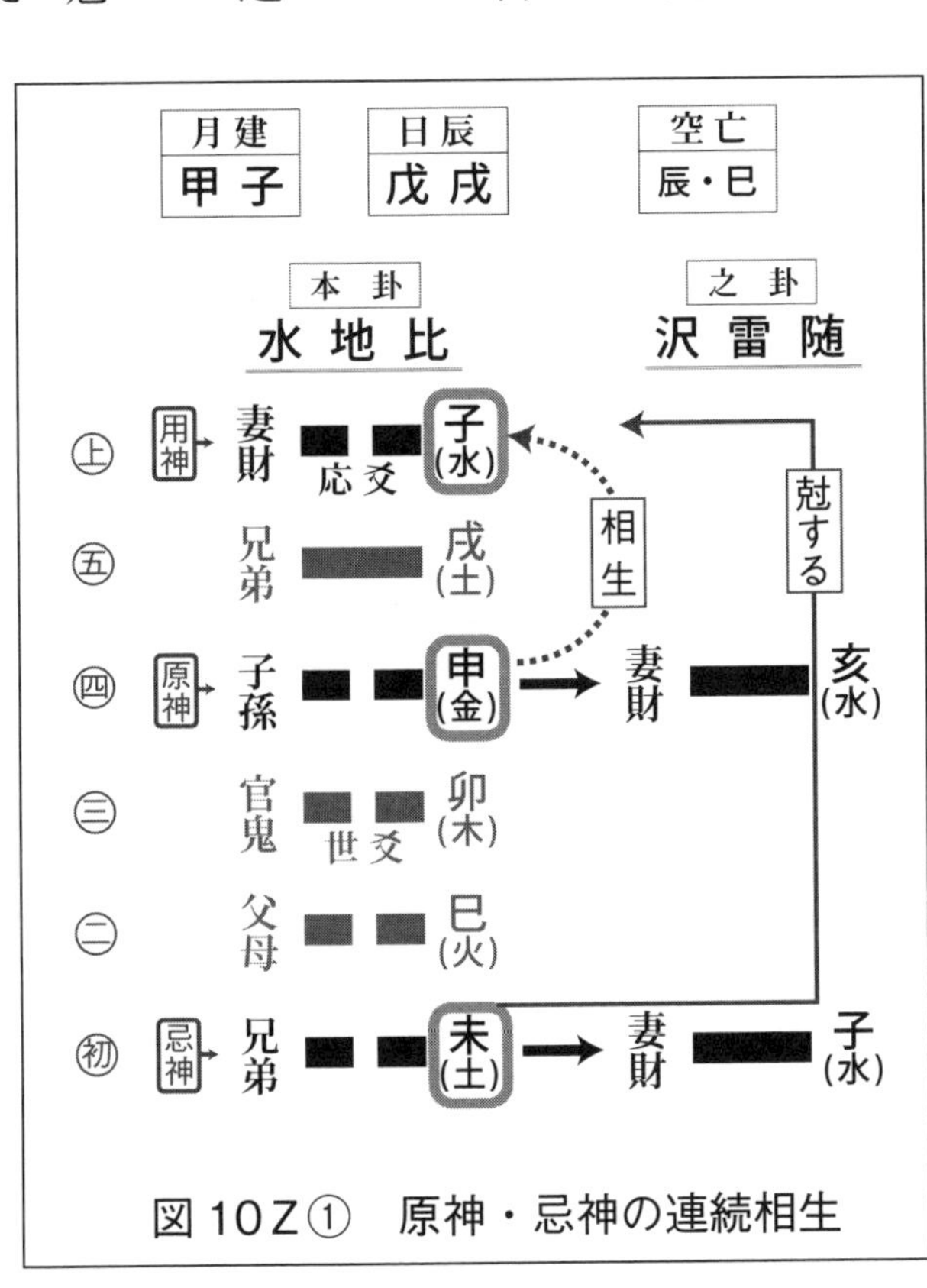

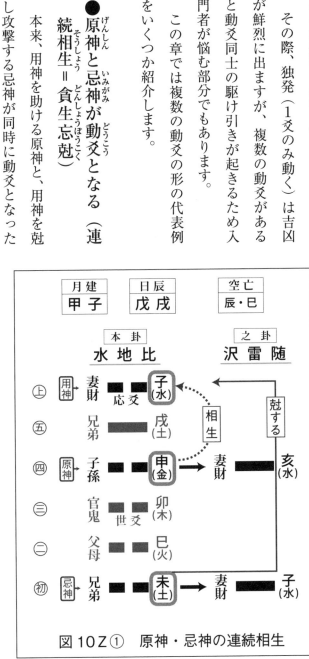

図10Z①　原神・忌神の連続相生

場合、用神を含めそれぞれの力関係がどうなるかは、断易に慣れない人が悩む図でもあります。

図10Z①をご覧ください。占的として「財運を占う」として立卦したところ、本卦「水地比」で初爻・四爻が動爻となり、之卦「沢雷随」となりました。

用神の妻財は上爻の**子水**です。他爻に影響を与えられる動爻は2つあり、四爻の**子孫・申金**は**用神・子水**にとって「**原神**」となり用神を生じ助けます。そして初爻の**兄弟・未土**は用神にとって「**忌神**」です。しかも**日辰・戌土**で土の地支は旺じるため、**兄弟・未土**は用神を強く尅することが可能で危険です。

通常、財運を占って兄弟爻が動爻では、かならず妻財爻を尅してくるため、財に危険な動爻「**破財爻**（はざいこう）」となります。

ですが、図10Z②をご覧ください。この卦で吉凶判断に参加しているのは、次の3つのみです。

・用神（上爻・子）

・原神（四爻・申）

・忌神（初爻・未）

※三爻の官鬼・卯は日辰・戌と支合し「合起」ですが、尅合は暗動できないので吉凶に不参加です。（162頁参照）

この場合、四爻にある原神が非常に重要な役割を果たします。原神は動爻で吉凶判断に参加し、忌神も無視することはできません。そして忌神にとって原神は必ず相生の関係で忌神→原神と生じるのです。つまり「**忌神**」→生じる→「**原神**」→生じる→「**用神**」という形になります。

この形を「**連続相生**」と呼びます。そして連続相生の特徴は「尅を忘れる」ことにあります。この卦でも「**忌神は原神を生じることに夢中になり、用神を尅することを忘れてしまう**」のです。

専門用語でこの形を「**接続の生**」または「**貪生忘尅**（どんしょうぼうこく）」と呼びます。

《**連続相生の作用**》

連続相生では、用神は忌神の尅を受けないだけなく、忌神が原神を強くし、原神の相生がより強力となります。そのため吉凶診断においては用神を強く助ける形の一つです。

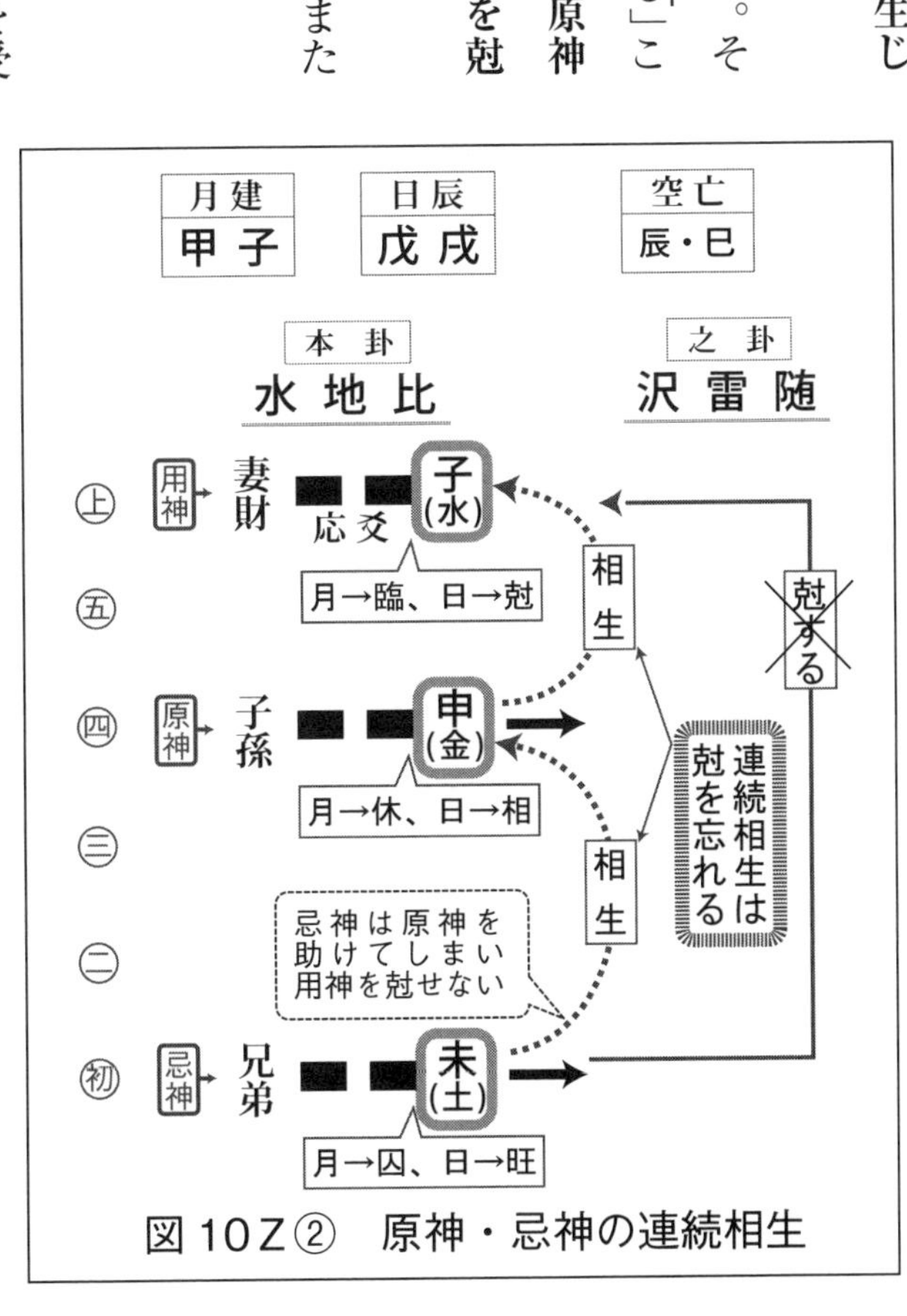

図10Z② 原神・忌神の連続相生

7 不変卦（ふへんか）

動爻に関して解説をしてきましたが、立卦して動爻が一つも発生しない卦が出る場合があります。

立卦法によって出現率は変わりますが、動爻・変爻がないことから「**不変卦**」と言います。

専門的には「**尽静**（じんせい）」と呼びますが、本書では「**不変卦**」で統一します。

本来、動爻は他爻へ影響をもたらしますが、「不変卦」の場合はすべて静爻ですから、吉凶的には他爻への影響はありません。「象（事象・状況）」としては影響しあっていますが、こと吉凶に関しては動爻がないために日辰・月建の旺相休囚死の影響力が絶大となります。

つまり「**時の運**」が非常に強いことになります。

そのため、特に日辰からの影響に注意が必要です。不変卦と言っても日辰から合を受ければ合起暗動や冲を受けて冲起暗動する可能性があるからです。

本卦の旺相休囚がストレートに表れやすいですが、日辰によって変化が生じる場合があるのです。

また、変化・変動が弱いため、吉凶がはっきり表れてしまうと改善が難しい可能性が高いとも言えます。

不変卦といっても、暗動などを見落とさないよう、油断せず卦を分析してみてください。

【まとめ】

前章の三伝（日辰・月建・太歳）が吉凶の要だとすれば、本章の動爻は「時の運」ではない「人・地の運」が現れているという印象を持ちます。

様々な人間関係や思惑が卦中に出現するため、動爻の動きは非常に複雑です。

三伝が吉凶の大筋を決定するとすれば、動爻は吉凶や事象の詳細を読み解く重要な情報が隠されています。

「断易の吉凶成敗に参加できるのは用神を除けば三伝と動爻」という絶対的重要項が凝縮している章だと言えます。第九章と第十章は繰り返し学んでいってください。

第十一章　用神多現と用神不現について

1　用神多現（両現）

●用神多現の選定法

断易では納甲のルール上、用神となる爻が複数現れる場合があります。

図11Aのように本卦「火天大有」の場合、父母爻が三爻・辰土、五爻・未土と、2つ現れています。

父母爻が用神となるような占的の場合、どちらの爻を主体的な用神と判断すべきか悩ましいところです。

このように複数の用神が卦中に現れ

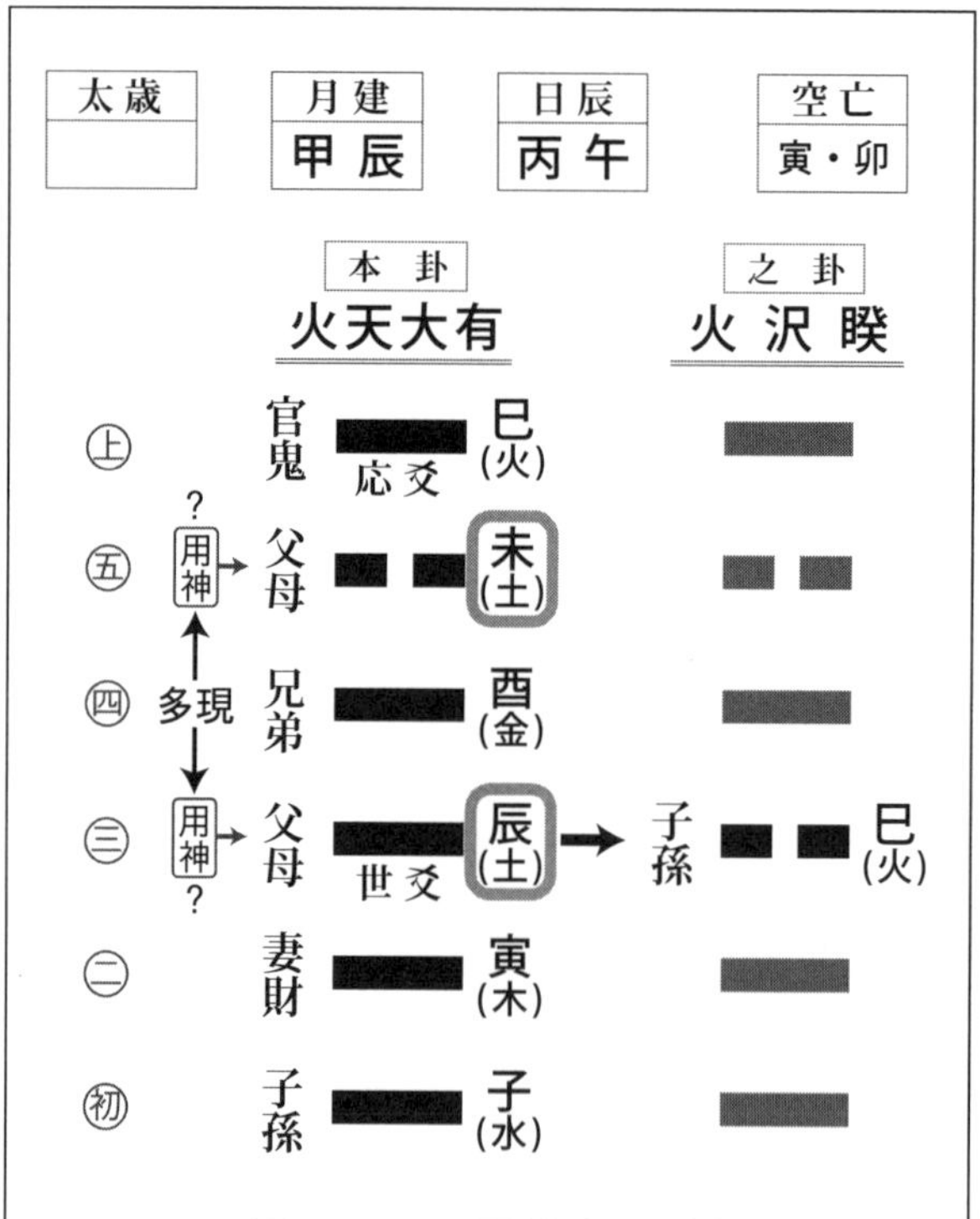

太歳	月建	日辰	空亡
	甲辰	丙午	寅・卯

		本卦 火天大有		之卦 火沢睽	
上		官鬼 ━━━ 応爻	巳(火)	━━━	
五	?用神→	父母 ━ ━	未(土)	━ ━	
四	多現	兄弟 ━━━	酉(金)	━━━	
三	用神?→	父母 ━━━ 世爻	辰(土) →	子孫 ━ ━	巳(火)
二		妻財 ━━━	寅(木)	━━━	
初		子孫 ━━━	子(水)	━━━	

図11A　用神多現 例

ることを「**用神多現**または**用神両現**」と呼びます。

状況判断的には、**用神多現**となる理由もあるため通常は2つとも占断に加える場合もありますが、吉凶選定を行う上で地支は1つに絞りたいところです。

そのため「用神多現」時の用神選定法にはある一定の判断法が存在します。それが以下の条件です。

通常、用神多現の選定法に関しては『**卜筮正宗十八問答**』の中に書かれている法則があります。

用神多現の場合の条件　その1（『十八問答』に基づく）

①世爻が乗る爻を優先
②月建・日辰に臨む爻（同じ十二支爻）を優先
③動爻となる爻を優先
④月破の爻を優先
⑤空亡となる爻を優先

おおむねこの順番を基本としています。用神が多現しているならば、まず世爻が乗るかをチェックし、次に月建・日辰に臨んでいるかをチェック、という順番に判断していく方法です。

しかし、『**増刪卜易**』には「**空亡・月破**」を優先する記述があり、用神多現の取り方は台湾の流派を調べる限り比較的多様です。

図11Aの例に戻りますが、用神父母爻は三爻と五爻に現れています。三爻の辰は世爻が乗り、さらに動爻となっていますので、この卦の用神は三爻・辰を優先します。

本書では『十八問答』に基づいた基本的な取り捨てに則ります。断易初心者はまず『十八問答』に基づく条件で判断されることをお勧めします。

別流派（その2）の多現選定法は、動爻が最も吉凶事象に対して強い影響を持つゆえに最優先としています。空亡も同じです。

用神多現の場合の条件　その2（台湾断易書籍より）

①動爻となる爻を優先
②空亡となる爻を優先
③月破を受けた爻を優先
④世爻が乗る爻を優先
⑤上記の条件の差がない場合は外卦の爻を優先

著者自身はその2の判断を用いる場合があります。実践鑑定の場ではテーマによって優先順位が変わって当然ですので、断易占断に慣れてきた時には柔軟な判断で状況によって優先順位を変えられると良いと思います。

また、「**どちらも甲乙つけがたく、占断的に両方を用神としてみる**」必要がある場合もあります。慣れないと用神多現は混乱しやすいですが、順序だてて診断していけば用神は絞ることが可能です。注意深く見てください。

2　用神不現（ようじんふげん）①（伏神（ふくじん）・飛神（ひしん））

この節で解説する「**伏神**」と次節の「**化出の用神**」は関連性が強いので、続けて学習することをお勧めします。

第五章「納甲と記入方法」では、納甲の仕組みを理解するのに初心者には難易度が高いとして本書後半に説明を移していますが、この「伏神」は納甲の仕組みに関連するため少々解説をします。

この納甲と伏神の内容は少々難しいので初心者は最初飛ばしてもかまいません（226～228頁）。伏神という隠れている五類があるということが判れば練習はできます。

●「伏神（ふくじん）」とは

断易の納甲には、六十四卦の中で六親五類「兄弟・子孫・妻財・官鬼・父母」がすべて本卦に現れていない卦があります。

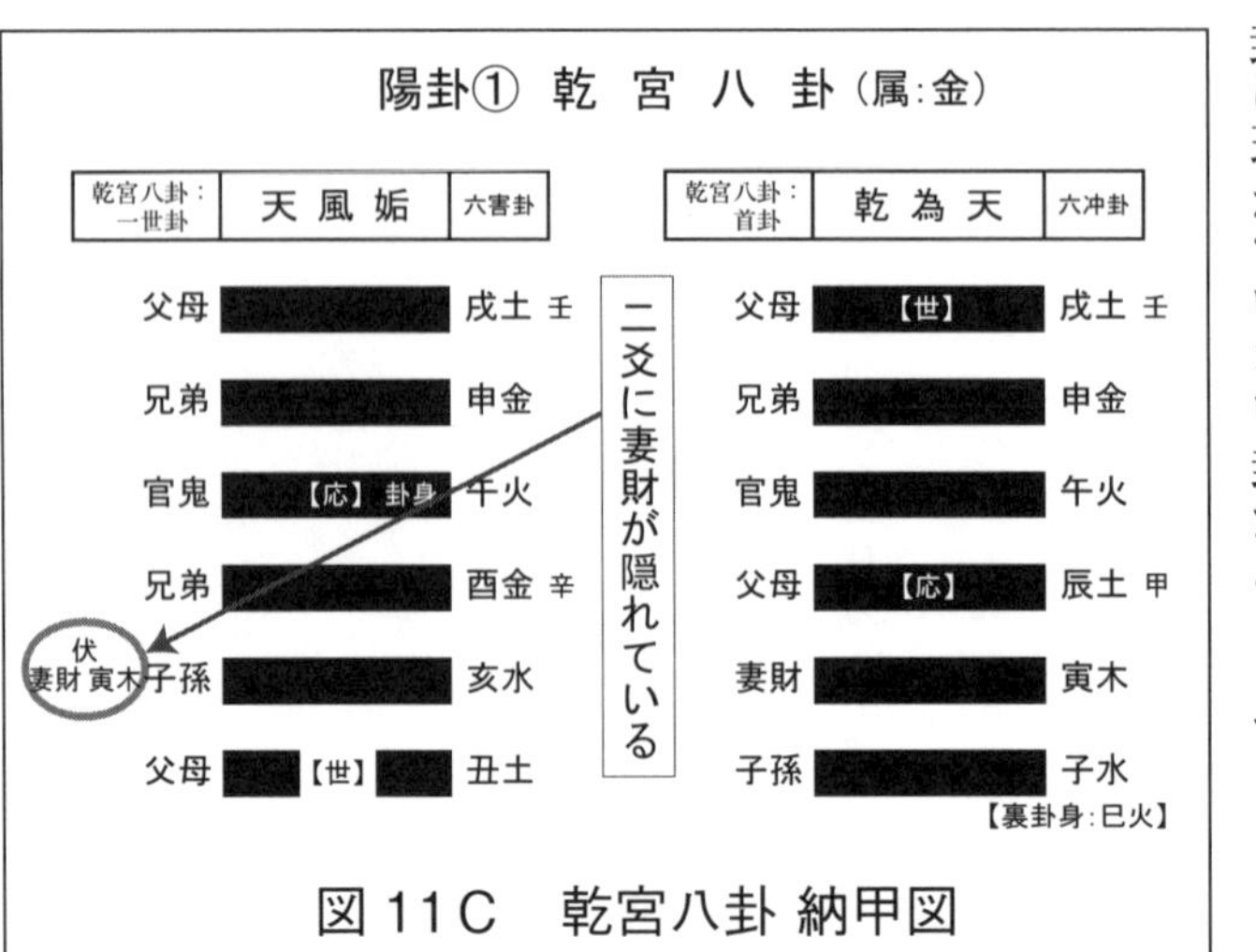

図11C　乾宮八卦 納甲図

本卦

天風姤

		爻	
㊤	父母	━━━	戌(土)
㊄	兄弟	━━━	申(金)
㊃	官鬼	━━━ 応爻	午(火)
㊂	兄弟	━━━	酉(金)
㊁	子孫	━━━	亥(水)
㊐初	父母	━ ━ 世爻	丑(土)

六親五類の中で妻財が卦中に現れていない

図11B　天風姤 本卦

例えば妻財爻を用神とする占断で「天風姤」が立卦されました。図11Bを見ても判るように「天風姤」には妻財爻が本卦にありません。

この場合、**「同じグループの8つの卦は、首卦というリーダーの卦から変化派生している」**という納甲のルールによって、足りない五類を首卦から借りてくるのです。このように首卦から借りて伏蔵した五類を「**伏神**（ふくじん）」と呼びます。「天風姤」の卦では

二爻に伏神の「妻財爻・寅木」が隠れています。(図11C)

●「伏神(ふくじん)」と「納甲(なっこう)」

まず別冊付録の納甲表で「天風姤」を探すと6頁(上図)にありますが、この頁は「乾宮八卦」というグループで構成されていることがわかります。乾宮のグループは8つの卦で構成されていて、その中のリーダーが首卦である「乾為天」です。そして隣りに「天風姤」があり、第一世卦と書かれています。

納甲のルールとして1つの宮グループは必ず首卦から変化派生した他7つの卦によって構成されます。そのため宮グループの五類と五行は必ず一致していて、乾宮八卦の場合、妻財爻はどの卦も必ず「木行(寅か卯)」なのです。

それでは、納甲表の「天風姤」を再度見てください。本卦に妻財爻がありませんが、伏神として二爻に「妻財爻・寅」が伏蔵されているのがわかると思います。

図11Dのように「乾為天」と「天風姤」だけ並べてみましょう。

「乾為天」は首卦らしく五類すべてが本卦にあります。そして乾宮グループの他の卦の中で足りない五類はすべて乾為天の爻から拝借して伏蔵する仕組みが「伏神」なのです。

「乾為天」の妻財爻は本卦二爻にあります。この二爻の妻財爻を「天風姤」に貸し与えて伏神とします。

五類と五行がグループ内では同じなので、この貸し借りが可能なのです。

これが「伏神」の仕組みです。そして、二爻に伏している妻財爻・寅が「伏神」と呼ばれ、本卦の二爻を「飛神」と呼びます。

このように「伏神」と本爻側の「飛神」は必ずセットになります。

ここまで読まれて初心者には難しいと思いますので、おおまかに、

「本卦に足りない六親五類は必ず伏神として隠れている」

ということを覚えておいてください。そして「伏神」を伏蔵している本爻のことを「**飛神**」と呼び、セットで判断します。

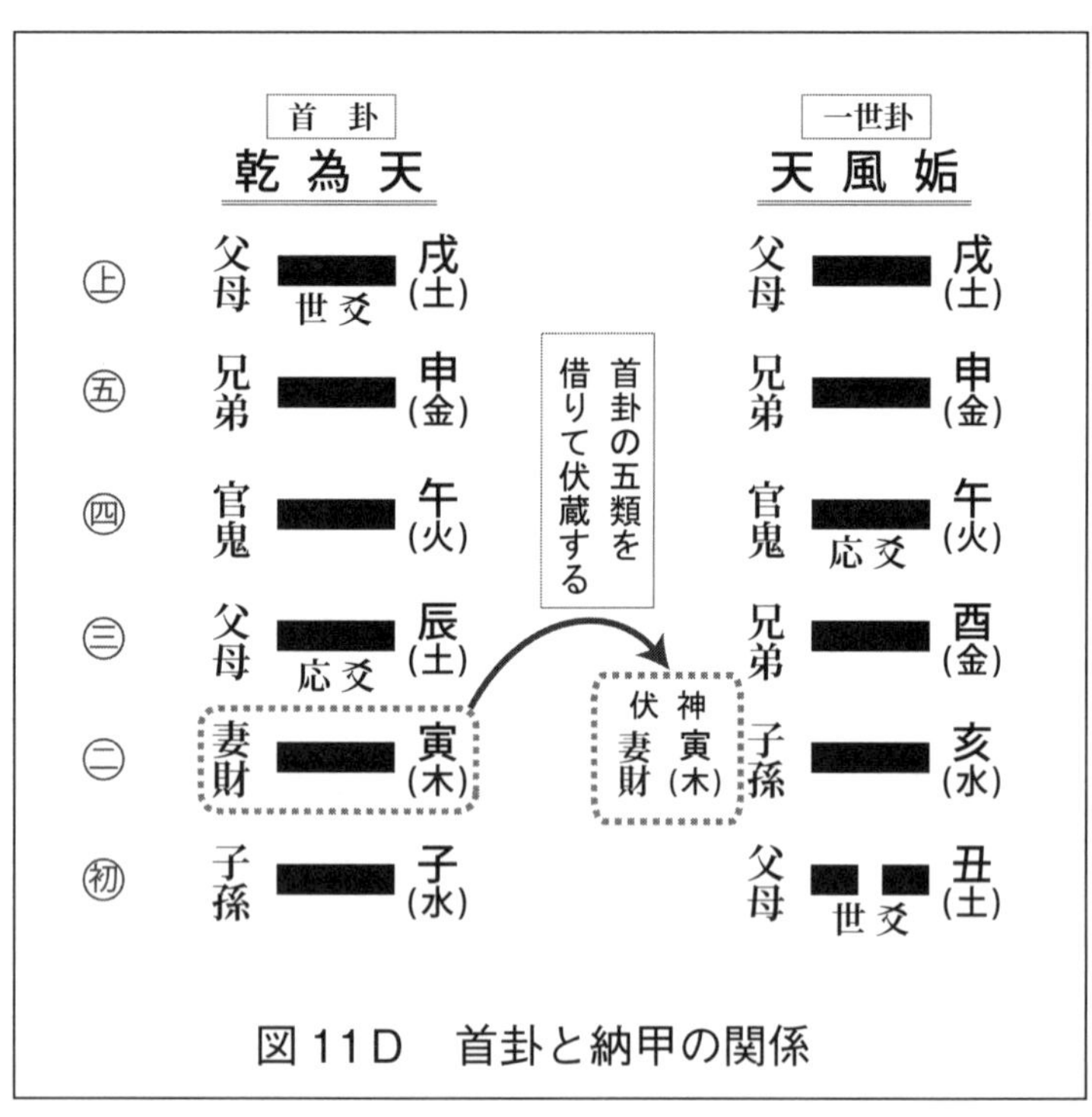

図11D　首卦と納甲の関係

●「伏神」の作用

「伏神」とは本卦にない六親五類ですから、「勝負の土俵に上がれていない存在」とも言えます。

そのため、伏神が用神になる場合は、他の爻よりも不利で弱い立場になるのです。

象意として「**庇護下**」「**養われている**」「**表舞台に立てない**」「**準備段階**」「**抑圧状態**」「**隠れている**」「**引きこもる**」「**力不足**」などがあります。

●「伏神」と「飛神」の力関係（提抜＝有用の伏神の条件）

「伏神」は本卦に現れていないため、それだけならば有益・有用とならず使えません。ですが一定の条件をクリアすると有用の状態になります。この伏神の有用化のことを「**提抜**」と呼びます。その中で最も重要なのが「**飛神**（本爻）」と「**伏神**」の関係です。

例えば、「伏神」が月建・日辰から休囚しており、「飛神」が月建・日辰などから旺相して強い状態では、「伏神」は「飛神」のプレッシャーに負けて有用になりません。また、「飛神」が「伏神」を剋する関係では有用になりません。

このように「飛神」と「伏神」の力関係は非常に重要になります。これを一覧にすると次のようになります。「飛神」と「伏神」の4つの生尅関係をよくチェックしてください。

「飛神」と「伏神」の生尅関係（提抜の重要条件）

・「飛神」が「伏神」を生じる↓「伏神」は「飛神」から生じられ助けられるため「吉」
・「伏神」が「飛神」を生じる↓「伏神」の力は「飛神」を生じ洩れ弱くなり「不吉」
・「伏神」が「飛神」を尅する↓「飛神」は「伏神」から尅され弱くなり「吉」
・「飛神」が「伏神」を尅する↓「伏神」は「飛神」から尅され弱くなり「凶」

その他に「伏神」を有用にするため以下の条件があります。

「伏神」が有用化する条件（提抜の条件）◇は、飛神が伏神に対し友好　◆は、飛神が弱体化

◇「伏神」が月建・日辰から旺相を受ける
◇「伏神」が動爻から生・合を受ける
◇「飛神」との関係で吉関係である
◆「飛神」が月建・日辰から冲尅を受け傷ついている
◆「飛神」が動爻から冲尅を受け傷ついている
◆「飛神」が月建から見て休囚して弱い
◆「飛神」が空亡・月破ならば「伏神」は有用化する
◆「飛神」が日辰に入墓・入絶の間は「伏神」は有用化する

逆に有用化が難しいケースとして以下の条件があげられます。この場合は有用にならず、「伏神」が用神

ならば即凶となります。

「伏神」が有用化できない場合（提抜できない条件）

・「伏神」が月建・日辰から旺相せず、動爻から冲尅を受ける
・「伏神」が空亡・月破・日破を受ける
・「伏神」が日辰に入墓・入絶

具体的に「**伏神の有用化**」の例をあげます。

図11Eでは妻財爻を用神とする占断で、本卦「天風姤」となり、動爻なく不変卦だった場合、用神である妻財・寅木は二爻に伏神となっています。対して二爻本爻の子孫・亥水が飛神です。

この伏神・寅は、

①月建・子水より生じられている。
②日辰の卯木から旺じていて非常に

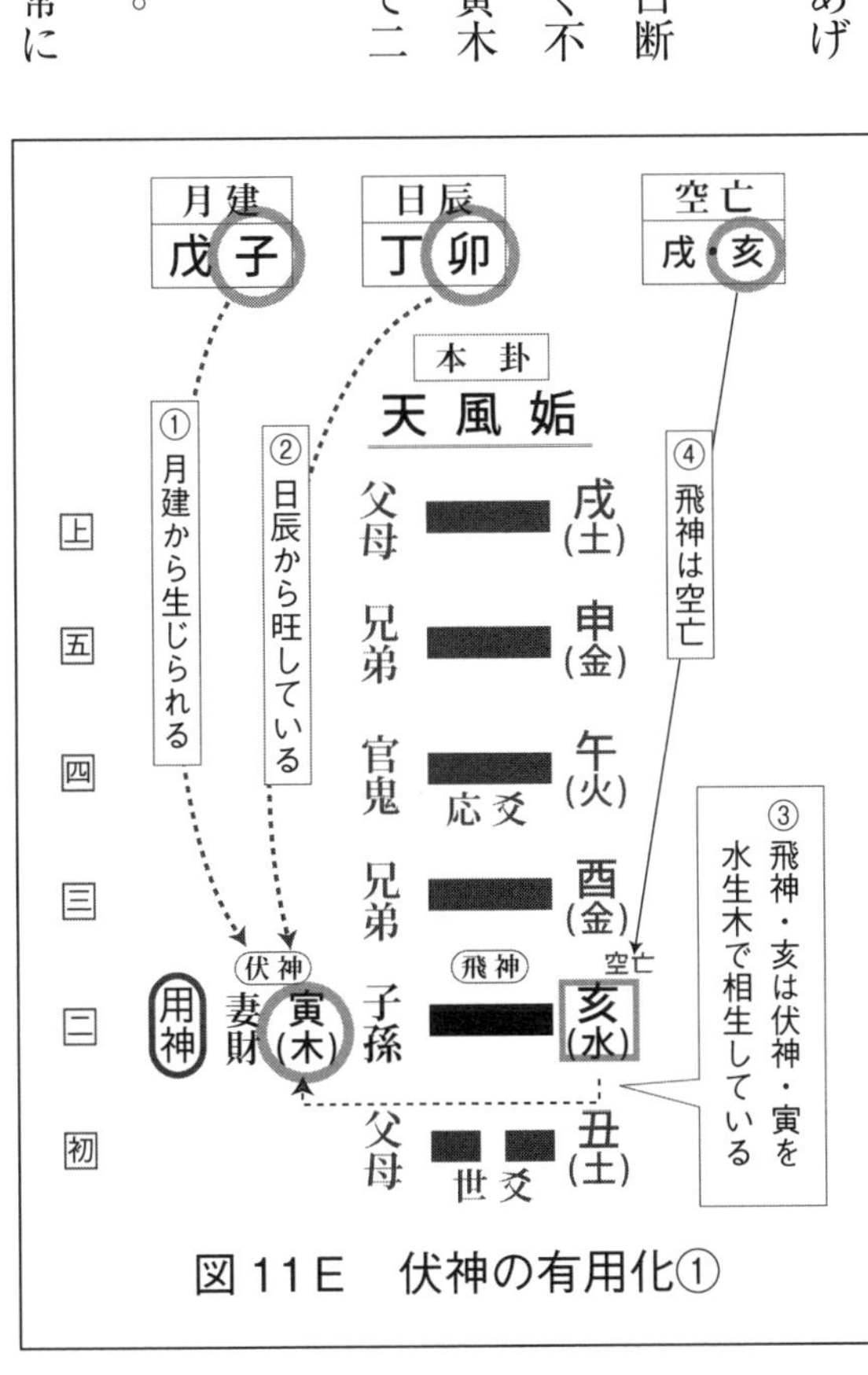

図11E　伏神の有用化①

強い状態。

③飛神である亥水から水生木と生じられている。

④この飛神は「空亡」でもあり、力がない。

このように、「月建・日辰から旺相」「飛神から伏神が生じられる」「不変卦のため忌神の影響もない」「飛神の空亡」という伏神の有用化の条件を複数満たしており、「提抜」が可能です。

別の例として、図11Fでは妻財爻を用神とする占断です。本卦「天沢履」となり、三爻動爻し之卦「乾為天」の卦を得ました。用神の**妻財・子水**は五爻に伏神となっています。五爻の飛神は**子孫・申金**です。その他には三爻が動爻となり、用神など他爻への影響力を持っていま

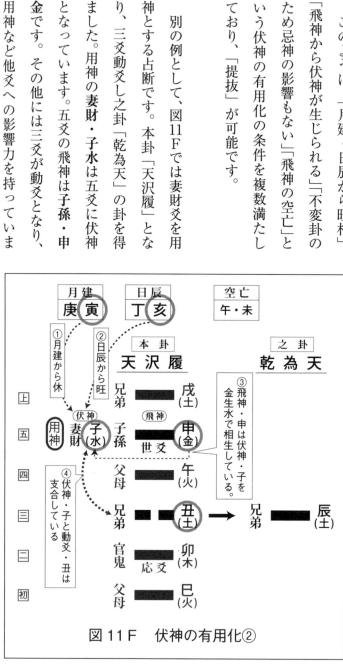

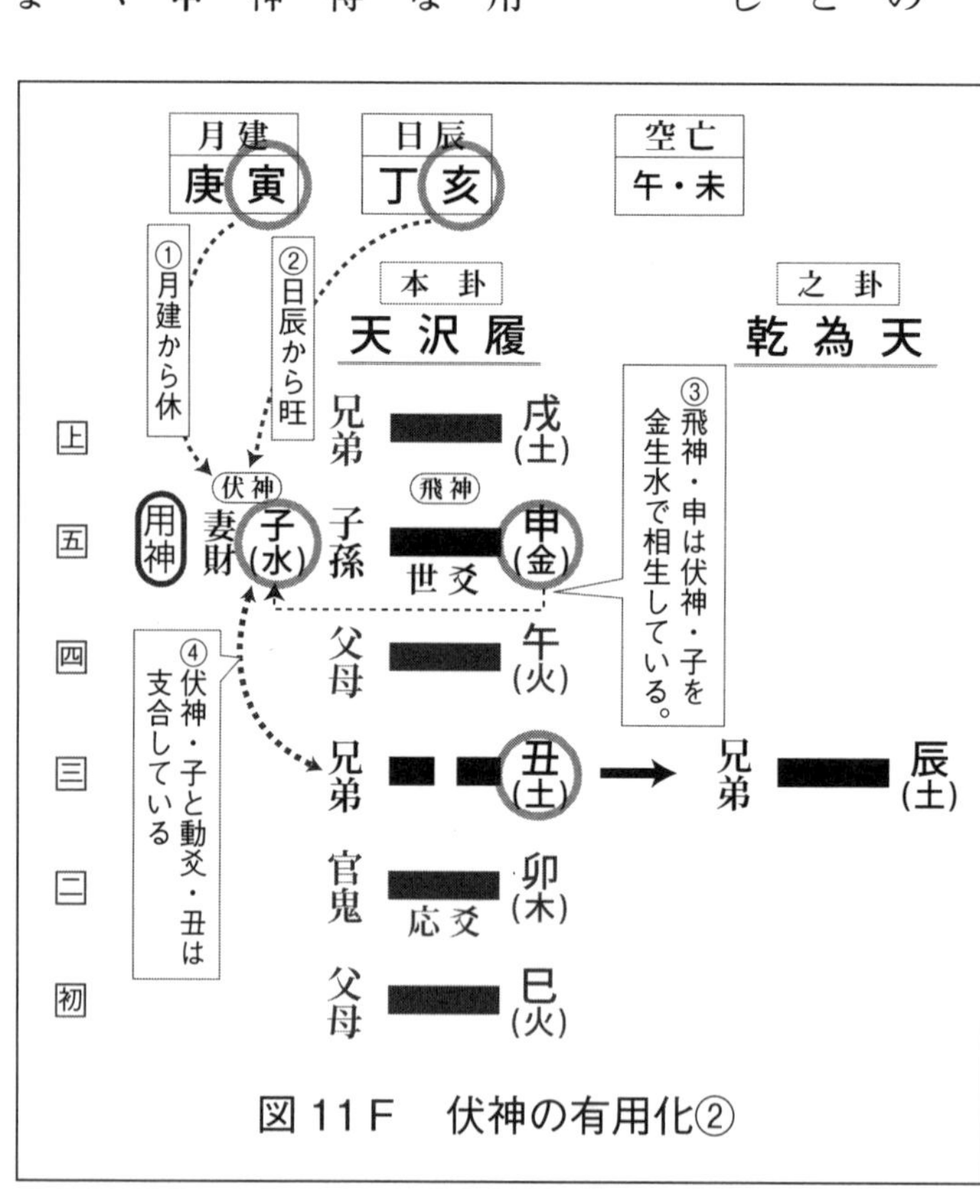

図11F　伏神の有用化②

す。

伏神の有用化をチェックすると、

①月建・寅木からは休して少々弱い。

②日辰・亥水から旺じていて強い。

③飛神・申金からも金生水と生じられ助けられている。

④三爻の**兄弟・丑土**は本来は土剋水と**妻財・子**を剋する関係だが「子・丑の支合」で伏神と合する。動爻からの合は有用化に有利。

以上、月建から少々弱いですが「**日辰から旺じられる**」「**飛神から生じられる**」「**動爻と合する**」という複数の有用化の条件を得ているため、この伏神は有用であり、用神として**提抜**され吉となります。

3　用神不現②（化出の用神）

これは前述した「**伏神**」とも密接に関連します。

立卦した本卦の中に用神がない場合、それを補うため納甲には「**伏神**」という隠れている六親五類が用意されていることは第11章で解説しました。

本卦に用神が不現で見当たらない場合は「伏神」を用神としますが、動爻があり之卦の化爻に用神に該当する六親五類がある場合は、「伏神」より化爻を優先して用神とします。これを「**化出の用神**（化爻にある用神）」といいます。

●化出の用神

例題図11Gをご覧ください。本卦「地火明夷」で動いて之卦「震為雷」となり、金銭を目的とした占いでは通常用神は「妻財爻」となります。

本卦「地火明夷」内には、用神となる妻財爻はありません。不変卦で動爻がなければ、三爻に隠れている伏神の妻財爻・午火を用神としますが、四爻が動いて化爻に妻財爻・午火が化出しています。

この場合は、化出した用神を優先することになります。

通常、化出の用神を取る場合は、本卦に用神がない状態です。

つまり必ず「伏神」が本卦に伏蔵して隠れているわけです。化出の用神とは、

「当初隠れていた伏神が、後々化爻に出現（化出）する」

という、隠れていた駒が盤上に登場するような形なのです。占断の最終局面に大きく影響するため、伏神よりも化出の用神の吉凶を優先します。

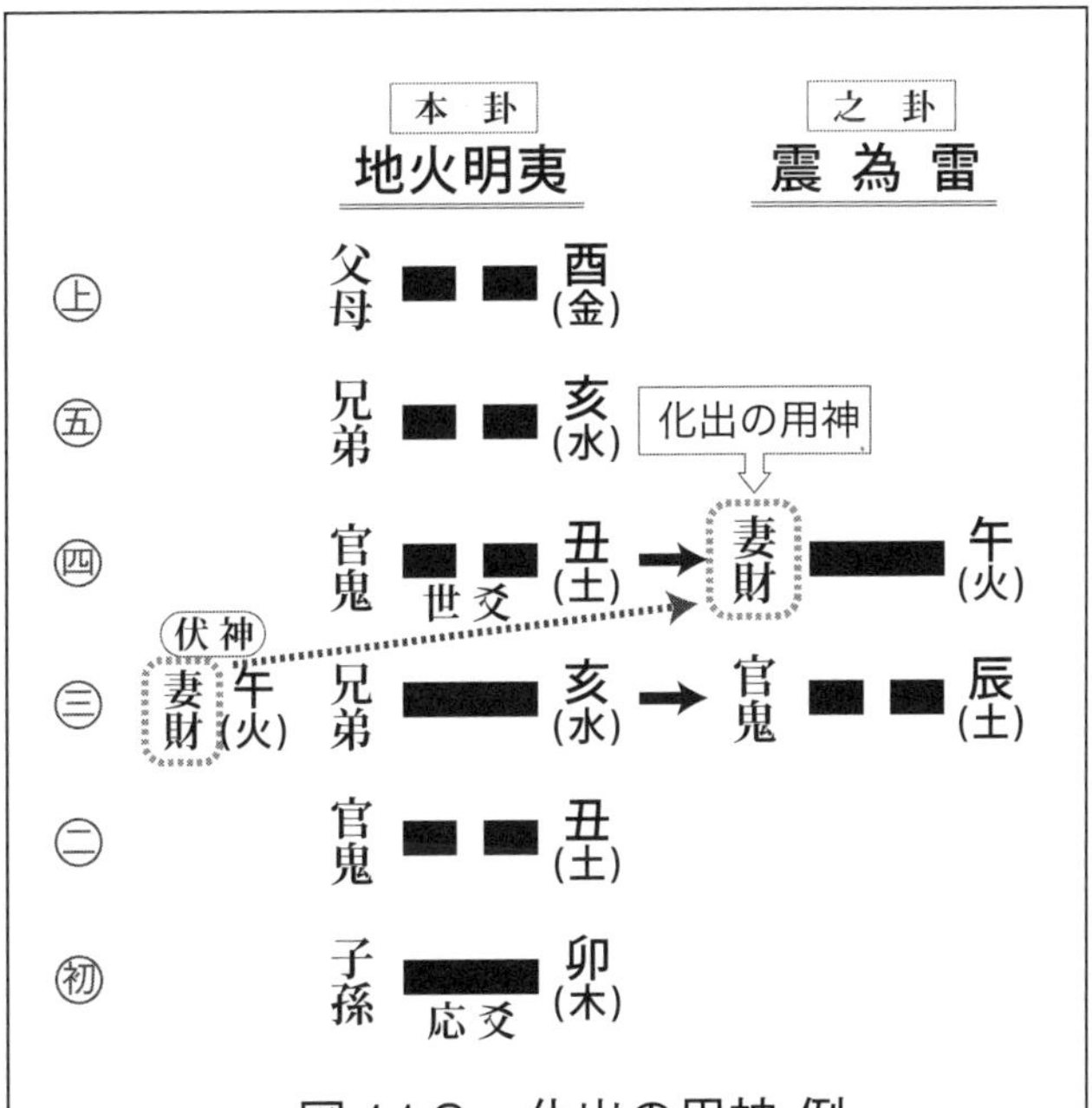

初心者の方は徐々に理解していただくとして、まずは、

「本卦に用神がない場合は、之卦の化爻を先に見て用神を探す。ない場合は伏神を用神とする」

と判断してください。

吉凶選定では、化出した爻は今後の動きに重要な要素を持つので、「化出の用神」は重要です。ただし、

図11G　化出の用神 例

用神が「伏神」で隠れている場合、「最初は本卦に用神なく伏神で隠れているので条件が良くない」という判断を行うことが可能です。（詳細は前節参照）

【まとめ】

この章では、用神の多現した場合の選定の仕方、そして不現（伏神）や化出の用神について学びました。実占で断易を使用していると、用神が伏神になる場合は前提条件が悪いことが多く、クライアントにどうアドバイスすべきか悩む場合が少なくありません。逆説的に言えば、悩ましい相談の時は伏神が出現しやすいということです。

伏神が有用化し提抜できるか否かの吟味は、吉凶判断を誤らないためにも重要な部分です。注意深く分析してください。

第十二章　空亡（くうぼう）について

1　空亡（くうぼう）とは

第九章で、断易の吉凶判定に重要な三伝（日辰・月建・太歳）について解説しました。本章で解説する「**空亡**」は、日辰から導きだすため、**三伝の一部であり影響力が非常に高い**と言えます。

空亡となる爻は、良くも悪くも卦の吉凶に大きく関わるので注意が必要です。

また、空亡には「**有用の空亡**」「**無用の空亡**」の2種類があります。その違いを本章でよく理解してください。

空亡は、後章で学ぶ「応期（結果がでるタイミングなどの時期）」を判断するにも非常に有益で、時期判断も空亡を理解することで精度が増すことでしょう。

●六十干支（ろくじゅうかんし）と空亡（くうぼう）について

空亡に関しては第六章「**六十干支と空亡**」（97頁）で解説していますが、「**六甲空亡**」という別名があるように、6種類の空亡が存在します。

断易や四柱推命、算命学では、「空亡」は基本的に**占う日の干支**から導き出します。日の干支の組み合わせは60通りあるわけですが、その組み合わせから6種類の空亡が出るようになっています。「戌・亥」「申・酉」「午・未」「辰・巳」「寅・卯」「子・丑」の6種類です。（100頁の六十干支表参照）

《空亡の作用》

占断・占事を行った日の干支（日辰）から導き出された「空亡」の十二支が、立卦した六爻の中に現れた場合、その爻は一時的に力量が「空虚」、すなわちゼロとなります。

しかも、「空亡」の爻は、その空亡期間は動爻であっても他の爻へ干渉することはできません。また、三伝及び他爻からの吉作用・凶作用ともに空虚ゆえ、受けることがありません。

象意としては「**不在、空っぽ、不足、虚構、空洞、心ここにあらず、受け入れない、やる気なし、すれ違い、忘れる、求めても得られない虚しさ、消去、空転、虚妄、零**」などがあります。

空亡の爻は作用する力量がありませんが、**疾病占の場合は注意が必要**です。重病・危篤など重い病気の場合は空亡期間中に何もできずに亡くなるような危険があるからです。（これは下巻の疾病占で再度触れます。）

空亡は永遠に空亡とはなりません。空亡の期間に関しては後述いたしますが、空亡期間を脱した爻でも元の力量が戻らず失効している場合があります。それが「有用の空亡」と「無用の空亡」という区別になります。

●有用の空亡（くうぼう）

有用の空亡とは、「今は空亡により力がないだけで、時期が来たら力を発揮する仮眠状態（一時的空亡）」のことを言います。空亡期間中は無力であっても、空亡を脱すると本来の力量を発揮することができます。

有用の空亡となる条件は次のとおり。

- ・月建から、臨・旺・相生・合されている
- ・日辰から、臨・旺・相生・合されている
- ・他の旺相した動爻から旺・相生されている
- ・空亡爻そのものが動爻となっている（休囚しての回頭尅は無用の空亡）

以上の条件の1つ以上をクリアしていれば「有用の空亡」となります。

例えば、図12Aのように五爻の**忌神・酉金**は動爻ですが空亡となっています。すなわち空亡期間を脱するまで動爻としての力量が失われてしまいます。

次に条件として月建の**子水**から囚していますが、日辰の**未土**から相生されています。そして何より空亡爻そのものが**動爻**です。「日辰から、臨・旺・相・合されている」「空亡爻そのものが動爻となっている」の2つの条件をクリアしていることから、この兄弟爻は「有用の空亡」です。

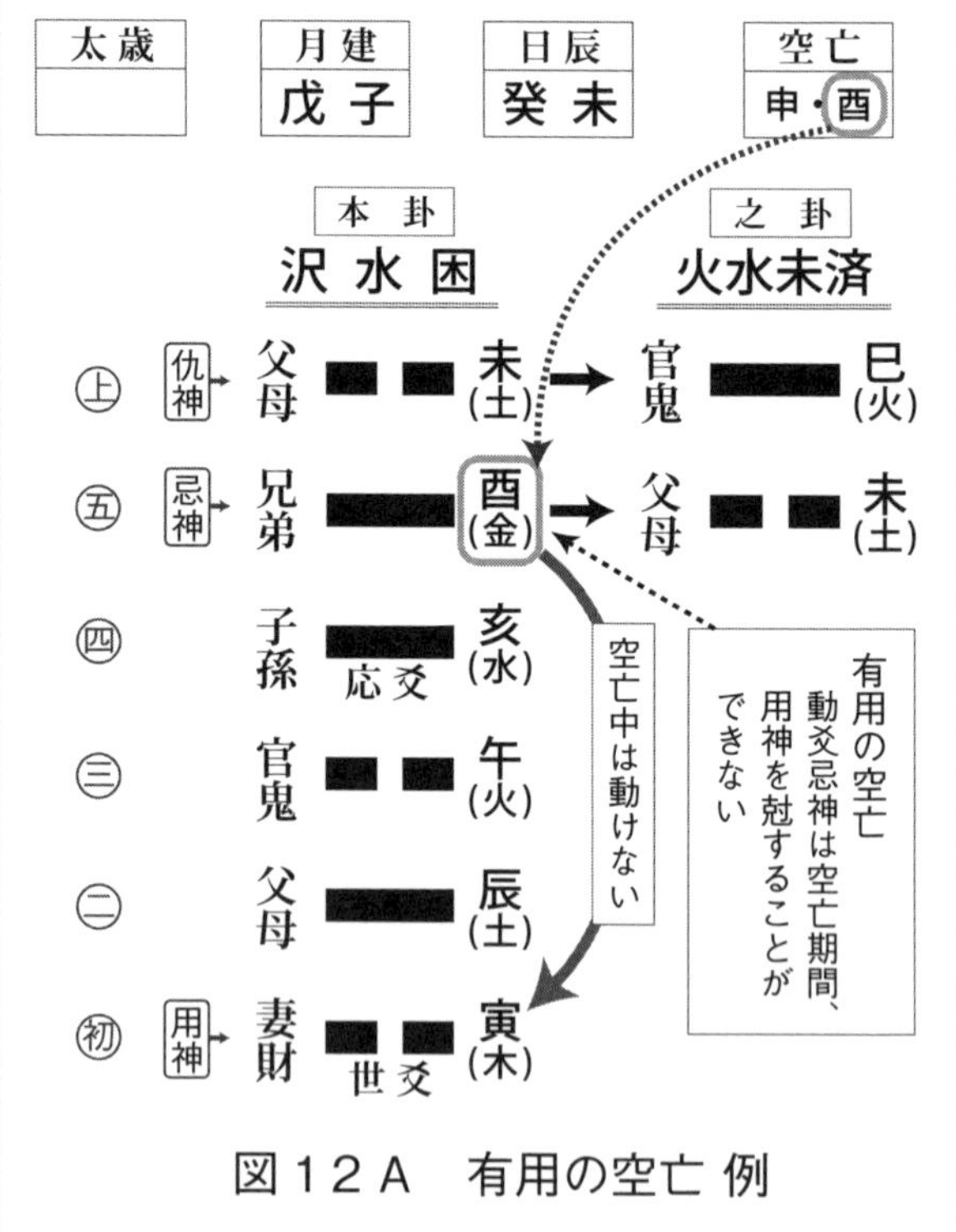

空亡期間を脱すると途端に動爻としての機能を取り戻し、初爻の用神である妻財爻を剋していきます。

太歳	月建	日辰	空亡
	戊子	癸未	申・酉

爻		本卦 沢水困			之卦 火水未済	
上	仇神	父母	▅ ▅	未(土) →	官鬼 ▅▅▅	巳(火)
五	忌神	兄弟	▅▅▅	酉(金) →	父母 ▅ ▅	未(土)
四		子孫	▅▅▅ 応爻	亥(水)		
三		官鬼	▅ ▅	午(火)		
二		父母	▅▅▅	辰(土)		
初	用神	妻財	▅ ▅ 世爻	寅(木)		

空亡中は動けない

有用の空亡
動爻忌神は空亡期間、用神を剋することができない

図12A　有用の空亡 例

●無用の空亡

「有用の空亡」に対して「無用の空亡」の場合は、「たとえ空亡を抜け出たとしても無用の状態であり、役立たない」ということになります。空亡になり、力量的に使い物にならなくなってしまいます。すなわち空亡を脱しても同じであり、用神が「無用の空亡」になるのは非常に危険です。

「有用の空亡」の条件に当てはまらないものはすべて「無用の空亡」となります。

図12Bの例は三爻の妻財・亥水は空亡ですが、動爻となっていて一見「有用の空亡」に見えます。

しかし、月建・午から囚され、日辰・卯から休し（洩れ）ています。

そして動爻である三爻の妻財・亥水は、化爻の兄弟・辰土から「**土剋水**」のため、**回頭剋**となります。

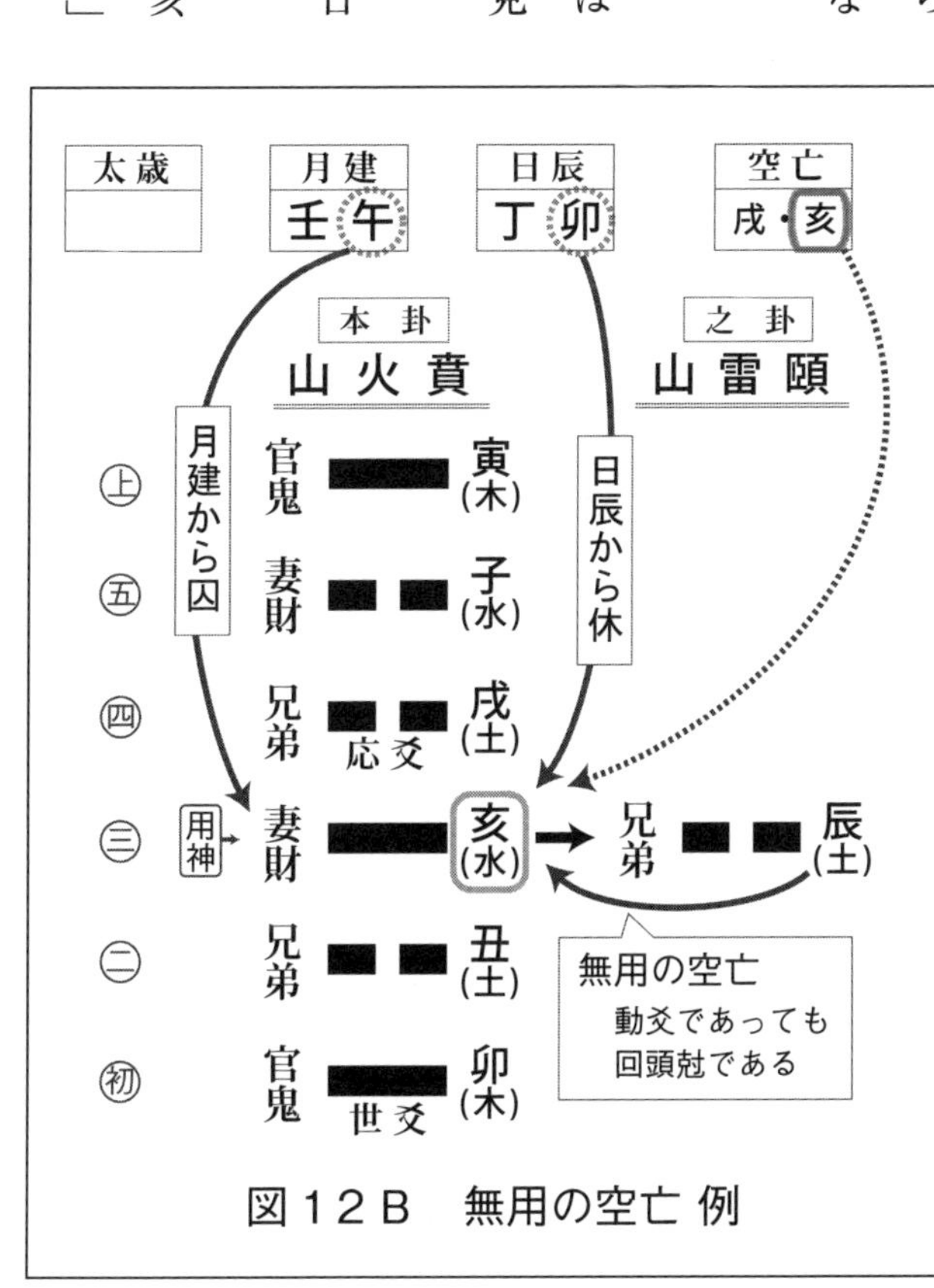

図12B　無用の空亡 例

「月建・日辰から休囚しての回頭尅」は、動爻であっても有用の条件にはなりません。

そのため、この空亡は「無用の空亡」です。空亡期間を脱しても動爻としての力は失われ、役に立ちません。

※注意：化爻の空亡は「無用の空亡」になりません。

有用の空亡の条件で「**空亡爻そのものが動爻となっている**」という項目がありましたが、**化爻の地支**が空亡の場合、動爻によって現れる化爻は旺相休囚に関わらず「無用の空亡」と見なしません。そのため、化爻の空亡支が用神または応期に関わる場合は、有用の空亡と同じく「空亡が開ける時期」を判断すればよいのです。

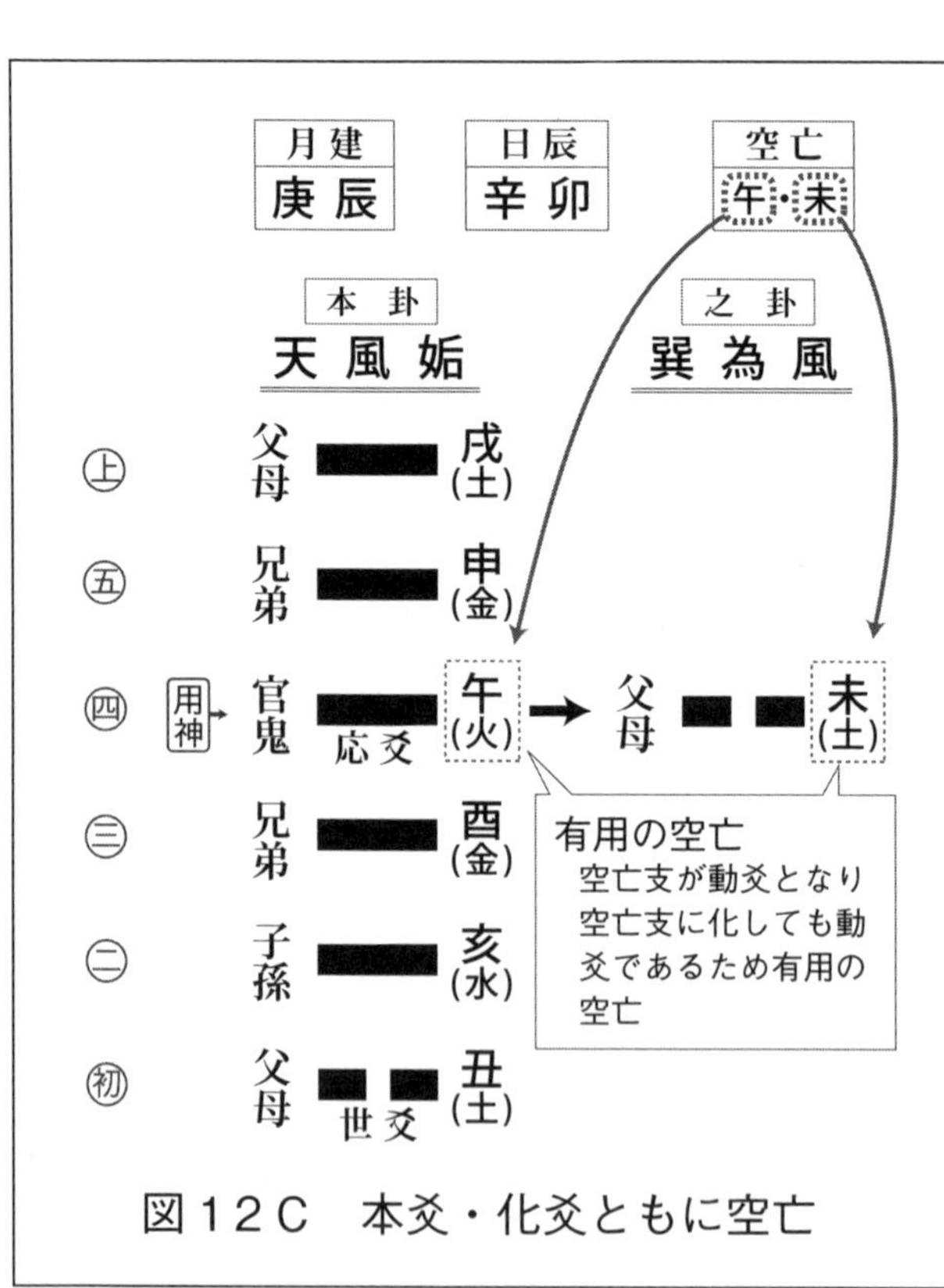

図12C　本爻・化爻ともに空亡

図12Cのように「**空亡支が動爻となり空亡に化す**」ような形も吉凶占ならば、例え「午火（空亡）→未土（空亡）」でも動爻なので「有用の空亡」として考えます。

ただし、吉凶占と違う「人間関係の心情占」の時には注意しないといけません。このような動きのとき、相手の心はいつまでたっても空亡で「**ずっと受け入れない**」ような状態が続き、交渉や和解に関しては非常に苦戦することになります。

2　空亡（くうぼう）の期間

空亡の期間は吉の作用も凶の作用も、封じられているため機能しません。そして他爻や三伝の影響も作用しません。空亡の爻は空亡を開けることで初めて機能するため、「いつ空亡が開けるか?」が吉凶判断に重要になります。空亡が開けるタイミングとしては以下の3つがあります。

①出　空

空亡の十二支は日辰から導かれます。例えば戌亥空亡は「甲子～癸酉」の干支の日辰の時に空亡になるわけです。次の干支「甲戌」から申酉空亡となるため、戌亥は空亡期間を抜けるわけです。これを「空亡期間を脱出する」として「出空」と呼びます。

通常、短期の占断・占事（急病の治癒・面接合否など）の場合は、数日での動きになるため、出空することで空亡爻は影響し始めるのです。

②冲空（ちゅうくう）

①と違い、何週・何カ月・何年という単位の中長期の占断・占事の場合は②と③が空亡期間を開けるタイミングとみることができます。例えば空亡爻が**戌**の場合、**辰日**や**辰月**がやってくると**戌**を**冲**します。これが「**冲空**（空亡を冲して開ける）」といいます。「**空亡冲開**」とも呼びます。冲を使うべき形は動爻の空亡が有効です。

また、空亡爻が**戌**で、日辰が**辰日**の場合は「**即日で冲開する**」ため、空亡とみなしません。

③実空・填実（じっくう・てんじつ）

②と違い、空亡爻と同じ十二支のタイミングで空亡を開ける「**実空**（空亡に実が入る）」の状態です。例えば空亡爻が戌の場合、戌の日や戌月がやってくれば実が入り、空亡期間を開けるのです。実空を使用する形は静爻の空亡が有効です。

3　対人に関する空亡爻(くうぼうこう)の判断法

交渉や恋愛の占断において、「**相手は自分をどう思っているか？**」「**話は円滑にまとまるか？**」などの相談があり、自分や相手の爻が空亡になっている場合があります。

基本的に人物を表す爻が空亡になっている場合、「ちゃんと話をきいていない」状態になります。

ただし空亡爻でも、旺相している場合と休囚死している場合とでは感じ方が変わります。

旺相していれば「悪意や凶意はない（弱い）」ですが、「**返事がこない**」「**忘れている**」などの状態になります。逆に休囚死していれば、「**油断ならない考え**」をもっていたり「**受け入れられない**」「**関心がなかった**」「**無視される**」ような状態になります。

①相手が空亡の場合

例えば「話し合いはうまくいくか？」という占断で、図12Dのように本卦「地火明夷」が立卦され、用神は応爻（相手）になり、世爻（本人）との関係性が重視されます。

世爻は四爻・**丑土**で、応爻は初爻・**卯木**です。日辰が戊申で空亡「**寅・卯**」となります。初爻の応爻・卯木は空亡となります。

本人は**世爻・丑土**で月建から相生され前向きですが、相手の**卯木**は月建から休して弱く、日辰から剋されていて、なおかつ空亡です。「**受け入れられない**」「**やる気がおきない**」状態ですから、交渉としては非常に難しいことが予想できます。

②当人（世爻）が空亡の場合

逆に当人（世爻）が空亡の場合は、相談者自身が「**前向きでない**」「**やる気がない**」「**展望が見えない**」「**空回り**」している状態です。

この場合、当人が空亡であっても他に用神があり（応爻や妻財爻など が用神）、月建・日辰・動爻から旺相していれば結果は良い方向に行く可能性が高いですが、本人としては不本意であったり後に悔いるようになりやすく、「望ましくない発展」となる可能性もあり、注意が必要です。

③当人（世爻）・相手がともに空亡の場合

交渉事などで世爻・応爻の両方とも空亡になっている場合があります。これは自分も相手も空亡ですか

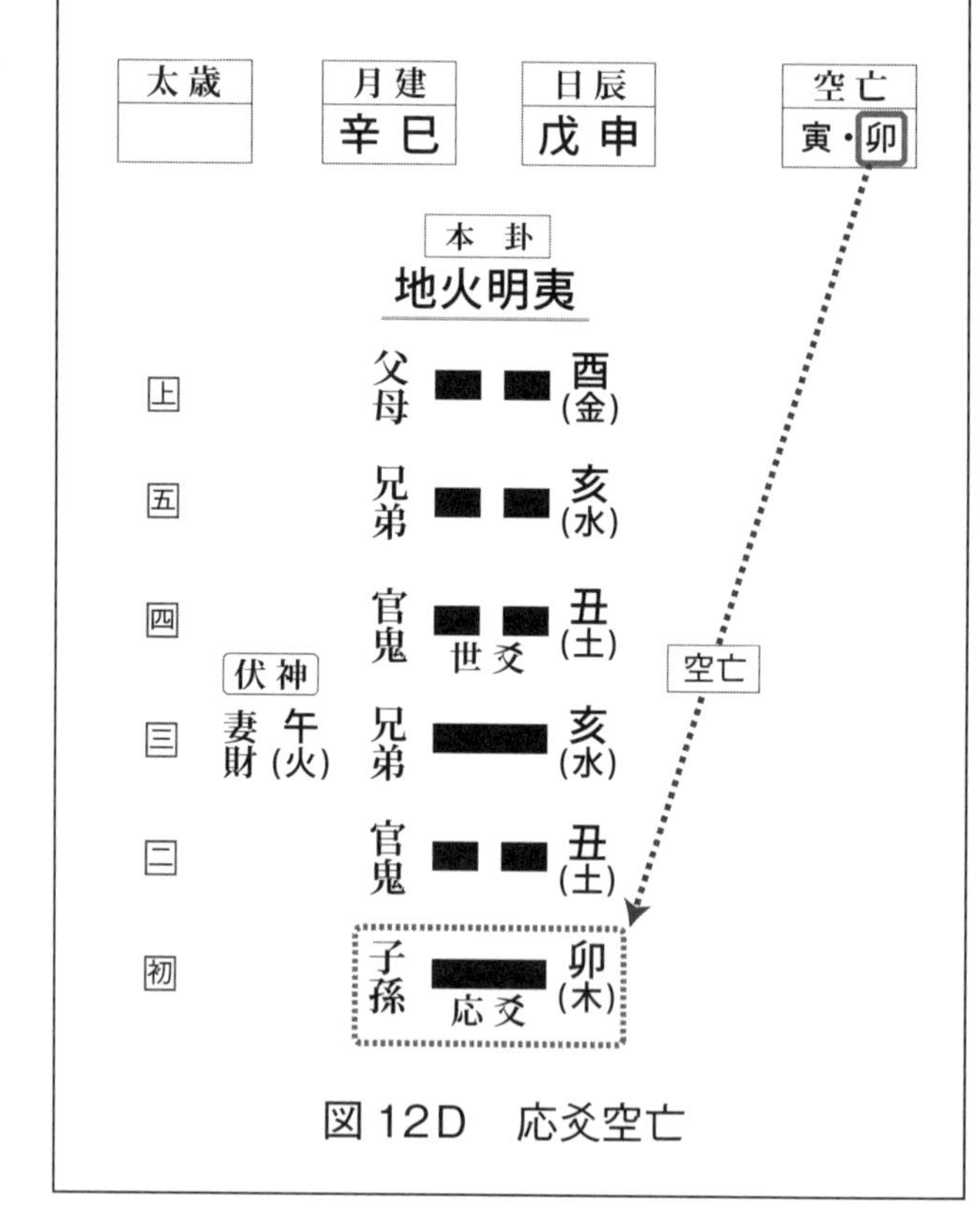

図12D　応爻空亡

ら、「**意見がかみ合わない**」「**交渉決裂**」「**すれ違い**」の状態で良くありません。

例えば図12Eのように世爻も応爻も空亡という状態では、まったく話にならない結果になります。

通常、「雷地豫」は六合卦といって、世爻と応爻が支合の関係で交渉事には有利な卦なのですが、世爻・応爻両方が空亡の場合は対人占・交渉占・恋愛占などでは望ましい結果になりません。

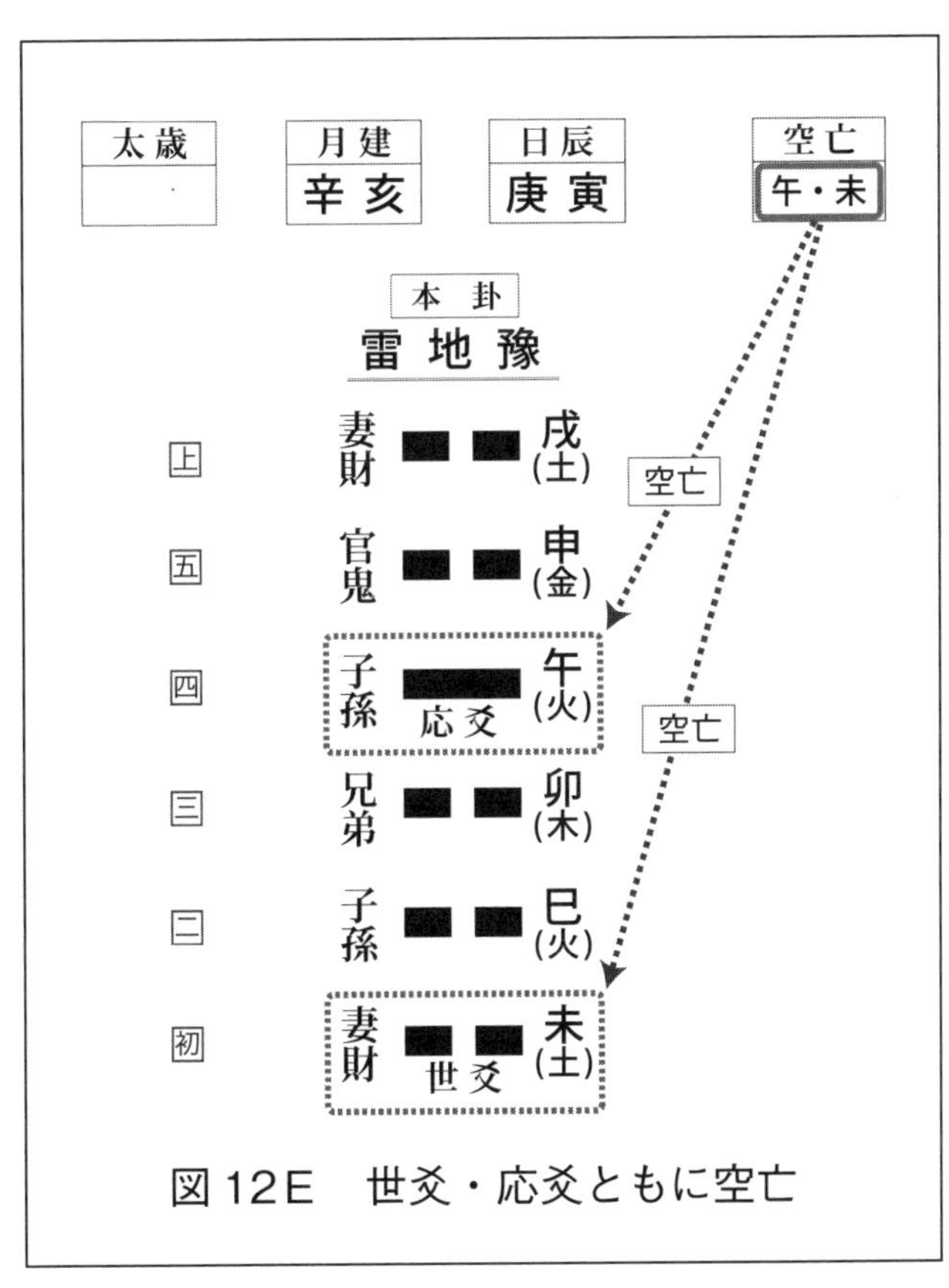

図12E　世爻・応爻ともに空亡

【まとめ】

空亡は当初、吉凶判断では悩ましい存在と映るかもしれませんが、実は応期に関わる場合が多く、空亡の判断ポイントが判るようになると、むしろ卦中に空亡が現れている方が読みやすい場合も少なくありません。

また空亡は日辰の干支から算出されるため、三伝の一部と言っても過言ではありません。日辰は「六爻の主宰」とも称されますが、空亡はその主宰に従う存在です。三伝の一部である以上、吉凶への影響力は無視できないものなのです。

第十三章　六合卦（りくごうか）・六冲卦（りくちゅうか）について

1　六合卦（りくごうか）・六冲卦（りくちゅうか）とは

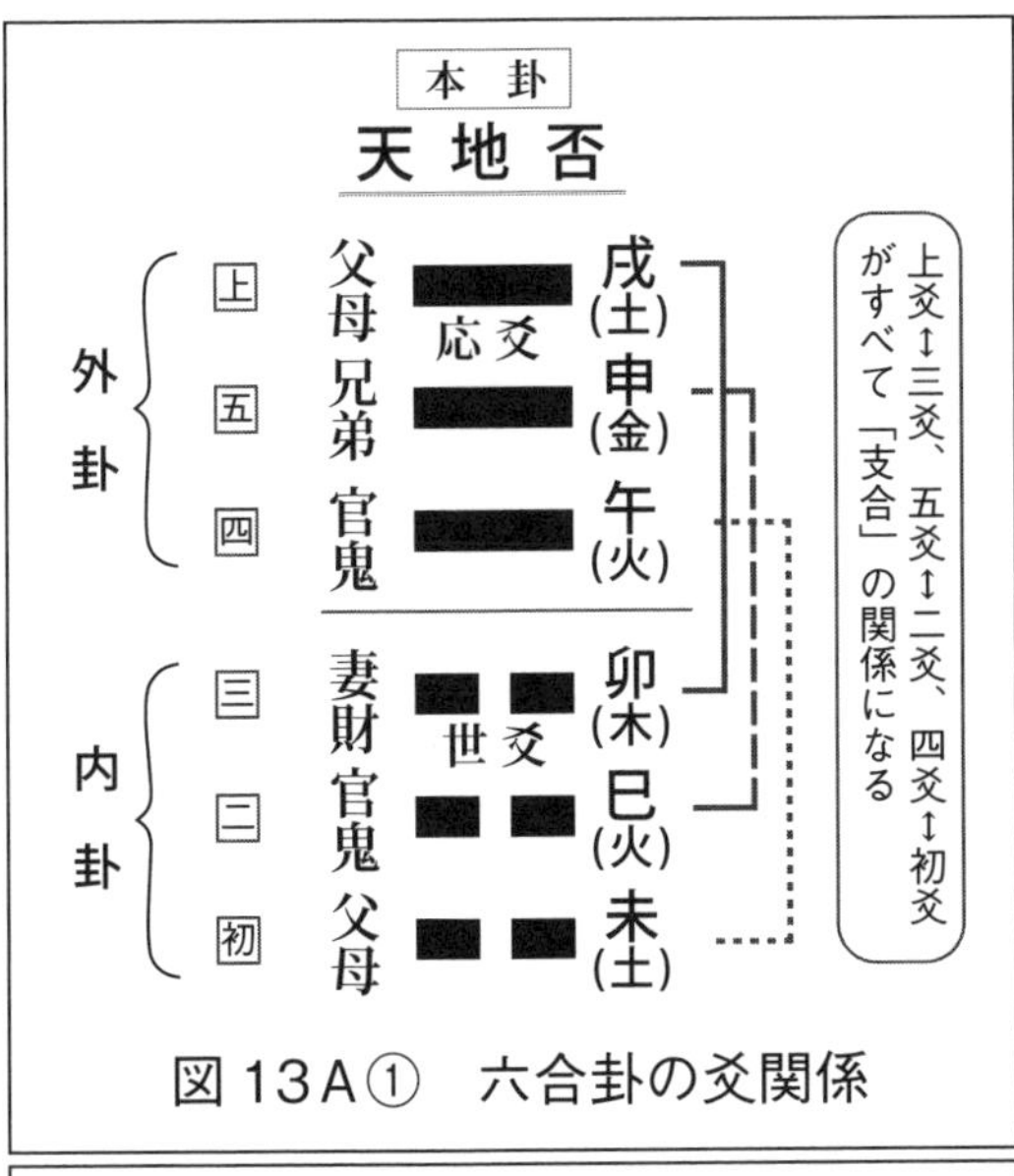

図 13A①　六合卦の爻関係

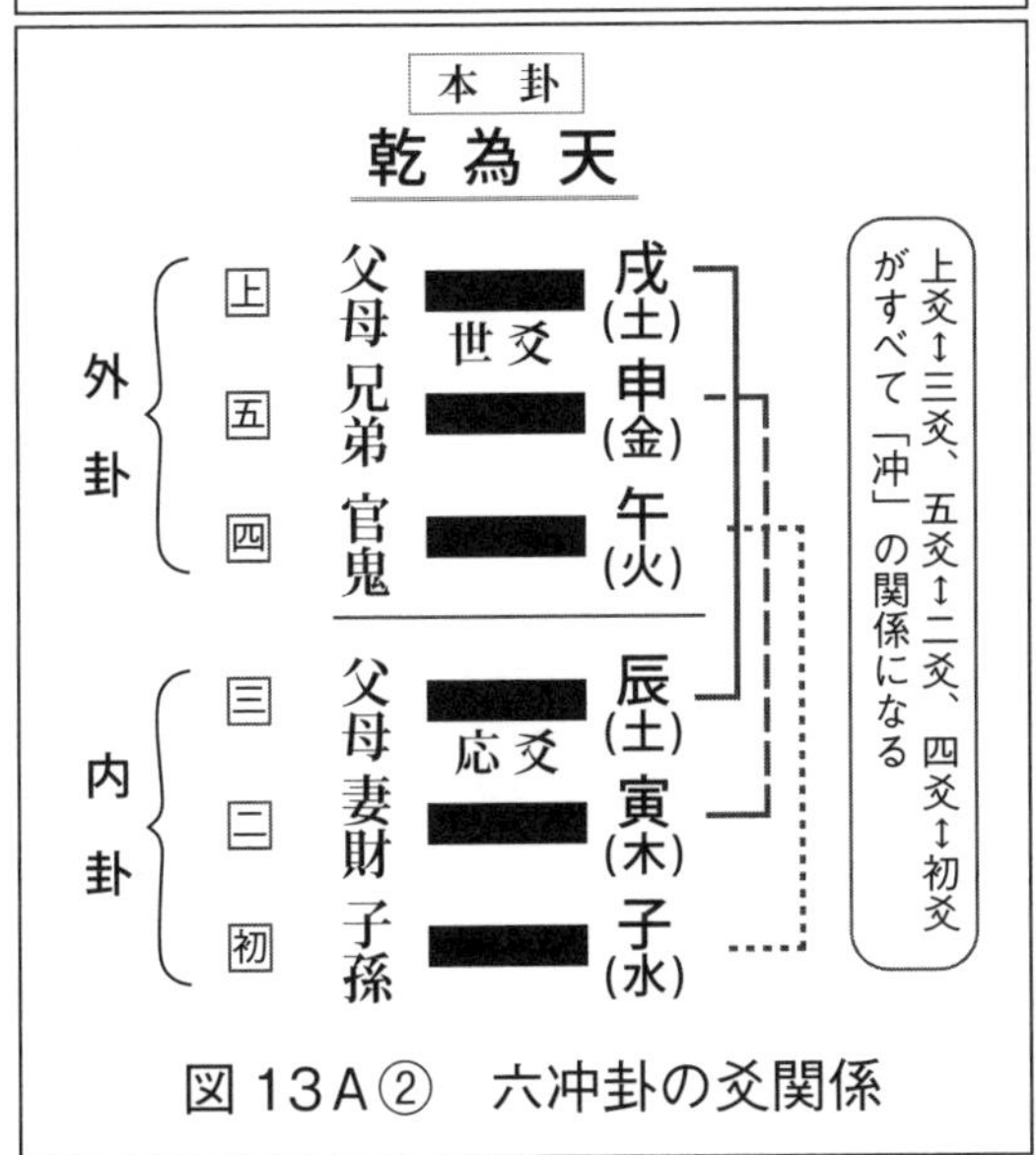

図 13A②　六冲卦の爻関係

六十四卦の中には、六爻の内卦と外卦が必ず合する卦と冲する卦が存在します。

このような外卦と内卦が合する卦を「**六合卦**」と呼び、外卦と内卦が冲する卦を「**六冲卦**」と呼びます。

例として図13Aをご覧ください。図13A①が**六合卦**、図13A②が**六冲卦**です。六合卦は世爻・応爻が支合しています。そして外卦と内卦の下・中・上爻が必ず支合しています。対して六冲卦は世爻・応爻は冲の関係で、外卦と内卦の下・中・上が必ず冲になるのです。

《六合卦・六冲卦の構成》

通常立卦する時、まず「**納甲表**」を使って卦を探しますが、図13Bのように卦名の右側に、六冲卦・六合卦になる卦は必ず記載されています。最初は、納甲表から卦の情報をチャートに書き写すときに「六合卦・六冲卦」もメモするようにすると良いでしょう。

次章で詳しく解説しますが、六十四卦の中で六合卦は「8卦」、六冲卦は「10卦」あります。

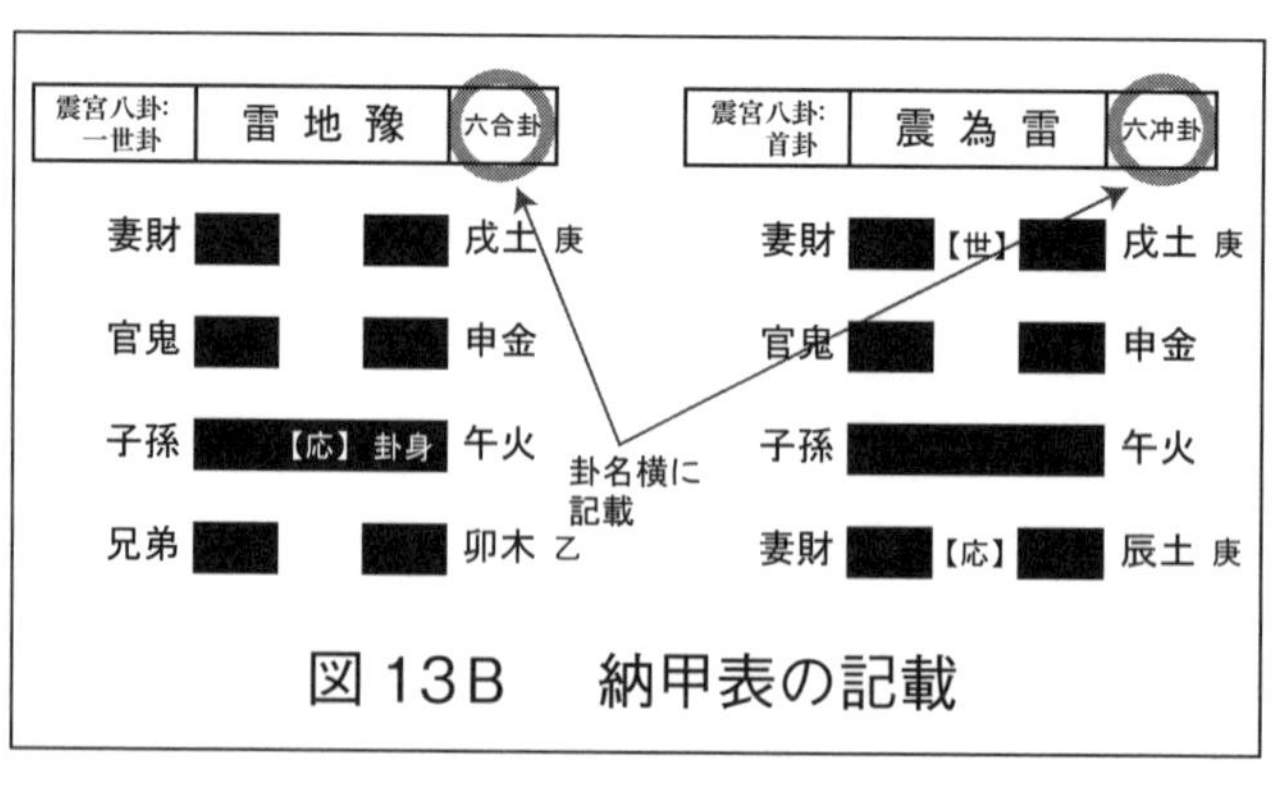

図13B　納甲表の記載

2 六合卦(りくごうか)・六冲卦(りくちゅうか)による吉凶判断

※この節は内容が難しいため、入門者は飛ばしてもかまいません。

断易の中でも、この「六合卦・六冲卦」をめぐる判断は苦慮されがちです。流派や断易家によって六合卦・六冲卦をどこまで考慮するかが大きく分かれるからです。

断易は、納甲された十二支・六親五類の五行関係によって吉凶を断ずる占術ですが、六合卦・六冲卦が得卦された場合、

「用神の五行的生尅よりも六合卦・六冲卦の特徴による吉凶判断を優先させる」

という考えがあります。

つまりは「**六合卦・六冲卦で判断する場合は、吉凶の断においては用神を必要としない**」という考えです。

流派によっては「納甲と五行関係こそが断易なのだから」という理由でその考え方を否定している場合があります。

この問題に関して著者も「断易は用神を核とした五行生尅が基本」と考え、当初は「六合卦・六冲卦」を重視していませんでした。

ですが、用神を定めた吉凶判断を行っている中で、ある種類の占断・占事に関して結果的に「六合卦・六冲卦」の占断と同じ結果になることになり、現在は活用しています。

その種類の占的・占事の項目を列挙します。

①結婚占（離婚占含む、恋愛占・出会い占は除く）

②対人占（交渉占・商談占など）

③出産占

④疾病占（一部のみ）

この4項目においては、六合卦・六冲卦が持つ吉凶判断は有効です。

ただし、以下の条件が卦中にある場合は「六合卦・六冲卦」の吉凶判断は捨てます。

⑤月建・日辰・動爻・用神の関係で、冲や合が重要な要素になっている場合は、「六合卦・六冲卦」の判断を捨てて通常の用神の吉凶を取った方が良い

つまり、「卦中に合・冲が関わる」場合は、そちらの合・冲の方が大切だということです。

用神を中心とした爻関係は状況・経過・対策に関係するためチェックが必要です。

3　六合卦（りくごうか）

図13A①のように、初爻―四爻、二爻―五爻、三爻―上爻が支合の関係にある場合、「六合卦」（または合卦）といいます。六合卦は表13aのとおり8卦あります。

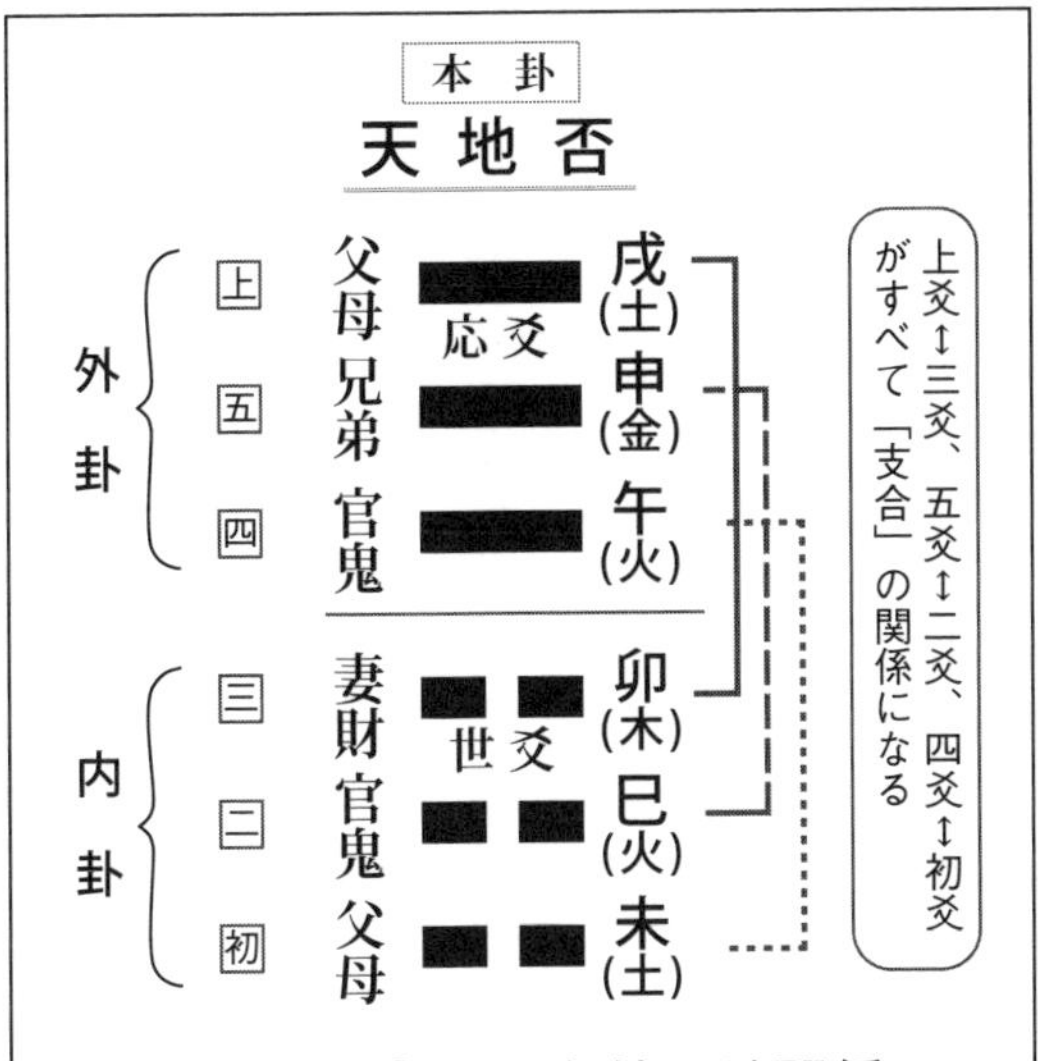

本卦
天地否

		六親	爻	地支
外卦	上	父母	応爻	戌(土)
	五	兄弟		申(金)
	四	官鬼		午(火)
内卦	三	妻財	世爻	卯(木)
	二	官鬼		巳(火)
	初	父母		未(土)

上爻↕三爻、五爻↕二爻、四爻↕初爻がすべて「支合」の関係になる

図13A①　六合卦の爻関係

地天泰	天地否	雷地豫	地雷復
火山旅	山火賁	水沢節	沢水困

表13a　六合卦　8卦

●六合卦(りくごうか)の占的・占事による特徴と吉凶

六合卦は和合協調を意味します。そのため占的・占事ごとに次のような特徴と吉凶が現れます。

《婚　姻》

・結婚では、和合する意味として「吉」となります。

《離婚問題》

・離婚問題では、合するゆえに離れないという意味で「凶」です。

《契約・交渉》

・契約・交渉など対人の占事においては、調和・和合・協力となり「吉」です。

《出　産》

・出産では、合する卦は胎児と母体が離れないという意味になり、難産となります。昔は難産がそのまま死産や母体の死を意味することもありましたが、現在は医療の進歩によりそれは滅多に起きません。そのため出産は「難産」という程度にとどめ、応期（いつ生まれるか）や母子の無事は、用神による判断が適切です。

《疾病占》

・「近病」で六合卦は、病気が容易に離れなくなり慢性化したり悪化するため「凶」です。六合卦が動爻によって六冲卦に変わると、その後「吉」となり癒えます。ただ再発しやすいです。

・「久病」で六合卦は、慢性病や長年患った病気と和解する形となるため「吉」です。

疾病占に関して断易の古典書には「**近病**(きんびょう)・**久病**(きゅうびょう)」という区別があります。「近病」とは、最近かかった病気や急病、一カ月以内に患った病気、風邪・インフルエンザなどを意味する。「久病」とは、長患いした病気や一カ月以上患っている病気、治療に長くかかる病気や慢性病、という説があります。ただ、この区別で明確な区分ができない疾病もあるため、区分できる疾病の場合のみに留め、不明確なものは用神選定を行い吉凶判断すべきです。

●その他の占的・占事

前述した占的・占事は六合卦の吉凶を重んじても良いのですが、他の占的・占事では「象(状況・経過・理由)」等の影響として判断するに留め、用神を主体とする五行生尅によって吉凶を見る本来の形が望ましいです。

●不変卦の六合卦

「不変卦」では動爻がないため爻関係の作用がなく、月建・日辰からの生・尅・合・冲の影響が強く出ます。

その際、月建・日辰から「合・冲」の作用がない場合は、占的・占事によっては「六合卦」が占断を決定することがあります。

例えば「付き合っている男性と結婚を考えている」という占的で、図13Cのように立卦して「地天泰（六合卦）」の不変卦だった場合、二爻の**官鬼・寅木**が男性を表し用神となります。月建・午から用神の**官鬼・寅木**は休しています。そして**日辰・辰土**で用神の**寅木**は日辰に「入墓」して、しばらく動けません。

ですが、この卦は月建・日辰から用神に「合・冲」が発生していないた

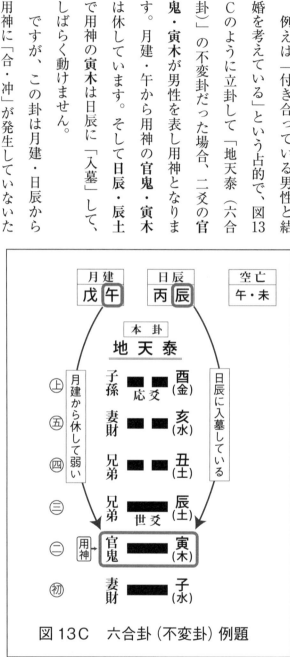

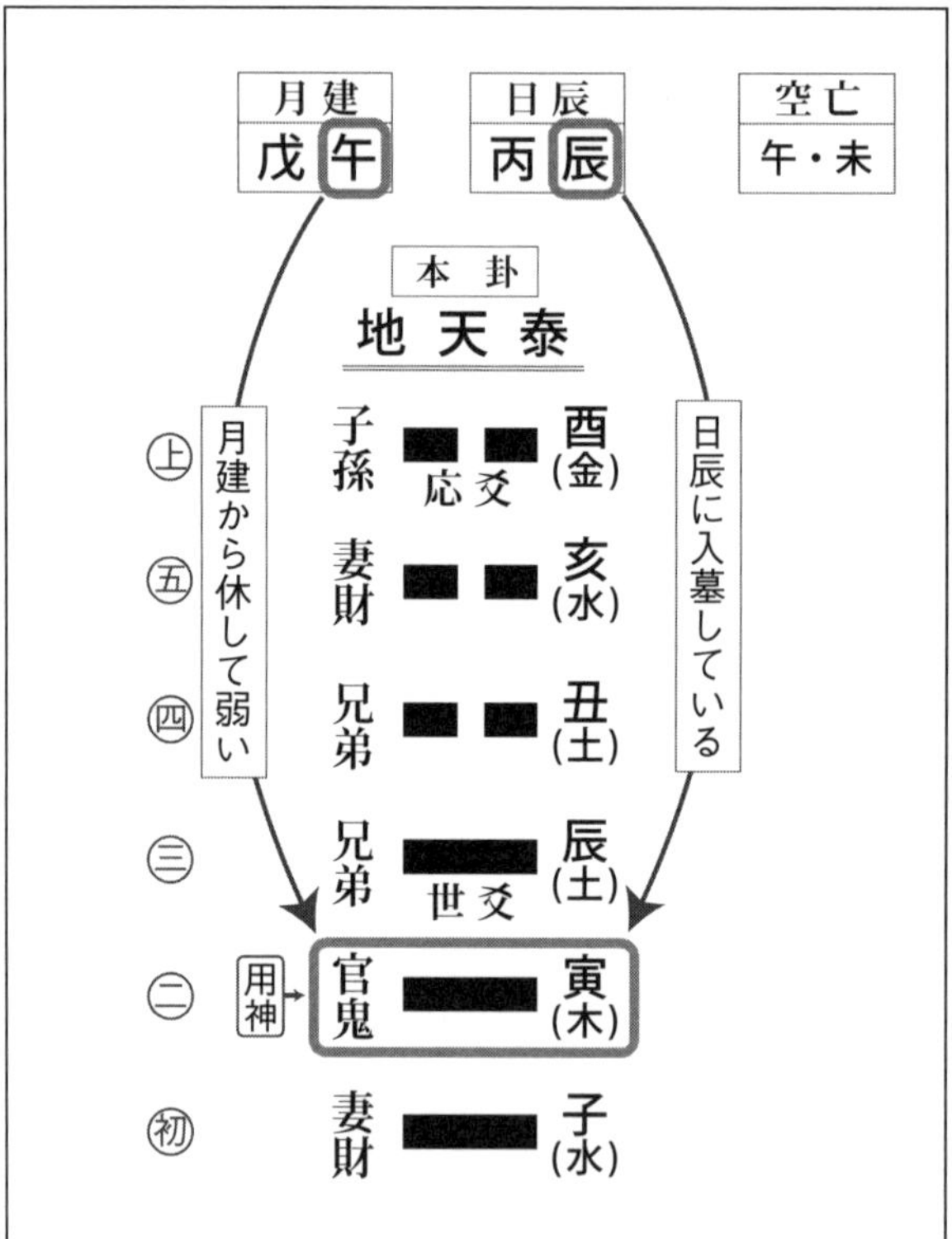

月建	日辰	空亡
戊午	丙辰	午・未

本卦　地天泰

爻位	六親	爻	干支	備考
上	子孫	▅▅ ▅▅ 応爻	酉(金)	
五	妻財	▅▅ ▅▅	亥(水)	
四	兄弟	▅▅ ▅▅	丑(土)	
三	兄弟	▅▅▅▅▅ 世爻	辰(土)	
二	官鬼	▅▅▅▅▅	寅(木)	用神
初	妻財	▅▅▅▅▅	子(水)	

月建から休して弱い
日辰に入墓している

図13C　六合卦（不変卦）例題

め、「六合卦」の吉凶が出てきます。

前述の「婚姻占」での六合卦は和合ゆえに占断として「吉」です。

ただ用神が日辰に入墓しているため、墓から出るまで待つ必要がある「象（状況・経過・理由）」があります。実際このカップルは障害を乗り越え、翌年の春に入籍しました。

卦中に「合・冲」がない場合の六合卦・六冲卦は卦そのものが吉凶を決定するという例です。

このように「六合卦・六冲卦」で吉凶判断するかの基準は、「卦中（月建・日辰・動爻など）に合や冲がない状態」の時です。逆に月破（冲）、合住（合）などが卦中にある場合は、用神の吉凶が優先されます。

4　六冲卦（りくちゅうか）

図13Ａ②のように、初爻―四爻、二爻―五爻、三爻―上爻が冲の関係にある場合、「**六冲卦**」といいます。

六冲卦は表13ｂのとおり10卦あります。

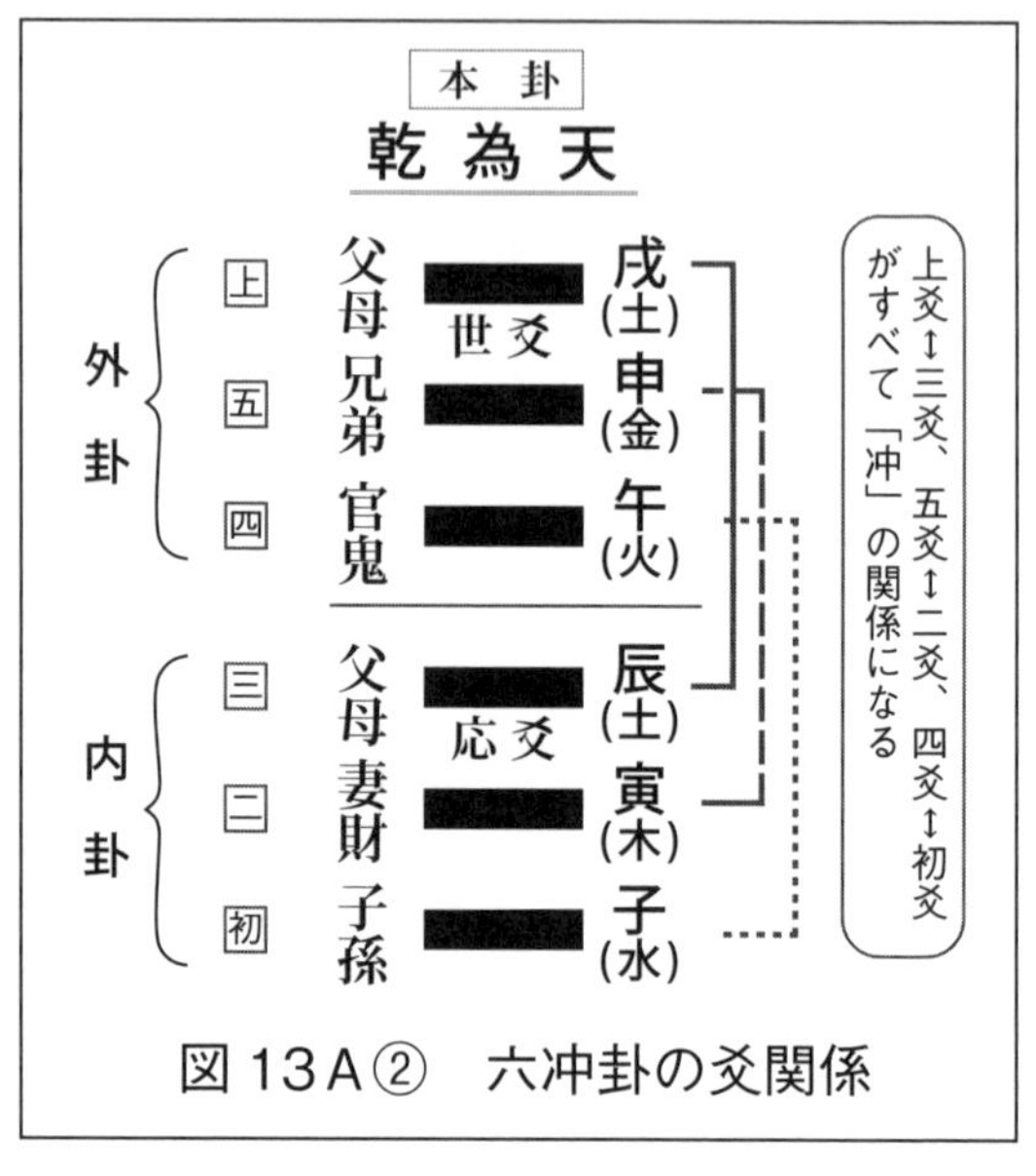

図13A② 六冲卦の爻関係

乾為天	兌為沢	離為火	震為雷	巽為風
坎為水	艮為山	坤為地	天雷无妄	雷天大壮

表13b 六冲卦 10卦

●六冲卦（りくちゅうか）の占的・占事による特徴と吉凶

六冲卦は分離・決裂・対立を意味します。そのため占的・占事ごとに次のような特徴と吉凶が現れます。

《婚　姻》

・結婚では、分離する意味として「凶」となります。

《離婚問題》

・離婚問題では、分離・決裂として離れる意味で「吉」です。

《契約・交渉》

・契約・交渉など対人の占事においては、決裂・対立の意味となり「凶」です。

《出　産》

・出産では、冲する卦は胎児と母体が分離・離れる意味になり安産となります。

《疾病占》

・「近病」で六冲卦は、病気がすぐに離れるので「吉」です。

・「久病」で六冲卦は、疾病が悪化する意味となり「凶」となります。

> 「近病（きんびょう）・久病（きゅうびょう）」という区別は六合卦と同じです。（255頁参照）

●その他の占的・占事

前述した占的・占事は六冲卦の吉凶を重んじますが、他の占的・占事では「象（状況・経過・理由）」などの影響として判断するに留め、用神を主体とする五行生尅によって吉凶を看る本来の形が望ましいです。

●不変卦の六冲卦

六合卦と同じく、六冲卦での不変卦は動爻がないため爻関係の作用がなく、月建・日辰からの生・尅・合・冲の影響が強く出ます。

そのため、月建・日辰から「合・冲」の影響がない場合、「六冲卦」が占断を決定する場合があります。

例えば「付き合っている男性と結婚を考えている」という占的で、図13Dのように立卦して「乾為天（六冲卦）」の不変卦だった場合、四爻の官鬼が男性を表し用神となります。月建が**寅木**で用神の**官鬼・午火**は生じられ官鬼を強めています。**日辰・辰**

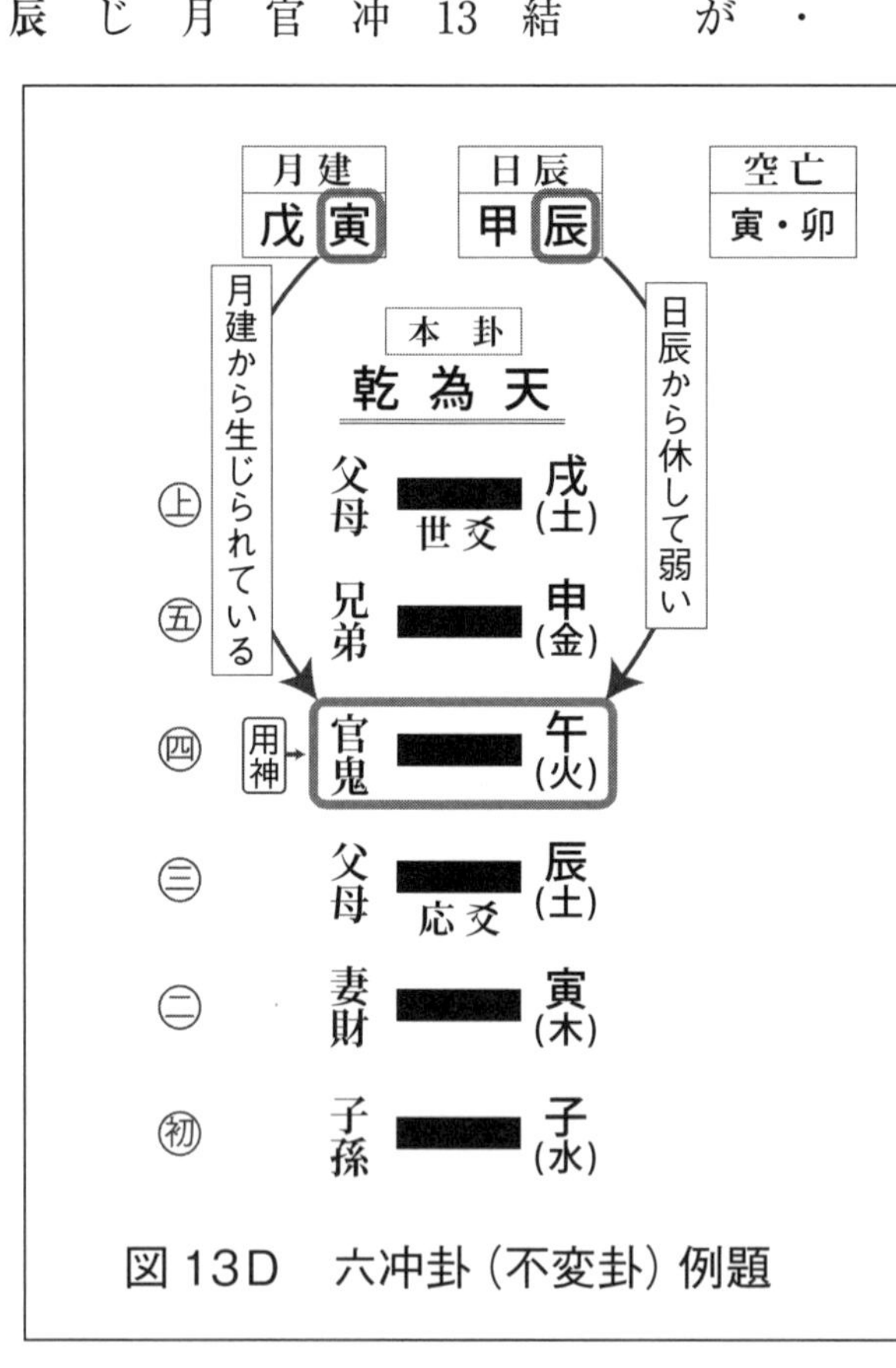

図13D　六冲卦（不変卦）例題

土から用神の**午火**は休しているため少し弱いです。一見すると日辰から休しているとはいえ、月建からの相生があるので良いように感じます。

ですが、この卦は月建・日辰から用神に「合・冲」が発生していないため、「六冲卦」の吉凶がストレートに出やすくなります。卦中に「合・冲」がない場合の六合卦・六冲卦は、卦そのものが吉凶を決定するという例です。

世占事が「婚姻」のため、六冲卦では「凶」となり、うまく行かないでしょう。

【まとめ】

本章に関しては、流派によって取り捨ての違いがあり、「この考えは受け入れられない」という意見も出る可能性が高いでしょう。

そのため、入門者は飛ばしてかまわない章でもあります。著者自身がそうでしたが、ある程度断易の占断に自信がついてから探求しても遅くない項目です。

繰り返しになりますが、「六合卦・六冲卦」で吉凶判断するかの基準は、「卦中（月建・日辰・動爻など）に合や冲がない状態」の時です。逆に月破（冲）、合住（合）などが卦中にある場合は、用神の吉凶が優先されると考えてください。

第十四章　合処逢冲（ごうしょほうちゅう）・冲中逢合（ちゅうちゅうほうごう）について

1　合処逢冲（ごうしょほうちゅう）・冲中逢合（ちゅうちゅうほうごう）とは

この章は断易の応用編に入る内容で、専門用語がたくさん出てきます。中でも重要なのが、卦中に「合が冲に変じる」動きがある「**合処逢冲**（ごうしょほうちゅう）」と、「冲が合に変じる」動きがある「**冲中逢合**（ちゅうちゅうほうごう）」です。

断易は、生と尅の作用、そして合と冲の作用が技法の根幹にあります。

特に合や冲は卦の吉凶を一変させる力を持っているので、本章で学ぶ「合処逢冲・冲中逢合」は、実践的占断を行う上でも避けて通れない内容です。

入門者は最初理解が難しい部分もあると思いますが、その場合は前章までの内容を再確認・復習してみると良いでしょう。

特に三伝（第九章）、動爻（第十章）はよく復習してこの章をお読みください。

2　六合卦が六冲卦に変ずる（合処逢冲）

●合処逢冲の作用

合処逢冲とは、「**合が冲に変じる**」という様々な形に関する総称です。

その作用ですが、最初は合の和合作用ができますが後々冲散する凶作用が起きます。基本的に最初は良くてもだんだん悪くなっていく傾向です。「**最初は楽でも後で難しくなる**」「**最初は儲かるが後に破財となる**」「**疾病（近病）が悪化するが後に改善する**」といったように合が冲に変わる逆転作用が起きるのです。

●合処逢冲の形

断易書によって合処逢冲の定義に差がありますが、実践上の代表的な形（パターン）を４つ紹介します。ほかにも「合が冲に変じる」動きがあった場合は合処逢冲の作用があります。

①六合卦が六冲卦に変ずる時
②六合卦で、日辰から用神や重要な爻（用爻）に対して冲の作用がある時
③他爻から合されている用神・用爻が日辰から冲される時

④月建から合されている用神・用爻が日辰から冲される時
※他の形もありますが、合処逢冲と判断しにくいケースもあるため割愛します。

①六合卦が六冲卦に変ずる時

前章で解説した六合卦と六冲卦ですが、本卦の六合卦が動いて之卦が六冲卦になる場合、合処逢冲の作用が起きます。

図14Aの例では、本卦「地雷復」が動いて之卦「震為雷」となります。

占的が婚姻占で、「**付き合っている彼との結婚**」を占うとします。女性からの相談の場合、婚姻占の用神は「官鬼爻」となります。

そして婚姻占は、前章で解説した「**六合卦・六冲卦の特徴による吉凶判断を優先**」に該当する占的です。

用神は二爻官鬼・寅で、月建・卯から旺じて強く、日辰・巳から休しています。動爻があり、四爻の兄弟・丑は応爻が乗り、官鬼爻にとって閑神であまり作用しませんが、世爻と合します。六合卦では世爻・応爻は必ず合するのですが、応爻が世爻に合の影響を与えているので、「相手（男性）から求められている」形で婚姻には吉です。官鬼爻も日辰から休して弱いですが、月建から生じられているため悪くありません。

ですが、用神や動爻に対して月建・日辰から「合・冲」がないため、「**六合卦・六冲卦の特徴による吉凶判断を優先**」できる卦の形です。

之卦を見ると、六冲卦の「震為雷」です。つまり六合卦「地雷復」が六冲卦「震為雷」に動いており、**「合が冲に変じる」**形ができているため、「合処逢冲」と判断できます。

合処逢冲は「**最初に和合でも後に散じる（別れ）**」の形です。

この卦のケースでは、以前は男性から結婚を求められ、本人も前向きに考えていましたが、だんだん意見の衝突が増えるようになり、男性の転職を機に別れることになっています。

このように、「六合卦が六冲卦に変じる」という合処逢冲は、本卦・之卦をよくチェックして見落とさないようにしましょう。

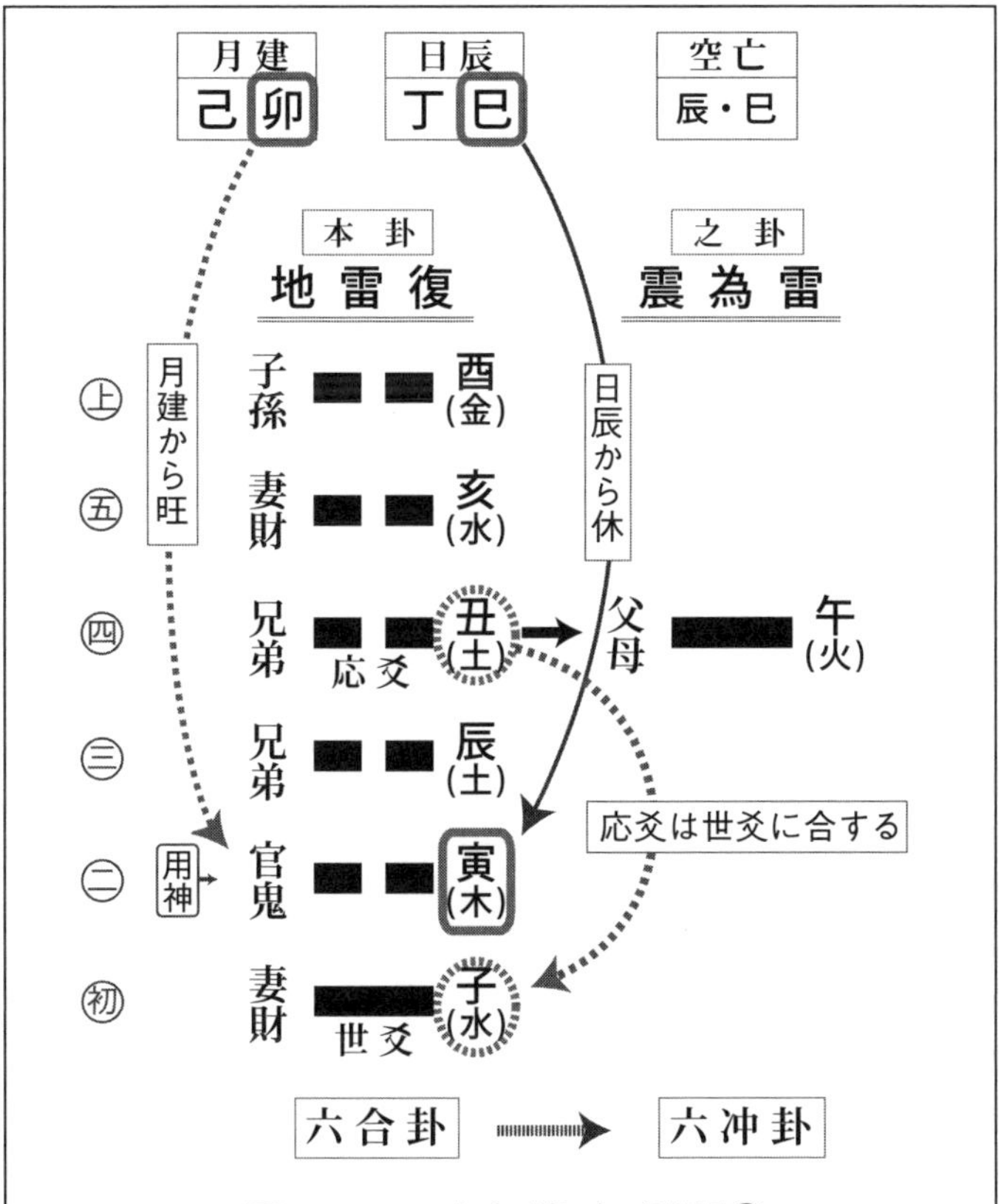

月建　己卯
日辰　丁巳
空亡　辰・巳

本卦　地雷復　　之卦　震為雷

爻	六親	本卦	十二支	之卦
上	子孫	▬ ▬	酉(金)	
五	妻財	▬ ▬	亥(水)	
四	兄弟	▬ ▬ 応爻	丑(土)	→ 父母 ▬▬ 午(火)
三	兄弟	▬ ▬	辰(土)	
二	官鬼（用神）	▬ ▬	寅(木)	
初	妻財	▬▬ 世爻	子(水)	

月建から旺
日辰から休
応爻は世爻に合する

六合卦 → 六冲卦

図14A　合処逢冲 例題①

②六合卦で、日辰から重要な爻（用爻）に対して冲の作用がある時

六合卦に対して日辰から冲の作用があった場合、「**合の卦に後に冲の作用がある**」ため、「**合処逢冲**」となります。

※この②のケースでは、月建からの冲でも合処逢冲となる場合がありますが、日辰は時系列的に月建よりも後まで作用することが多く、合処逢冲の決定打となりにくいため、あまり考慮する必要はないと思います。

図14Bの例は、「**最近オープンさせたペットショップ兼トリミングサロンがうまく行くか？**」という占事で、本卦「火山旅」で之卦「天山遁」に動いています。本卦は六合卦ですが、占的は「商売占」ですので、卦そのものより用神での吉凶を重視していきます。商売占の用神は妻財です。2つ妻財が出現していますが、世爻が乗る四爻の妻財を採用します。四爻は妻財・酉金です。五爻の子孫・未土が動爻となっていて、他爻へ影響をもたらすことができます。子孫・未土は用神の酉金を「**土生金**」と生じ、五爻は「原神」として四爻の「用神」を助けるため、一見すると吉の形に見えてしまいます。

ですが月建・子水から休してあまり力がなく、さらに日辰・卯木から冲となります。

この六合卦の用神が日辰から冲されると、「六合（卦）が最初にあって後に日辰から冲される」形となり、「**合処逢冲**」に該当します。

さらには用神を助ける原神は月建から囚となり、日辰からは尅（死）を受けて非常に傷ついており、さらに空亡で身動きが取れません。動爻のため辛うじて「有用の空亡」ですが、「合処逢冲」の作用を止める力がありません。

このケースは、開店当初は来店客もいたのですが、その後は思ったほど来客数が伸びず、1年半ほどで維持費も大変になり、結果移転して事業縮小となりました。

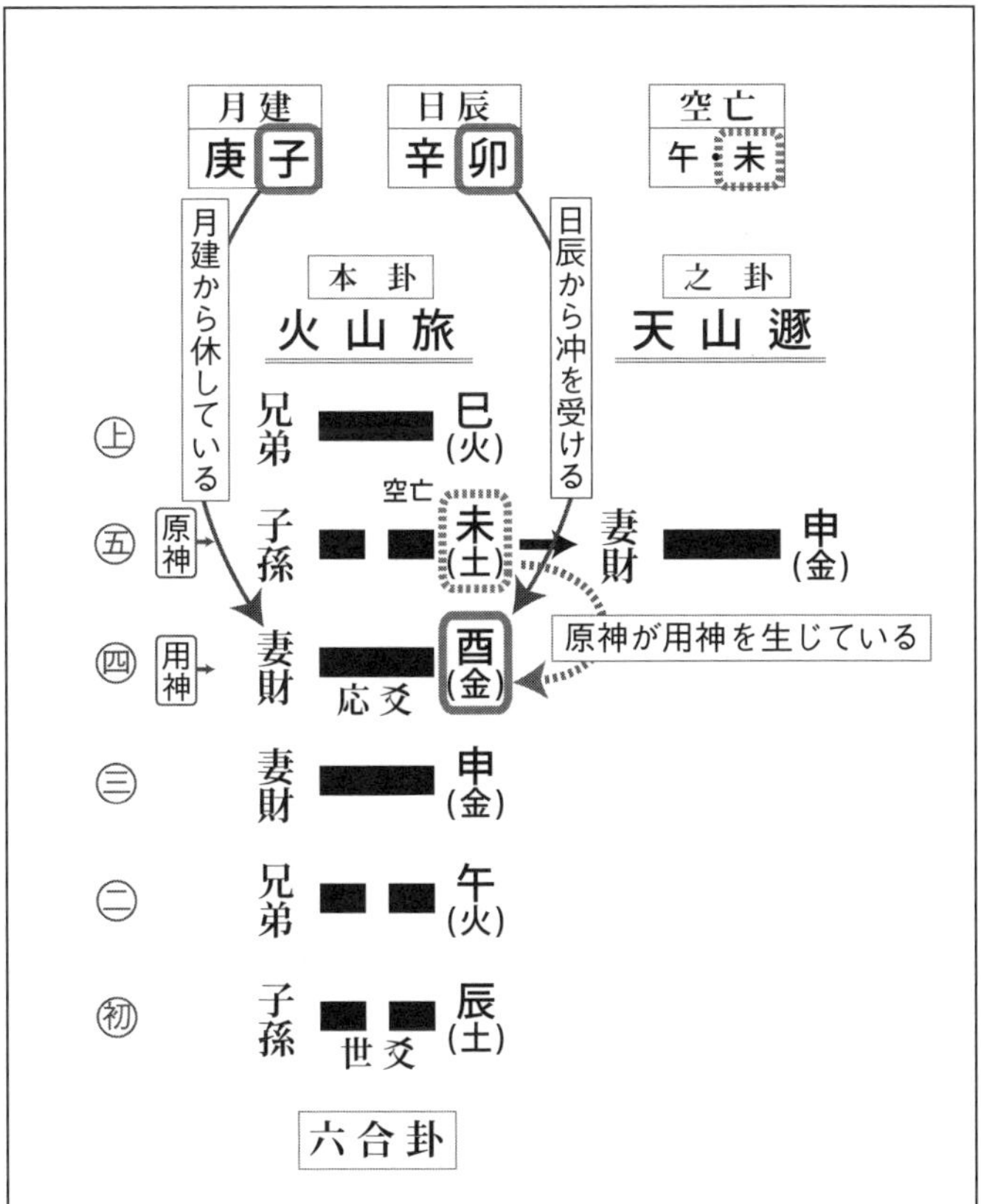

「**合が冲に変じる**」場合は将来的に暗雲が立ちやすい卦となるため、占者としてどれだけ被害を少なくできるかを考えなくてはならないことも多く、悩ましい占断になりがちです。

月建	日辰	空亡
庚子	辛卯	午・未

月建から休している

日辰から冲を受ける

本卦 火山旅 → 之卦 天山遯

爻	六親	本卦	十二支	之卦
上	兄弟	▅▅▅	巳(火)	
五（原神）	子孫	▅ ▅	未(土) 空亡	→ 妻財 ▅▅▅ 申(金)
四（用神）	妻財	▅▅▅ 応爻	酉(金)	
三	妻財	▅▅▅	申(金)	
二	兄弟	▅ ▅	午(火)	
初	子孫	▅ ▅ 世爻	辰(土)	

原神が用神を生じている

六合卦

図14B　合処逢冲 例題②

③他爻から合されている用神・用爻が日辰から冲される時

六合卦でなくても「合処逢冲」が起きるケースです。

図14Cの例では、本卦「火水未済」で之卦が「火地晋」に変じています。

「**紹介を受けたビジネスは将来性あるか**」という占事で、ビジネスとして儲かるかという問いですので用神は四爻の妻財・酉金です。

動爻があり、二爻の子孫・辰土が動いて原神となり、用神の妻財・酉金を合しています。

月建・午火から用神の妻財・酉金は死（尅）ですが、原神の子孫・辰土が動いて用神と生合しています。この場合、月建・午火は原神の子孫・辰土を相生するため、原神を生じることを優先します。

つまり強い原神が用神を生合し助けているため非常に吉です。

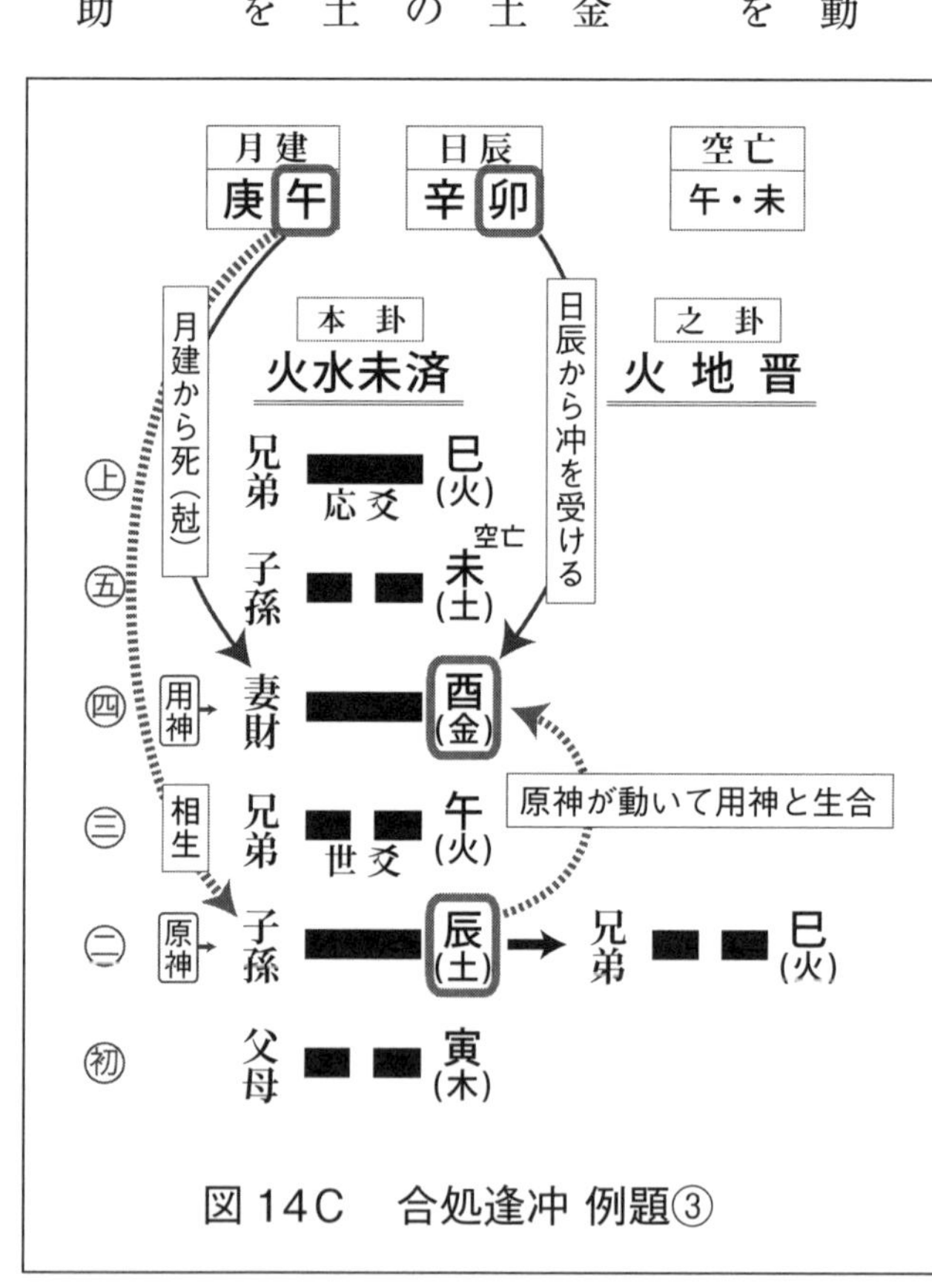

図14C　合処逢冲 例題③

ですが、日辰は卯木で、用神の妻財・酉金と冲することになります。

「他爻から合されている用神が日辰から冲される」のは**最初（動爻の）合があり、後に（日辰から）冲が来る**という**「合処逢冲」**の条件に当てはまります。

そのため、「最初は比較的利益が出るかもしれないが、後々破財」という流れになるケースです。

このケースでは占者の意見を参考にしてビジネスに参加しなかったそうですが、やはりあまり長続きしなかったビジネスだったようです。

④月建から合されている用神・用爻が日辰から冲される時

これも、六合卦でなくても**「合処逢冲」**が起きるケースです。

図14Dの例では、本卦「水沢節」で不変卦。

占事として**「占い師の来年の仕事運」**のケースです。

個人事業の仕事運は利益の判断なので、用神は初爻の妻財爻・巳火となります。

初爻の妻財・巳火は月建・申金と合します。月建との合は旺相の勢いを得ますから、用神を強めます。

しかし日辰・亥水で、用神の妻財・巳火とは冲となります。

「最初（月建の）合を受けて、後から（日辰の）冲を受ける」のは**「合処逢冲」**の条件に当てはまります。

このケースは、最初月建の合を受けて妻財は栄えますので来年前半は利益性も高いでしょうが、日辰からの冲が作用し「合処逢冲」となるため、来年後半は前半のようにうまく行かず、苦しい状況になりそうです。

いくつかの「合処逢冲」のパターンを解説してきました。

このほかにも「合処逢冲」になるパターンはありますが、まずは本書にあるケースをよく理解してください。そうすれば「最初に合が来て、後に冲を受ける」という流れに該当するケースを発見できると思います。

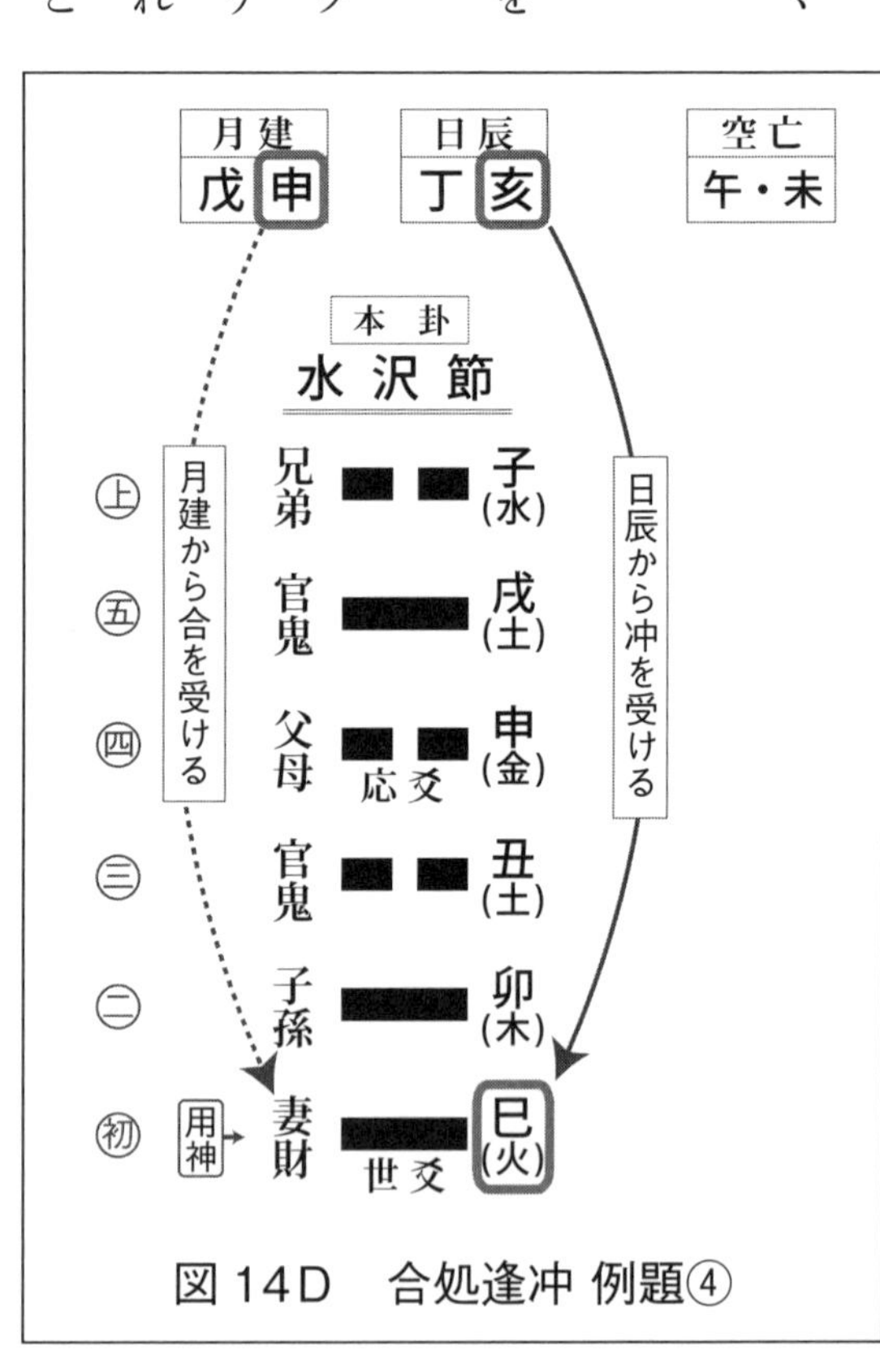

図14D　合処逢冲 例題④

3　六冲卦が六合卦に変じる（冲中逢合）

●冲中逢合の作用

冲中逢合とは、合処逢冲の逆で「**冲が合に変じる**」という様々な形に関する総称です。

その作用ですが、最初は冲による冲散する作用がでますが、後々に合による和合作用が起きるため吉作用に向かいます。基本的に最初は難しくとも後から整う傾向です。「**最初は難度高いが、後でまとまる**」「**最初は不利だが、後に利益をえる**」「**疾病（近病）は一度良くなるが、また悪化する**」といったように冲が合に変わる逆転作用が起きるのです。

●冲中逢合の形

合処逢冲と同じく断易書によって定義に差がありますが、実践上の代表的な形（パターン）を4つ紹介します。ほかにも「冲が合に変じる」動きがあった場合は冲中逢合の作用があります。

①六冲卦が六合卦に変ずる時

②六冲卦で、日辰から用神や重要な爻（用爻）に対して合の作用がある時

③他爻から冲されている用神・用爻が日辰から合される時
④月建から冲（破）を受けている用神・用爻が日辰から合される時
※他の形もありますが冲中蓬合と判断しにくいケースもあるため割愛します。

①六冲卦が六合卦に変ずる時

本卦の六冲卦が動いて之卦が六合卦になる場合、**冲中逢合**の作用が起きます。

図14Eの例では、本卦「兌為沢」が動いて之卦「水沢節」となります。

占的が交渉占で「**仕事上の契約の話がまとまるか**」を占うとします。この場合、交渉占の用神は相手（応爻）と相談者（世爻）となります。

交渉占は対人占のくくりですので、「**六合卦・六冲卦の特徴による**

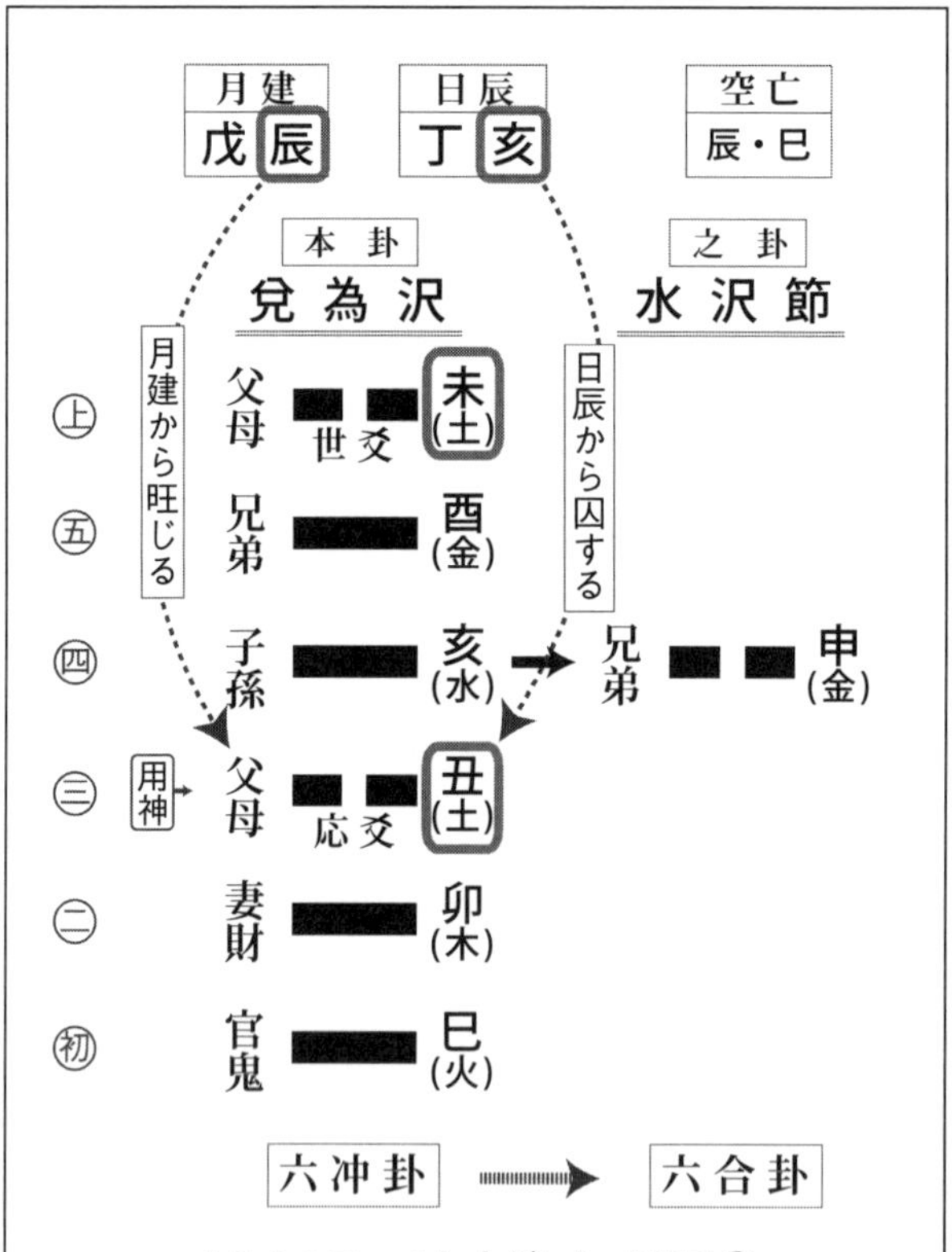

図14E　冲中逢合 例題①

吉凶判断を優先」（251頁参照）に該当する占的です。

用神は三爻応爻・丑土と上爻世爻・未土です。「兌為沢」は六冲卦ですから世・応は冲になり、反発・対立の関係です。ですが、月建・辰土からは旺じて強いですが、日辰・亥水から囚となり助けがない状態です。動爻があり、変じて之卦が六合卦となります。月建・日辰から合・冲の作用がありませんので、六冲卦・六合卦の吉凶判断が可能な形です。

つまり「冲中逢合」がそのまま吉凶判断を決定できる卦とみなしてよいでしょう。冲中逢合は最初、「冲（六冲）」による対立があります。ただ月建から応爻は相生しているので当初から話に前向きですが、条件面などで折り合いがついてないようです。その後は「合（六合）」の作用で話は整うでしょう。ただし日辰から囚しているため、内容的に納得するまで応期（結果がでる時期）としては少々時間がかかりそうです。

結果としては、何度かの最初条件面で色々相違が多かったのですが、数回の話し合いの末に折り合いがつき、翌月末に決着しました。

②六冲卦で、日辰から用神や重要な爻（用爻）に対して合の作用がある時

六冲卦に対して日辰から合の作用があった場合、「**冲の卦に後に合の作用がある**」ため、「**冲中逢合**」となります。

図14Fの例では、本卦「雷天大壮」で不変卦となりました。

占的が商売占で「**店内改修したのですが、売り上げにつながるか**」を占うとします。

この場合、商売占の用神は初爻の妻財・子水となります。

本卦「雷天大壮」は六冲卦です。用神の子が、月建の辰から旺相休囚死では「死」で剋されています。最近まで、Wi-Fiなど最新設備の導入やレイアウト変更の改修工事のため、一時閉店していたそうです。

日辰は丑土で、用神の子水とは「子丑の合」となります。六冲卦「雷天大壮」で、日辰から合するため「冲中逢合」となります。

このケースでは、長く続けていたお店のため設備環境が古く、売り上げにも影響があると考え、大幅に設備を見直した改修工事を行いました。その結果、若い客も増え、売り上げは好調だということです。「冲が合に変じる」という冲中逢合の形になっていました。

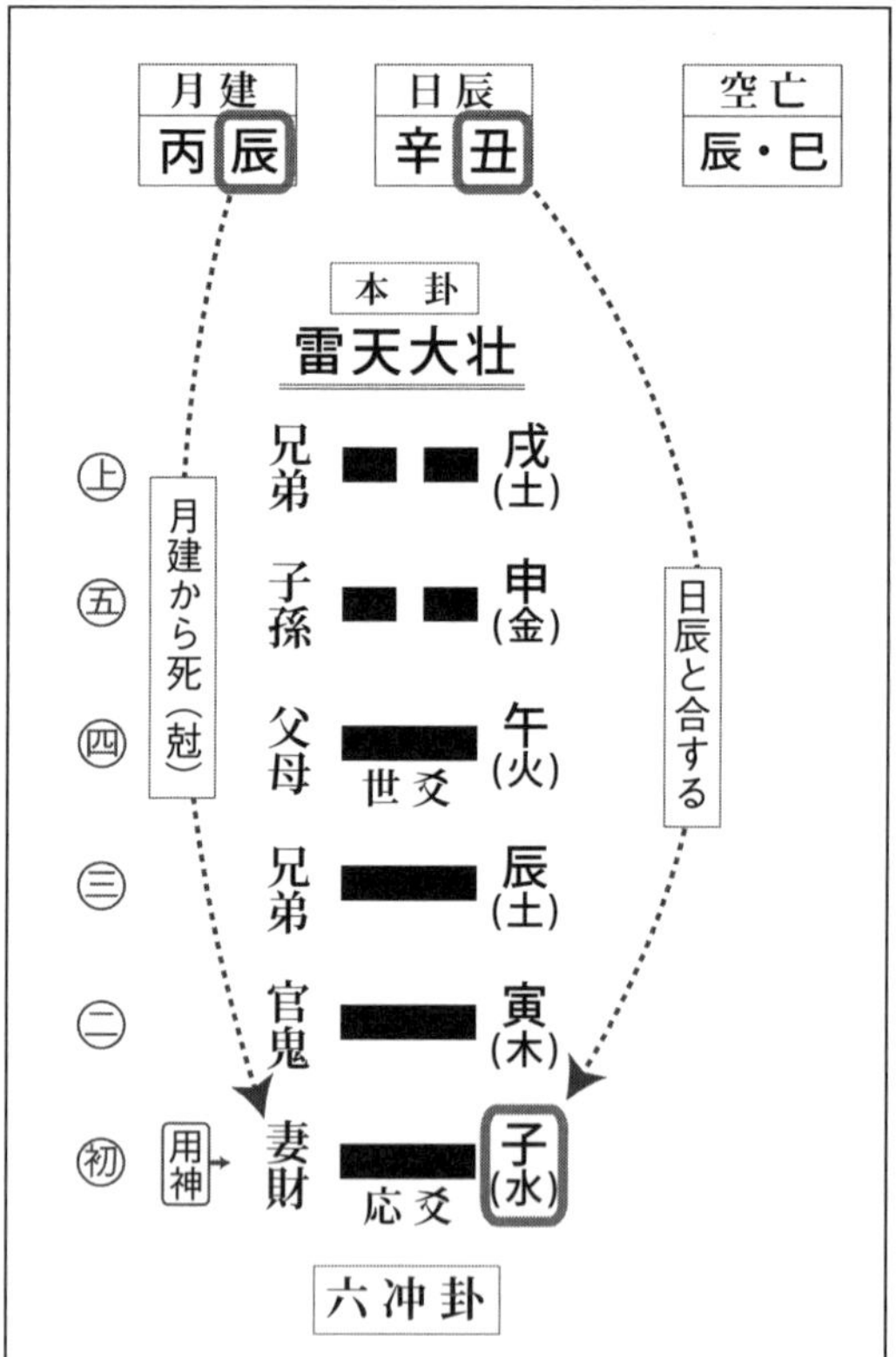

月建	日辰	空亡
丙辰	辛丑	辰・巳

本卦

雷天大壮

爻	六親	爻	十二支
上	兄弟	▅ ▅	戌(土)
五	子孫	▅ ▅	申(金)
四	父母	▅▅▅ 世爻	午(火)
三	兄弟	▅▅▅	辰(土)
二	官鬼	▅▅▅	寅(木)
初	用神→妻財	▅▅▅ 応爻	子(水)

月建から死(剋)

日辰と合する

六冲卦

図14F　冲中逢合 例題②

③他爻から冲されている用神・用爻が日辰から合される時

六冲卦でなくても、「冲中逢合」が起きるケースです。

図14Gの占的は婚姻占、「**相手**（**男性**）**の仕事の問題で、のびのびになっている結婚のゆくえ**」です。本卦「**火風鼎**」が変じて之卦「**雷風恒**」となります。用神は女性の婚姻占なので官鬼（男性）です。

上爻の兄弟・巳火が仇神として動爻となり、他爻に影響を持つことができます。用神の二爻官鬼・亥水は月建・卯木で休して力弱く、さらに上爻の動爻・巳火から冲を受け傷ついています。

ですが、日辰は寅木ですので用神の官鬼・亥水とは合となります。「卦中に冲があり、後に日辰と合」のため、「冲中逢合」となります。

このケースの結果は、ブラック企業に就職してしまった相手の男性が当初結

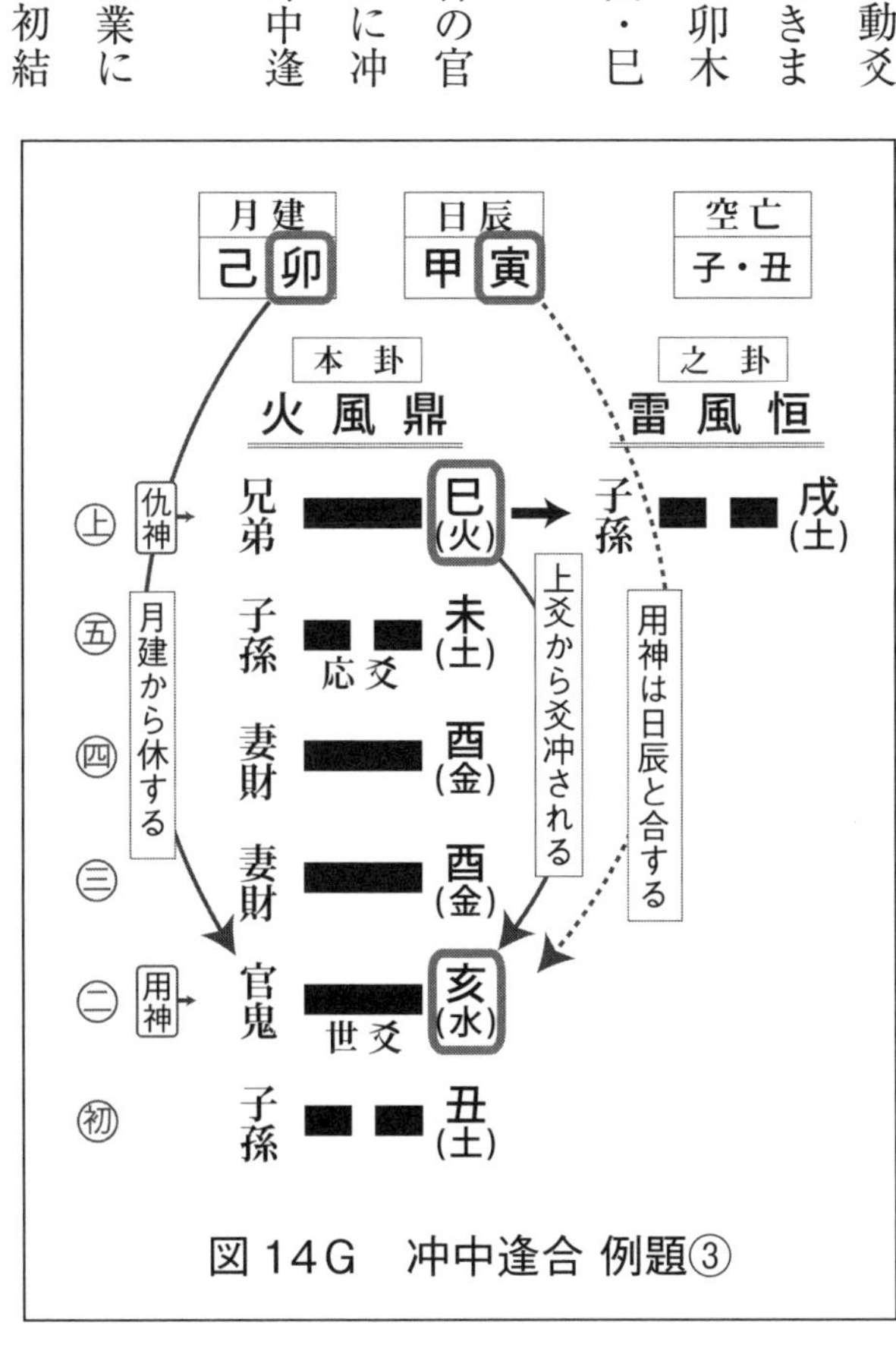

図14G　冲中逢合 例題③

婚どころではなくなってしまっていましたが、その後ようやく退社し再就職できたことで、あらためて結婚という運びになりました。

④月建から冲（破）を受けている用神・用爻が日辰から合される時

これも、六冲卦でなくても「冲中逢合」が起きるケースです。

図14Hの例は、婚姻占で「**お見合いした女性との今後**」という相談です。

本卦「沢天夬」が五爻・上爻の2爻動いて之卦「火天大有」となっています。

男性からの婚姻占ですので、用神は**妻財**です。用神多現していますが、月建・午火から月破を受けている初爻の妻財・子水を用神とします。（用神多現については222頁参照）

この卦は上爻の忌神である**兄弟・未**

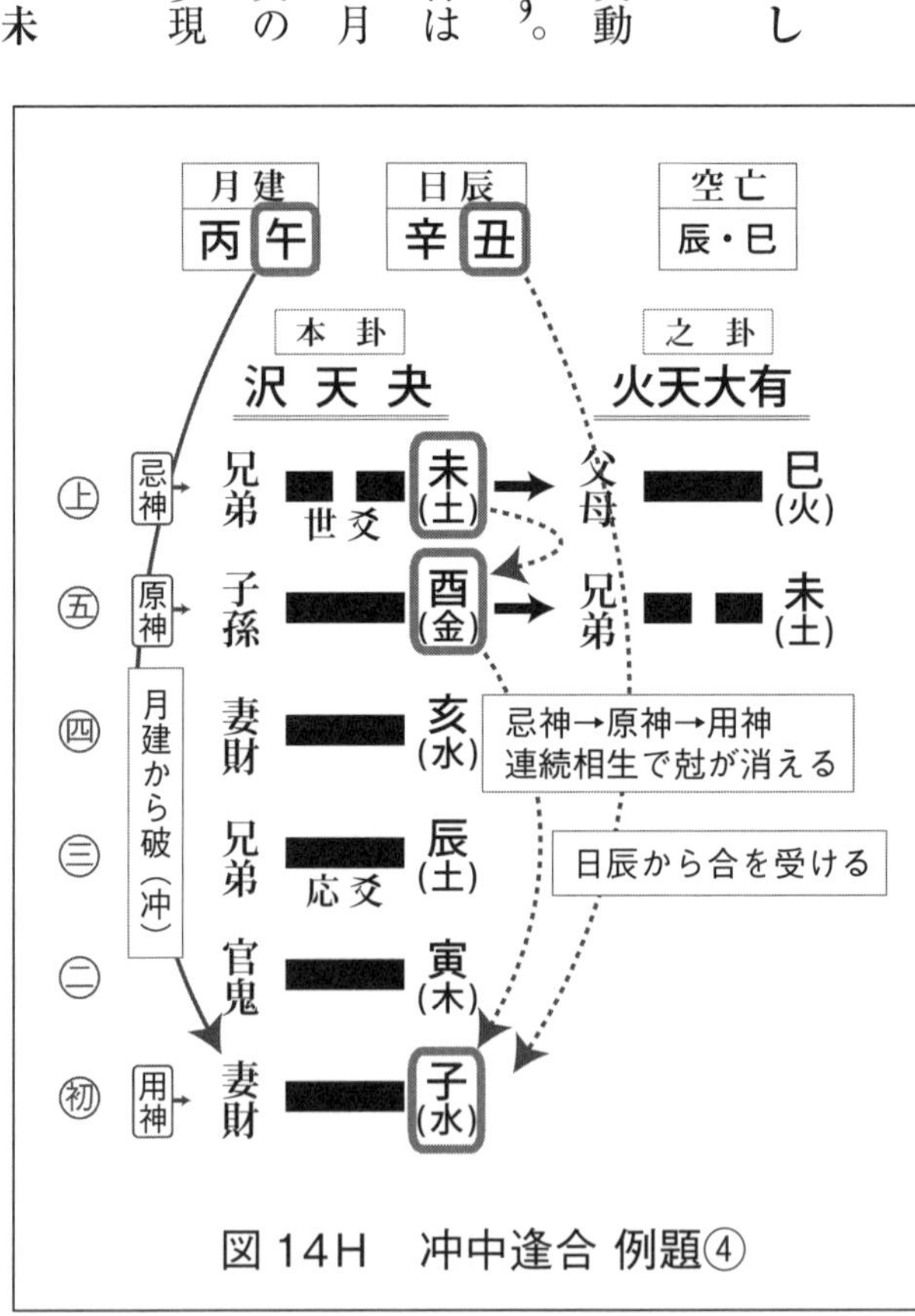

図14H　冲中逢合 例題④

土が動爻ですが、原神である五爻の**子孫・酉金**も動爻なので**連続相生**（217頁参照）、忌神は原神を生じ、原神は用神を生じるため用神にとって有利です。しかし**月建・午火**から用神の**妻財・子水**は冲を受け月破となり、現状は有利さを生かせる状況ではなく、辛うじて助かっている状態です。（月破は非常に強い）ですが、用神の**妻財・子水**は**日辰・丑土**から合されるため合起であり（合起162頁参照）、「冲が合に変じる」形となるため、冲中逢合の条件を満たしています。

このケースは少々古いデータなのですが、お見合い当初は両家の話の行き違いもあり、なかなか話が進展しませんでしたが、当事者の2人はお互いに好印象だったため、半年ほどの交際の後に結婚しました。これは原神の子孫・酉金が月建からは死（尅）で、日辰の丑土に入墓（169頁参照）になるため、用神の妻財を生じ助けることがしばらくできなかったことも時間がかかった要因となっています。事実、日辰の入墓から抜けたタイミングで話が進みました。

用神も大切ですが、原神が動爻となっているときは、原神は重要なカギとなる場合も多いので注意してください。

4　時系列の順番と定義

「先に冲があり、後に合が来る」などの時間の変化に関して、月建と日辰、本卦・之卦の順番はどのように見ればよいのかという質問は講義中にもよく受けます。

大まかな定義として図14Ｉをご覧ください。

①最初に作用するのは動爻の本爻です。時系列的には過去～現在程度です。

②次に作用するのは月建の影響です。月建・日辰は第九章で解説しているので割愛します。

③3番目に作用するのは日辰です。通常はここでほぼ吉凶の結論がはっきりします。①～③は占断で常に判断する範囲です。

④4番目は、化出の用神や回頭生・回頭尅・伏吟・反吟などの化爻の地支の影響が強い場合に判断します。状況によっては月建・日辰の作る吉凶をひっくり返す場合があります。

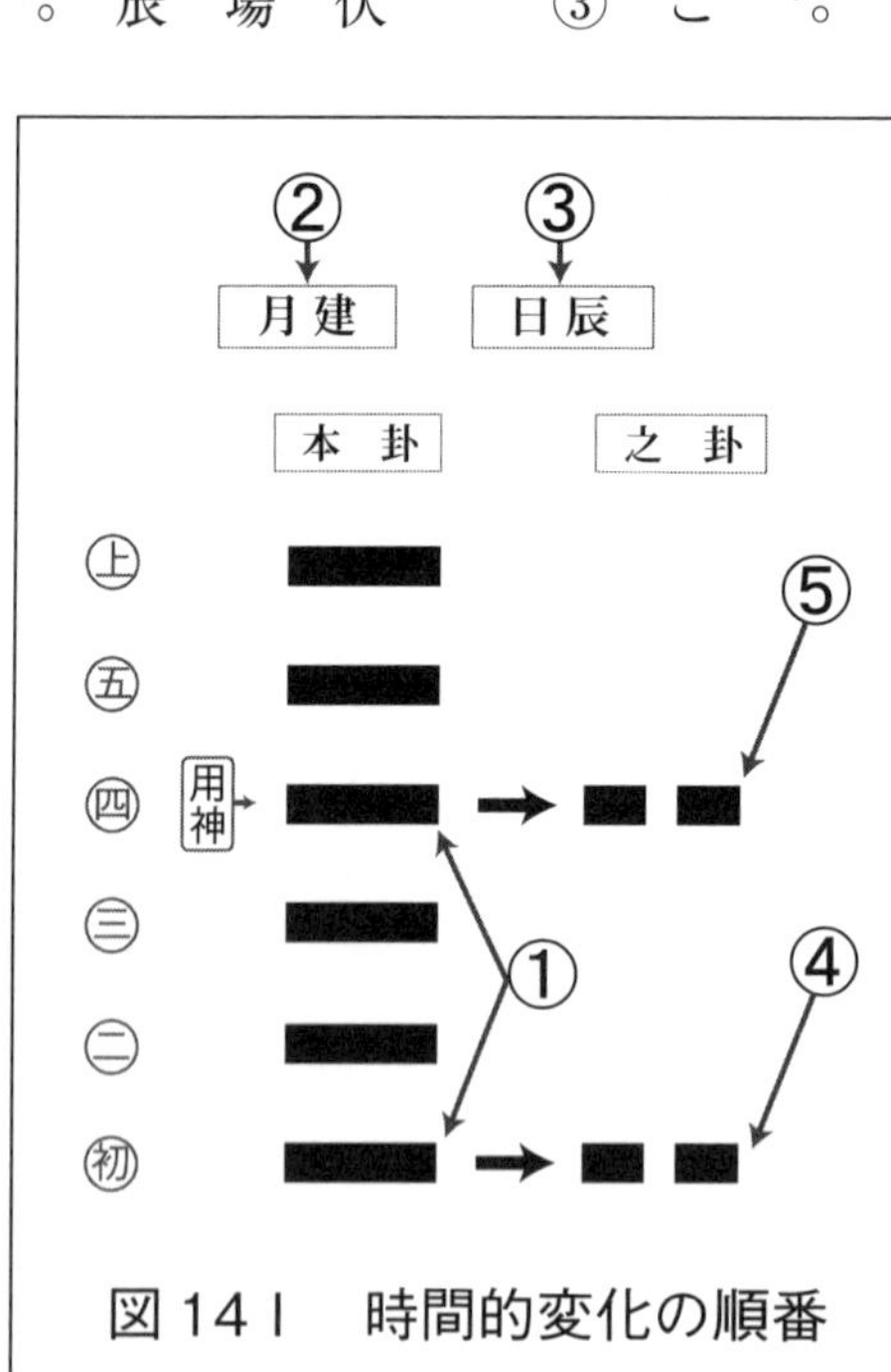

図14Ｉ　時間的変化の順番

（③と④は、時系列にそれほど差がありません）

⑤用神の動爻は最も長く影響する場合があります。定義としては④と同じく化出の地支が回頭生などの重要な作用をしている場合です。

時間変化で影響する順番は、おおよそ以上が目安になるでしょう。ただし、③～⑤に関しては占事によって変わる可能性もあります。占事内容をよく吟味して柔軟に判断するようにしてください。

第十五章　三合会局（さんごうかいきょく）について

「三合会局（さんごうかいきょく）」とは、五行の異なる3つの地支が揃い協力することで、1つの五行を強める組み合わせを言います。例えばある特定の3つの地支が揃うことを「水局」といって、水の五行を強めます。

この会局を発生させる特定の地支の組み合わせに関する基礎知識は第六章で説明していますが、断易で使用する三合会局が表15aです。

三合会局	長生支	旺　支	墓　支
木局	**亥** 水	**卯** 木	**未** 土
火局	**寅** 木	**午** 火	**戌** 土
金局	**巳** 火	**酉** 金	**丑** 土
水局	**申** 金	**子** 水	**辰** 土
土局１	**申** 金	**子** 水	**辰** 土
土局２	**午** 火	**戌** 土	**寅** 木

表15a　三合会局表

「三合会局」は長生支・旺支・墓支という異なる五行の地支の組み合わせです。

例えば「木局」の三合は、長生支・亥（水）と旺支・卯（木）と墓支・未（土）の組み合わせです。この場合、旺支がリーダーであり、長生支と墓支は自らの五行を変化させて協力することで旺支の五行を強めるのです。

したがって、これから解説していく「三合会局」は**旺支が要**であり、旺支がある一定の条件下で本卦・之卦の中になければ三合会局は成立しません。

これは「木局」だけでなく「火局」「金局」「水局」も同様です。ただし「土行」は少々厄介です。

土局の扱いについて

通常、三合会局は「**木局**」「**火局**」「**金局**」「**水局**」の4つしかありませんが、断易では「**土局**」を水局と同じくする説や「土局2」の説など、見解が割れています。

台湾の近代断易書では、土とは持続・接続の役割であり「土局」に否定的で使用しない著書も多く、流派で見解が分かれるところです。

著者の見解としては「土局1」を採用していますが、入門者は無理せず「土局」を外して勉強されても支障ありません。

まずは「木局」「火局」「金局」「水局」の4つの三合会局の使い方をよく理解して、その後に土局の取り扱いを熟慮しても十分通用します。

●三合会局（さんごうかいきょく）の成立条件

三合会局は流派によっても成立条件が変わりますし、実践で使用するためには柔軟な対処が必要になる技法です。ただ、押さえるべきポイントがあります。

①三合会局の要は「旺支」。「長生支」と「墓支」は「旺支」に力を貸すが、その力を使用するのは「旺支」。
②旺支が本卦・之卦に存在しなければ三合会局は成立しない。

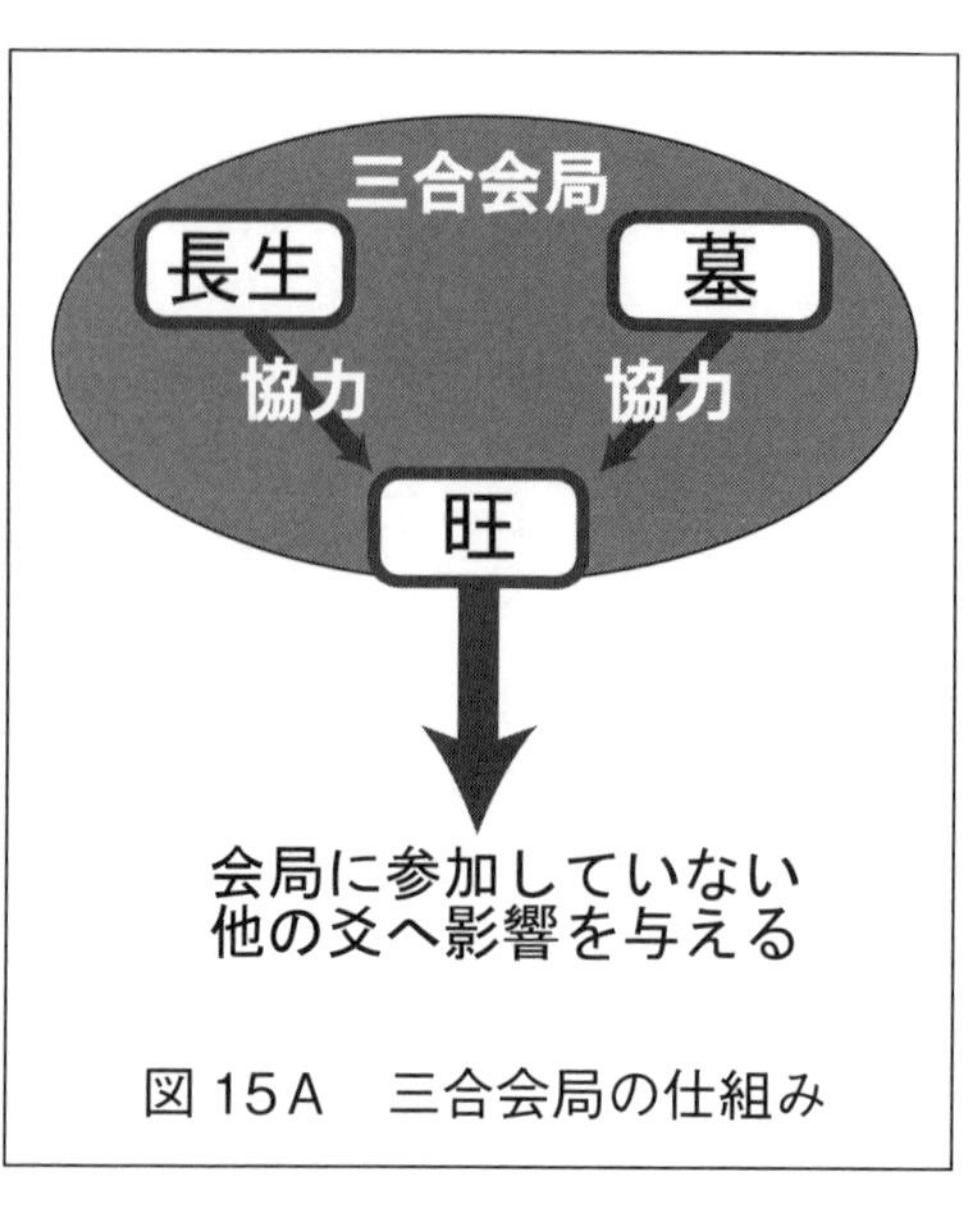

図15A　三合会局の仕組み

このように「三合会局」とは、中心となる地支である「旺支」を通して作用が起こります。（図15A）

それでは、具体的に三合会局を成立させる条件とは何でしょう？　実は、三合会局を成立させる条件はそれほど多くありません。

次の条件以外では「三合会局の作用」が他爻へ影響することはないのです。

三合会局の成立条件

①静爻は三合会局に参加できない。さらに「旺支」が静爻（暗動除く）は三合が成立しない。
②長生支・旺支・墓支の3つすべてが本卦で動爻となっている。
③旺支を含む二支が動爻となり、月建・日辰に足りない地支があり三合会局となる。
④内卦・外卦それぞれの中の動爻・化爻で三合会局となる（旺支が化爻にあっても成立）。
⑤本卦に旺支を含む二支が動爻の場合、後々に日月で残りの一支が来れば後日三合会局が成立する。

これらの三合会局の成立条件を細かく解説していきましょう。

①**静爻は三合会局に参加できない。さらに「旺支」が静爻（暗動除く）のときは三合が成立しない。**

三合会局には静爻は参加することができません。基本的に卦中にある場合は「**動爻**」または「**暗動**」そして「**化爻**」です。

図15Bのように本卦に「亥水・卯木・未土」の木局三合の地支が揃っていても、すべて動爻でないため成立条件になりません。ただし「象（形・状況）」という事象の意味として読み取ることはあります。

また、後述の条件でも解説しますが、「**一爻のみが動爻**」**でも三合会局を成立できません。**

詳細は条件③と⑤をご覧ください。

②長生支・旺支・墓支の3つすべてが本卦で動爻となっている。

本卦中で長生支・旺支・墓支の3つが動爻となった場合は三合会局が成立します。

図15Cは本卦中の「卯（二爻）・亥（四爻）・未（上爻）」がすべて動爻となっているため条件②に該当し、「木局三合会局」が成立しています。

実はこのパターンは、立筮の仕方にもよりますが出現率は低いです。しかし本卦の中で完全に三合会局が発生しているため、非常に強い勢力を持つ三合となります。用神や原神が三合するのは吉ですが、図15

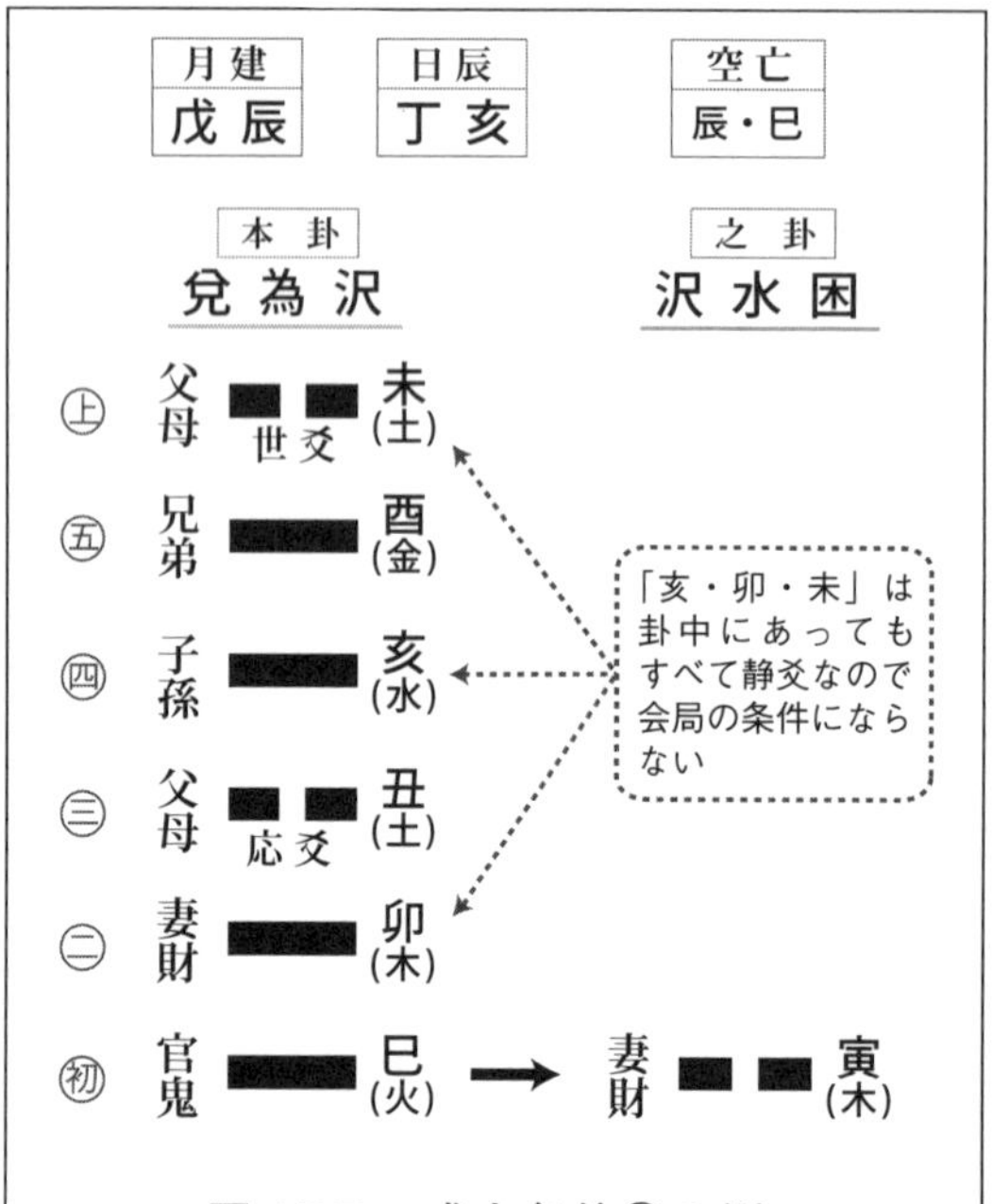

月建 戊辰　日辰 丁亥　空亡 辰・巳

本卦 兌為沢　之卦 沢水困

上 父母 ▬ ▬ 未(土) 世爻
五 兄弟 ▬▬ 酉(金)
四 子孫 ▬▬ 亥(水)
三 父母 ▬ ▬ 丑(土) 応爻
二 妻財 ▬▬ 卯(木)
初 官鬼 ▬▬ 巳(火) → 妻財 ▬ ▬ 寅(木)

「亥・卯・未」は卦中にあってもすべて静爻なので会局の条件にならない

図15B　成立条件①の例

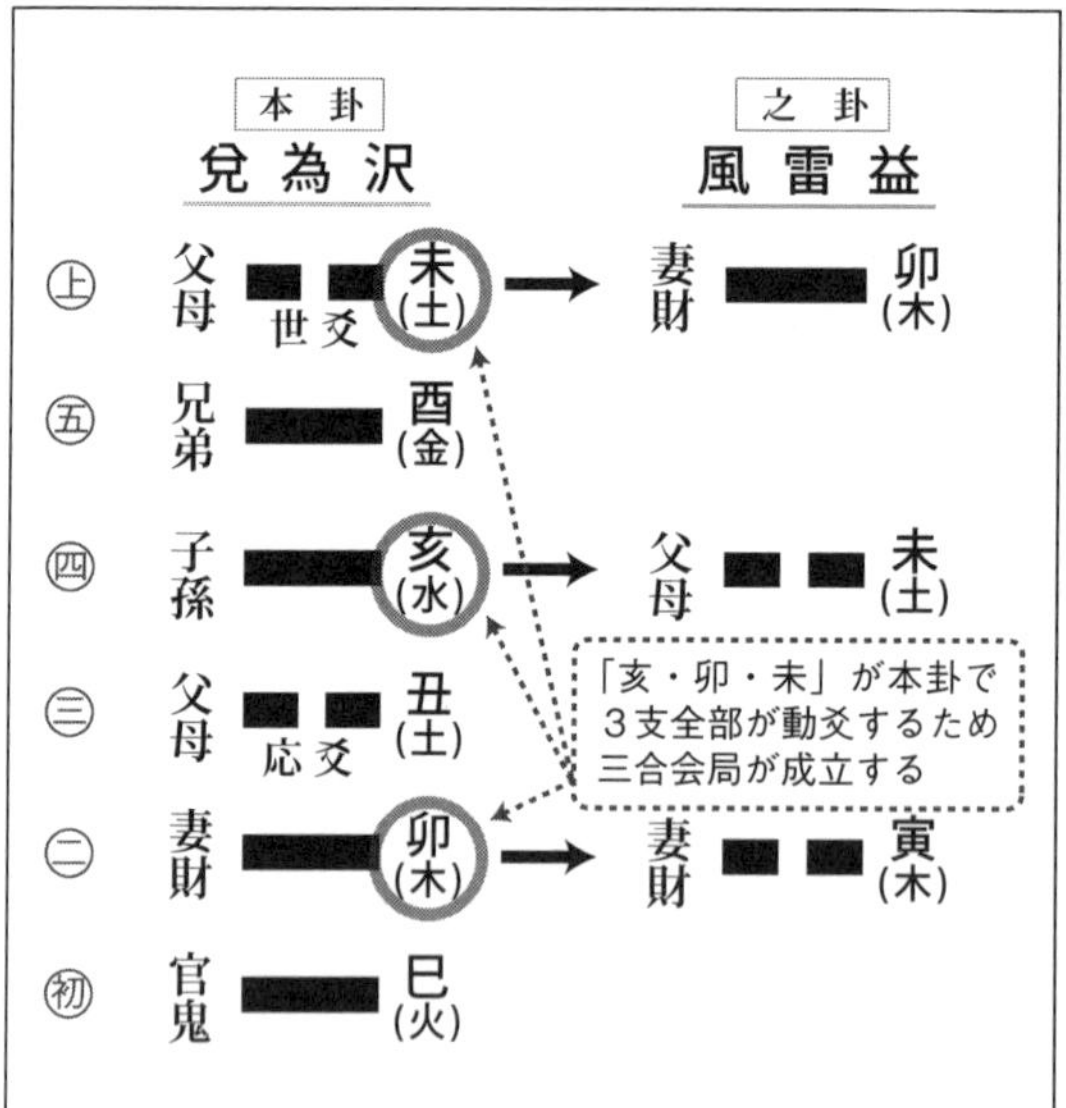

本卦 兌為沢　之卦 風雷益

上 父母 ▬ ▬ 未(土) 世爻 → 妻財 ▬▬ 卯(木)
五 兄弟 ▬▬ 酉(金)
四 子孫 ▬▬ 亥(水) → 父母 ▬ ▬ 未(土)
三 父母 ▬ ▬ 丑(土) 応爻
二 妻財 ▬▬ 卯(木) → 妻財 ▬ ▬ 寅(木)
初 官鬼 ▬▬ 巳(火)

「亥・卯・未」が本卦で3支全部が動爻するため三合会局が成立する

図15C　成立条件②の例

Cの二爻の旺支「妻財・卯木」が忌神ならば、非常に強い凶神が動くことになります。

③旺支を含む二支が動爻となり、月建・日辰に足りない地支があり三合会局となる。

まず本卦中で旺支を含む2つの支が動爻となっていることが条件となります。2つの本爻が動爻になっている場合を「**三合半会**（さんごうはんかい）」と呼びます。

「**三合半会**」というのは三合会局の予備軍の状態です。あと一支が揃えば三合会局になるからです。

条件①の中で卦中の「**動爻**」「**暗動**」「**化爻**」は三合支になりうるという説明をしましたが、それ以外で三合会局に参加できるのは「**月建**」「**日辰**」の月日の支です。つまり、「**三合半会**」の状態で月建・日辰の支が、残りの足りない一支を補う状態は三合会局が成立します。

図15Dは、二爻「官鬼・卯木」と四爻「兄弟・未土」が動爻となっていて「**三合半会**」です。そ

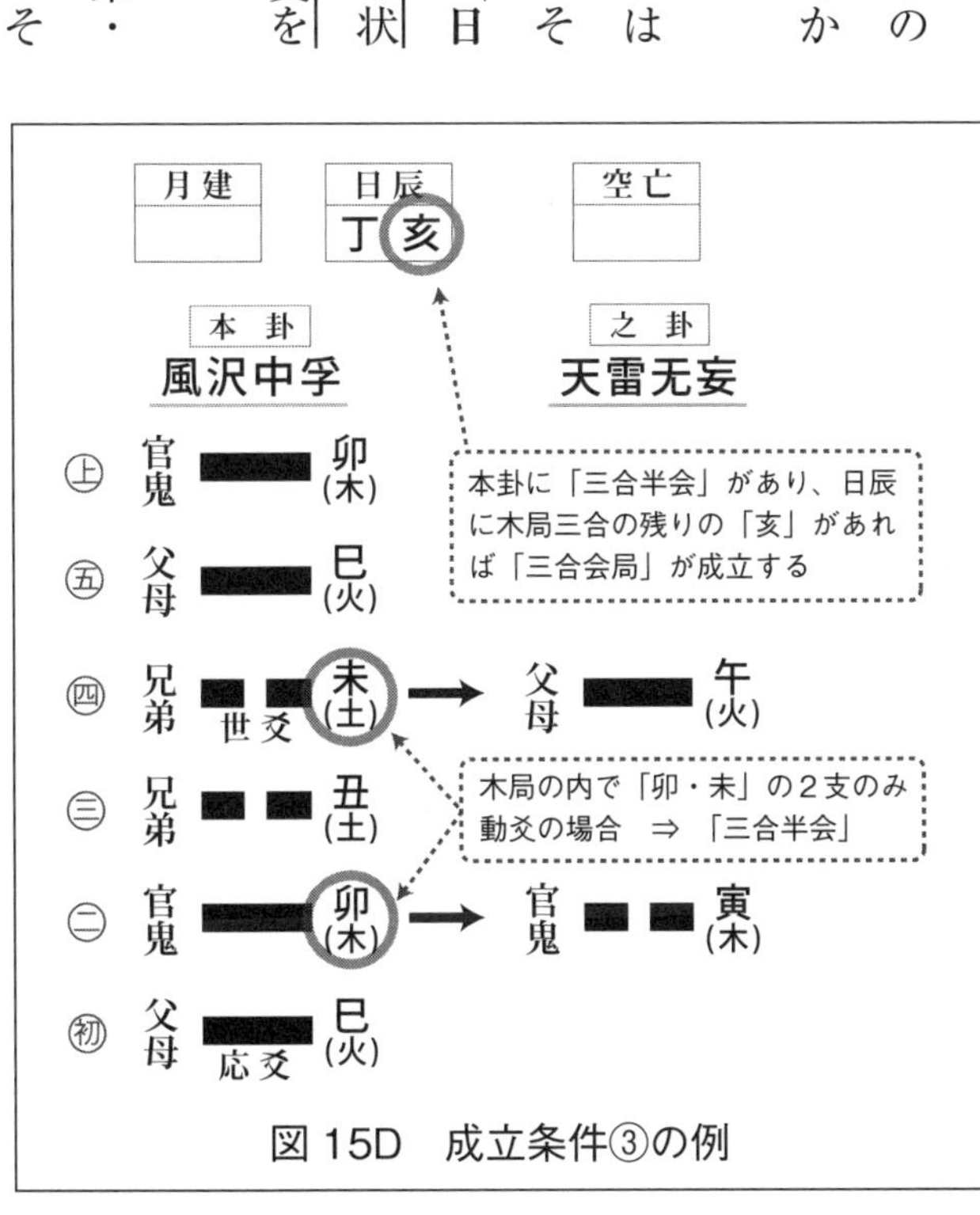

図15D 成立条件③の例

して日辰を見ると「丁亥」で、木局三合の残りの支である「亥水」です。この日辰の地支が加わって三合会局が成立します。ただし、日辰が旺支になるような三合会局は技法として成立しませんので注意してください。

④内卦・外卦それぞれの中の動爻・化爻で三合会局となる（旺支が化爻にあっても成立）。

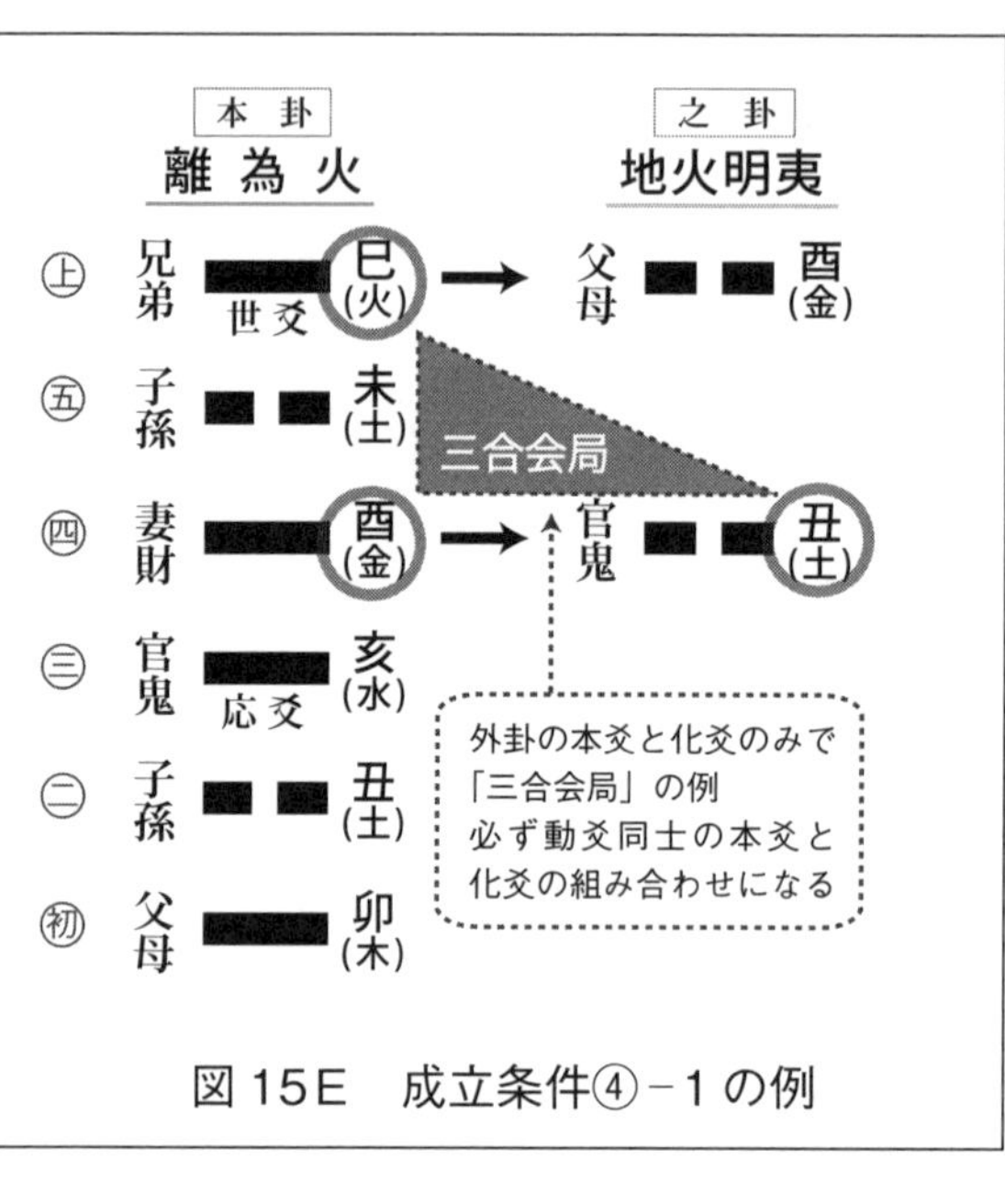

図 15E　成立条件④－1 の例

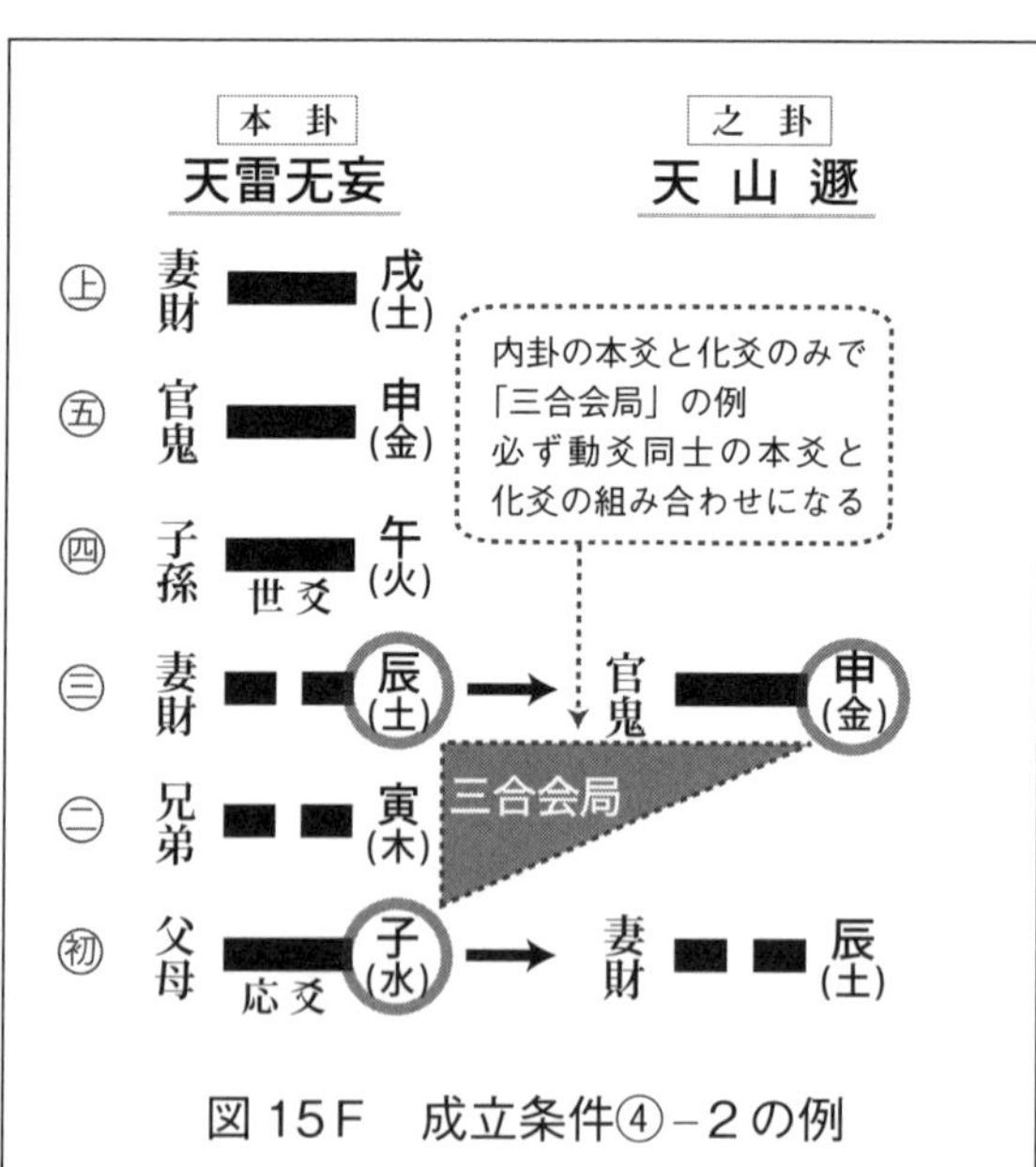

図 15F　成立条件④－2 の例

これは、「**内卦の本爻と化爻だけ**」または「**外卦の本爻と化爻だけ**」で、三合支が3つ揃うことで三合会局が成立する条件です。化爻の地支も使用するので判りにくいかもしれませんが、まずは図15Eをご覧ください。外卦の四爻と上爻が動爻となっています。外卦の動爻によって、動爻本爻と化爻の組み合わせで「**巳・酉・丑**」の三合支が揃えば、「**金局の三合会局**」となります。

このように**外卦・内卦の三合会局は必ず動爻のみで成立**します。

図15Fでは、内卦の初爻と三爻が動爻になっています。動爻の本爻と化爻で、「**申・子・辰**」の「**水局の三合会局**」が成立しています。

図15Eでは四爻の妻財・酉金が旺支であり、三合会局によって非常に強い勢いを持ち、図15Fでは初爻の父母・子水が旺支であり、こちらも非常に強い爻として他爻に影響を与えます。

次に図15Gをご覧ください。こちらも外卦に2つの動爻があり「**火局の三合会局**」が成立しています。前2つの例と違うのは、三合の要である「**旺支が化爻にある**」ことです。外卦・内卦の三合会局は、旺支が化

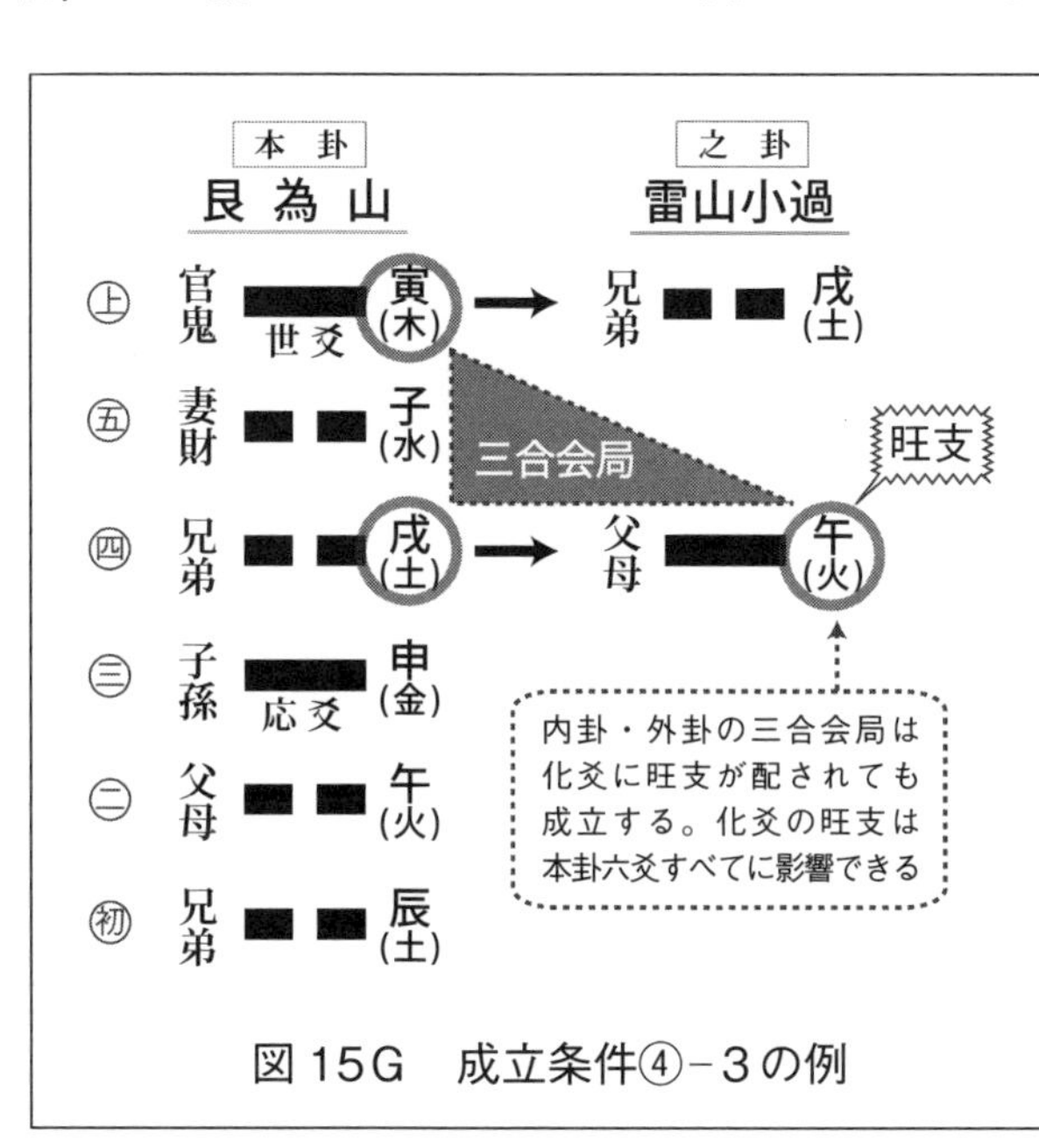

図15G　成立条件④－3の例

爻にあっても成立します。そして非常に珍しいケースですが、図15Hのように**化爻の旺支**は本卦の六爻すべてに生・尅・合・冲などの影響をもたらすことが可能です。

図G・Hは、三爻の応爻**子孫・申金**が**用神**だった場合、四爻の化爻**父母・午火**は「**三合した強力な忌神**」となり、他爻にあるはずの三爻・**申金**を尅すことができる例です。これは非常に珍しいケースで、通常の化爻は元の本爻にしか作用できないので注意してください。三合会局の時のみに成立する特別ルールです。

外卦・内卦の三合会局は、慣れないと見落としやすいので注意して卦を読み解いてください。

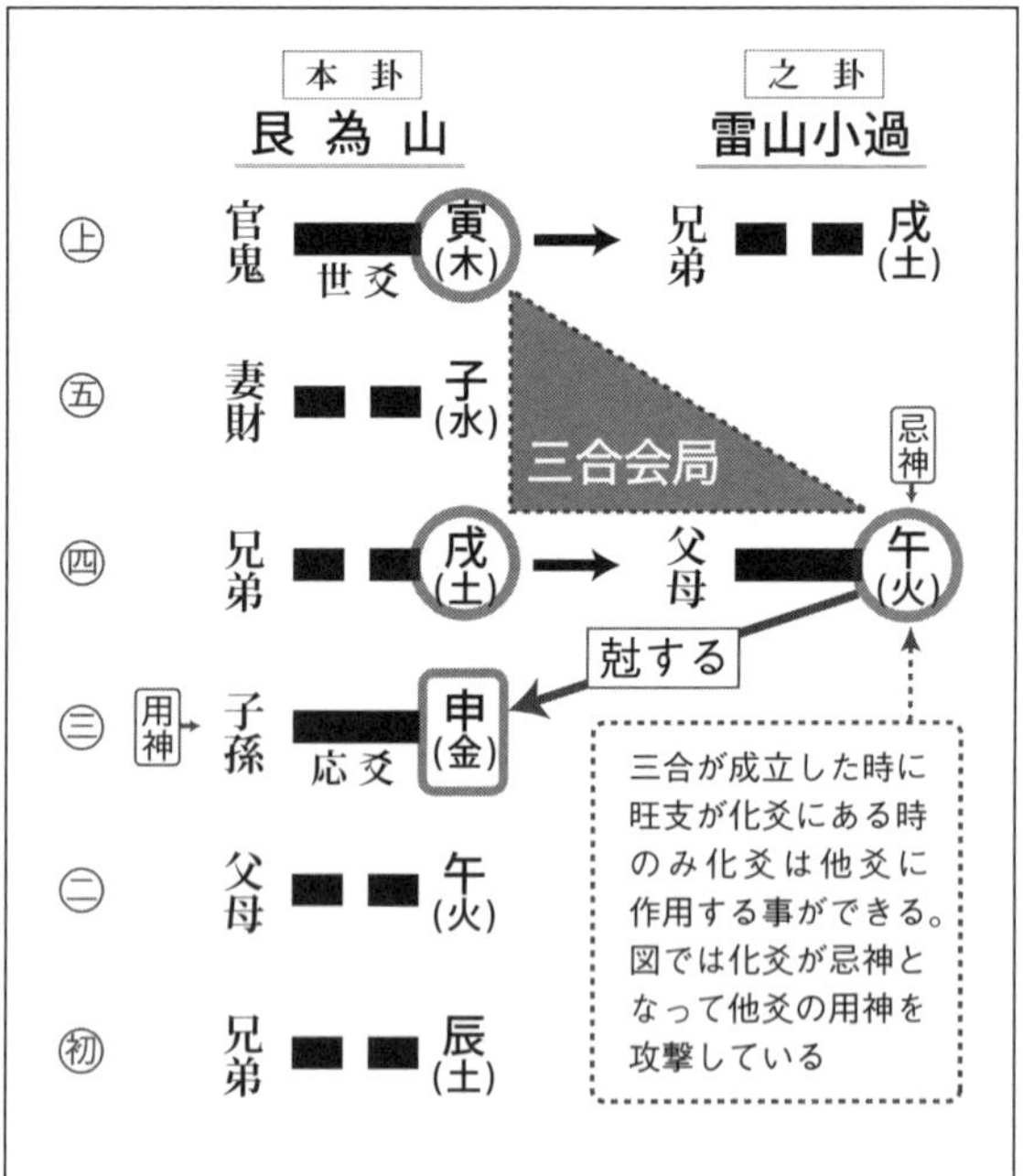

図15H　化爻の旺支の特別作用

⑤**本卦に旺支を含む二支が動爻の場合、日月で残りの一支が来れば三合会局が成立する。**

条件②のように「三合半会」ですが、月建・日辰に足りない地支がない場合はその後の月日で周ってきた時に「三合会局」が成立します。

例として図15Ｉをご覧ください。「**風沢中孚**」が「**天雷无妄**」に変じています。二爻の**旺支・卯木**と四爻の**墓支・未土**が動爻となっており、「**木局の三合半会**」の状態です。ですが、残りの長生支である「**亥**」は六爻になく、月建・日辰にもありません。

この場合は、年・月・日の地支で「亥」が巡ってきた時、卦中の「三合半会」に加わり、「三合会局」が完成します。

注意してほしいのは二爻の旺支「卯木」は動爻ですので、ある程度動爻として他爻に影響を与えることができます。ただし年・月・日に長生支である「亥水」が巡った時に三合が完成し、非常に強い影響をもたらし始めるのです。三合は、占断の吉凶を決定するほどの強い影響力を有していることが多く、重要な要素なのです。

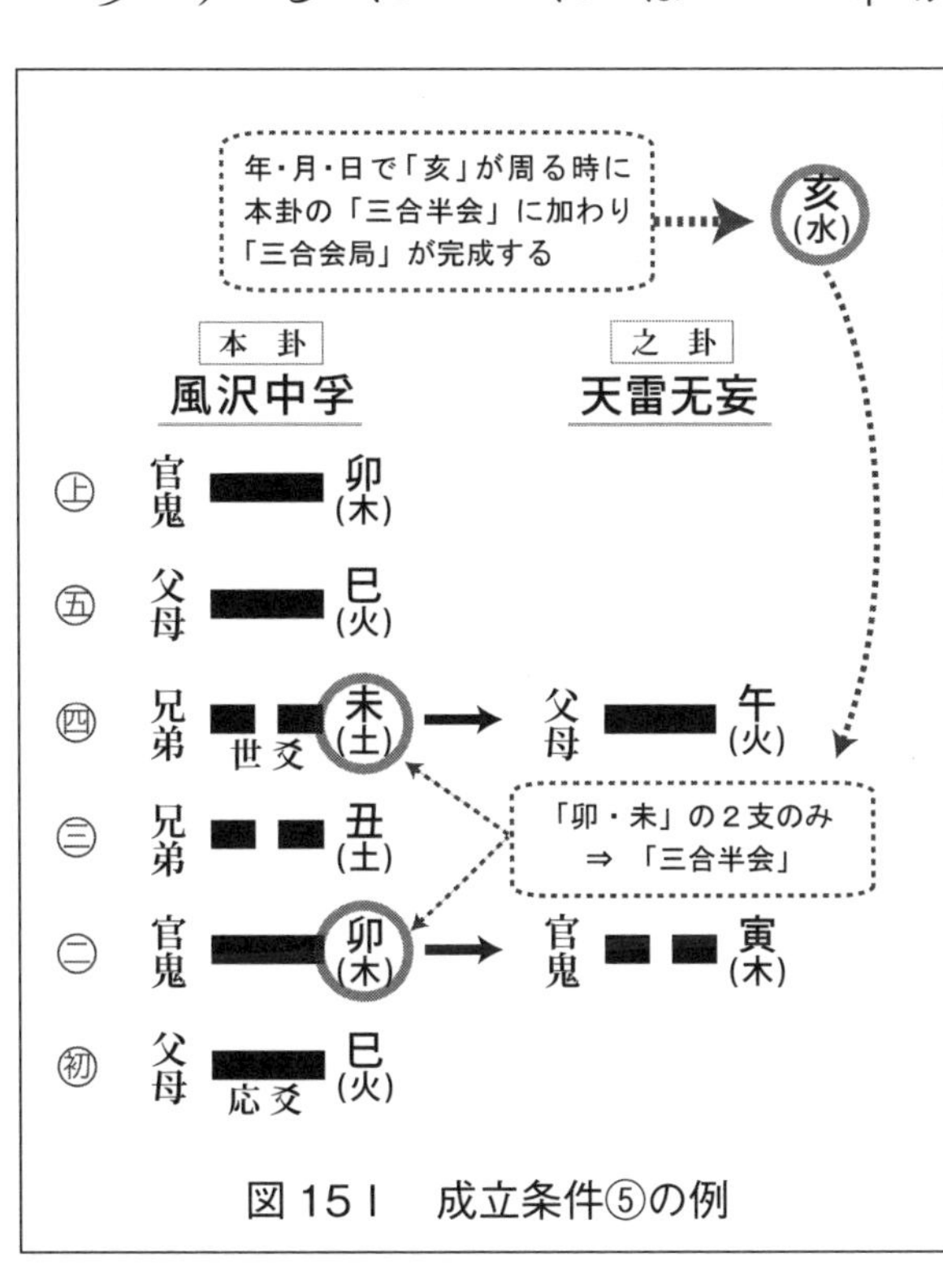

図15Ｉ　成立条件⑤の例

※条件⑤のような状態は「応期」に関係するもので、詳細は次章で再度解説します。

●三合会局（さんごうかいきょく）の意味と作用

三合会局は意味として「**協力・団結・共同・合同**」を有します。

また、集まる・混ぜるという意味から「**募金・集金・共同出資**」などの意味もあり、「**密集地・雑穀米・ちゃんこ鍋**」のように色々なものが混ざっている・溶け合っている状態も三合会局の意味となります。

重要なポイントは、旺支を中心として意味が現れることです。つまり「旺支・長生支・墓支が協力する」というよりも、「旺支に対して長生支・墓支が協力する」ような状態になります。

そのため三合会局が成立した場合、旺支が忌神で原神が長生支、墓支が仇神という関係の場合は、本来は用神を守るはずの原神（長生支）が忌神（旺支）に対して仇神（墓支）とともに協力する形になってしまいます。この場合は、用神にとって援助者を忌神に奪われ強い剋を受けることになるのです。

このように、三合会局は吉凶のバランスを大きく変える力を持っています。

【まとめ】

三合会局は常に発生する条件ではありませんが、成立したとき非常に強い影響力を持ちます。特に忌神や仇神が三合会局旺支になっている時は、凶化が著しい場合があるので注意してください。

第十六章　応期（おうき）について

1　応期（おうき）とは

今まで何度も出てきた用語が「応期」です。断易は「吉凶がハッキリ出る」というイメージがありますが、もう一つの特徴として「結果が現れる時期が判断しやすい」のです。

前者を「吉凶占」と言うならば後者は「応期占」であり、断易の醍醐味の一つであり、学ぶ上で非常に重要な象となります。


「応期」とは簡単に言えば、「占断・占事の吉凶が実現する時期」のことです。

例えば「病気が改善する」という結果があっても、それが来週なのか来月なのか来年なのかで大きな差が生じます。同様に「結婚はいつになるか？」「息子はいつ帰ってくるか？」「採用の連絡はいつ来るか？」など、時期の判断がメインになる占事の場合は「応期断法」「応期占断」などの名称でも呼ばれます。

「応期」については用神をメインに判断しますが、忌神や原神の動きが「応期」に関係する場合も少なくありません。また空亡や入墓なども、応期の判断の重要な要素となります。

「動爻」「空亡」「三合卦」の各章で述べたとおり、本章で応期に関して詳しく解説します。その前に応期の原則を理解する必要があります。

応期の基本概念

吉凶判断の要は用神ですが、応期判断では用神だけでなく原神や忌神が要になる場合があります。そのため応期の要の爻を「用爻」として表します。

①用爻が「静爻」で旺相している時の判断

・用爻に「**臨む**（用爻と同じ十二支）」年・月・日

・用爻を「**冲**」する年・月・日

②用爻が「静爻」で休囚している時の判断

・用爻が**旺相**する年・月・日

・用爻を「**合**」する年・月・日

③用爻が「動爻」で旺相している時の判断

・用爻を「**合**」する年・月・日

・用爻に「**臨む**（用爻と同じ十二支）」年・月・日

④用爻が「動爻」で休囚している時の判断

・用爻「**長生**」の時、または「**臨む**（用爻と同じ十二支）」が入る年・月・日

・用爻が旺相して、さらに「**合**」する年・月・日

⑤用爻が動爻で大旺（動爻が月日から旺じ傷がない）している時の判断

・用爻が「**入墓**」する時

・用爻を「**冲**」する時

⑥用爻が旺相して忌神や他の動爻から冲・尅を受けている時の判断

・用爻を「**冲・尅している爻**」が冲・尅に逢う、または入墓する年・月・日

・災い占の用爻の時は**忌神が旺相**する年・月・日

応期の速度

・用神動爻で世を冲する（とても速い）

・用神動爻で世を尅する（早い）

・用神動爻で世を生じる（少々遅い）

・用神動爻で世と合する（遅い、または既に決着がついている）

・用神静爻は用神動爻より遅くなる（生・尅・合・冲は動爻に準じる）

※応期断法で応期の候補は複数でる場合がありますが、世爻とのかかわりで遅速の違いがあるの

で万年暦などの暦で早さをチェックして応期を絞ることが可能です。

これが基本原則となります。（空亡などの応期については300頁以降に解説します）

【解　説】

①用爻が「静爻」で旺相している時の判断

・用爻に「**臨む**（用爻と同じ地支）」年・月・日

・用爻を「**冲**」する年・月・日

「静爻で旺相の応期は**冲で起こす時**（**逢冲**）か**臨んだ時**（**逢値**）である」

用神または用爻が静爻で月建・日辰から旺相している場合は、用爻と臨む支か「冲」する年・月・日の支が応期となります。

例えば図16Aのように二爻**妻財**・**卯木**が用神です。月建・日辰から旺相して用神は勢いがあります。吉凶占としても吉ですが、「応期」

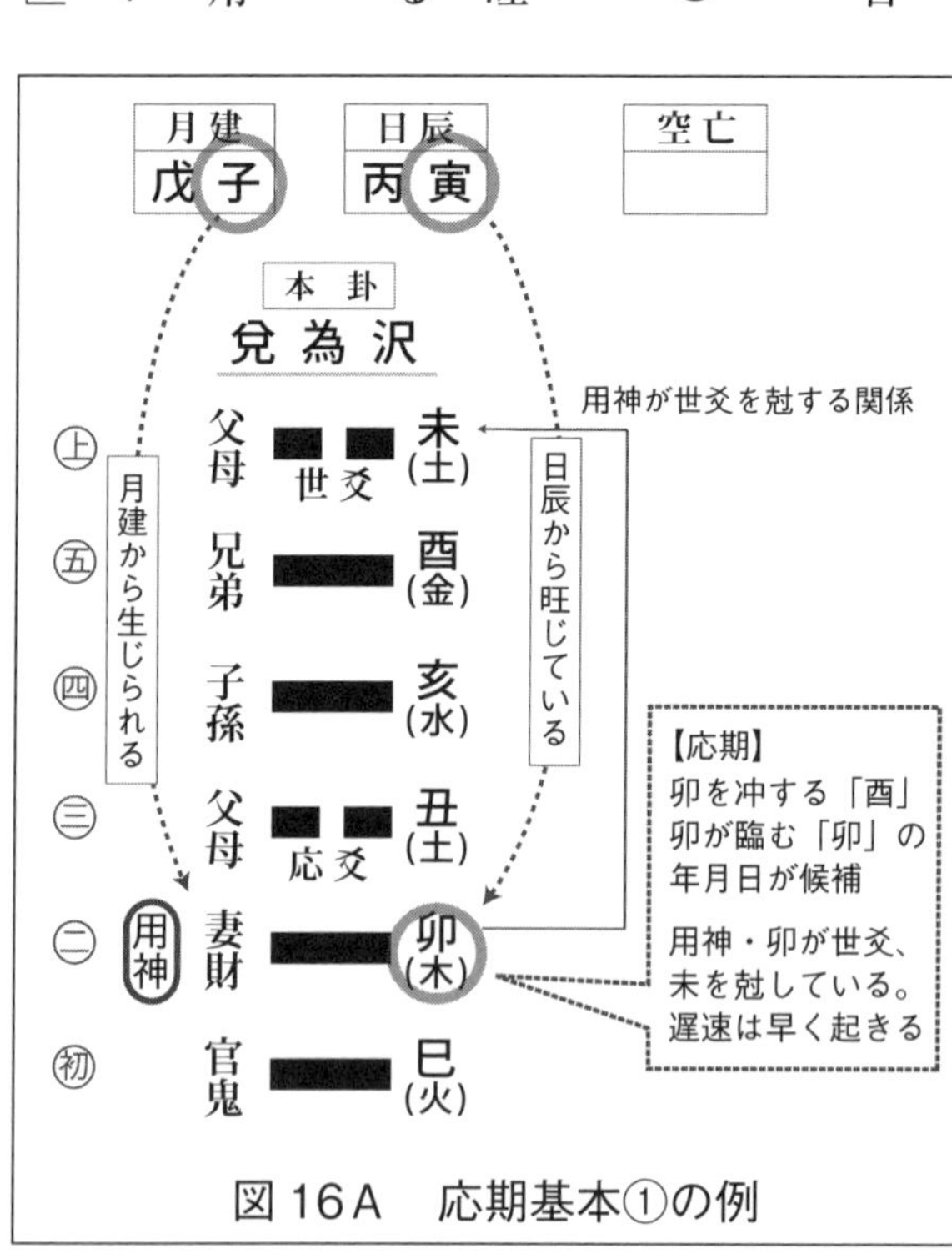

図16A　応期基本①の例

はどうなるでしょう。この場合、数カ月かかる可能性のある占事ならば、用神の**卯木**に臨むのは同じ地支ですから、**卯月**が応期候補です。また「冲」する支も候補です。卯の冲は**酉金**なので**酉月**も応期候補となります。

さらに用神の遅速としては世爻を用神が尅す関係なので早い動きの可能性が高く、占断時は**子月**なので**酉月より**も**卯月**の方が早いため卯月の可能性が高くなります。

②用爻が「静爻」で休囚している時の判断

・用爻が**旺相**する年・月・日

・用爻を「**合**」する年・月・日

「静爻で休囚の応期は**旺相して勢いを得る時**（**逢旺**）か**合して起きる時**（**合起**）である」

用神または用爻が静爻で特に日辰から休囚している場合は、用爻旺相する時か「合」する地支の年・月・日が応期となります

図16Bの例では二爻**妻財・卯木**が用神です。月建から生じていますが日辰から囚して

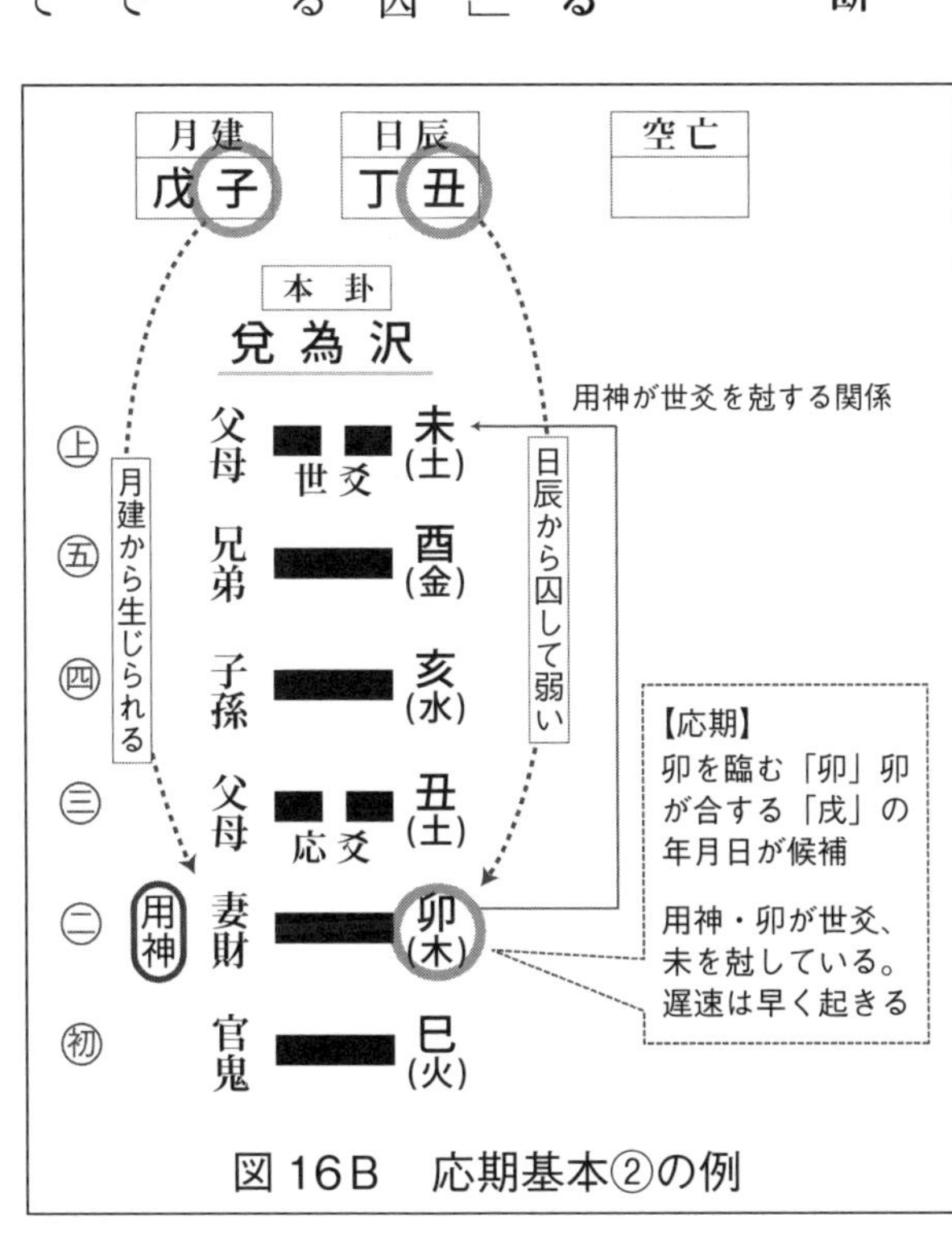

図16B　応期基本②の例

弱いです。原神が動爻で生じられ吉の占断となったとしても、肝心の用神が休囚で力がありません。そのため旺じる時である**寅**や**卯**の月、そして合起する**戌**の月が応期候補となります。

③用爻が「動爻」で旺相している時の判断

・用爻を「**合**」する年・月・日

・用爻に「**臨む**（用爻と同じ地支）」年・月・日

「動爻が旺相の応期は**動爻の支が巡る時**（**逢臨**）か**合して停止する時**（**合住**）である」

用神または用爻が動爻で月建・日辰から旺相している場合は、用爻を「合」する年・月・日の支が応期となります。強い動爻が止まる時が結果の出るタイミングとなります。また、動爻となった爻と臨む時も応期になりやすいです。

図16Cは初爻**妻財・巳火**が用神です。用神そのものが動爻であり、月建から生じられ日

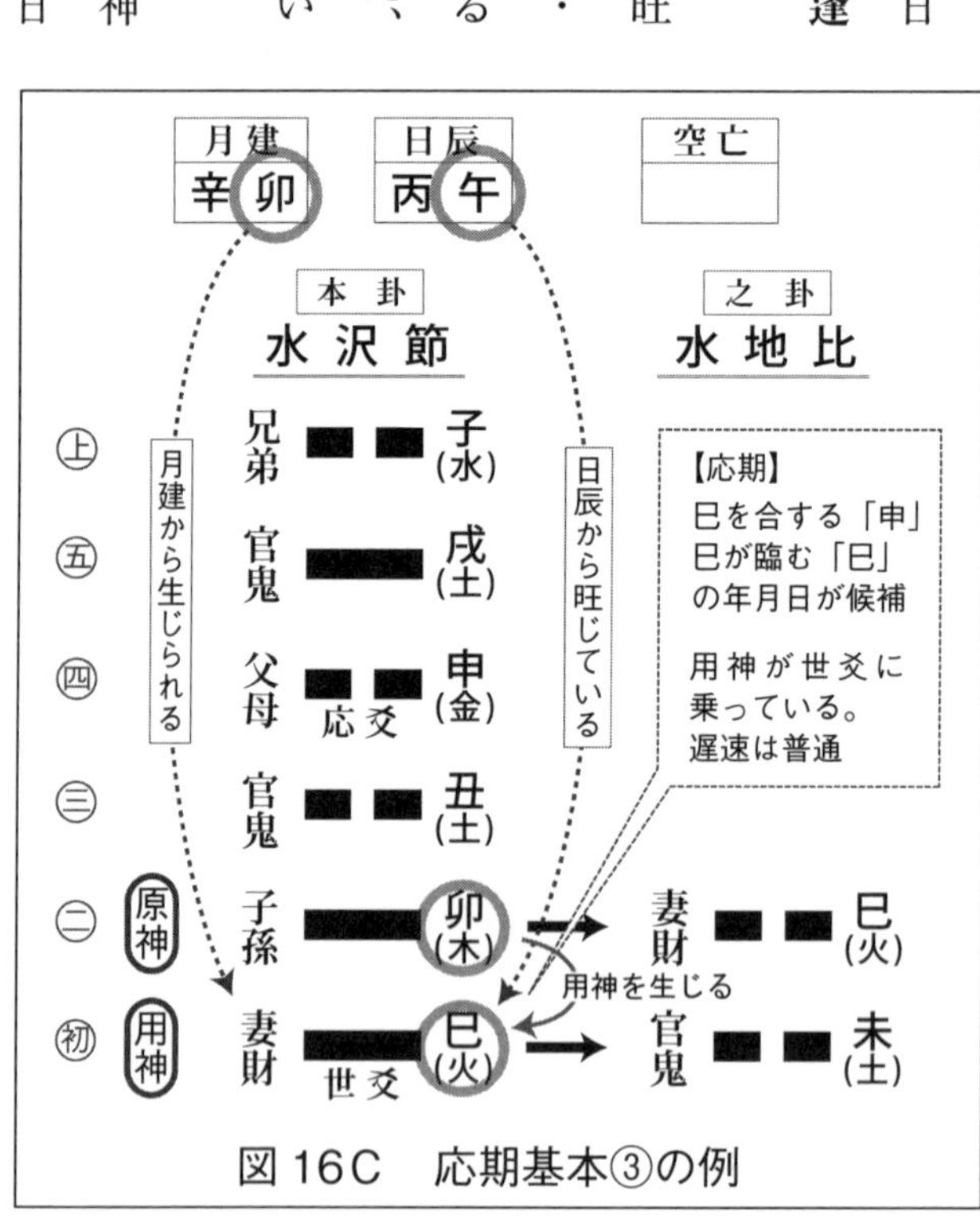

図 16C　応期基本③の例

辰から旺じられて非常に勢いがあり吉です。そのため用神と「合」して止まる（終了する）タイミングである**申**の月、または臨む**巳**の月が応期候補となります。

④用爻が「動爻」で休囚している時の判断

・用爻「**長生**」の時、または「**臨む**（用爻と同じ地支）」が入る年・月・日

・用爻が旺相して、さらに「**合**」する年・月・日

「動爻で休囚の応期は**長生支が生じる時**（**逢旺**）か**動爻の支が巡る時**（**逢臨**）である」

用神または用爻が静爻で特に日辰から休囚している場合は、用爻の長生支が巡る時か用爻が旺相して、さらに「合」する年・月・日の支が応期となります。

図16Dは二爻の**妻財・寅木**が用神です。用神そのものが動爻であり、**月建・丑土**から**囚**

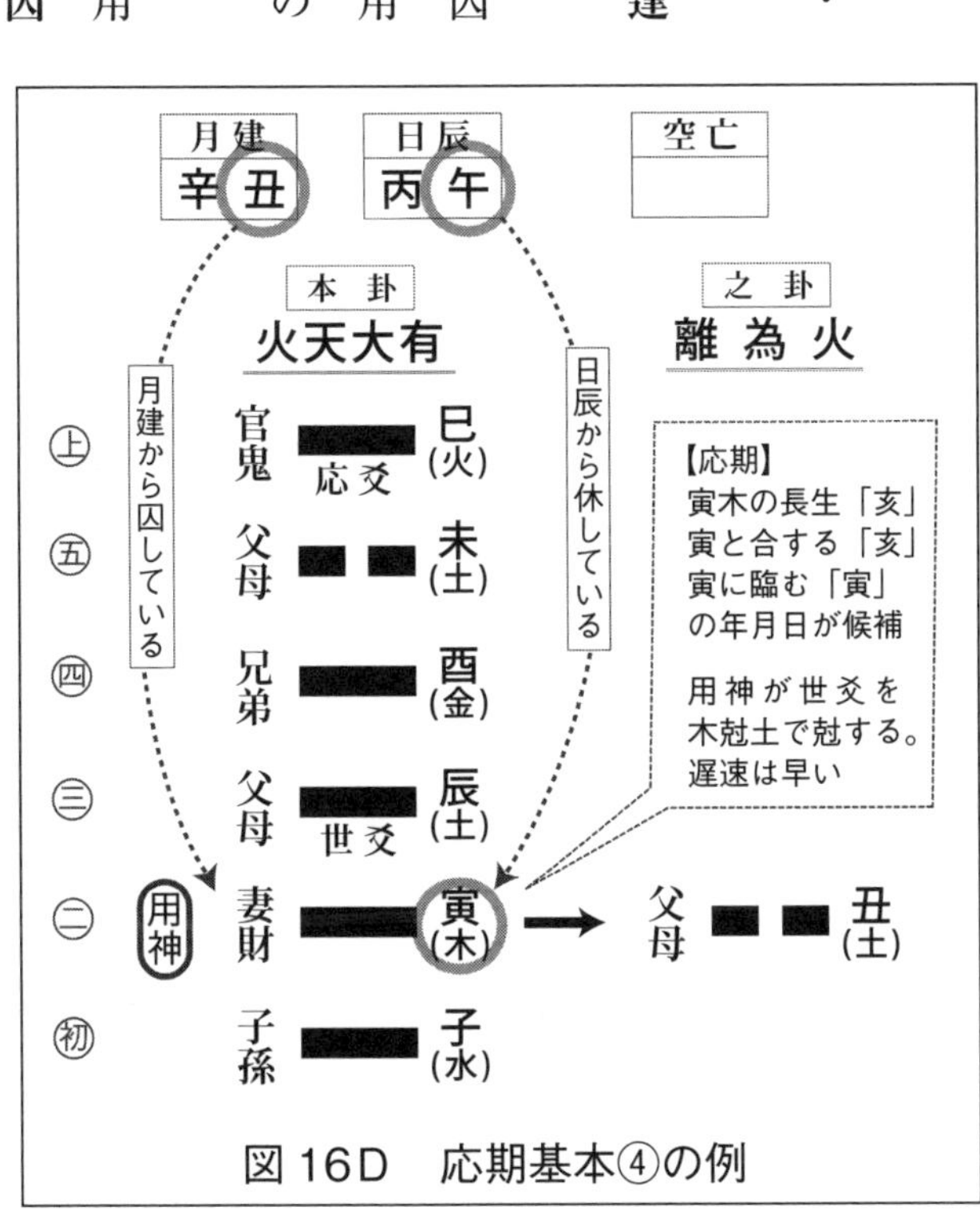

図 16D　応期基本④の例

していて**日辰・午火**からも**休**して非常に弱い状態です。この場合の応期とは、まず**用神・寅**の長生支で、なおかつ**寅**と支合の関係である**亥**が巡る時か、または**臨む寅**の月・日が巡るタイミングです。

⑤用爻が動爻で大旺（動爻が月日から旺じ傷がない）している時の判断

・用爻が「**入墓**」する時

・用爻を「**冲**」する時

「**大旺した動爻**の応期は**墓に入る時**（**逢墓**）か**冲する時**（**逢破**）である」

動爻の用神または用爻が日辰・月建からも旺相し、他の動爻から剋・冲されていない時は旺じすぎているため「大旺」と表現します。この場合は墓に入れて止めるか冲する時が応期となります。

図16Eは二爻の**妻財・寅木**が用神です。用神そのものが動爻であり、月建から旺じ日辰からも臨んでいて非常に強い**大旺**の状態で

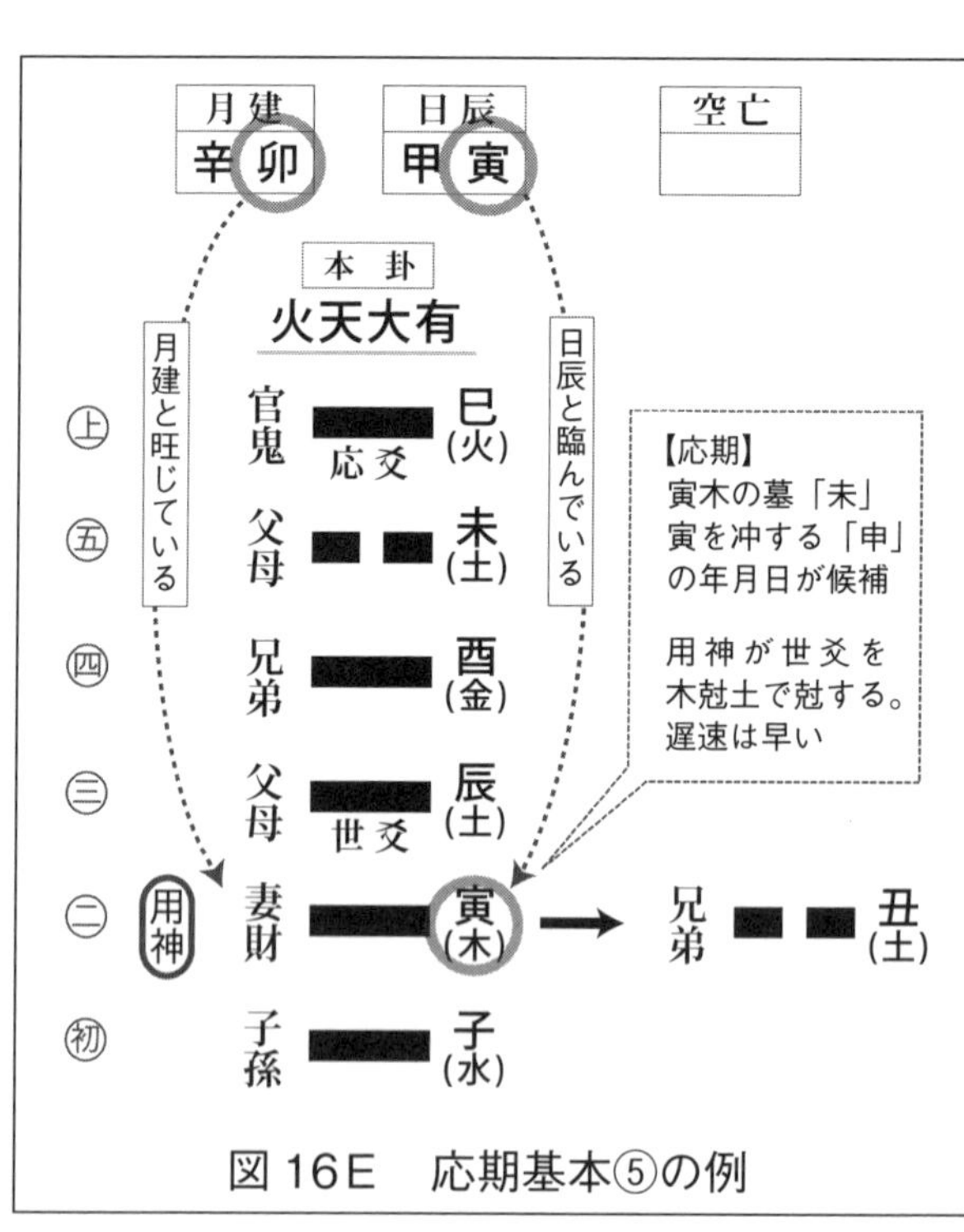

図16E　応期基本⑤の例

す。この場合の応期とは、まず**寅の墓支**である**未**が巡る時か、または冲する**申**が応期となります。

⑥用爻が旺相して忌神や他の動爻から冲・尅を受けている時の判断

・用爻を「冲・尅している爻」が**冲・尅に逢う**、または**入墓**する年・月・日

・災い占の用爻の時は**忌神が旺相**する年・月・日

「用爻が旺相しならも冲爻・尅爻を受ける時の応期は**冲・尅爻を制する時**である」

用神または用爻が静爻で旺相しながらも、動爻の忌神から攻撃を受けたり他爻から冲破を受ける場合は、その忌神や他爻を冲・尅する年・月・日の支が応期となります。

図16Fは静爻二爻の**妻財・卯木**が用神です。月建から生じられ日辰からも旺じられて強い状態です。しかし五爻の**忌神・申金**

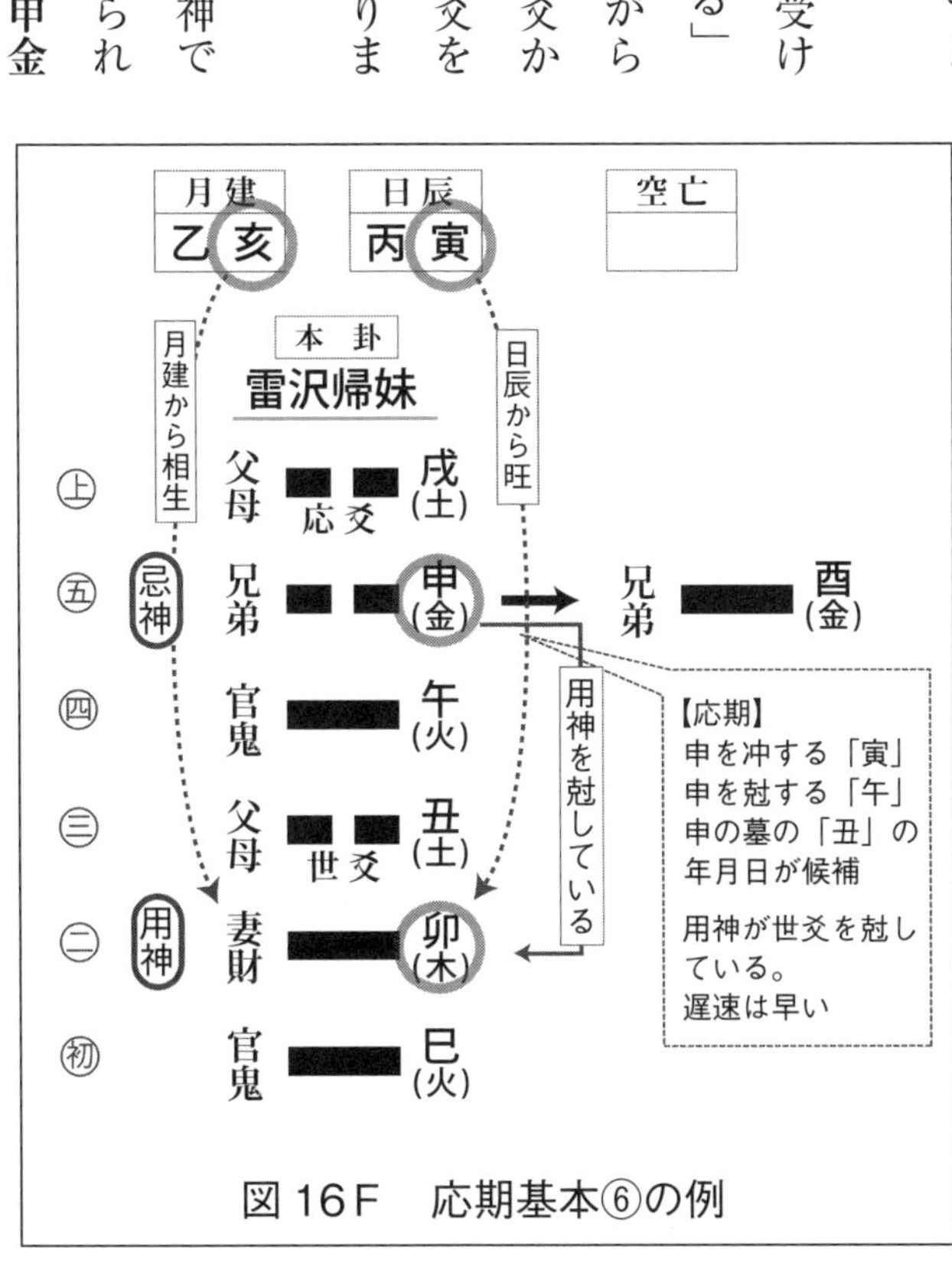

図16F　応期基本⑥の例

が発動し動爻となり用神を剋してきています。この場合の応期とは、忌神・申を冲する寅や剋する午（**巳は申と支合するため使えません**）、または申金が入墓する丑の年・月・日の時が応期となります。

2　各章（空亡など）の応期の解説

前章までの中の「応期」をまとめます。各章で応期を説明すると、詳しい応期の解説がない状態での記述になって入門者の混乱を招くため、こちらの章にまとめました。

第九章（三伝）から第十五章（三合卦）までの応期説明が必要なものを、章順に解説します。

第九章　日辰・月建・太歳（三伝）について

●合住の応期（161頁）

合住とは「**日辰と動爻である用神・用爻が支合した**」状態です。

動爻が合することで合住となり、動爻としての機能を一時的に失います。ですが、合住は永遠ではなく応期がくれば解かれ、再び動爻としての機能を取り戻します。

そのため用神・用爻が合住している場合、合住を解くタイミングは応期になります。

【応期】

・「**合は冲して解く**」。合住している用爻を「**冲する**」地支の時が応期。

例えば図16Gのように**原神**・**午火**が動爻で**日辰**・**未土**と「合住」している場合、原神の子孫・午を冲する**子の年**・**月**・**日**が応期となります。

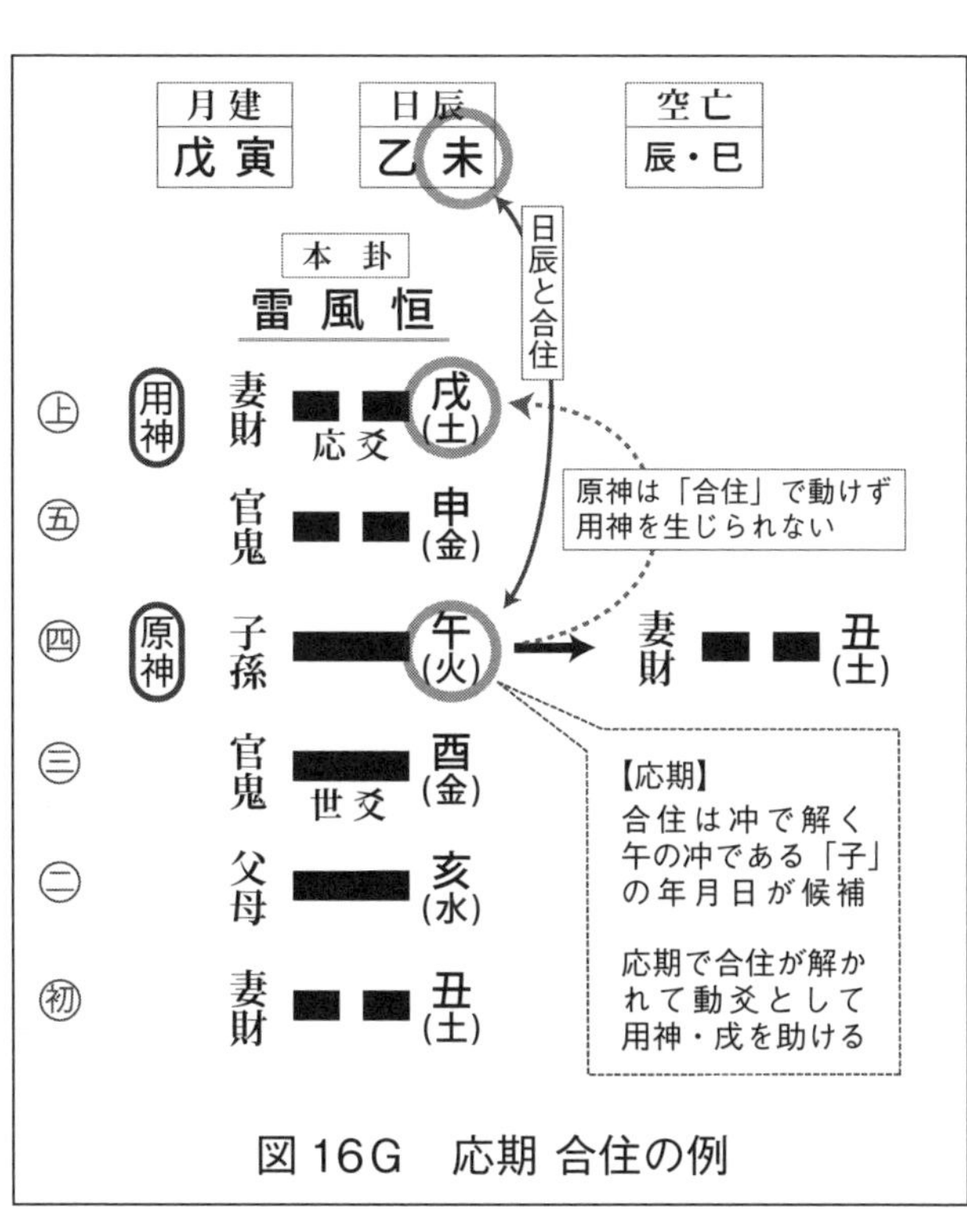

図16G　応期 合住の例

●日辰長生（にっしんちょうせい）の応期（167頁）

用神・用爻が静爻で日辰が長生支の場合は、292頁で解説した**用爻が**「**静爻**」**で旺相している時の判断と**同じになります。

【応期】

・用爻に「**臨む**（用爻と同じ地支）」年・月・日

・用爻を「**冲**」する年・月・日

●入墓の応期（169頁）

入墓は、墓から抜けるタイミングを「開く」と言います。用神・用爻が日辰に入墓している時はその応期が大切になります。

【応期】

・用神・用爻を「**冲**」する年・月・日（冲に逢うため「**墓庫逢冲**」と呼びます）

・墓となる日辰の地支を「**冲**」する年・月・日（冲して開くため「**墓庫冲開**」と呼びます）

図16Hの例では用神の四爻妻財・午火が日辰・戌土に入墓しています。この場合の応期

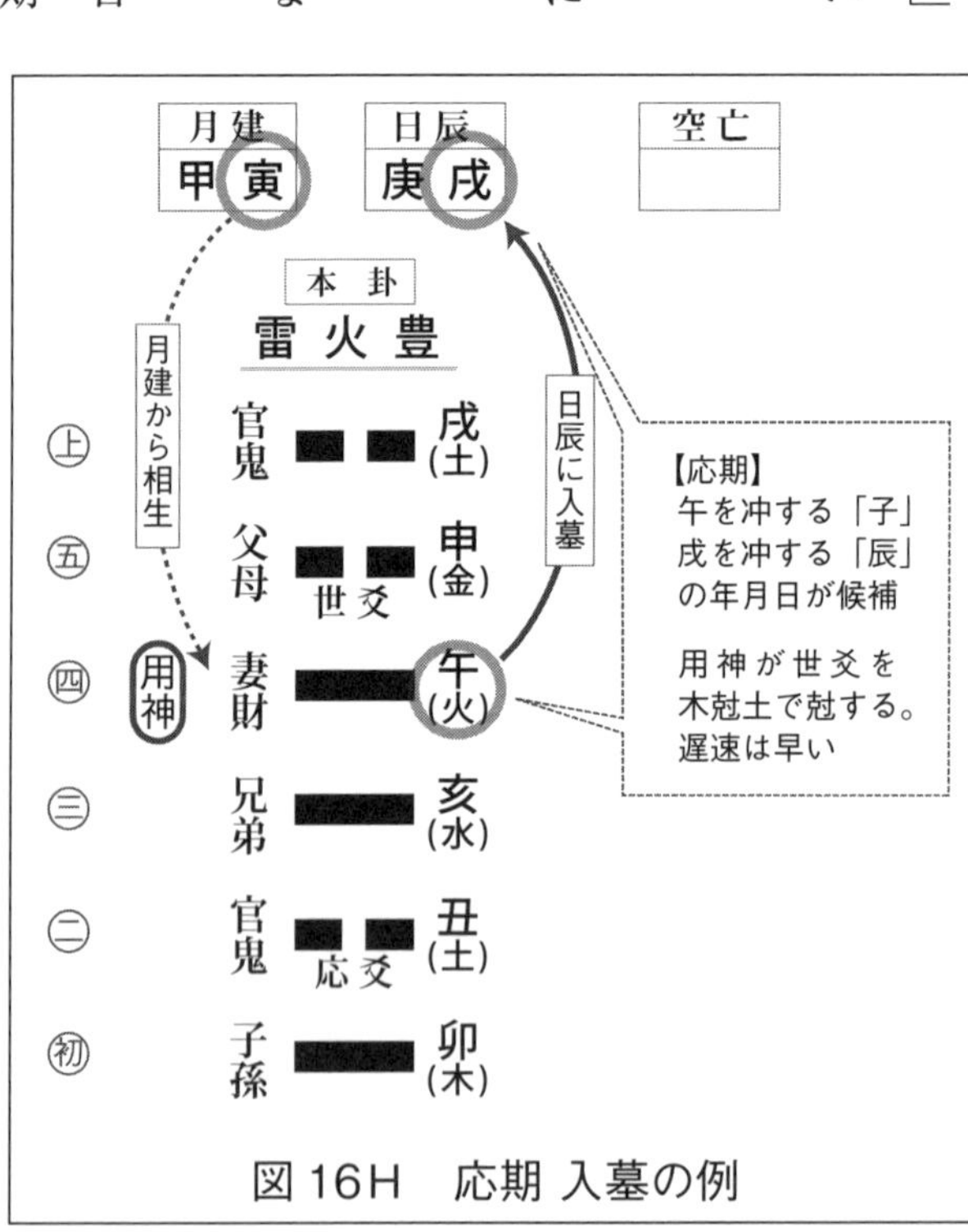

図16H　応期 入墓の例

は、用神・午火を冲する地支である**子水**、または墓となる日辰・**戌土**を冲する**辰土**の年・月・日の時です。

●入絶（にゅうぜつ）の応期 （170頁）

用神・用爻が日辰に入絶する場合は、次のようになります。

【応期】

・用神・用爻を「**長生**」する年・月・日

・用神・用爻に「**臨旺**」する年・月・日

「**絶は長生または臨旺と逢うことで解く**」が応期。

図16Ｉの例では用神の四爻妻財・午火が日辰・亥水に入絶しています。この場合の応期は用神・午火の長生支である**寅**、または**臨旺**する**巳**・**午**の年・月・日の時です。

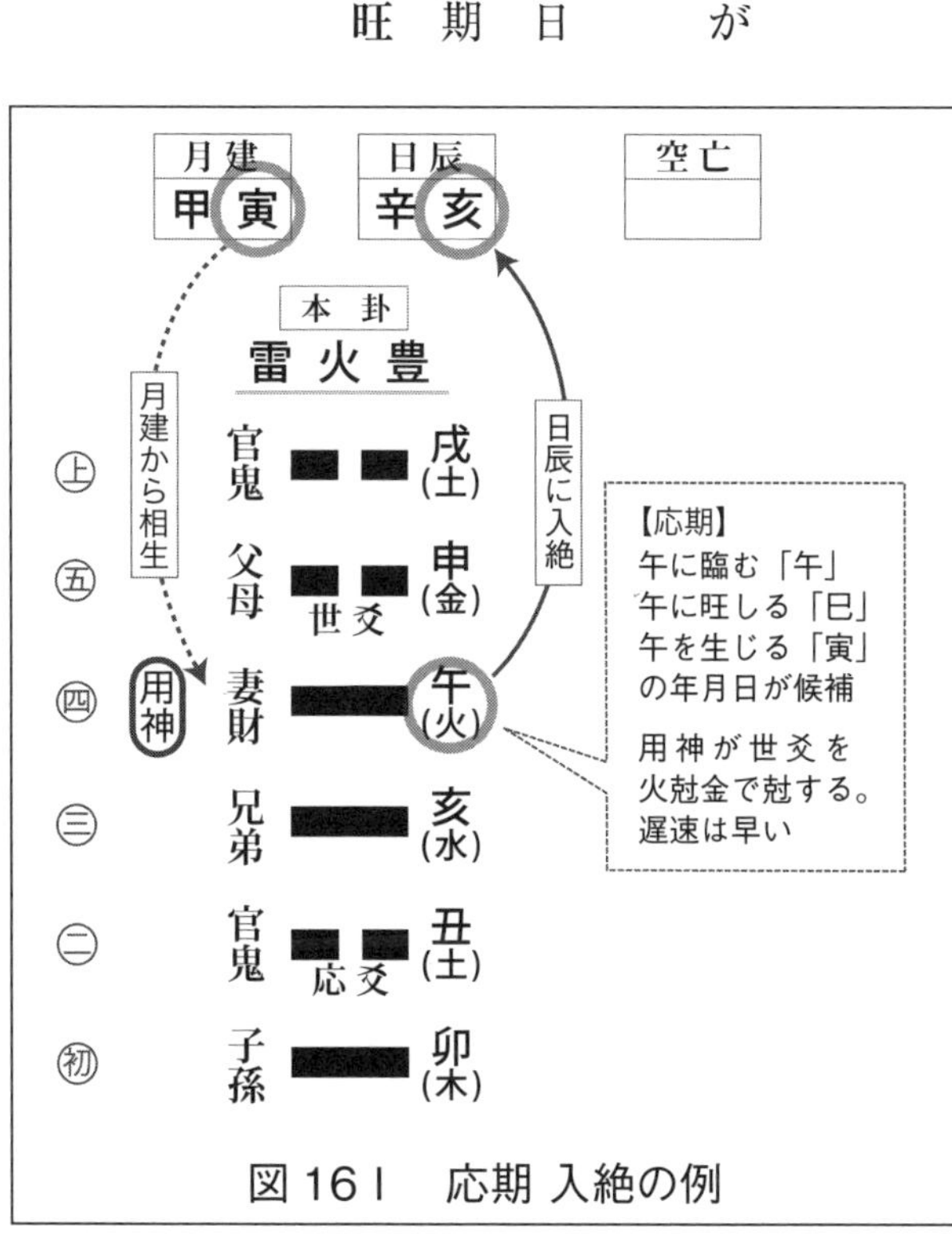

図16Ｉ　応期 入絶の例

用神・用爻が動爻となり回頭生や進神、反吟などに化している場合は、その動きが応期となる可能性が高くなります。ただ注意しなくてはいけないのが、回頭生は用神・用爻に対して吉的な応期となりますが、回頭剋は用神・用爻に対して凶的な応期となることです。これは進神・退神にも言えることです。

●回頭生（かいとうせい）・回頭剋（かいとうこく）の応期（188頁）

用神・用爻が回頭生・回頭剋に化した場合、次のようになります。

【応期】

・回頭生・回頭剋いずれも「**化した地支**」の年・月・日

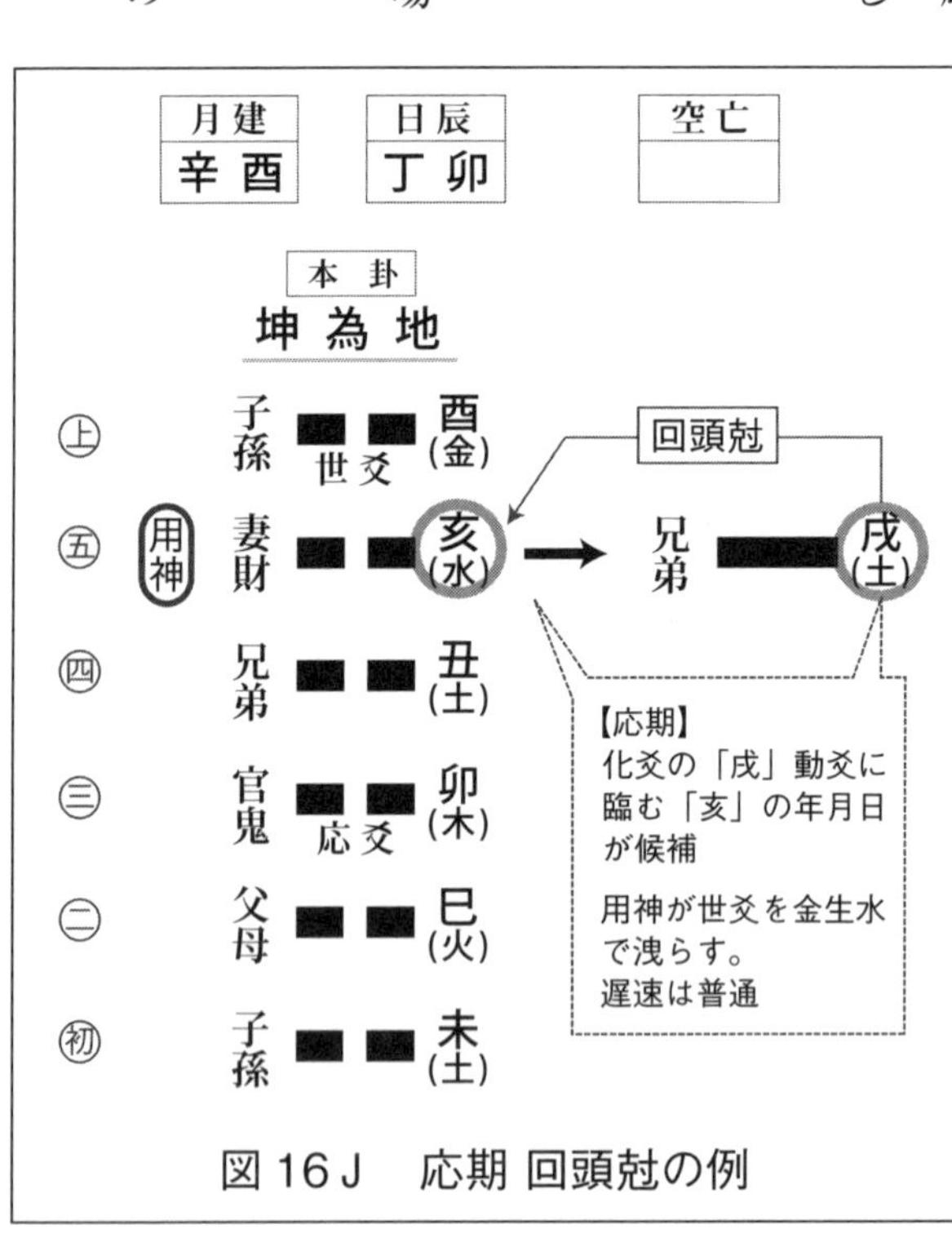

図16J　応期 回頭剋の例

・用神・用爻に「**臨む**（用爻と同じ地支）」の年・月・日

例えば図16Ｊの例では、用神の五爻**妻財**・**亥水**が**化爻**・**戌土**から剋され回頭剋です。

この場合の応期は、用神が化した**地支**・**戌**の時です。また、用神と臨む**亥**の時も応期の候補です。

●進神（しんじん）の応期（190頁）

進神と退神は応期の出方が違います。注意してください。

【応期】

・進神となる用神・用爻に「**合**」する地支の年・月・日

・進神となる用神・用爻に「**臨む**」地支の年・月・日

図16Ｋの例では、用神の上爻**妻財**・**未土**が**戌土**に化し進神です。

この場合の応期は用神の未と合する地支である**午**の時です。また、用神と臨む**未**の時も応

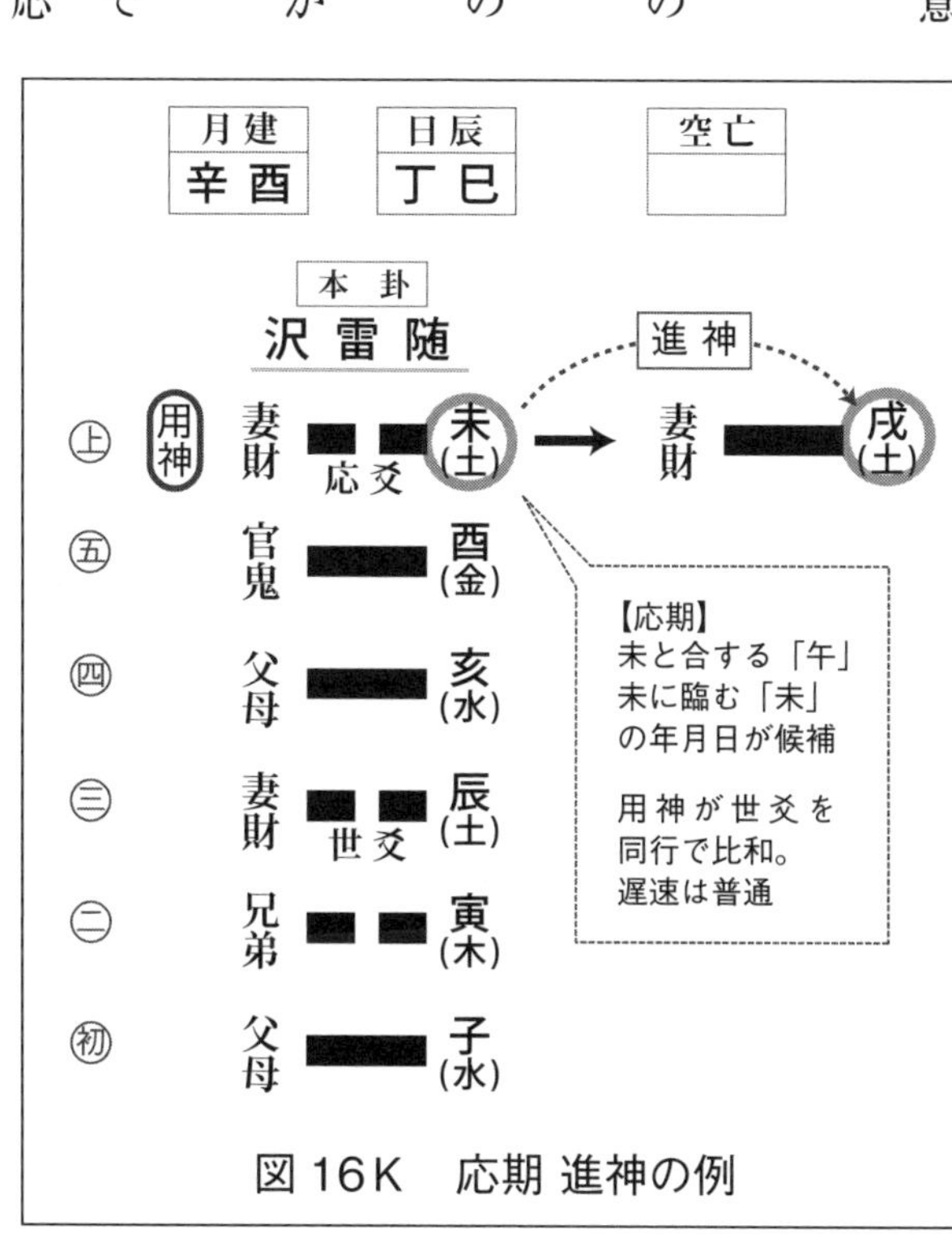

図16Ｋ　応期 進神の例

期の候補です

●退神（たいじん）の応期（194頁）

退神は進神と応期の出方が違います。

【応期】

・退神となる化爻に「**臨む**」地支の年・月・日

・退神となる化爻を「**冲**」する地支の年・月・日

・退神となる本爻と「**合**」する地支の年・月・日

通常は化爻と臨む地支の時が応期になりますが、化爻を冲する時と本爻と合する地支も応期になる場合があります。

図16Lの例では、用神二爻の妻財・卯木が退神となっています。この場合の応期は、化爻の**寅**の地支が巡る時。また**寅**を冲する**申**が巡

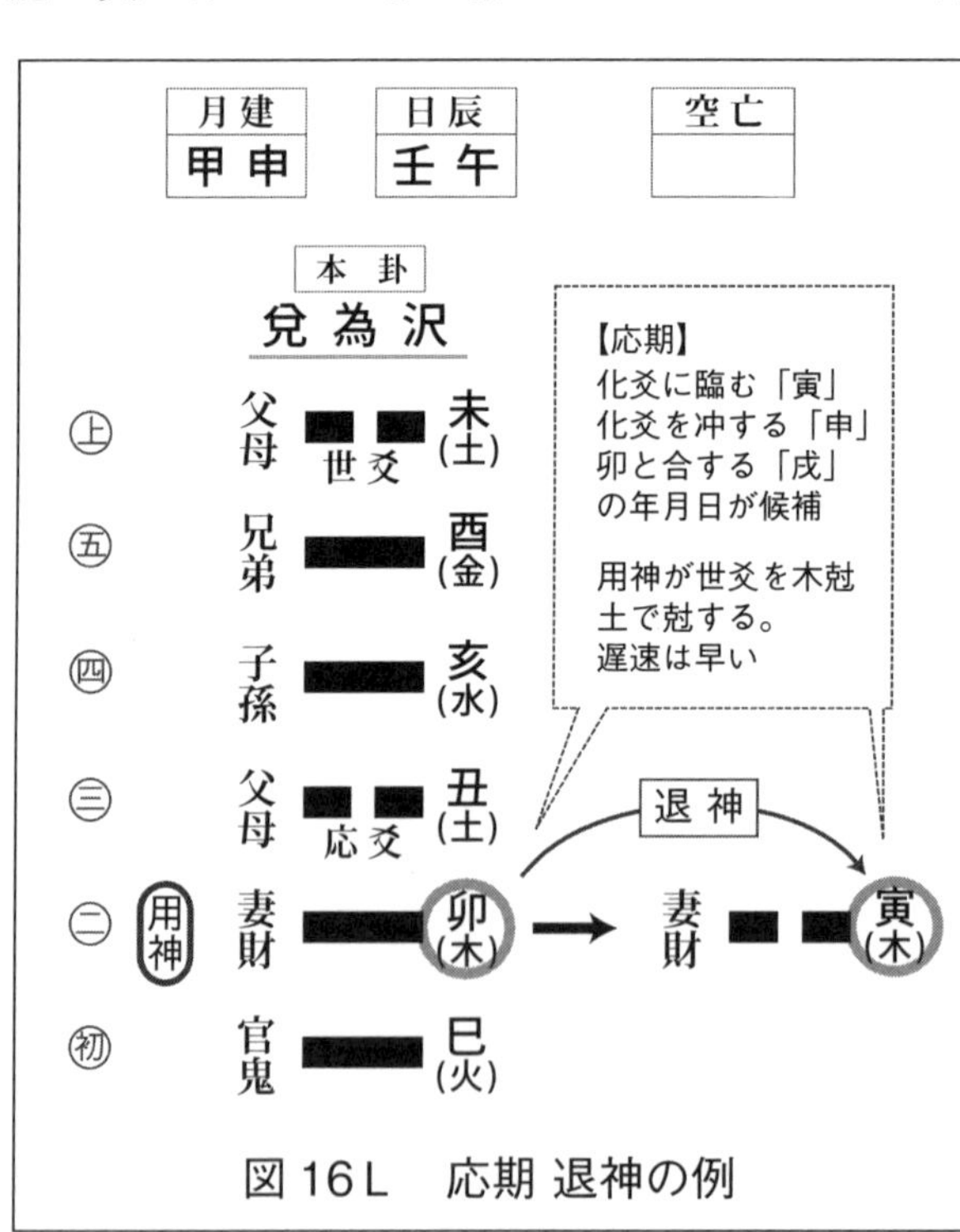

図16L　応期 退神の例

る時、そして退神の本爻卯と合する**戌**が巡る時は応期の候補となります。

●伏吟（ふくぎん）の応期（198頁）

伏吟は本来、進退窮まる状態のため、旺相している場合のみ応期が見られます。

【応期】

・旺相する伏吟を「**冲**」する地支の年・月・日

・休囚死する伏吟は応期を得られない

図16Mの例では、用神の上爻の**妻財・戌土**が伏吟となっています。伏吟ですが月建・日辰から旺相しているため応期判断が可能です。この場合の応期は、伏吟を冲する**辰**の地支が巡る時となり、伏吟の状態から脱します。

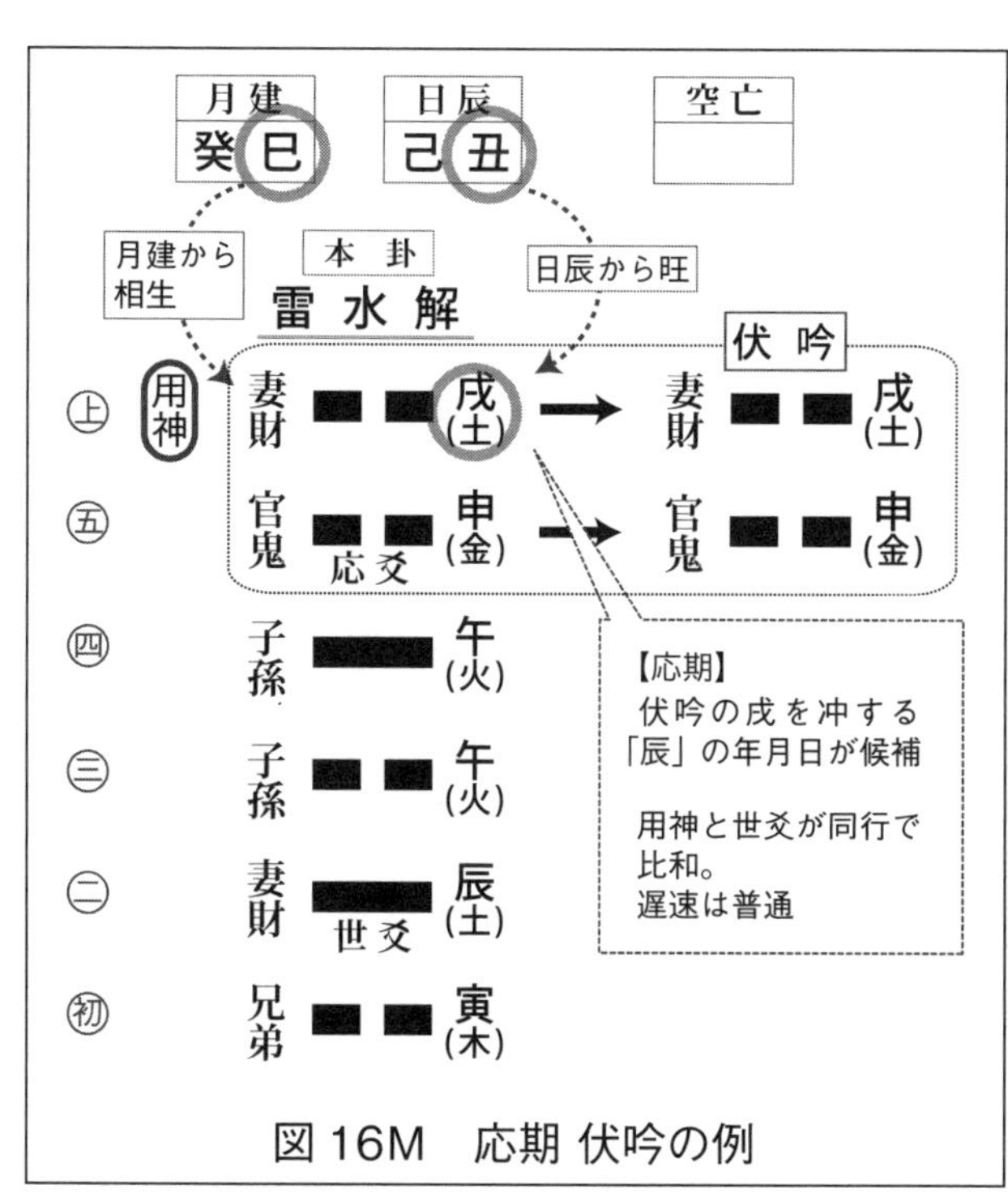

図16M　応期 伏吟の例

●反吟（はんぎん）・尅反吟（こくはんぎん）の応期（200頁）

反吟・尅反吟は、尅反吟にのみ応期が見られます。反吟は基本的に反復・往復のため、応期の判断はできません。

【応期】

・尅反吟では化爻と「**臨む**」地支の年・月・日

・単なる反吟は応期を得られない

図16Nの例では、三爻の**官鬼・卯木**が動爻となり、**酉金**に化して尅反吟となっています。この場合の応期は、化爻の地支・**酉**が巡る時です。

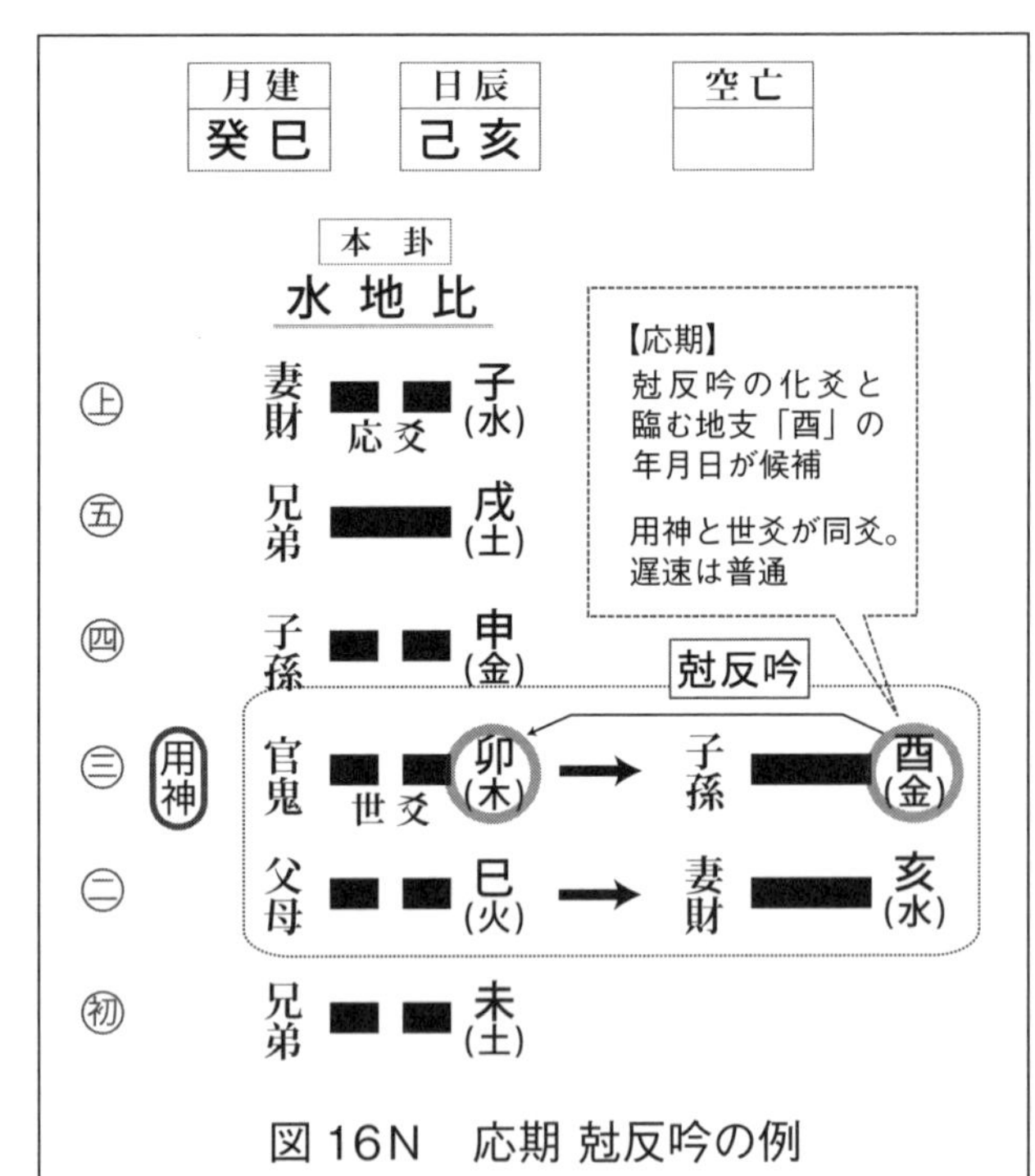

図16N　応期 尅反吟の例

●合化（ごうか）の応期（205頁）

用神・用爻が動爻となり化爻と「合化」する場合、次のようになります。

【応期】

・動爻となる本爻を「**冲**」する地支の年・月・日

・化爻を「**冲**」する地支の年・月・日

図16Oの例では、四爻の**妻財・未土**が動爻となり、化爻の**午火**と支合となり「**合化**」しています。この

場合の応期は本爻・未を冲する丑が巡る地支の時、または化爻の午を冲する子の地支の時です。

●長生化の応期

用神・用爻が動爻となり、化爻が長生の地支となる場合は、次のようになります。

【応期】

・長生となる「**化爻の地支**」の年・月・日

・用神・用爻に「**臨む**（用爻と同じ地支）」の年・月・日

基本は回頭生と同じ応期と考えてよいでしょう。（304頁）

●墓化の応期（208頁）

用神・用爻が動爻となり、化爻が墓の地支となる場合は、日辰入墓の応期と理屈は同じです。（302頁参照）

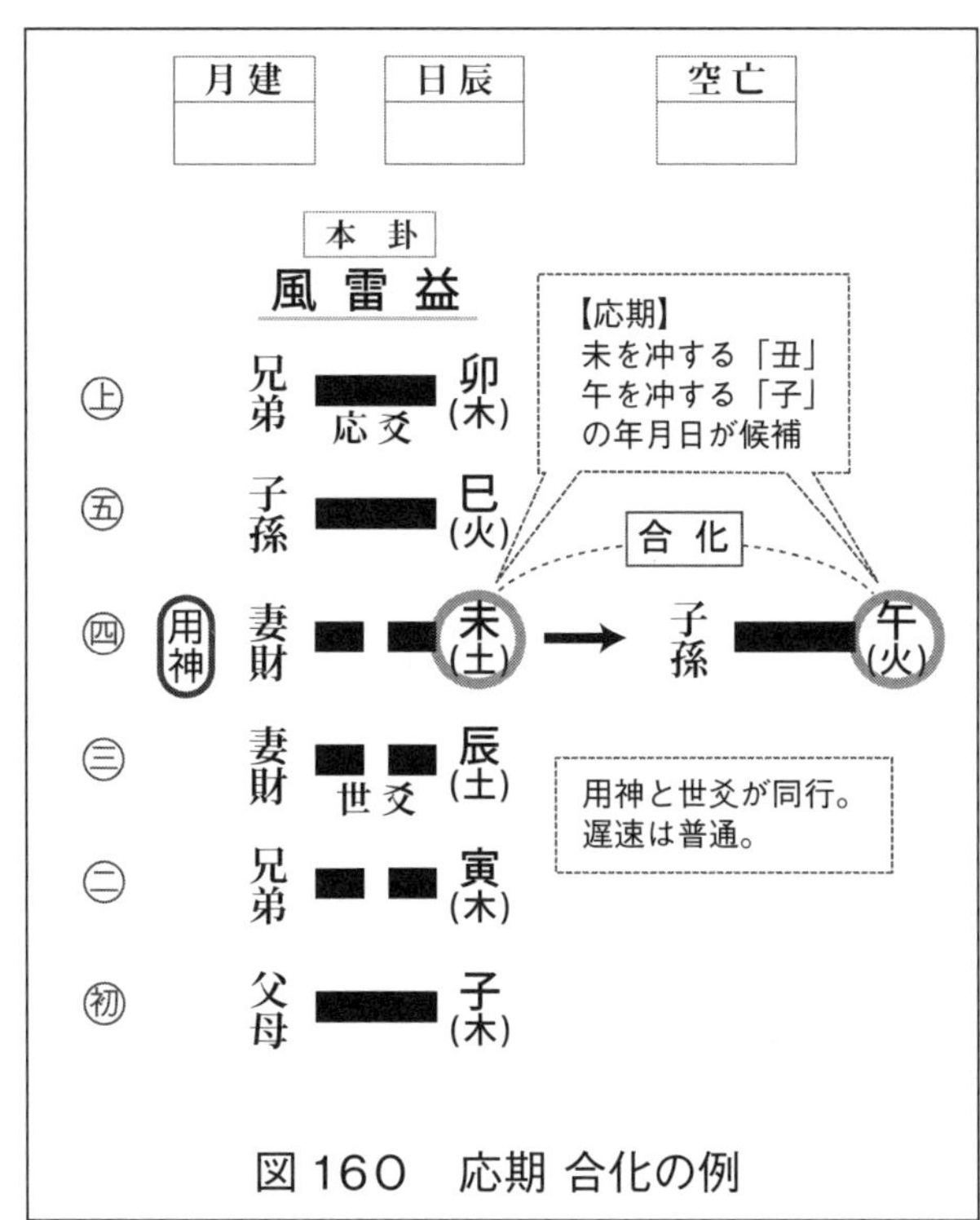

図160　応期 合化の例

【応期】

・用神・用爻を「**冲**」する年・月・日（冲に逢うため「**墓庫逢冲**（ぼこちゅうかい）」と呼びます）

・化爻の墓の地支を「**冲**」する年・月・日（冲して開くため「**墓庫冲開**（ぼこちゅうかい）」と呼びます）

●絶化の応期（210頁）

用神・用爻が動爻となり、化爻が長生の地支となる場合は、日辰入絶の応期と理屈は同じです。（303頁参照）

【応期】

・用神・用爻を「**長生**」する年・月・日

・用神・用爻に「**臨旺**」する年・月・日

「**絶は長生または臨旺と逢うことで解く**」が応期となります。

第十一章　用神多現と用神不現について

●伏神（ふくじん）の応期（225頁）

有用の伏神の応期は、伏神と飛神の両方が関係していきます。

【応期】

・伏神と「**臨む**」地支の年・月・日

・飛神を「**冲**」する地支の年・月・日

・まれに伏神を「**冲**」する地支の年・月・日

図16Pの例では、二爻に用神の**妻財・寅木**が伏しています。この場合の応期は、伏神を臨む**寅**、または**飛神子孫・亥水**を冲する巳の巡る時期が応期となります。

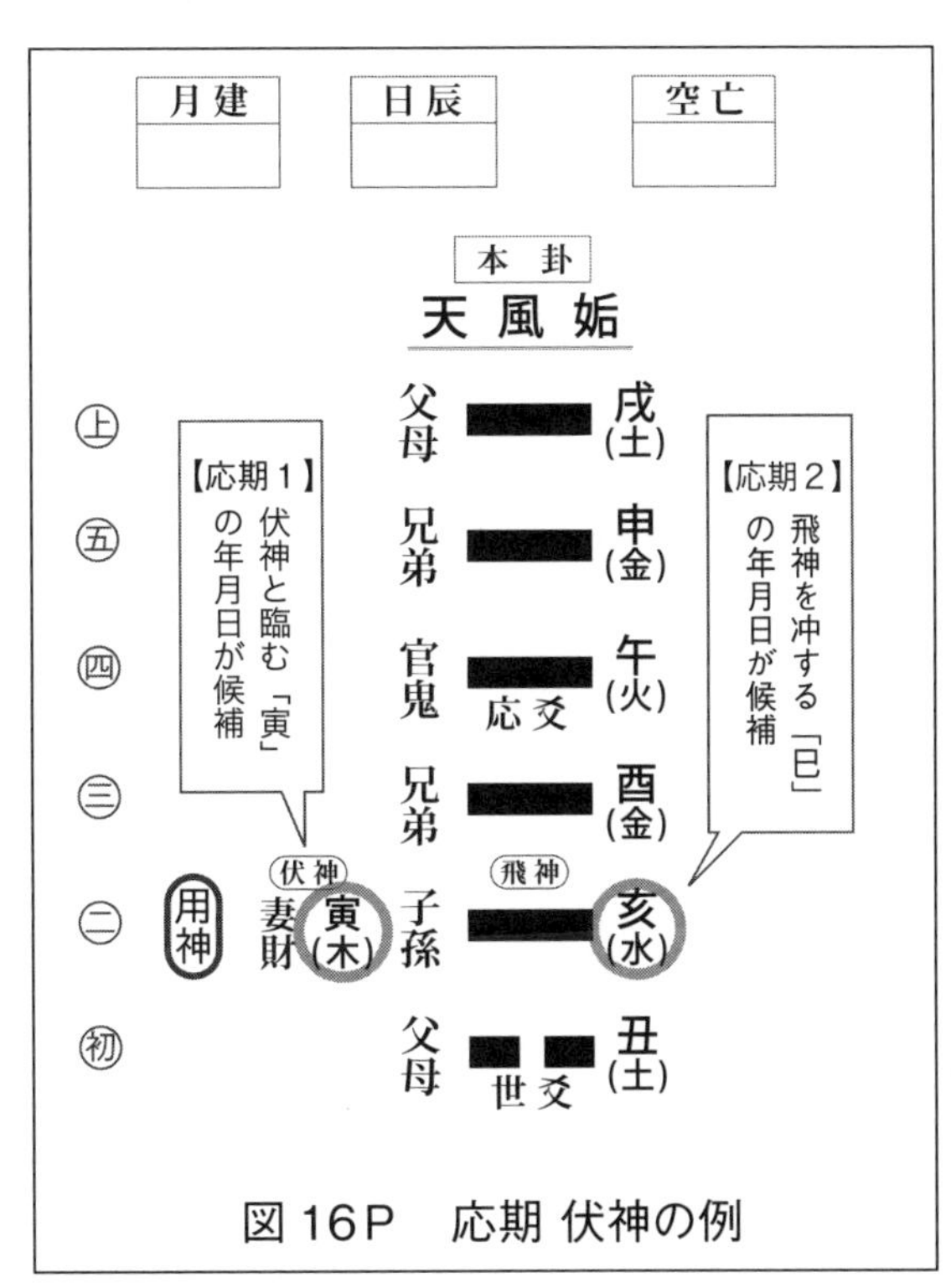

図16P　応期 伏神の例

●化出（かしゅつ）の用神の応期（234頁）

【応期】

・化出の用神と「**臨む**」地支の年・月・日

・化出の用神を「**冲**」する地支の年・月・日

空亡の応期は大変重要です。特に用神・用爻が空亡の場合は、空亡を抜けるタイミングが応期を決定することが多いからです。

【応期】

・用神・用爻が空亡ならば「**臨む**（填実）」地支（同じ地支）の年・月・日

・用神・用爻が空亡ならば「**冲**（冲空）」する地支の年・月・日

・用神・用爻が空亡ならば「**出空**」（243頁参照）する地支の年・月・日

図16Qの例では、三爻の**父母・亥**が「空亡」となっています。**月建・子**から旺じ、**日辰・寅**と合しているため有用の空亡です。

この場合の応期は、実が入る「**亥**」、空亡支

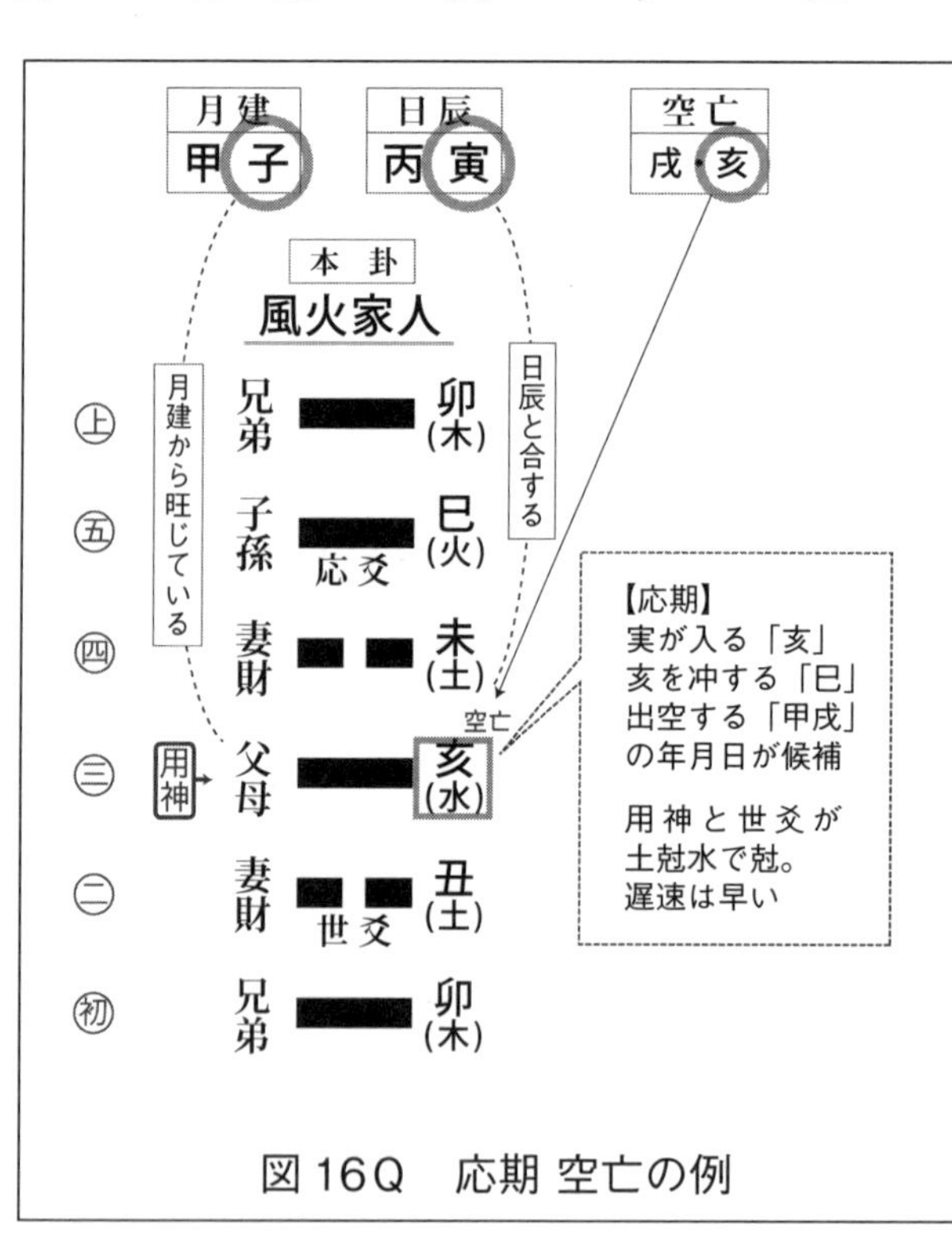

図16Q　応期 空亡の例

を冲する「**巳**」が巡る地支の時、または戌・亥空亡の干支を出空した「**甲戌**」の時となります。

この例では、月建から旺相し、なおかつ日辰と合していることから、空亡の**用神・亥**を冲する**巳**が巡る時が応期として一番可能性が高いでしょう。

第十四章　合処逢冲・冲中逢合について

●合処逢冲（ごうしょほうちゅう）の応期（263頁）

用神・用爻または卦の状態によって応期が複数考えられるため、代表的な応期判断を2つ紹介します。

【応期】

・用神・用爻が他爻から合される場合は、合する他爻を「**冲**」する地支の年・月・日

・日辰から冲される合処逢冲の場合は、即日応期となるか日辰の地支の年・月・日

先に合に逢い、後に冲を受ける場合は、冲となる時が応期となります。

図16Rの例では、用神である四爻の**妻財・酉金**が二爻の**子孫・辰土**と合しています。用神・**酉**は**日辰・卯木**と冲し、「**合が変じて冲となる**」ため**合処逢冲**です。この場合の応期は、用神の**妻財・酉金**と合する**子孫・辰**を冲する**戌**の地支の時となる可能性が高いでしょう。

●冲中逢合（ちゅうちゅうほうごう）の応期 （271頁）

「合処逢冲」と同じく、用神・用爻または卦の状態によって応期が複数考えられるため、代表的な応期判断を2つ紹介します。

【応期】

・用神・用爻が他爻から冲される場合は、冲する他爻を「合」する地支の年・月・日

・日辰から合される冲中逢合の場合は、即日応期となるか日辰の地支の年・月・日

先に冲に逢い、後に合を受ける場合は、合する地支の時が応期となります。

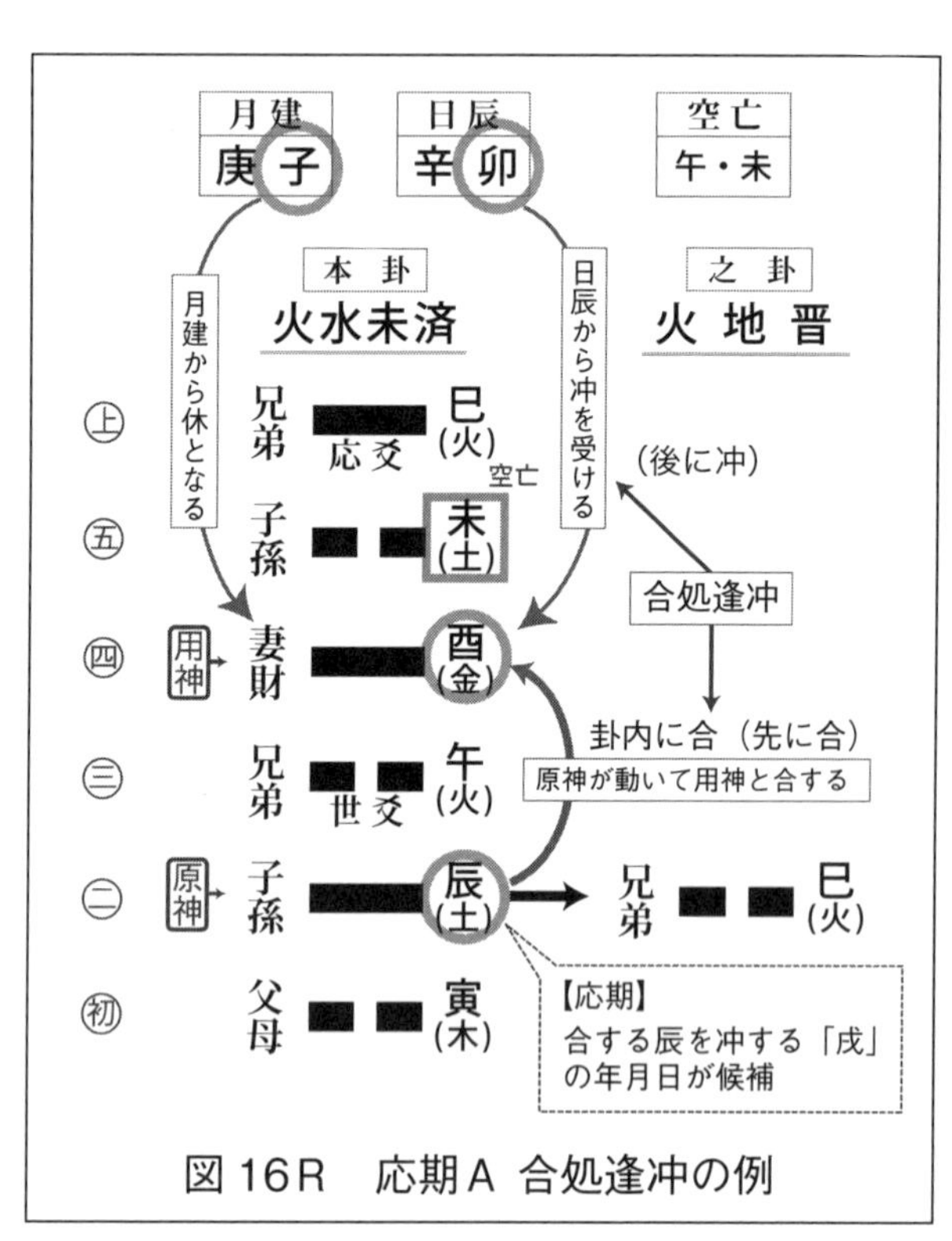

図16R　応期A 合処逢冲の例

●三合卦（さんごうか）の応期（280頁）

半会している場合など多くのシチュエーションが考えられるため、応期はいささか複雑です。

【応期】

・用爻が三合会局の旺支の場合、「**冲**」する地支年・月・日

・半会している場合、三合会局を完成させる「**欠けた地支**」の年・月・日

・三合会局の一爻が空亡ならば「**実空**」「**冲実**」「**出空**」により空亡が解ける地支の年・月・日

・三合会局の一爻が入墓ならば「**墓庫冲**

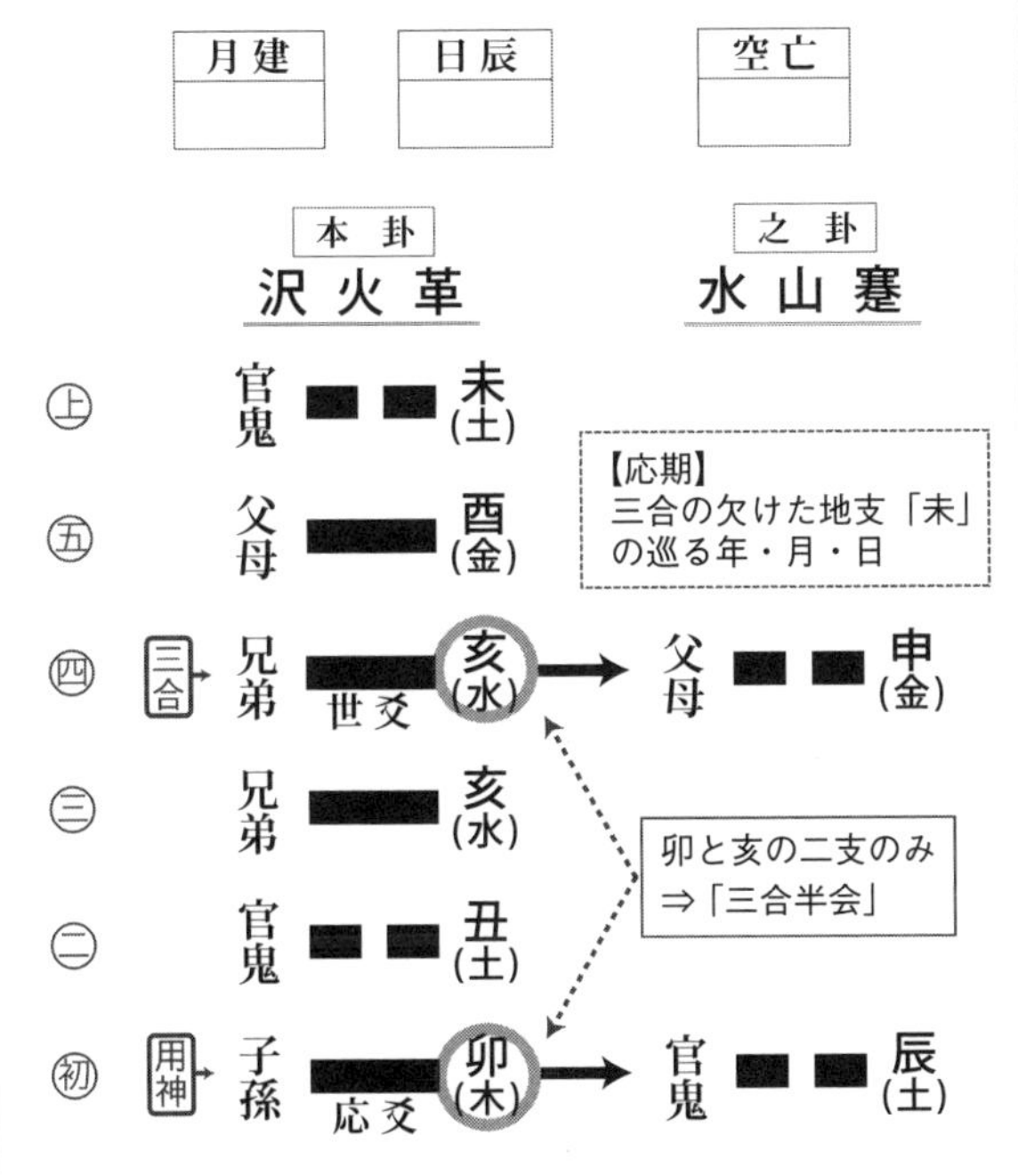

月建	日辰	空亡

		本卦 沢火革		之卦 水山蹇
上		官鬼 ▅▅ ▅▅ 未(土)		
五		父母 ▅▅▅▅ 酉(金)		
四	三合→	兄弟 ▅▅▅▅ 亥(水) 世爻	→	父母 ▅▅ ▅▅ 申(金)
三		兄弟 ▅▅▅▅ 亥(水)		
二		官鬼 ▅▅ ▅▅ 丑(土)		
初	用神→	子孫 ▅▅▅▅ 卯(木) 応爻	→	官鬼 ▅▅ ▅▅ 辰(土)

【応期】
三合の欠けた地支「未」の巡る年・月・日

卯と亥の二支のみ
⇒「三合半会」

図16S　応期 三合半会の例

開」する地支の年・月・日

・三合会局の一爻が破ならば「**臨む**」「**支合**」する地支の年・月・日

図16Sでは、用神初爻の**子孫・卯**が動爻、そして四爻の**兄弟・亥**も動爻となり、「**亥卯未**」の三合の内で二爻が動爻となる「**三合半会**」の状態です。この場合は三合会局の欠けた地支「**未**」が巡る時が応期となります。

【まとめ】

以上、応期に関して解説してきました。断易では吉凶判断とともに応期は断易の醍醐味ですが、吉凶判断より難易度が高いため、まずは占断の数をこなして慣れる必要があります。

本書ではシンプルな応期に関して説明していますが、実際の占断では「空亡」「入墓」「合住」のいずれも複数の要素が絡んで応期判断の優先順位に悩む場合があります。ですが、冷静に占断の核心を見定めていくことで、だんだん応期の的がはっきりと見えてくることでしょう。

第十七章　六獣（六神）について

「吉凶占断」「応期」など、断易の判断について重要な項目を学んできましたが、本章の「六獣」は今までと違います。

まず大切なのが、六獣は「吉凶占断」にかかわらない「象」の領域です。

著者は、六獣とは占断を彩る「形容詞」のようなものだと説明しています。

断易の占断をより明確に表現するために活用されるのが六獣です。


「**六獣**」は、著書によっては「**六神**」と表記されている場合もあります。

六獣は「五行の働き・事象・特徴」を形容詞的に表現するための名称です。六獣は「青龍（木）」「朱雀（火）」「勾陳（陽土）」「螣蛇（陰土）」「白虎（金）」「玄武（水）」の6つの異名を持ちます。例えば用神に「青龍」が配されていれば、用神は木行的特徴や象を持つことになります。さらに「慈仁、吉祥、清潔、優良」などの表現が加わります。間違えてはいけないのは、地支と違い「**吉凶には関わらない**」ということです。断易は前章までに学んできた作用による「吉凶成敗」を判断していきますが、それに対する形容詞的表現として六獣は加わるのです。

例えば異性運（男性運）の占断で吉となり、用神に青龍が加われば「育ちの良い」「やさしい」「学業に優れた」などの形容が乗る男性との出会いになります。ですが、凶ならば「怠惰で怠け者」「酒食におぼれた」ような男性との出会いになります。

このように六獣は、占断によって得られた「吉凶」によって表現は変化します。つまり「断（吉凶の決定）」よりも「象（事象・容姿・性格）」などに詳細な表現を加えるための補助的情報です。したがって、六獣にはそれぞれ吉神・凶神と区分がありますが、あまり重視する必要はありません。

このように吉凶占断への影響が少なく誤解を招きやすいため、流派によっては重視せず、あまり活用しない場合もあります。

●六獣（りくじゅう）の配し方

六獣の配置の仕方は、占日の十干によって配置します。日辰の欄に書かれる十干です。

次表17aのように初爻から順に上爻まで配されます。ルールは比較的簡単なのですぐにわかります。

初爻に配される六獣の五行は、占日十干の五行と必ず同じだからです。

そして順番は常に一定で、青龍→朱雀→勾陳→螣蛇→白虎→玄武→青龍と配されます。

占日は、木・火・金・水の十干は陰陽の区別ありませんが、土のみ陽土「戊」と陰土「己」が区別されています。六獣の配置は、初爻の六獣さえ覚えてしまえば後は順番通りに初爻から上に配置すれば良いのです。

表17a　六獣卦爻表

占日＼爻	上爻	五爻	四爻	三爻	二爻	初爻
甲・乙(木)	玄武(水)	白虎(金)	騰蛇(土)	勾陳(土)	朱雀(火)	青龍(木)
丙・丁(火)	青龍(木)	玄武(水)	白虎(金)	騰蛇(土)	勾陳(土)	朱雀(火)
戊(土)	朱雀(火)	青龍(木)	玄武(水)	白虎(金)	騰蛇(土)	勾陳(土)
己(土)	勾陳(土)	朱雀(火)	青龍(木)	玄武(水)	白虎(金)	騰蛇(土)
庚・辛(金)	騰蛇(土)	勾陳(土)	朱雀(火)	青龍(木)	玄武(水)	白虎(金)
壬・癸(水)	白虎(金)	騰蛇(土)	勾陳(土)	朱雀(火)	青龍(木)	玄武(水)

●六獣(りくじゅう)の性情

①青龍(せいりゅう)（木）吉神

・八卦として震卦の意義を形容している。

・吉象…善良、慈愛、温厚、聡明、育ちが良い、悦び事、平和、結婚、恋愛、飲食・酒席、礼儀、悪

意のない、上品、情の厚い、風流、装飾、真面目、従順、商業、銀行、財布、衣類、インテリア、出産

・凶象…享楽、快楽、怠惰、酒食におぼれる、色情・好色、惰性、空騒ぎ、凡庸、痒み、如才ない、根性がない、気弱、うつ・落ち込む

・人物…好青年、礼儀正しい、育ちの良さ、善良、上流階級、端正な顔。凶では凡庸、頼りにならない、遊び人、怠け者、お調子者、臆病、酒飲み

・風水…直線や長方形、左側を意味する。キッチン・台所。色は青色・水色・緑。

・物事として順調な発展・成長・福禄を招くなどの吉事を表す。凶では粉飾で中身がない。

・用神に付き動爻となり吉ならば物事は非常に順調となる。

②朱雀（すざく）（火）吉神

・八卦として離卦の意義を形容している。

・吉象…教育、学習、快活、華美、おしゃれ、微笑、印綬（知性・センス）、潤滑、器用、印象強い、歌唱、美男・美女、文章・文筆、文書、メール、手紙、賞状、印鑑、プレゼンテーション、都会、政府・公的機関

・凶象…口舌、饒舌、二枚舌、おしゃべり、せっかち、トラブル、騒々しい、訴訟、刑事事件、呪

い、紛争、愚痴、火災、炎症、発熱、苦しみを伴う、精神錯乱

・人物…印象良い人、華やかでおしゃれ、明るい人、知識人、弁舌の優れた人、人前で話す役割、秘書。凶ではせっかち、理屈っぽい、口舌（口の悪い）の人、ヒステリー

・風水…前方、前面を意味する。飛行物・空中。色は赤・オレンジ・光明。

・動爻に付くと文書・音信・情報が届く。凶では口舌のトラブル。

・兄弟爻に付き動爻で用神・原神を剋すときは口舌のトラブルやネットでの誹謗中傷の問題。訴訟問題で用神または官鬼強く朱雀付くのは有利な展開。災いを占い用神・世爻を剋する爻に付く場合、火事火災に用心。

③勾陳（こうちん）（土）凶神

・八卦として艮卦の意義を形容している。

・吉象…田園・田畑、不動産、純朴、落ち着いた、安定、堅実、熟知、ゆっくり、素直、真面目、健康、正直　保守的、馬鹿正直、従順、公職（警官、役所、公務員）、交番、事務所、オフィス

・凶象…拘束・動けない、変化できない、才能がない、活気がない、妨げる、愚直、粗野、鈍感・愚鈍、要領が悪い、頑固、質素、倹約、病気は腫瘍系、腫れ、瘤、癌、肥満、転倒、訴訟・牢獄・逮捕

・人物…誠実な人、素朴で純真、素直な人、おとなしい人。凶では容姿優れず、健康でも醜い人、鈍感な人、頑固者、閉鎖的な人、騙される人、心配性

・風水…中間、中央を意味する。色は黄色・茶色。

・田園・山林・墓などを司る。旺相で発動して用神を剋すれば田土に関する災難が生じる。空亡に乗る場合は土地がない・不作・凶作である。犯罪・訴訟などでは入牢の暗示。土爻に官鬼が付く場合は、加持祈祷に良い。

④螣蛇（とうだ）（土）凶神

・八卦として坤卦の意義を形容している。

・吉象…形の持たない気の領域（精神世界）、神秘、不可思議、意外性、風変り・変人、独自の感性・感覚、珍しい、イマジネーション、信仰、哲学、細長い物（縄・ロープ・腸）、ポップカルチャー

・凶象…虚偽、虚言、デマ、陰謀、曖昧、嫉妬・猜疑心、貪欲、半信半疑、怪異、幽霊、精神不安定、不眠症、二重人格、負け惜しみ、細菌・ウィルス、毒素、蛇

・人物…不思議な人、変わった人、大人しそうだが大胆な人。凶では何を考えているか不明な人、陰謀家、協調性のない人、孤独な人、言い訳の多い人、気難しい人、迷いのある人

・風水…廊下、湿気の強い場、暗い場所、無形・不定形、湾曲。色は黄色と灰色。
・物事として形の持たない気の領域に属する。そのため精神世界や宗教、オカルト・怪異・虚偽・憂疑などを司る。風水・霊祟占では霊現象を表す。
・木爻に官鬼が付き、回頭の剋ならば刑法に触れる、また死に関わる。官鬼に乗り世・用神剋すは災難。

⑤白虎（びゃっこ）（金）凶神

・八卦として兌卦の意義を形容している。
・吉象…豪快、貫禄、武勇、威厳、スピード、タフ、決断力、露骨、隠さない、専制、金属、金銭、剣・ナイフ、銃、金銀銅など、警備、保安、鋭利なもの、道路、出産、医薬品、医療関係
・凶象…冷酷、残忍、恨み、凶悪、怪我、損傷、刃物、事故、口舌、短慮、剛情、凶暴、打身、骨折、流血、流産、月経、悲しみ、手術、葬式、病気死亡
・人物…勇敢な人、気さくな人、体育会系、軍人・武人、看護師、法律家、良くも悪くも好戦的、手に負えない。凶では粗雑な人、短気、癇癪持ち、そそっかしい人、危険人物
・風水…右側、道路、車道。風の神であり暴風。色は白や銀・金。
・物事として病患・死喪・軍事・破壊・怪我・その他驚愕を司る。血神といい元来争いを好む。

・出産では用神に臨んで発動ならば安産である暗示。年運をみて白虎が発動するならば葬式や死と向き合う暗示あり。官鬼にのって用神剋する、また世爻用神が官鬼・白虎あれば剣難あり。

⑥玄武（げんぶ）（水）凶神

・八卦として坎卦の意義を形容している。

・吉象…聡明、利口、英知、計画・企画、計算能力、独立・企業、投資、秘密、繁華街、歓楽街、夜、睡眠、性的魅力、官能性

・凶象…暗闇、憂鬱、渇望、陰謀、陰湿、羞恥心、後ろめたい、詐欺、性衝動、好色、淫乱、強姦、不景気、盗難、密輸、汚職、雨、洪水、ごみ、下水、不潔、便所、性病、リューマチ、癌

・人物…智慧ある人、計画性ある人、統率力高い人、独立心ある人。凶ならばずる賢い、計算高い人、陰険、泥棒、詐欺師、ギャンブラー、性愛に溺れる人

・風水…背面、後方、地下、湿気、便所、不潔な場所を意味する。河川、湖海、波浪、船。色は黒、緑。

・陰険・盗賊・姦淫・淫欲・私情を司る。病気では性病、腎虚、泌尿器系。

・官鬼に乗り用神を剋するならば、盗難を受ける。

●六獣の例①

六獣が断易の占断でどのように使用されるかの例を紹介します。

図17Aは占事「年始めに今年の運勢を占う」について立卦したものです。得卦は本卦「風水渙」で、五爻動爻して之卦「山水蒙」となりました。

実はこの卦を占った年にこの方はスクーターによる自損事故を起こしました。

年運占の場合、用神はまず世爻ですが、五爻**兄弟・巳火**に乗り動爻です。世爻は**月建・卯木**から相生されていますが、**日辰・子水**から剋され、吉凶に関しては一進一退の状態です。

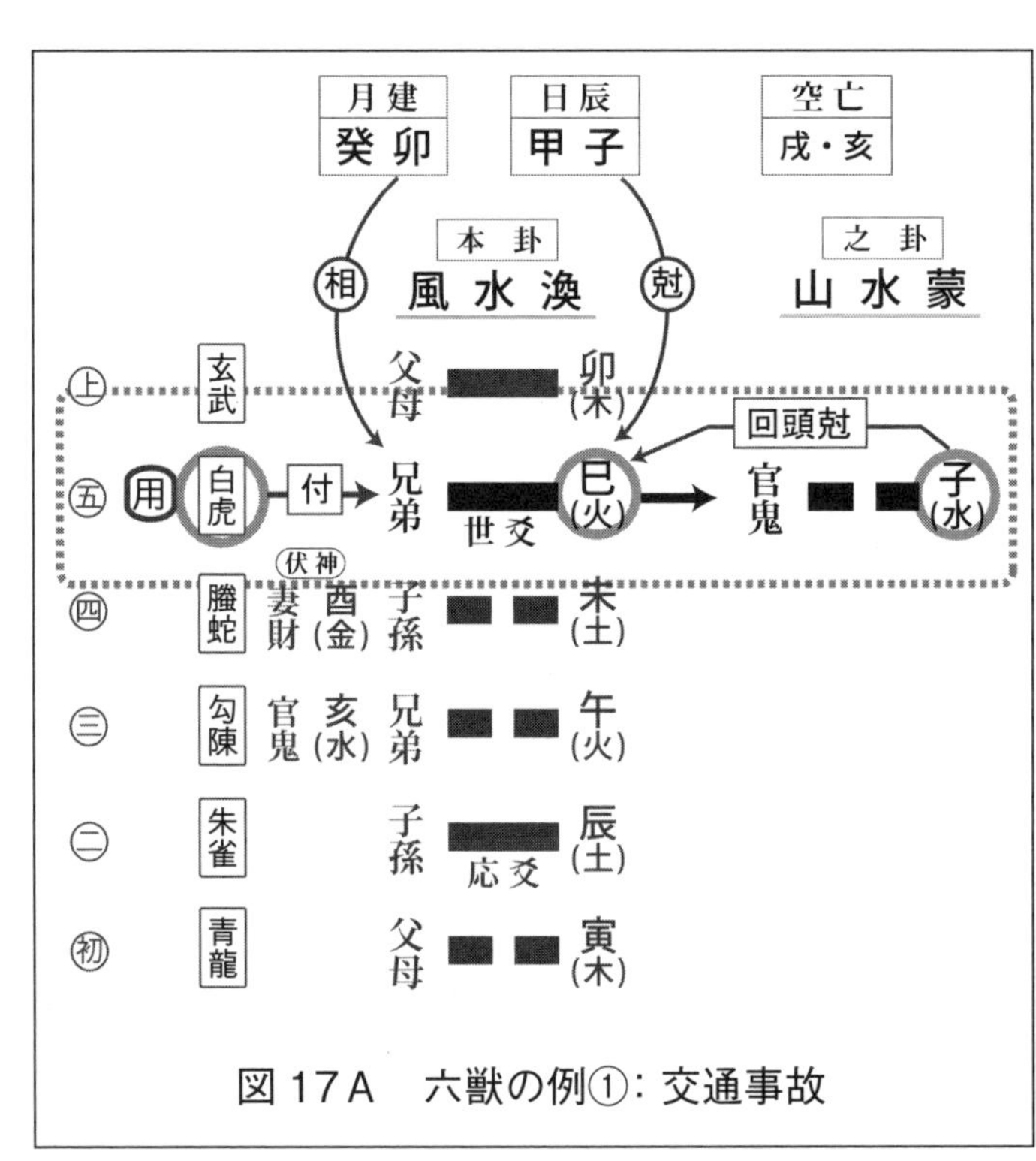

図17A　六獣の例①：交通事故

用神自らが動爻となり、先にある化爻は**官鬼・子水**で本爻の**巳火**を剋すので「**回頭剋**」となっています。

世爻の回頭剋は不吉で、先ほどの吉凶占断とし、月建から生、日辰から剋の一進一退がこの回頭剋で凶へ傾きます。さらに用神が官鬼（災い）に化して「回頭尅」なので、災いから世爻が尅される形となり、何かトラブルがありそうなことを吉凶占断として予感させます。

そして、五爻には**六獣「白虎」**が付きます。さらに五爻は後述する「**爻位**」（345頁）として「道路・車道」を表す爻です。「白虎」は血の神であり「事故・怪我」を形容します。そのため「道路・車道」「事故・怪我」という象は交通事故を暗示させます。

吉凶占断では凶意が強い卦で、象意から状況をまとめると「交通事故」があぶりだされます。

実際には「回頭尅」の応期通り、年末（子の月）にスクーター運転中に転倒して腕にヒビが入ったそうです。白虎には「骨折」の象意もありますが、重傷でなかったのが幸いでした。

ほかにも見どころのある卦なのですが、まずは六獣がどのように使われるのかを知るのに非常に明確に表れた例ではないかと思います。

●六獣（りくじゅう）の例②

次の例は図17Bの「主催するイベントの出演者としてA氏を紹介されたが良さそうな人か？」という占事について立卦したものです。得卦は本卦「沢天夬」で、二爻動爻して之卦「沢火革」となりました。

相談内容としては、相手の人物像とイベント参加に対してどういう反応をするかを占ってほしいとのことです。紹介を受けた他人ですから六親に分類できませんので用神は「応爻」で見ます。

用神応爻は二爻**官鬼・寅木**に乗っています。さらに応爻は動爻です。**用神・寅木**は**月建・午火**から休していて、**日辰・亥水**とは「寅亥の支合」のため合住しています。

人物像という問いに関しては吉凶ではないので「時間変化がない場合の日辰・月建による判断」（176頁）の判断をしてから六獣を加えていきます。**月建・午火**なので**用神・寅木**は休するため「関心が弱い、かみ合いが悪い」感じの人物のようです。**日辰・亥水**は合住といえ**用神・寅木**と合は旺相と同じなので気質として悪い人ではなさそうです。

応爻が官鬼に乗っていますが、月建から休しているのは熱が弱く、また一般的に休囚する官鬼爻に乗る場合は「別の仕事に心配事がある」ことも多いです。

さらに六獣は「**白虎**」が乗り、「せっかち・短気・手に負えない」な気性のようです。

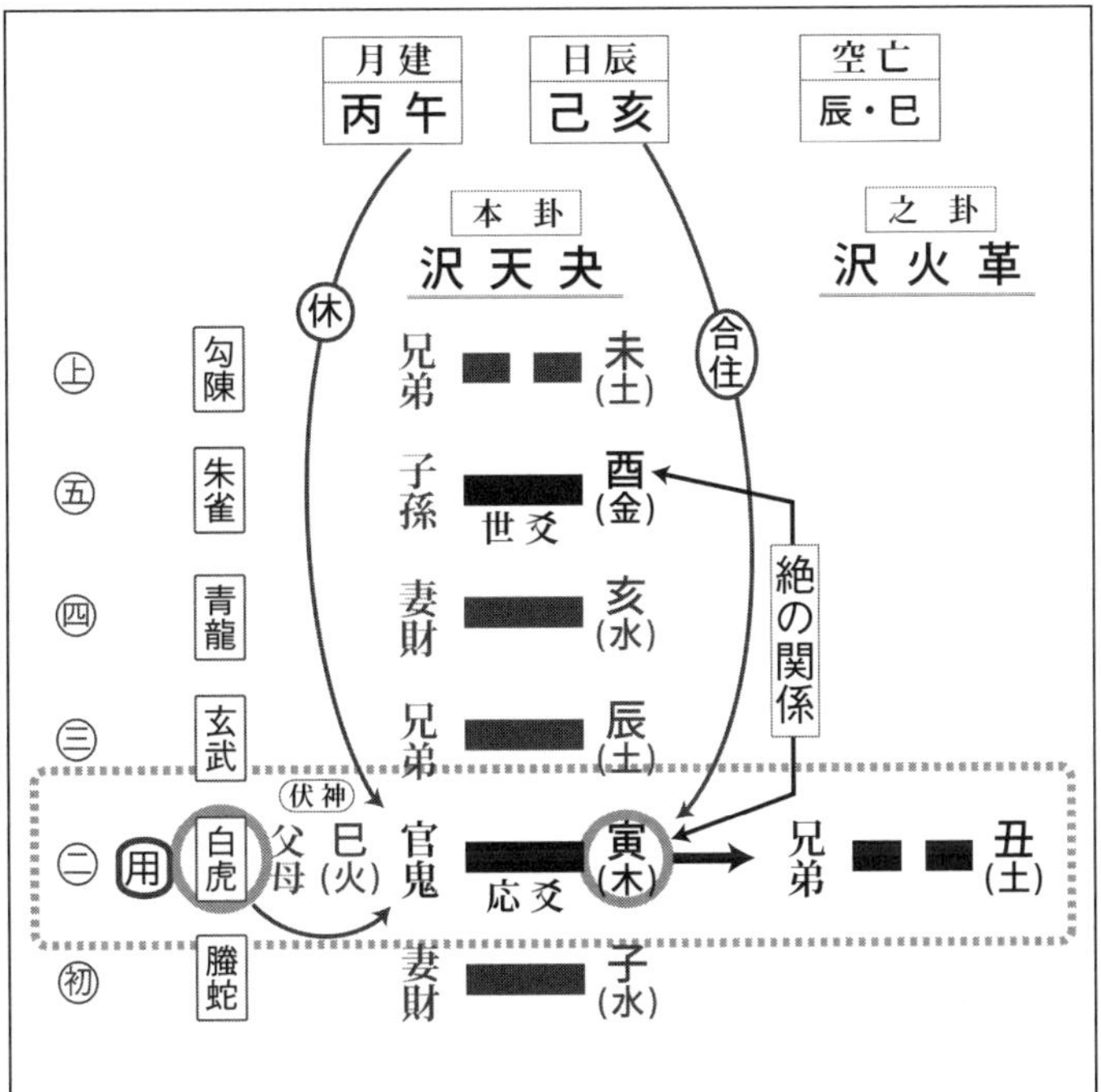

図 17B　六獣の例②：人物像

続いてイベント参加に関してですが、これは通常の用神に対しての吉凶判断で良いでしょう。用神の応爻・寅は月建から休し日辰から合住するので、活動性が弱く進展が難しようです。合住は「足枷・動くに動けない」を意味し進展を阻みます。イベント参加に関しては良い反応はなさそうです。

実際に紹介を受けてA氏と会食をしたとき、非常に礼節をわきまえた人物で好感をもったようですが、イベント参加に関しては最初からあまり前向きな印象ではなかったようで、特にある条件が気にかかったらしく「これがもっと明確でないなら無理」とあっさり断られたとのことです。

合住の動きのなさと白虎のせっかちな感じがそのまま出たようです。

世爻と応爻の関係も絶の関係ですから「気が乗らない」「リセット」です。

今回のイベントは無理とのことでしたが、今後別の件があれば前向きに考えたいと今後に繋がりそうな出会いであったとのことです。

このような人物像を判定するような占事で六獣は非常に活躍する要素です。ただし、吉凶判断では外して判断するように注意してください。

第十八章　その他の技法について（物来就我、遊魂卦・帰魂卦、間爻、卦身、爻位、六親持世、神煞、大過の化象）

1　その他の技法

この章では、入門者にとって絶対必須という内容ではないものをまとめました。

断易で最初に学び活用してほしいのが「吉凶占断」です。これに関しては第十五章までの内容でも十分占断が可能です。ここまでの内容でいろいろ試しに実践をすることは十分可能です。

次に「応期占」に関しては第十六章で解説しました。こちらも実践の中で試し打ちをして練習すると良いでしょう。

そして5頁で紹介した断易の3つの特色の一つである「**得失占**」に関しては下巻で紹介するケース別の例題と本章の「**物来就我**」を理解する必要があります。吉凶占とは少々異なる「**利益の流れる方向**」を示唆する技法となります。

その他、「**間爻**」「**卦身**」「**爻位**」などは、詳細な占断にだんだん必要となる技法・内容です。

難易度の高い占断では、ここで書かれている内容が役立つことも多いでしょう。

2 物来就我（我去尋物）

断易の三大技法の一つ「得失占」の判断には欠かせない技法になります。

最終的に利益が自分に流れてくるか、失物が自分の元に戻って来るか、人を待っていて訪れてくるかなど、自分（世爻）と用神（財や物、人）と縁があるかを判断するのが「物来就我」です。逆に用神が自分の元に訪れにくい状態を「我去尋物」と呼びます。

●物来就我の判断

例えば「商売占」で、用神の妻財が非常に良い状態ならば財運は悪くありません。ですが、最終的にその財を自分が手中にするかは「得失」の領域が含まれます。物来就我とは、自らが目的の物や人を得ることができるかの判断です。

物来就我の条件は以下の通りです。

物来就我の条件

・用神（用爻）が動爻となっている。

・動爻である用神が世爻を「生・尅・合・冲」している。

・用神動爻でも、破・回頭尅・無用の空亡・伏吟・尅反吟では条件を満たせない場合が多い。

物来就我の速度

・冲が最も早い。

・尅は次いで早い。

・相生は穏やか。

・合は非常に速いか非常に遅いか、極端（早い場合はほぼ手中にしている）。

以上の条件をクリアしていれば「物来就我」となります。

ここで大切なのは「用神→世爻」の作用であることです。

この場合の「生じる・尅する・合する・冲する」とは吉凶ではなく、「用神が世爻へ作用している」ということが重要になります。

これが逆に「世爻→用神」という作用では、自分の元に訪れにくい流れとなります。すなわち「我去尋物」となり、用神が凶の形ならば自分の元から逃げ去る流れになります。

図18Ａ①②は物来就我が成立しています。図18Ａ①は上爻の**用神妻財・未土**が**世爻・亥水**を「土剋水」で剋しています。図18Ａ②は三爻の**用神妻財・午火**と**世爻・子水**が冲し、「生・剋・合・冲」が発生しています。

対して一見すると物来就我と勘違いしやすいのが図18Ｂ①です。

図18Ａ②と同じ坎為水で用神と世爻が冲していますが、図18Ｂ①は世爻が動爻となり用神を冲していま

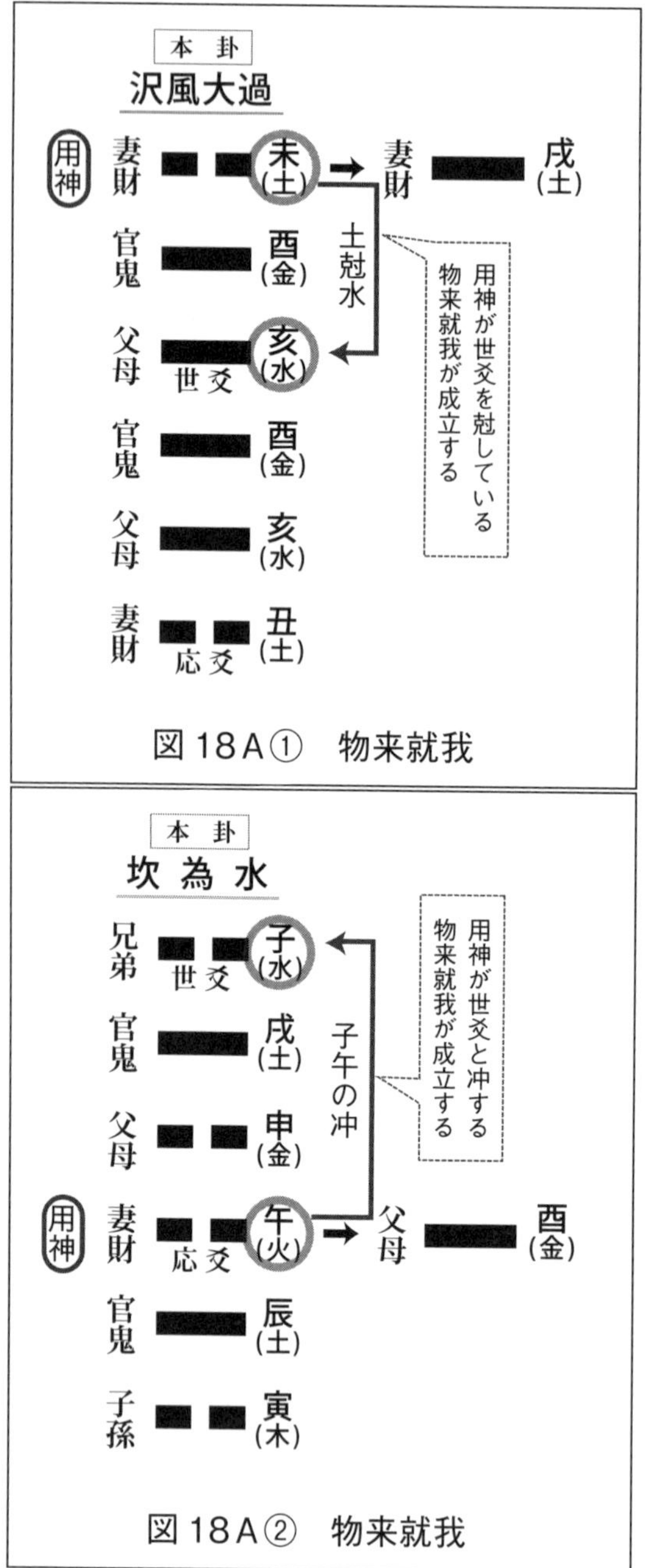

図18A① 物来就我

図18A② 物来就我

す。これが逆の動きとなって我去尋物となり、物も益も人も去っていきます。

図18B②は物来就我の形なのですが、用神が回頭剋で弱いため物来就我が起こりにくい状態です。このように物来就我の用神↓世爻の方向性をしっかり把握してください。

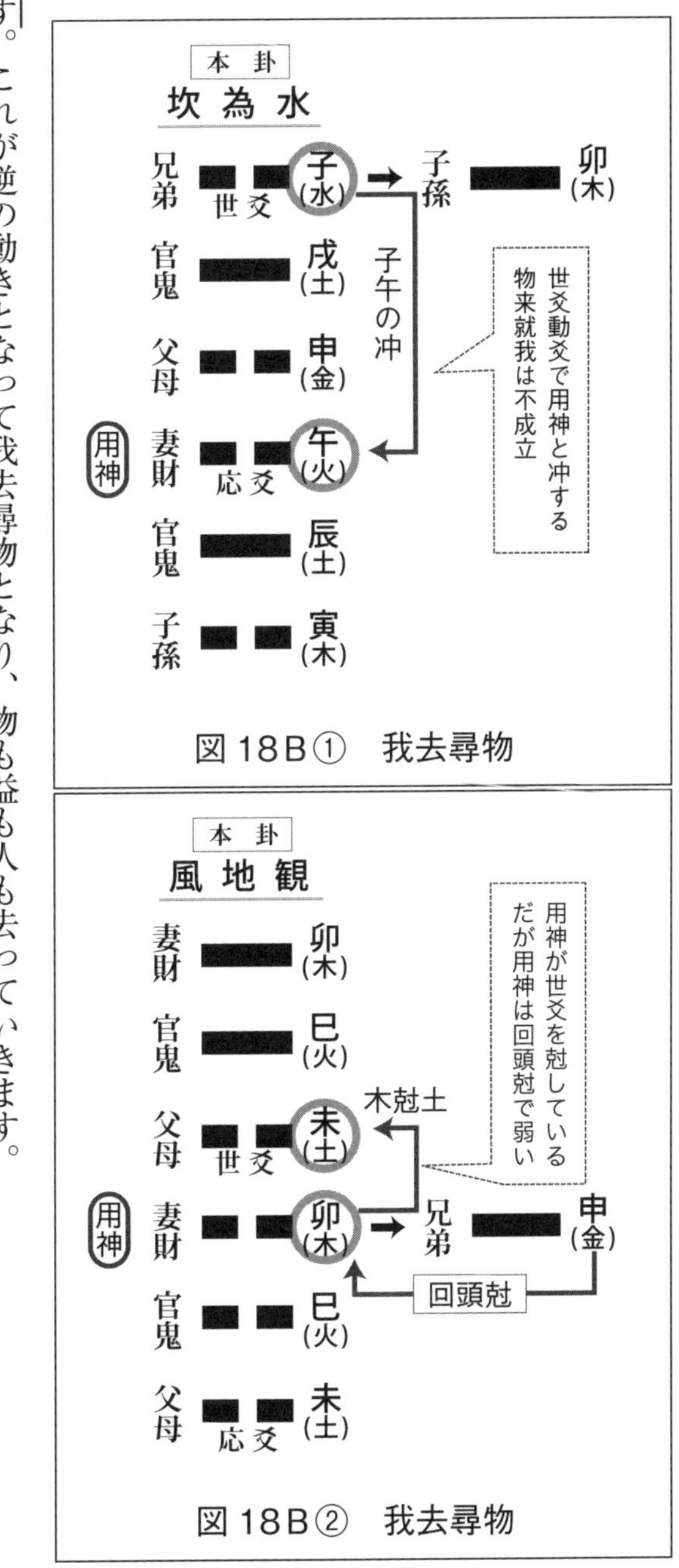

図18B①　我去尋物

図18B②　我去尋物

●物来就我（ぶつらいしゅうが）の例外

これは他書では見られない内容ですが、台湾の断易家のブログから始まった交流で得られた技法をご紹介します。

図18Cをご覧ください。世爻動爻となり用神を剋しています。この形は本来「我去尋物」になりますが、用神が旺相または合して占断的に吉の形を成している場合にのみ世爻から剋の動きは「捕獲・獲得」の形となり、「**自発的獲得の行動によって得る**」ことが可能となります。注意すべきなのは「生・合・冲」では成立せず、「**我去尋物**」となります。

つまり「**物来就我**」は自分の元へ自然と流れる運なのに対して、「我去尋物」はその流れがありません。その中で唯一剋のみはもともと「捕獲・獲得」の意味がある作用のため、少々強引でも行動を取れば可能性が出てくるということです。

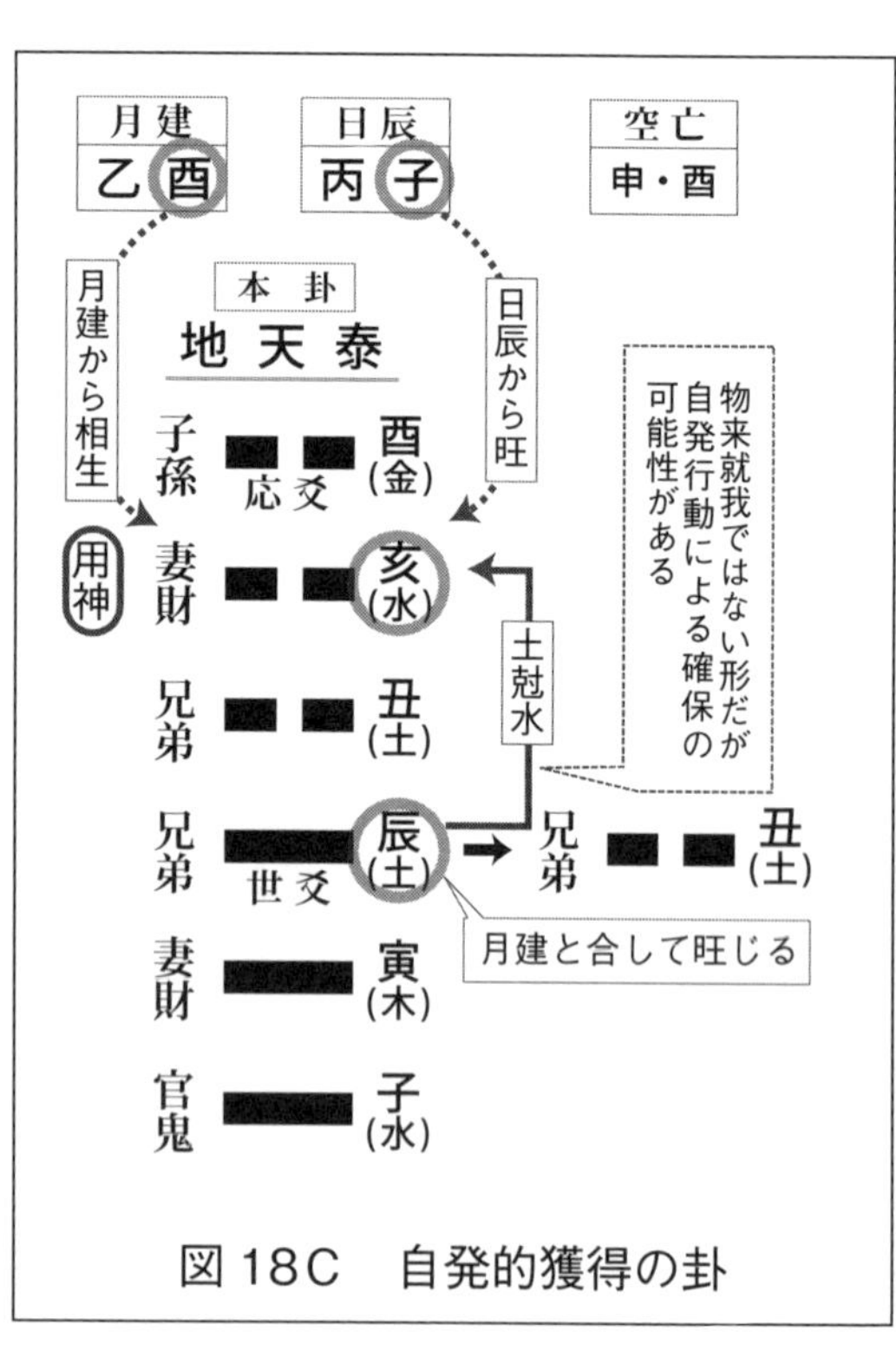

図18C　自発的獲得の卦

3 遊魂卦（ゆうこんか）・帰魂卦（きこんか）

遊魂卦・帰魂卦とは、納甲表に記載されている8つの易卦グループに必ず存在する卦です。

この2つの卦は、吉凶成敗に強い影響を与えるわけではありません。しかし一定の現象・事象に対して有益な情報をもたらす卦なのです。「象」として重要な要素を持っていますが、まず吉凶占断がしっかり判断できるようになってから、あらためて読み返しても遅くありません。

●遊魂卦（ゆうこんか）

第五章「納甲と記入方法」で紹介しましたが、断易では六十四卦を8つの宮（グループ）に分けています。「乾為天」「震為雷」などの外卦・内卦が同じ八卦となる卦を「首卦（または純卦）」として、宮内にほかに7つの卦があるのですが、表記に特徴があります。

首卦	一世卦	二世卦	三世卦	四世卦	五世卦	遊魂卦	帰魂卦
乾為天	天風姤	天山遯	天地否	風地観	山地剥	火地晋	火天大有

表18a

表18aのように最初に「首卦」があり、その後に一世→二世→三世と続きますが、五世の後は遊魂卦・帰魂卦となります。乾宮グループの八卦をそれぞれに当てはめると、遊魂卦は「火地晋」です。

このように遊魂卦は、8つのグループに1つずつ配され、六十四卦の中に8つあります。

遊魂卦とは、卦の**五爻**または**二爻**の陰陽を変爻すると外卦・内卦が**陰陽反する卦**になります。例えば火地晋は、外卦の「離(火)」の五爻の陰陽を変じると「乾(天)」となり、内卦の坤(地)と陰陽反する卦になります。同じように「外＝火、内＝水」「外＝風、内＝雷」のような卦に一爻を変ずることで変わるため、変じる前のふわふわした状態です。いわば「**魂が肉体から離れるようで離れない浮いた状態**」であることから**遊魂卦**としたのです。(図18D)

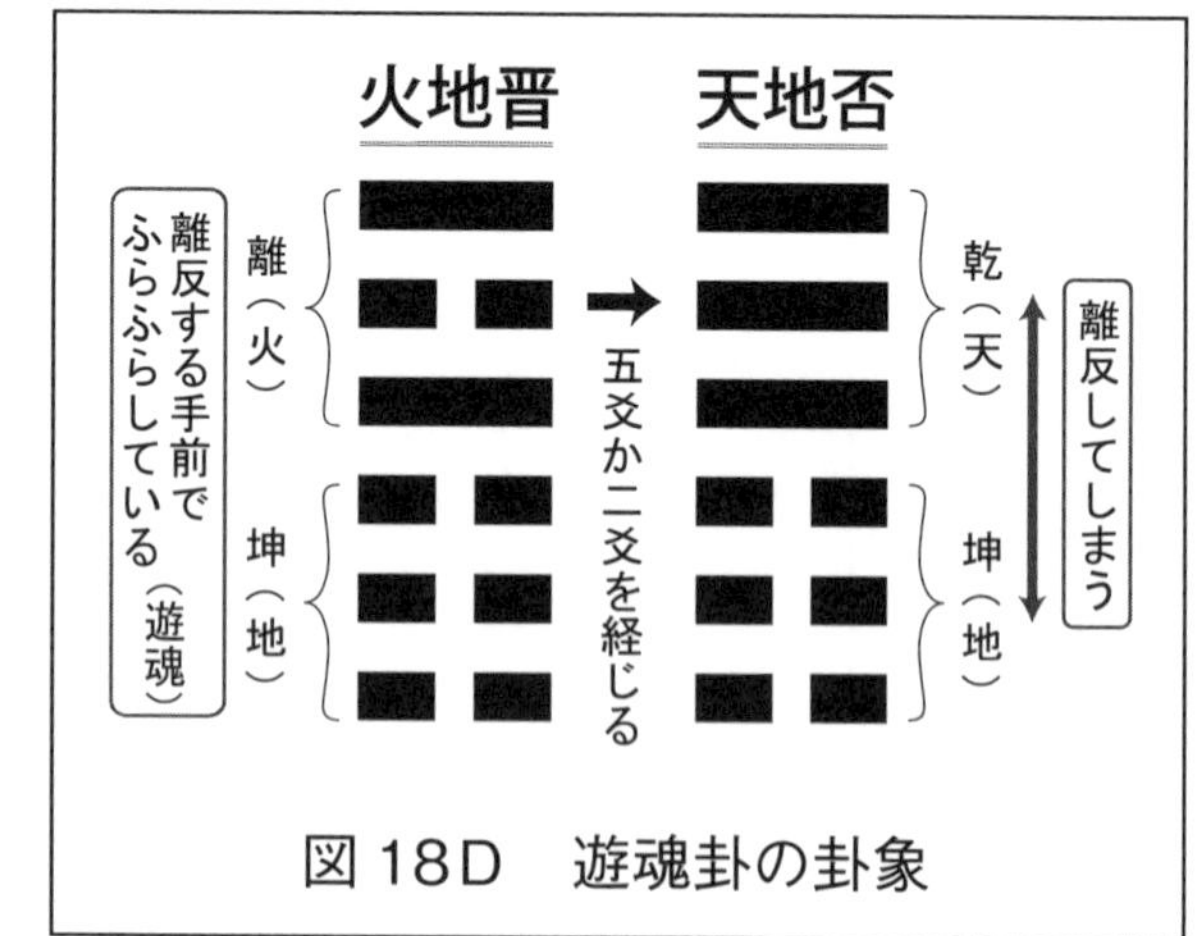

図18D　遊魂卦の卦象

《遊魂卦の作用》

遊魂卦の由来は「魂がふらふらしている危篤の状態」を表したものという説もあり、疾病占の「象」を表す場合は影響力が強いとされます。

・**疾病占**…意識がない、意識が回復しない、記憶が戻らない、情緒不安定、心ここにあらず、危篤状態、昏睡状態、行ったり来たり（ぶり返す）。

・**その他**…家や故郷を離れる、家出・外出、逃走、気が移る、気が変わる、浮気、引っ越し、移転、転勤。

・**注意点**…「うわの空」の意味があり、「うっかり、忘れている」「予定の記入漏れ」などを表す。また忘れることから「記憶力低下」「ボケる・痴呆症」という象がある。

遊魂卦自体に吉凶はありませんが、疾病占や待ち人占などでは重要な象意として形容が出る場合があります。吉凶占に慣れてきたら注意するようにしてみると、より精度の高い占断が可能になると思います。

●帰魂卦（きこんか）

遊魂卦と同じく断易において帰魂卦は、8つのグループに1つずつ配され、六十四卦の中に8つあります。

帰魂卦は、図18Eのように卦の五爻の陰陽を変爻すると外卦・内卦が同卦になります。例えば火天大有は、外卦の「離（火）」の五爻の陰陽を変じると「乾（天）」となり、乾（天）と同卦する卦になります。そのため乾為天という首卦（グループ最初の卦）に帰ろう・戻ろうとするのです。いわば「離れかけた魂が戻ろうとする状態」であることから**帰魂卦**としたのです。

《帰魂卦の作用》

・**疾病占**…家に帰る＝自宅治療、蘇生する、意識が回復する、回復する、記憶回復、思い出す。凶として意識がない、植物化、他界する（天に帰る）、手の施しようがない。

・**その他**…帰宅、回帰、家にこもる、近くにいる、動かない、保守、安定、しめくくり、総括する、収縮、収束。

・**注意点**…回帰する意味があるため「悔い改める」「改心する」「故郷に戻る」、動かない意味から「怠惰」「怠け者」、元に戻る意味として「初心に帰る」「本来の姿・形に戻る」「高騰した後に下がる」「下落した後に上がる」。

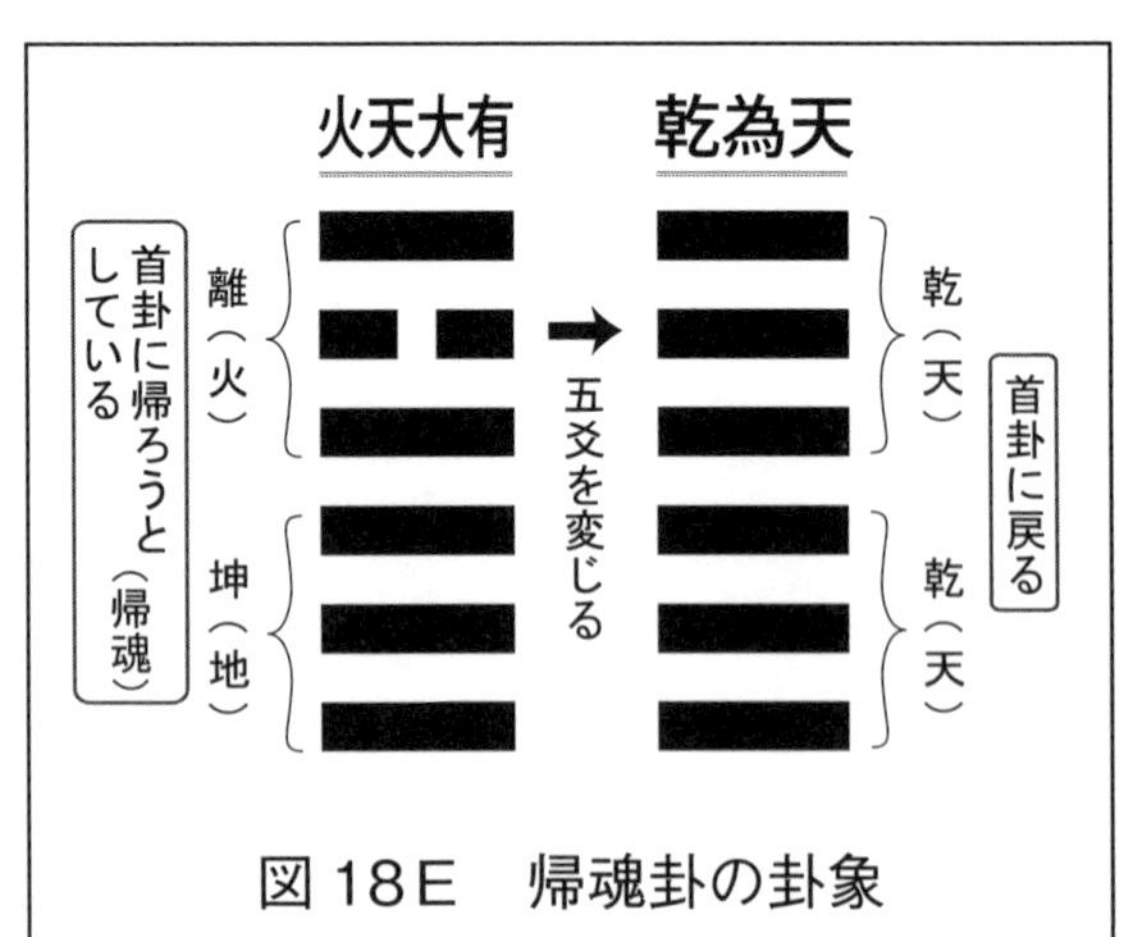

図18E　帰魂卦の卦象

遊魂卦と同じく**帰魂卦**自体に吉凶はありませんが、疾病占や待ち人占などでは重要な象意として形容が出る場合があります。吉凶占に慣れてきたら注意するようにしてみると、より精度の高い占断が可能になると思います。

4　間爻（かんこう）

> 間爻とは世爻と応爻の間にある爻のことです。
> 納甲システムとして世爻と応爻の中間には必ず２つの爻が存在することになっています。例えば世爻が初爻（内卦）ならば、応爻は四爻（外卦）で、間の二爻と三爻の２つが間爻です。
> 間爻は世爻（本人）と応爻（他人・相手）の間にあるため、特に人間関係の占う場合などでは間爻が動爻となっている場合、象として重要な要素を持っている場合があります。

間爻の技法は「断（吉凶）」に影響する場合があります。なぜなら間爻が忌神や原神になる場合があるからです。通常間爻とは世爻と応爻の間にある爻のことですが、間爻が動爻となる場合は様々な人間関係に動きが出るのです。

世爻（本人）そして応爻（相手）とした場合、間爻動爻は「関係者」を意味します。占事によってそれは変わりますが、代表的な間爻の定義として以下があります。

・**結婚占の間爻**…仲介者・媒介者
・**交渉占の間爻**…仲介者・証人
・**恋愛占の間爻**…友人・別の同性（浮気相手）
・**その他**…………風水占などでは間爻を近隣の人、同業者（同業他社）、競争相手、調停者、弁護士
・**六親五類**………占的によって、官鬼→男性・上司等、妻財→女性・従業員等、子孫→子供・生徒など、兄弟→兄弟姉妹・競争相手、父母→両親・社長・先生など、六親五類で立場を読みます。

間爻は必ずしもすべて右のような区分で読むわけではありません。あくまでも世爻と応爻が用神となるような対人的な占的で必要になる定義です。その場合は、物来就我と同じく世爻に対して生尅合冲があれば吉です。逆に応爻と生尅合冲では、交渉占などは不利になることが多いのです。

図18Fをご覧ください。（本例は卦を記入する時に世爻・応爻を誤って配しています。時に普通やらないミスが必然となり的中に繋がった例です）

本卦が沢天夬で三爻が動爻となっています。占的は「**ある会社との新規取引がまとまるか**」という交渉占です。この場合、用神は**応爻**（**相手の会社**）・**酉金**となり、世爻との関わりが重要になります。

まず用神**応爻**・**酉金**の吉凶判断ですが、**月建**・**丑土**から生じられているものの、**丑土**は同時に「金の墓」のため、現時点では**月入墓**となり身動きが取れません。交渉はしばらく進展しなさそうです。

日辰・午火から**応爻・酉金**は剋されるため弱いです。新規の取引を進めるだけの実質的なメリットがないという受け取られ方のようです。

しかも交渉占では応爻と世爻の関係が大切なのですが、世爻が空亡のため話し合いには良くありません。

そして三爻の**動爻・辰土**は**応爻・酉金**と辰酉**支合**となります。間爻の兄弟はライヴァル社の可能性があります。そして間爻が世爻ではなく応爻と合するのも良くありません。

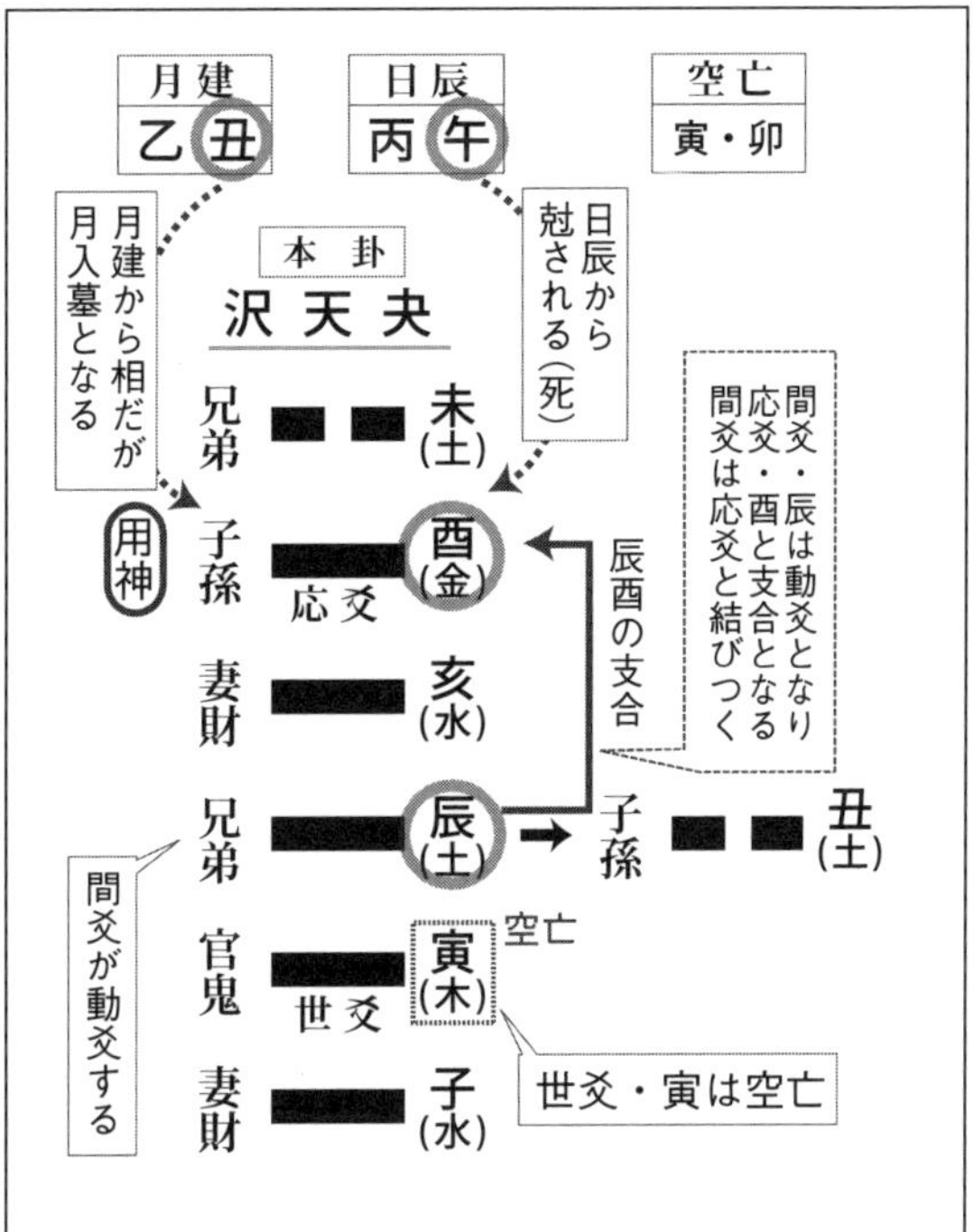

結果的に新規取引は世爻側の提示に魅力を感じられなかったようで進展せずに終わってしまいました。

そして別の会社と取引を開始したとのことです。

間爻が動爻となった場合はこのような人間関係の得失のようなものを描き出す場合があるため、注意し

月建 乙丑　日辰 丙午　空亡 寅・卯

月建から相だが月入墓となる

日辰から剋される(死)

本卦 沢天夬

兄弟 ▬ ▬ 未(土)

用神 子孫 ▬▬▬ 酉(金) 応爻

妻財 ▬▬▬ 亥(水)

兄弟 ▬▬▬ 辰(土) → 子孫 ▬ ▬ 丑(土)

官鬼 ▬▬▬ 寅(木) 世爻 空亡

妻財 ▬▬▬ 子(水)

辰酉の支合

間爻・辰は動爻となり応爻・酉と支合となる間爻は応爻と結びつく

間爻が動爻する

世爻・寅は空亡

図18F　間爻の例

てみてください。

5　卦身(かしん)

卦身とは、別名「**月卦身**」とも言います。卦身は六爻の内で卦の主となるべき爻に付きます。また、世爻から生まれた分身という考え方があり、世と同様に重視するという見解もあります。実践的には、あまり用いられることがありません。台湾の断易を調べてみても、卦身を使用している実践家は少ないようです。事実、台湾や香港の占いソフトやアプリでは卦身の表記されているものをあまり見かけません。

ですが、日本ではこの卦身を非常に重視する流派があります。

卦身は、その性質からも占的・占事の中心や核心が得られると考えられるため、次のような占的で用いられるケースがあります。

・占う事柄・事象が不明の場合は、卦身が占事を表すものとする。

・その占断における表面化していない密事を探る場合は卦身を見て判断する。

・占う人の容貌・心情・身分などを判断する場合（代理占・遠隔占など）は卦身で判断する。

・見当がつかない、糸口がみえない、手掛かりがない場合の核心を探るとき。

・妊娠・出産占では、胎児の安全を見る場合は卦身に傷がないかを判断に加える。

また卦身のない卦（裏卦身）の場合は卦の主体が不明瞭としたり、卦身が傷あれば成就しにくいと判断しますが、妊娠・出産占などのように実占上では限定された使い方をしています。

《卦身の出し方》

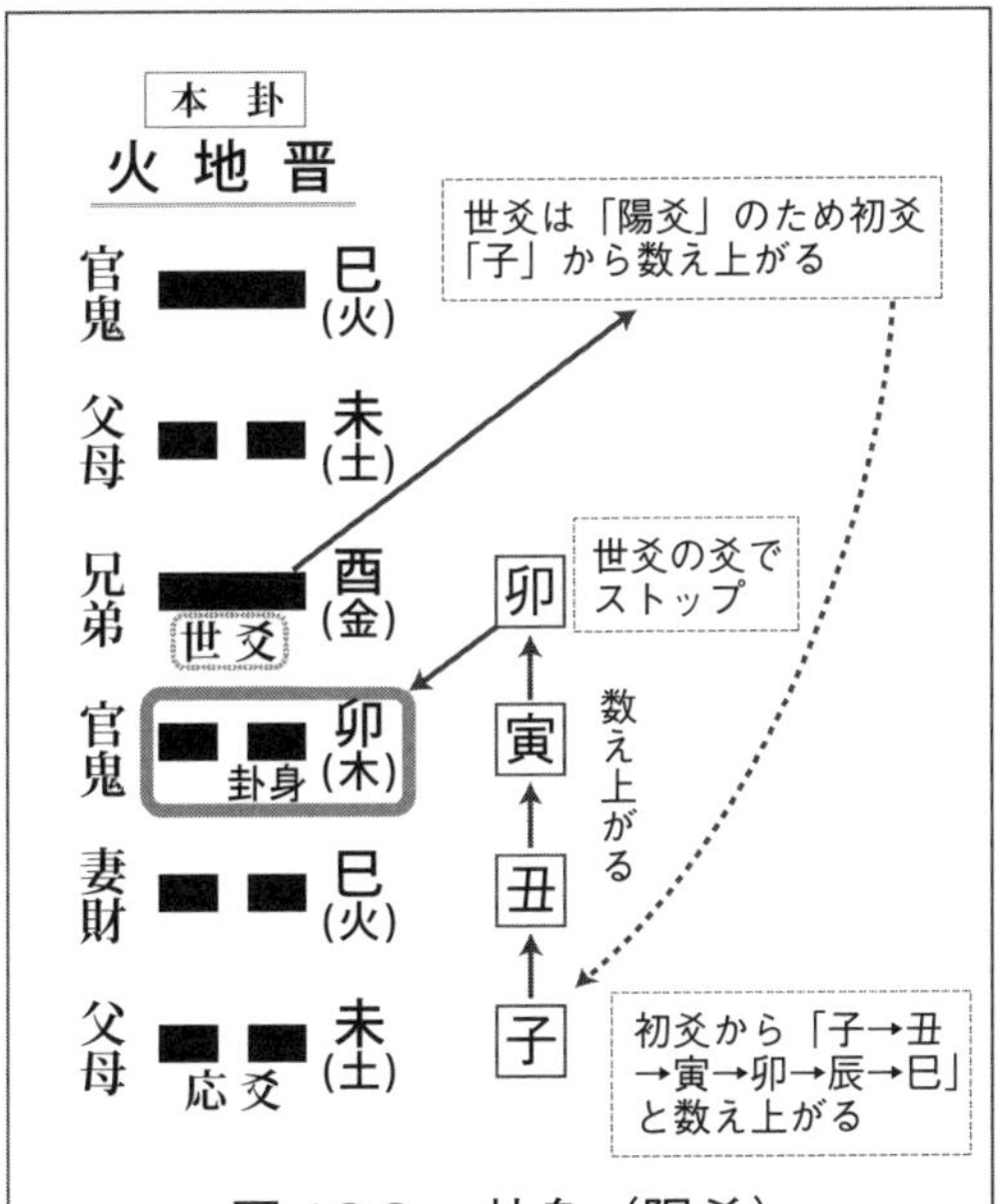

本卦
火地晋

官鬼 巳(火)
父母 未(土)
兄弟 酉(金) 世爻
官鬼 卯(木) 卦身
妻財 巳(火)
父母 未(土) 応爻

世爻は「陽爻」のため初爻「子」から数え上がる
子→丑→寅→卯 数え上がる
世爻の爻でストップ
初爻から「子→丑→寅→卯→辰→巳」と数え上がる

図18G　卦身（陽爻）

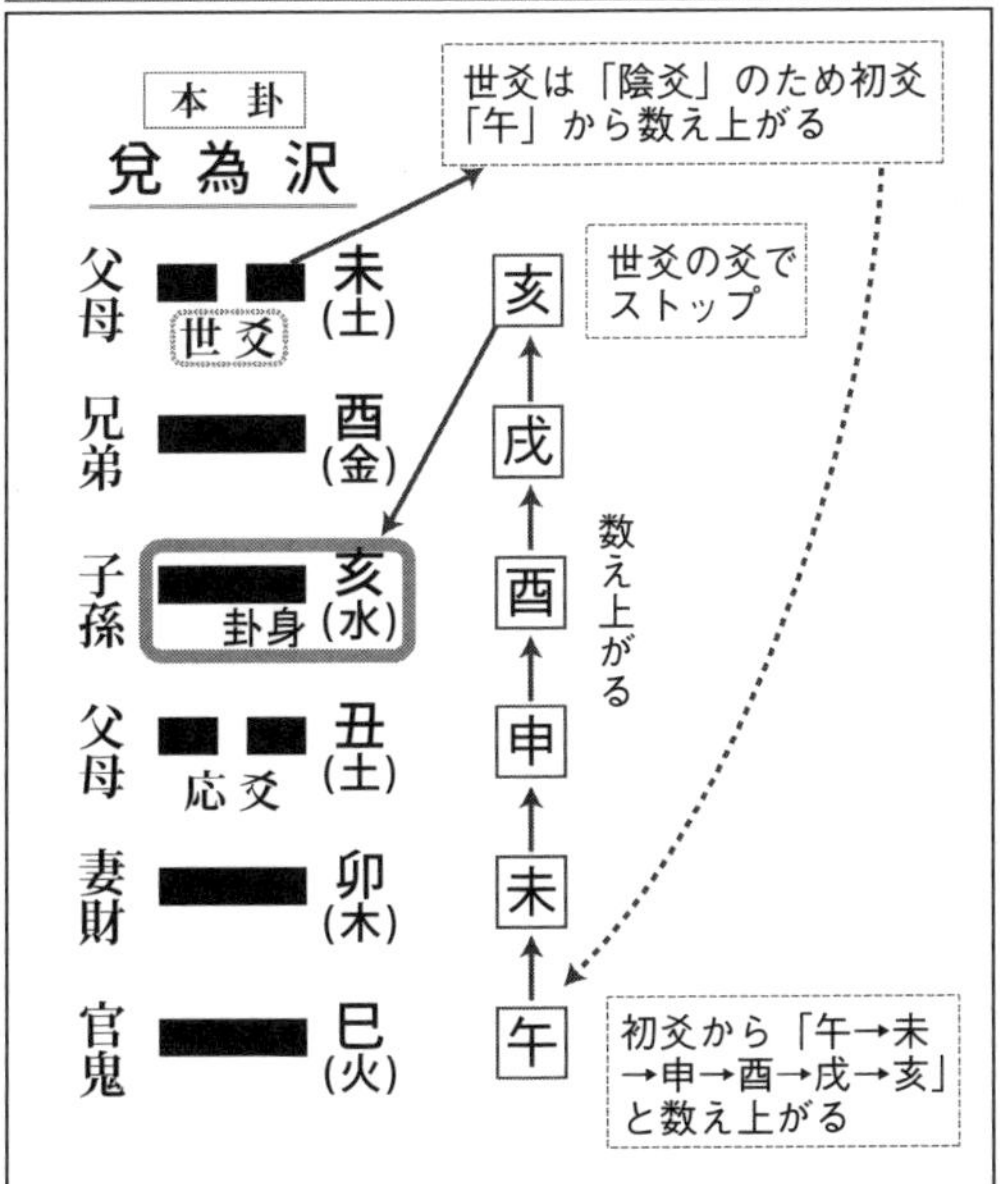

本卦
兌為沢

父母 未(土) 世爻
兄弟 酉(金)
子孫 亥(水) 卦身
父母 丑(土) 応爻
妻財 卯(木)
官鬼 巳(火)

世爻は「陰爻」のため初爻「午」から数え上がる
午→未→申→酉→戌→亥 数え上がる
世爻の爻でストップ
初爻から「午→未→申→酉→戌→亥」と数え上がる

図18H　卦身（陰爻）

卦身は「月卦身」と称するように、世爻が乗る爻の陰陽により冬至・夏至の二至の月（冬至＝子月、夏至＝午月）を起点として卦身が爻を求めます。

●世爻が陽爻の場合

世爻が陽爻（爻の象の陰陽）にある場合は、初爻に子を置いて順に丑・寅……と数え上がり、世爻の位置に当たる地支を卦身とします。（図18G）

●世爻が陰爻の場合

世爻が陰爻であれば、初爻に午を置いて順に未・申……と数え上がり、世爻の位置に当たる地支を卦身とします。（図18H）

世爻の位置の地支が六爻にあれば卦身となり、六爻になければ「裏卦身」となります。例えば納甲表の乾宮八卦グループ（6頁）の首卦「乾為天」の卦身は巳になりますが、納甲に巳はないため「裏卦身」となります。（図18Ⅰ）

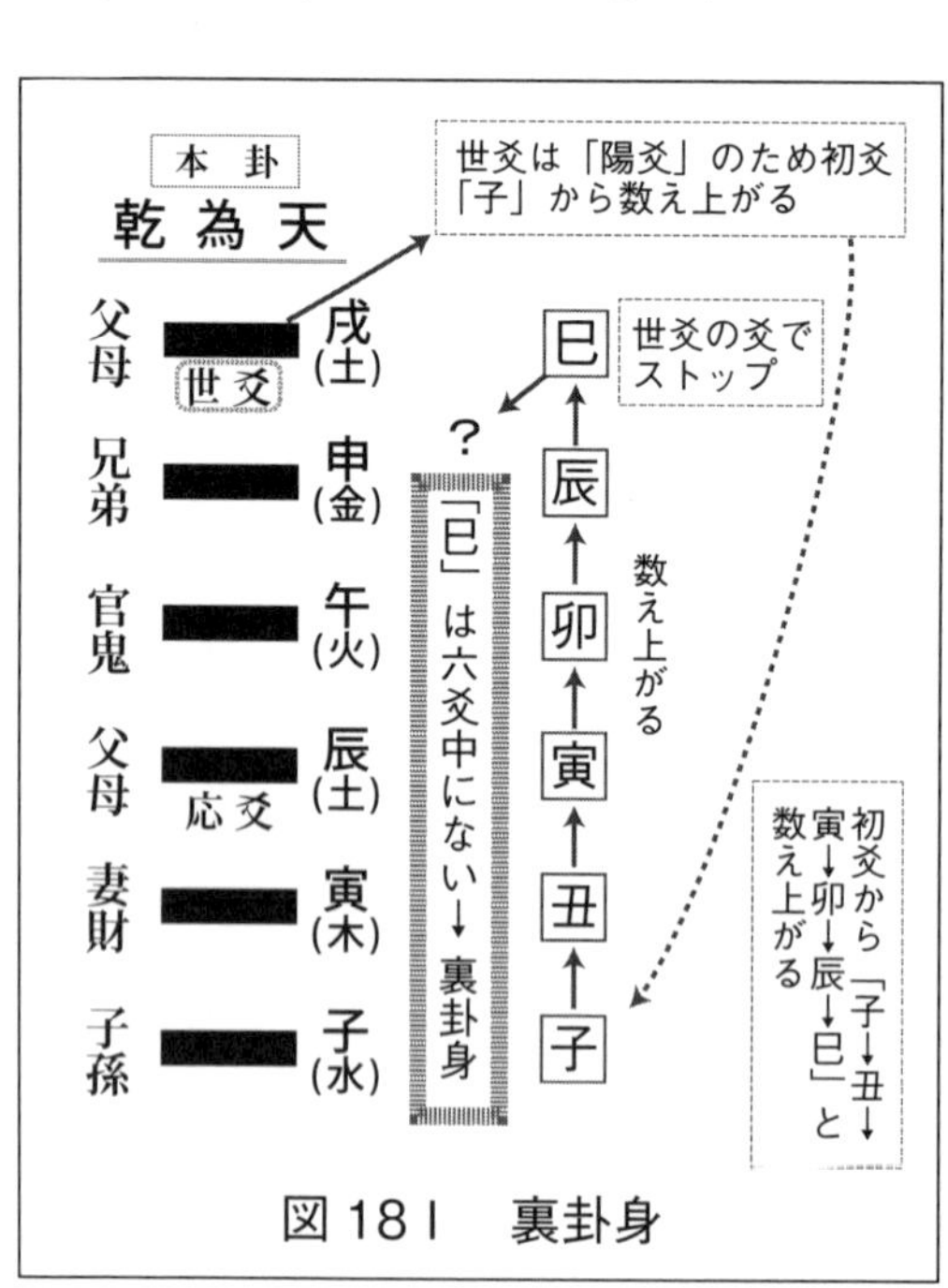

図18Ⅰ　裏卦身

6　爻位（こうい）

六爻にはそれぞれ象意があり「爻位」と呼びます。占的によりその象意を当てはめることができます。例えば、疾病占では爻位を人体各部に当てはめます。用神が初爻にあれば足、二爻ならば腿、上爻ならば頭といった具合です。風水占などでも、爻により環境の問題点を指摘するといった方法があります。また、失脱占で失くし物を探す場合など、爻位によって場所を特定するといった重要な情報を知らしめることがあります。

断易初心者はまず、疾病占や風水占など爻位をイメージしやすい占的から練習していくと良いでしょう。

●六爻位（ろっこうい）の象意

《上　爻》

- **人　物**……老人・年長者・退職者・神仏
- **家　族**……先祖・祖父
- **身　体**……頭・頭髪・顔面・脳・頭蓋骨

・**容　貌**……頭部・髪・額
・**風水（外）**…外国・遠地・辺鄙な場所・神社・寺・仏壇・先祖の墓
・**風水（内）**…外堀・屋上・屋根・棟と梁
・**服　飾**……頭を覆うもの全般（帽子・ヘアバンド・ヘルメット）・ヘアーアクセサリー全般（髪飾り・髪留め）・眼鏡

《五　爻》

・**人　物**……上司・権威者（首相・社長など）・医者
・**家　族**……父
・**身　体**……首・喉（食道）・肩・腕・手・気管
・**容　貌**……眼部
・**風水（外）**…道路・首都・旅館・都心・一流大学
・**風水（内）**…廊下・階段・家長の部屋
・**服　飾**……腕を通すタイプの服（上着・ジャケット）・マスク・ネックレス

《四　爻》

・**人　物**……知事・市長・町長・助手・高校生
・**家　族**……母・叔父・叔母
・**身　体**……胸部・心臓・肺・乳房・腹部上部（胃・脾臓・肝臓・胆のう）
・**容　貌**……耳部
・**風水（外）**……大都市・高校・専門学校
・**風水（内）**……玄関・窓・トイレ・化粧室・風呂
・**服　飾**……ブラジャー・肌着

《三　爻》

・**人　物**……所長・工場長・部長・中学生
・**家　族**……兄弟・姉妹
・**身　体**……腰部・腹部（小腸・大腸・膵臓・腎臓・膀胱）・臍・臀部・生殖器・肛門
・**容　貌**……鼻部
・**風水（外）**……市役所・主要都市
・**風水（内）**……ベッド・寝室・玄関・ホール
・**服　飾**……下着・褌・おしめ・スカート

《二　爻》

・人　物……夫婦・胎児・赤ん坊・課長・係長・事務長・公務員
・家　族……夫妻
・身　体……腰部（下部）・肛門・生殖器・上脚（股関節・腿・膝）
・容　貌……頬部
・風水(外)…妻の実家・町・小都市・町役場
・風水(内)…宅爻のため家屋の用爻・部屋・厨房・庭・家屋
・服　飾……ズボン・膝当て・ストッキング

《初　爻》

・人　物……部下・農民・市民・部下・職員・召使・家政婦
・家　族……子供・子孫
・身　体……脚・足首・足の裏
・容　貌……口部
・風水(外)…農村・田舎・河川・幼稚園・橋

・**風水(内)**…地下・土台・井戸・排水溝

・**服　飾**……靴・靴下

※ほかにも爻位は多種ありますが、鑑定に使う可能性のあるものを記載しました。爻位を使う時は用神(用爻)、動爻に注目しましょう。

7　六親持世(りくじんじせ)

世爻とは卦の主役であり、当事者を表すものです。

そのため、占断上で世爻が持つ六親はクライアントの状態を表します。

占断を行う上で、クライアントの状況や現在の状態を判断する上で重要な情報となります。

●世爻(せこう)が父母(ふぼ)を持っている場合

父母とは子供から辛苦を受けることから、世爻が父母を持っている場合は、心労・苦心たえず、忙しく働いている状態を表します。また父母爻は学問・学術・文書を表します。

●世爻（せこう）が官鬼（かんき）を持っている場合

官鬼とは憂患の意味があり、世爻が官鬼を持っている場合は、心配事がある状態を表します。また官鬼爻は仕事と疾病を表します。

●世爻（せこう）が兄弟（けいてい）を持っている場合

兄弟とは競い合いや破財の意味があります。

世爻が兄弟を持っている場合は、立腹中であったり物事が思うままにならない不快な状態を表します。

●世爻（せこう）が子孫（しそん）を持っている場合

子孫とは福神・成就を意味しています。

世爻が子孫を持っている場合は、無優無慮で憂いなく、悦びや楽しみを表します。また子孫は薬・医療を表します。

●世爻（せこう）が妻財（さいざい）を持っている場合

妻財とは財神を意味しています。

世爻が妻財を持っている場合は、目的意識があり前向きであったり、休囚していれば渇望感が強いことを表します。

8　神煞（しんさつ）

神煞とはもともと断易にはなかったもので、中国では晋の時代に推命学などで用いられたものが流入してきたのではという説が有力なようです。

そのため断易の持つ五行を用いた吉凶成敗、爻の趨勢判断という基本的概念と神煞は相いれない部分があり、初心者が安易に神煞を使用するのは誤占をしやすくなります。

本書では神煞については基本の紹介に留めています。ある程度経験を積んでから自らの技法に神煞を取り入れるかを後々考えるようにすることが肝要かと思います。

《神煞の出し方》

神煞の算出法に関しては付録28頁の神煞表をご覧ください。

《主要な神煞について》

●天乙貴人(てんおつきじん)&禄官(ろくかん)

主に身命占・就職占等に用います。

・用神が旺相または臨んでいる状態で、他から大きな傷なければ、就職・昇進・昇給・交渉・試験には吉である。

・応爻・原神にあって発動して、生じる・合するは高貴な人や目上からの引き立てを受ける。

・人の身分を判別する場合、用神が旺相し、青龍・朱雀があれば由緒ある名家の出身。

●駅(えき)馬(ば)

天后とも言います。移動・旅行の吉星。動いて吉とします。

・行方不明、待ち人占の場合は、用神に駅馬あれば無事に帰るとする。

・身命占・年運占に付く場合は、転居・移転・転職の象意。

●劫(ごう)殺(さつ)

強奪・殺傷・暴力・迫害を主とする悪殺です。

・日辰・月建・動爻に劫殺と官鬼があって剋冲を受ける場合は慎重にあるべき。交通事故や突発的トラブルの暗示。

●桃花（とうか）

別名、咸池殺。男女の是非、色情運、交渉などに用います。

・姦通・不倫・陰謀などを司る。

・青龍に桃花付く時は、多淫の暗示。

・玄武に付く場合は、邪淫、または桃花と玄武が合する場合は姦通あり。

●羊刃（ようじん）

血神の悪殺です。

・用神が冲剋にあり、羊刃が付くと災いに注意。

・特に白虎と羊刃が同附する時は怪我・事故の暗示。

●天医（てんい）

天喜とも言います。

・病気・霊障などに吉。
・病占で子孫爻または医師を表す爻に付いているときは病気が治癒する象。

●往亡（おうぼう）

往って帰らないという象意です。
・旅行・出行占には大凶の象意。
・赴任・嫁ぐ・尋ね人・待ち人などでは凶象意。
・用神に関わる場合は動いて凶となるため注意が必要。

※神煞はこのほかにも多数ありますが、台湾書などで使用頻度の高いものに絞りました。あらためて言いますが、断易では神煞が地支や爻関係の吉凶成敗を逆転させるような強さはありません。あくまでも地支関係の吉凶成敗に対して、より詳細な形容を加える情報なのだと認識するとわかりやすいでしょう。そのため神煞を常時使用するということもありません。

9　大過(たいか)の卦象(かしょう)（吉凶逆転）

大過の卦では、「用神があまりにも吉（凶）過ぎる卦は逆転して凶となる」という陰陽論で言われる「**物極必反（物極まりて必ず反転す）**」の作用が起きるとされます。

これは大きく分けて「大過の卦」と「過弱の卦」があります。四柱推命をご存じの方ならば推測できると思いますが、あまりにもバランスの悪い命式は外格という特殊命になって喜神と忌神が逆転する、という発想も「物極必反」からきています。

●大過の条件

・用神が月建・日辰ともに臨んでいる。または用神が月建・日辰の片方が臨んでいて、もう片方が旺じている。
・動爻が独発していて用神を生じている。または合している。

以上のように用神が一切の傷がなく月建・日辰から臨旺して、さらに独発した動爻から生・合された場合は、「あまりに大旺している」ため、「物極必反」として吉凶が逆転し「凶」となります。

逆の場合もあります。

●過弱の条件

・用神が月建・日辰から冲（破）を受けている。または用神が月建・日辰の片方から冲、もう片方から剋を受けている。

・動爻が独発していて用神を剋または冲している。

このように用神が月建・日辰・動爻からあまりにも冲剋を受けている場合は、吉凶逆転して「吉」となります。

これも初心者には難易度の高い技法ですので、判断が難しいと思います。

ですが、経験値から申し上げても動爻が複数ある場合は大過は起きにくく、一つでも相反する作用（大過の場合、動爻から休囚でも傷となる）があれば成立しません。そのため出現する機会は非常に少ないと思ってください。

図18Ｊは「大学受験で合格するか」という相談で得た卦です。本人の代理で母親が相談に来ましたが代

理占（本人が来た相談とする）となるので、試験の用神として「官鬼」を見ます。

五爻**官鬼・申**は**月建・寅木**そして**日辰・寅木**で２つの破を受け、四爻の**忌神・午火**から剋を受けています。一見して「これは厳しいなあ」と感じましたが、よく見ると動爻も独発ですし剋と冲しかない状況です。しかも世爻が空亡で凶条件のみです。これは「**物極必反**」として凶が吉に逆転する条件に見合っています。

「**厳しい状況だが合格できる**」と伝えました。その後、志望校に合格した旨の連絡がありました。

このような大過の卦は滅多にありませんが、それゆえに見逃しやすいので注意してください。

初心者には難易度が高いですが、誤占したとしても「もしかしたら大過だったのか？」という疑問が生じれば同じ過ちは犯さないでしょう。

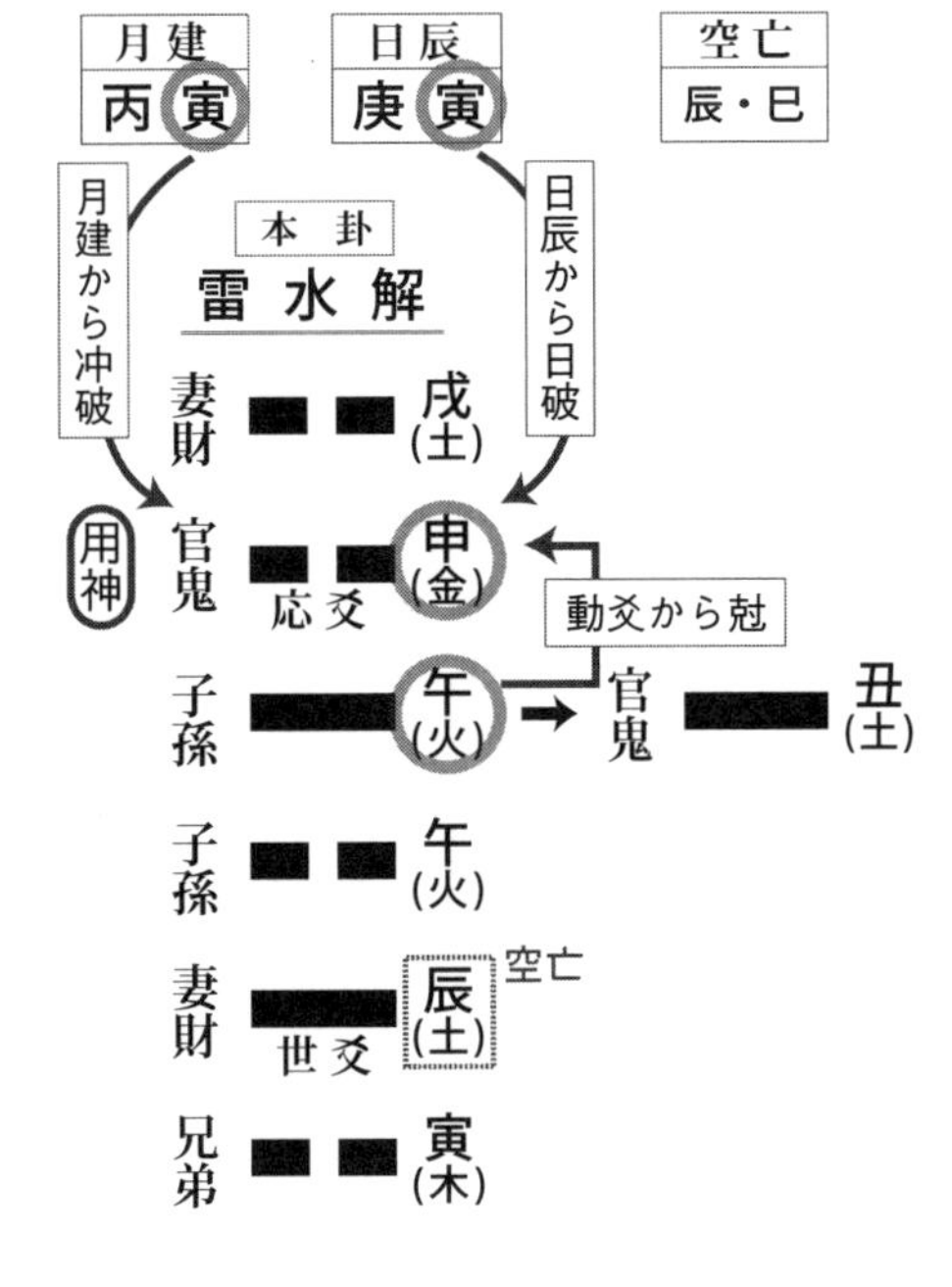

月建 丙寅　日辰 庚寅　空亡 辰・巳

月建から冲破　日辰から日破

本卦 雷水解

妻財 ▬ ▬ 戌(土)
用神 官鬼 ▬ ▬ 申(金) 応爻
子孫 ▬▬▬ 午(火) → 官鬼 ▬▬▬ 丑(土)　動爻から剋
子孫 ▬ ▬ 午(火)
妻財 ▬▬▬ 辰(土) 世爻 空亡
兄弟 ▬ ▬ 寅(木)

図18J　過弱の卦例

参考文献（順不同・敬称略）

断易精蘊　九鬼盛隆 著
断易真義 全　九鬼盛隆 著
断易入門　菅原壮 著
新・断易教室　萩原孝堂／冨樹麗舟 共著
卜筮正宗　藤田善三郎 著
増刪卜易　藤田善三郎 著
易冒　藤田善三郎 著
五行易子弟問答　藤田善三郎 著
断易文法 天玄賦通解　鷲尾明蘊 著
断易精義　浜崎洋至 著
断易十八問答秘解　大熊光山 述／佐藤六龍 著
五行易の真髄　大熊光山 述／佐藤六龍 著
断易新義　龍羽ワタナベ／東海林秀樹
幹元佑奈 共著

五行易直載　易八大 著
奥伝 断易秘法〈上〉　叶世雪之静 著
五行易断義　三田村祥山 著
日本近代五行易秘伝書　神作昴臣 著
五行易の学び方　角山素天 著
天山流五行易入門　佐方天山 著
五行易断法　松井啓峰 著
六爻予測学　黎光 著
卦技二十法　劉汶徳 著
六爻類象学理応用　孫海義 著
金寶卜占実例　黄金寶 著
火珠林評註　劉頁 評註
人生改運宝典　蘇国聖／蘇雙聖 共著
断卦精彩実例賞析　張光升 著
六爻実用予測学　張光升 著
象易旨微　侯景波 著
六爻預測自修寶典　王虎應 著

【著者紹介】

ＣＨＡＺＺ（チャズ）（丹羽智保）

10代より占術に興味を持ち独学を始める。

20代前半は音楽関係の仕事をする。引退後、多くの仕事を経験しながら占術の勉強を進めるが、当時は趣味程度であった。その後バブル崩壊のタイミングから人生観が変わり本格的に占術や神秘学を学びはじめる。

1995年から有料で鑑定を始める。現在は鑑定だけでなく占術講座も多く手がける。西洋・東洋を問わず運命学を探求・研究している。

古今東西運命学探求家 CHAZZ Website

http://chazz-fortune.com/

断易の教科書 上巻

２０２１年８月30日　第１刷発行

定　価――本体３、２００円＋税

著　者――丹羽 智保（ＣＨＡＺＺ）

発行者――斎藤 勝己

発行所――株式会社東洋書院

〒１６０―０００３
東京都新宿区四谷本塩町15―８―８Ｆ
電　話　０３―３３５３―７５７９
ＦＡＸ　０３―３３５８―７４５８
http://www.toyoshoin.com

印刷所――株式会社平河工業社

製本所――株式会社難波製本

落丁本乱丁本は小社書籍制作部にお送りください。
送料小社負担にてお取り替えいたします。
本書の無断複写は禁じられています。

©NIWA TOMOYASU　2021 Printed in Japan.

ISBN978―4―88594―545―8

断易チャート

日付：　　年　月　日　時（　曜）

相談内容

太歳　年

月建　月

日辰　日

時

空亡

本卦

八宮	卦名

変爻 →

之卦

八宮	卦名

用神 ↓　六獣 ↓　伏神 ↓（六親五類｜十二支）　世応 ↓　六親五類 ↓　易卦 ↓　地支 ↓（月建　日辰）

六親五類 ↓　易卦 ↓　地支 ↓

六親五類	十二支

月建　日辰

六親五類	十二支

月建　日辰

六親五類	十二支

月建　日辰

六親五類	十二支

月建　日辰

六親五類	十二支

月建　日辰

六親五類	十二支

月建　日辰

備考

神殺	貴人	禄官	羊刃	駅馬	劫煞	桃花	天医	往亡

切り取ってお使いください